科学发展　幸福广东

周 義　梁桂全　主编

当代世界出版社

图书在版编目（CIP）数据

科学发展 幸福广东 / 周 羲，梁桂全编. -- 北京：
当代世界出版社，2012.6
ISBN 978-7-5090-0818-8

Ⅰ.①科… Ⅱ.①周… ②梁… Ⅲ.①社会主义建设
模式—广东省 Ⅳ.①D676.5

中国版本图书馆CIP数据核字(2012)第055022号

书　　名：	科学发展 幸福广东
主　　编：	周 羲　梁桂全
出　　版：	当代世界出版社
地　　址：	（北京市海淀区复兴路4号）
网　　址：	http://www.worldpress.com
编务电话：	(010) 83907332
发行电话：	(010) 83908409
	(020) 38031387
	(020) 38031396（传真）
印　　刷：	东扬彩色印刷有限公司（广东省鹤山桃源镇325国道德胜工业园二区）
开　　本：	16开
印　　张：	23
字　　数：	500千字
版　　次：	2012年6月第1版
印　　次：	2012年6月第1次
印　　数：	1-5000册
书　　号：	ISBN 978-7-5090-0818-8
定　　价：	380.00元

如发现印刷问题，影响阅读，请与印厂联系调换。
版权所有，翻印必究；未经许可，不得转载

《科学发展　幸福广东》编纂委员会

策　　　　划：张　磊

编 委 会 主 任：肖志恒　林　雄

编委会副主任：江海燕　周　义　梁桂全

主　　　　编：周　义　梁桂全

副　　主　　编：余庆安　温宪元

编 辑 部 主 任：罗繁明

编　　　　辑：张　涛　麦淑萍　王鹏程　梁　军　张琰琰

　　　　　　　曾　韬　邹文光　黄莹莹　符永寿　易雪颜

　　　　　　　汪　波　佘芝华　王　列　宋　芳　卢兴华

　　　　　　　朱思翔　查绍林

特　约　编　辑：孙长山

坚持改革开放，加快转型升级，建设幸福广东，从严管党治党，是这一总体要求的核心内容。改革开放是动力，转型升级是路径，幸福广东是目的，管党治党是保证，四者有机统一于推动广东科学发展的具体实践。
——摘自汪洋书记在广东省第十一次代表大会上的报告

改革开放是决定当代中国命运的关键抉择，是坚持和发展中国特色社会主义、实现中华民族伟大复兴的必由之路。我国改革开放最重要的制度成果，是建立了与社会主义基本制度相结合、发挥市场配置资源基础性作用的现代市场经济体制，成功实现了从高度集中的计划经济体制到充满活力的社会主义市场经济体制，从封闭半封闭到全方位开放的伟大历史转折。在新的历史时期，坚持社会主义市场经济的改革方向，就是坚持改革开放和中国特色社会主义道路，对此我们必须旗帜鲜明，坚定不移。
——摘自汪洋书记在广东省第十一次代表大会上的报告

加快转型升级是广东贯彻落实科学发展主题、加快转变经济发展方式主线的重要路径，是事关广东前途命运的一场硬仗。转型升级符合生产力发展的内在要求，不仅是经济问题，也是关系人民群众福祉的重大社会问题。只有改变低附加值产业比重过大的经济结构，才能持续地提高劳动者收入，有效扩大内需，从而促进经济社会发展的良性循环。转型升级还是关系我们党执政理念的重大政治问题，如果以损害劳动者合法权益和破坏资源环境为代价，片面地追求经济增速和总量，我们就会严重背离以人为本的执政理念。因此，必须把加快转型升级作为广东当前和今后一个时期的主要任务，坚定不移调结构，脚踏实地促转变。
——摘自汪洋书记在广东省第十一次代表大会上的报告

加快转型升级的实质是"好"字当头，是把提高增长质量和可持续发展能力放在第一位。要坚持标本兼治，强化科学政绩观的引领作用，完善加快转型升级的法律支撑和制度保障，建立健全利益引导机制，进一步凝聚全社会加快转型升级的共识与合力，推动经济增长从主要依靠低端要素驱动向创新驱动转变，努力创造产品附加值高、发展质量好、能够支撑人民收入与经济同步增长的发展模式。
——摘自汪洋书记在广东省第十一次代表大会上的报告

为人民谋幸福是我们崇高的使命。建设幸福广东是落实科学发展观以人为本核心理念的深化和体现，是转型升级的价值追求和目的依归，是贯穿社会主义初步阶段的长期任务。
——摘自汪洋书记在广东省第十一次代表大会上的报告

幸福广东具有丰富的科学内涵，既包括满足人民群众物质文化需要，又包括保障人民群众社会政治权益，是物质需要与精神追求、客观标准与主观感受的有机结合。是物质富裕、安全和谐、生态优美、宜居宜业、民主法治、公平正义、文明进步的有机统一。建设幸福广东。归根到底就是要通过推动科学发展、促进社会和谐，把幸福变成人民群众实实在在的物质精神享受，让人民群众逐步过上富裕、文明、有归属感和安全感的好日子。
——摘自汪洋书记在广东省第十一次代表大会上的报告

目录 CONTENTS

■综合类：解放思想　改革开放　发展战略

关于广东区域发展战略定位问题
　　——从被动接受国际分工到主动参与国际分工的战略转换..................- 2 -
广东科学发展分析研究..................- 9 -
广东省区域综合竞争力评估分析报告..................- 13 -
对接珠三角"绿道网"，建设沿海"蓝色印象带"
　　——广东建设国家海洋综合开发试验区的突破口..................- 16 -
推进珠江三角洲区域一体化（经济圈）工作评价指标及评价方法..................- 20 -

■经济类：经济转型　绿色发展　自主创新

广东"三促进一保持"评估分析..................- 24 -
关于扩大内需若干重大理论和现实问题研究..................- 28 -
启动"南海战略"，建设"深蓝广东"
　　——广东省海洋经济发展战略研究..................- 32 -
珠江三角洲金融改革创新综合试验区总体方案..................- 36 -
培育我省战略性新兴产业核心能力对策研究
　　——基于扶持大型综合性创新组织的视角..................- 40 -
广东省沿海经济区发展战略构想
　　——以"大湾区"分块绘制海洋经济地图..................- 44 -

■社会类：和谐社会　协调发展　幸福指数

广东社会矛盾凸显态势与应对思路..................- 49 -
加快广东志愿服务事业发展的对策建议..................- 53 -
广东社会建设前沿：理论与战略问题研究..................- 57 -
如何创新社会管理：以珠海为个案..................- 62 -
"规划到户，责任到人"扶贫开发政策实施情况调研报告..................- 66 -
民生导向型城镇化：建设幸福广东的核心战略..................- 70 -

■政治类：依法治省　服务型政府　公共服务均等化

新形势下加快转变侨务工作方式的建议..................- 75 -
探索建立协调劳动关系的制度平台..................- 79 -
以新的政治吸纳化解新农民工对广东转型期的冲击..................- 82 -

■文化类：文化强省　创意产业　知识创新

广东文化影响力评估及提升战略研究..................- 86 -

目录 CONTENTS

关于建立凭单式文化消费卡制度的建议 - 90 -
创新思维，做大做好广东省教育基金会的思考与建议 - 93 -
"南海一号"的力量
　　——广东海洋文化遗产保护、开发与增强文化软实力思考 - 97 -
抓机遇　促转型　谋幸福（珠海市） - 102 -
求变创新　踏实奋进努力建设民富市强幸福佛山（佛山市） - 112 -
科学发展，建设幸福和谐新韶关（韶关市） - 116 -
走新型城市化道路打造广东最优美的生态宜居城市（惠州市） - 122 -
推进经济社会双转型　构建幸福和谐新东莞（东莞市） - 128 -
加快转型发展　建设幸福侨乡（江门市） - 134 -
坚持科学发展　建设幸福阳江（阳江市） - 138 -
加快"四化"进程　建设幸福清远（清远市） - 142 -
福利彩票与您携手共建幸福广东（广东省福利彩票发行中心） - 146 -
广东工程职业技术学院（广东工程职业技术学院） - 150 -
积极发挥保险主渠道作用努力为建设幸福广东保驾护航
（财产保险股份有限公司广东分公司） - 152 -
鸟类天堂，绿色家园（广州市南沙围垦开发公司）
　　——南沙湿地游览区 - 156 -
　　插　图 - 160 -
十三行文化资源的保护与开发
　　——广东十三行遗址调研报告 - 162 -
科技成果产业化的高效能转换机构
　　——台湾工业技术研究院的调研报告 - 165 -
将"西关文化"打造成建设文化强省的一个文化经典品牌
　　——关于广州"西关文化"的调研报告 - 168 -
关于促进我省产业结构调整和升级的几点具体建议 - 173 -
铸造文化板块，打造广东文化经典50强 - 176 -
关于佛山市落实CEPA先行先试政策
　　推进港佛现代服务业合作发展的调研 - 178 -
促进我省劳动密集型产业转型升级的建议
　　——台湾自行车产业整体转型升级经验借鉴 - 183 -
关于广东率先构建生态共建共享机制的调研与建议 - 187 -
关于促进扩大居民消费需求的对策建议 - 192 -
文化引领的思想解放还应大力加强 - 195 -
当前我省新型农村合作医疗制度存在的主要问题及对策 - 197 -

目录 CONTENTS

认真学习和领会国家"十二五"规划纲要精神
　　——补充和完善广东"十二五"规划纲要 .... - 200 -
建立健全信用制度　加强创新社会管理
　　——"郁南模式"的实践与启示 .... - 202 -
加强社会管理基层干部群众有"三盼" .... - 207 -
关于在社会管理上诉求、治理、协商的三点思考 .... - 210 -
社会管理创新要注重调整社会结构 .... - 212 -
我省流动人口管理服务及其折射的社会建设问题 .... - 215 -
关于创新农村社会管理体制的建议 .... - 219 -
创新社会管理应重在人性化和社会化 .... - 221 -
插　图 .... - 223 -
引领转型升级　建设幸福唐家（珠海高新技术产业开发区管委会）
　　——珠海高新区近五年经济社会发展综述 .... - 224 -
生态休闲　顺德绿道（顺德区国土城建和水利局） .... - 228 -
佛山容桂经济社会发展情况（佛山市顺德区容桂街道办事处） .... - 232 -
当好参谋　谋划长远　构建和谐　科学发展（韶关市发展和改革局） ...... - 236 -
昔日红土地　今朝正跨越（韶关市翁源县）
　　——走进千年花果乡翁源县 .... - 240 -
践行科学发展，建设幸福乳源（乳源瑶族自治县人民政府） .... - 244 -
推进区域接轨促转型　加强社会建设提幸福（惠州市惠阳区） .... - 248 -
科学发展求突破　幸福惠城展新姿（惠州市惠城区） .... - 252 -
践行科学发展观　努力推动转型跨越（惠州市仲恺高新区）
　　——仲恺高新区践行科学发展观成果丰硕 .... - 256 -
推进发展大提速　建设幸福新惠东（惠州市惠东县） .... - 260 -
科学发展　幸福博罗（惠州市博罗县） .... - 262 -
明星城镇再起航　幸福长安惠民生（东莞市长安镇） .... - 266 -
寮步，崛起中的东莞城市新区（东莞市寮步镇） .... - 270 -
调结构促发展　建新城惠民生（东莞市茶山镇） .... - 274 -
中山绿道造福和谐中山（中山市住房和城乡建设局） .... - 278 -
科学发展　幸福新会（江门市新会区） .... - 284 -
惠民工程顺利实施（江门市住房和城乡建设局）
　　——江门绿道建设成绩喜人 .... - 288 -
解难案　办实事　强综治（湛江市霞山区）
　　——努力构建综治信访维稳工作新格局 .... - 292 -
科学发展　幸福肇庆（肇庆市地方税务局） .... - 296 -

CONTENTS 目录

坚持绿色崛起产业兴区发展思路（肇庆市鼎湖区）
　　——西江生态新城呼之欲出 .... - 302 -
打造科技新城　建设幸福大旺（肇庆市高新区）................. - 306 -
加快转型升级　建设幸福高要（肇庆高要市）................... - 310 -
"三箭"齐发促转变（肇庆四会市）
　　——四会加快经济发展方式转变 .... - 314 -
科学发展谱华章　转型升级铸辉煌（肇庆市德庆县）
　　——德庆县经济社会发展成效综述 .... - 318 -
幸福新广宁（肇庆市广宁县）................................. - 322 -
抢抓机遇求突破　科学发展谱新篇（肇庆市封开县）............. - 326 -
怀集：建山区科学发展示范县（肇庆市怀集县）................. - 330 -
打造旅游文化强县、实现美丽山城崛起（揭阳市揭西县）......... - 334 -
推动科学发展，建设幸福云城（云浮市云城区）................. - 338 -
粤西名城　幸福罗定（云浮罗定市）........................... - 342 -
禅宗之都　幸福新兴（云浮市新兴县）......................... - 346 -
"三级联动"强化社会建设（云浮市云安县）
"眼睛向下"创新社会管理
　　——云安县探索建立社会管理新模式 .... - 350 -

中共中央政治局委员、广东省委书记汪洋同志与参事、馆员亲切交谈（图片来源于广东省人民政府参事室）

2010年12月26日，广东省政府参事决策咨询会胜利召开。省委副书记、纪委书记朱明国（右三），省委常委、常务副省长朱小丹同志（右二）出席会议并发表重要讲话，省委常委、副省长肖志恒同志（左三）主持会议，省政府参事室（文史馆）党组书记、主任（馆长）周义同志（左一）作了相关调研工作汇报（图片来源于广东省人民政府参事室）

珠海市

十字门中央商务区标志性构筑物"海之珠"，以滋润万物的水滴造型，寓意生生不息的生态能量和融入世界经济发展大潮的趋势，体现了珠海打造绿色生态城市的精神诉求

珠海西部城区，水在城中，城在水中

中山大学珠海校区全景

珠海高尔夫球场

佛山市

东方广场夜境

绿道畅游	百年大修后的佛山祖庙门前充满节日气氛
	佛山市领导为获得"佛山市民最喜爱品牌"企业颁奖

韶关市

2008年8月，韶关市一中高中部实现整体搬迁。图为新校区2009年10月18日建成开放的韶阳楼（赖金棠摄）

惠州市

石化小景

东莞市

东莞松山湖

东莞青少年宫

江门市

华博馆 健帮摄

欧陆风情街

阳江市

阳江风筝比赛盛况

清远市

多彩民族文化

优质水果

一江两岸风光

中山区域绿道博爱路示范段

区域绿道4号线中山五桂山和平村段

综合类

解放思想 改革开放 发展战略

关于广东区域发展战略定位问题
——从被动接受国际分工到主动参与国际分工的战略转换

广东省社会科学院"广东区域发展定位课题组"

编者按：科学认识和确定广东区域发展定位，对于制订正确的发展战略和发展政策，构筑经济地缘优势和区域竞争优势，拓展可持续发展战略空间，服务全国发展大局，具有十分重要的战略意义。本报告获2009年"广东省哲学社会科学优秀成果奖"调研咨询报告类一等奖。原载《广东社会科学》2007年第5期，原文11.9千字，《新华文摘》2007年第21期转载。2008年1月上报省委。2008年1月11日，得到省委主要领导充分肯定并批示：这是一篇好文章。我们的许多同志，包括一些领导同志，至今仍然沉溺于扩大物质生产的传统发展思路，没有总结广东作为"排头兵"应当努力占领产业发展的制高点，参与全球竞争，带动全国发展，使广东发展的经济社会效用最大化。

广东区域发展的区位性质（或定位）是随着国内外形势和经济社会发展进程的变化而变化的。西方工业革命以来，随着东方的衰落和西方的兴起，以及此后西风东渐格局的形成，广东因其特殊的地缘环境，在我国的社会变革和经济发展上扮演着重要而特殊的角色。"虎门销烟"拉开了鸦片战争和中国人民反帝、反封建救亡图存的序幕，广东一方面成为接受西风东渐的桥头堡，另一方面成为我国反帝、反封建民主革命的出发地；上世纪50年代至70年代随着东西方铁幕冷战的展开，广东成为对敌斗争的前哨阵地和前线（内地则成为对敌斗争的二线、三线后方）；党的十一届三中全会后，随着战后东西方冷战的消解和我国改革开放浪潮的来临，国家和民族发展处于命运攸关的历史时刻，广东又一次依托特殊的地缘地位，特别是毗邻港澳的地缘优势，成为中国改革开放的先行地区，要为我国在新形势下的新发展"杀出一条血路来"。广东人民没有辜负党中央和全国人民的期望，用了十多年时间为社会主义市场经济新体制的创立，为的在东西对抗、西强我弱情况下的全面对外开放闯出的新路，提供了经验，并带出了上世纪90年代中后期全国大开放格局和东西南北中区域经济群雄并起格局的形成。在这一时期，广东在对外开放发展，参与经济全球化过程中，把握世界经济分工格局大变革、大调整的战略机遇，接受国际加工制造业的产业转移，迅速成为国际加工制造业基地。同时也成为在经济全球化格局下我国各地区国民经济工业化的先行区、示范区、辐射区。无疑，合理的区域发展战略定位既为广东20多年国民经济高速发展和社会快速变迁创造了十分有利的前提，也有效地服务于全国发展大局。

进入21世纪，随着国际、国内发展格局的新变化和广东自身进入新的发展阶段，广东区域发展的战略定位也面临新的挑战。必须与时俱进考虑广东区域发展新的战略定位，再创广东区域发展新优势。我们认为，根据当前及今后一段时间内国际产业发展新趋势、我国区域产业发展新格局，以及广东经济社会持续发展面临的新矛盾、新任务、新趋势，同时采取经济成长中产业延展式拓展的策略，广东可考虑下述区域经济发展战略定位：坚决实施经济国际化战略和后工业经济战略，深化粤港澳紧密合作，以大珠三角为核心，以泛珠三角为腹地，进一步共同构建以中场产业为龙头的国际加工制造业基地，以物流业为龙头的华南沿海国际商务服务基地，以信息产业、文化产业为龙头的华南知识产业集聚基地，全面增强广东作为国内经济与经济全球化对接接合部、转换桥的承接—辐射能力和国际竞争力，实现广东新一轮产业转轨升级,建设经济强省(上述经济战略定位可概括为"双元三基")。这一战略定位要求我们在进一步巩固、优化、提升广东作为国际加工制造业基地和我国加工制造业龙头地位的同时,相对超前呼应国际产业分工演变的有利时机和国内工业化、信息化发展的大趋势,发挥广东作为国际产业分工和国内区域产业分工接合部,国际产业大循环和国内区域产业大循环转换带的区位优势,深化粤港澳合作,承接国际产业新转移,发展以物流业为龙头的国际商务服务业,以信息产业、文化产业为龙头的知识产业,使广东,特别是大珠三角加速成为为国内(首先是泛珠三角区域)市场、国内(首先是泛珠三角区域)产业链与国际市场、国际产业链对接服务的区域性国际商务服务中心区,对接世界知识产业转移的转换带和国际信息生产、传输、服务中心区。由此,我们应逐步由工业经济战略思维向后工业经济战略思维推进,形成工业经济战略和后工业经济战略相衔接的二元战略思维;内源经济与经济全球化深度对接的开放战略思维。这一战略思维的转变,决定着未来10年~20年甚至更长远时期内广东国民经济的可持续发展,特别是决定着广东能否防止在国际、国内发展格局演变中被逐步边缘化。当然,实现这一战略转换,需要经历10年~20年以上的时间。但必须从现在开始起步,时不待我,勿以时长而今不为。面向未来我们将直面以上海为龙头的华东地区的挑战,更直面强大的国际跨国公司的挑战,所以必须从今天开始应战。

我们对广东区域发展新的战略定位是基于下述理由和理论依据的:

一、国际、国内发展战略形势分析

从国际看,随着后工业社会的来临和知识革命的发生,在上世纪最后20年环大西洋经济圈的产业加速由中端(生产)向上端(研发)和下端(服务)转移(见下图),已基本完成了由工业社会向后工业社会、知识服务社会的蜕变。虽然他们逐步离开了生产环节转向研发、服务环节,由物质经济转向非物质经济,但由于这两个环节支配着全球产业链,因此环大西洋经济圈不仅没有丧失他们在全球经济体系中的支配地位,相反进一步强化了他们对全球经济的主导能力。这一实质也反映在全球价值链的变动上。著名的微笑曲线揭示了这一利益变动新格局,即产业链上端(研发)和下端(服务)变成价值链的高端,利润收益最高。相反,中端(生产)被挤到国际产业价值链低端(见下图)。如我们出口一台DVD售价32美元,交给外国人的专利费是18美元,成本13美元,中国企业只能赚取1美元的利润。一台售价79美

产业链分工

上端中端下端 ←——————————→

概念、技术产品创新生产销售及各种服务

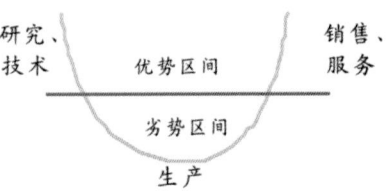

元的国产MP3,国外要拿走45美元的专利费,制造成本要32.5美元,中国企业获得的利润只有1.5美元。其实,在两头在外的产业链中,上、下端为国际资本撑控的情况下,国际资本至少剥了我们的两层皮以上:技术专利费和销售超额利润。这一变化过程仍将继续深化。

特别值得注意的是,随着我国加入WTO过渡期的结束,我国产业面临的更严峻的国际竞争将由生产领域转向商务(如物流、商业、金融等)领域和知识技术领域。在去年我们就开始提出,未来10年~20年内我们将决战商业模式,15年后继而决战科技模式。加入WTO过渡期结束后,我们首先面临的挑战是,国际跨国公司正以富于强大竞争力的先进的商业模式进入中国,并有可能逐步掌控、主导国内市场,由此大规模掌控我们的产业体系。如果不能较快地建立起拥有强大竞争优势的商业模式,就有可能在未来10多年内,我们不仅没能在国际产业链和国际市场中建立起我们自主的竞争优势,而且会使我们在过去20年~30年时间里建立起来的产业体系尽入国际跨国公司的囊中(现在已现国内市场的国际商战硝烟了)。因此,我国沿海先行地区如果不建立新的战略思维,率先创新商业模式,抢占中国产业链与国际产业链对接的制高点,特别是构建国际商务服务业竞争优势,我们将可能导致难以

弥补的战略失误。另一方面，发达国家一直垄断和支配着知识产业，即使是印度成为重要的国际软件生产基地，也仅仅是国际知识产业链中的较低端的外包环节。我国具有良好的知识产业发展的资源和市场基础，但仍未形成强大的产业聚集能力。广东可以发挥产业聚集配套优势推动知识产业在广东的进一步的产业聚集，加快引领我国知识产业在产业层面上的聚集及与国际知识产业链的对接。

同时，从广东的角度看，广东的加工制造业，特别是劳动密集型产业，已经开始直接面对相对晚工业化国家（如越南）的比较优势挑战（据厂商反映，越南的要素成本约相当于珠三角的三分之一），也面对国内相对落后地区的比较要素成本优势挑战。未来5年~20年内，加工制造业作为广东国民经济增长的主力军或主导产业的作用将会逐步被降解。因此，我们应尽快建立工业经济战略与后工业经济战略并存的二元战略思维，迅速拓展我省经济社会发展新的战略空间。

从国内看，特别是从泛珠三角区域看，第二梯度、第三梯度地区已经开始进入工业化快车道。这一工业化浪潮必然要依托国内市场和国际市场两个市场，国内资本和国际资本两种资本。由此，将会形成国际产业与国内产业、国际市场与国内市场、国际产业循环与国内产业循环在沿海地区的大对接。我们必须高度关注这一战略态势。兄弟省、区的工业化起飞不仅仅是对我省产业发展的挑战，更重要的是给我省产业结构优化升级提供了新的战略机会和战略空间；他们的工业化必然对沿海先行地区提出更广泛的服务需求（对此，我们已经从南北向、东西向的交通运输的快速成长中感觉到了）。

从沿海地区看，全线开放正处于新的升级期。以上海为龙头的华东地区正在进入以产业国际化为特征的新的工业化。上海在前几年就实行退二进三，发展以物流业为龙头的生产性服务业，打造"东方国际商业之都"，并期望超越香港成为中国对接国际市场的第一通道。以京津融合为龙头华北地区进入新的成长阶段。天津正迅速成为华北地区乃至更广阔区域连接世界经济，对接经济全球化的枢纽和通道。福建配合中央的维护台海和平，促进国家统一的大局，加速打造海峡西岸经济带，推动海峡两岸的经济合作和融合，并借此推动福建经济发展进入新阶段。广西、云南紧紧把握中国－东盟（10+1）自由贸易区2010年全面启动的前效应，配合中央的周边国际战略布局，推动向东盟的开放和合作，使他们成为中国对东盟开放合作的桥头堡和大通道，并借此为动力推动本省（区）经济的新的腾飞。特别是广西，还推动泛北部湾经济区，并力争使之上升为国家战略，争夺我国大西南出海大通道的战略高位。可以预见，一个大西南区域大开放和国际大开放新格局正在广东西边酝酿形成。

在此格局下，广东是仅仅满足于自我守成，陶醉于GDP的高增长呢？还是要面向全国，放眼国际，把握新机遇，发挥和增创地缘经济新优势，确立新的区域发展战略定位，走向新的发展台阶呢？显然，在全国特别是沿海各区域面向未来纷争战略高端势位，力图构筑新竞争优势的形势下，广东必须跳出广东看广东，确立全球发展视野和全国发展大局意识；必须超越短线思维模式，确立长远战略意识。要在经济全球化大背景下把广东放到全国发展大格局中，正确认识"我从哪里来？现在在哪里？将向哪里去？"正确解决广东区域发展战略定位问题。

当前值得警惕的是，我们容易满足于国际加工制造业基地的荣耀，自困于传统工业化发展思维，忽视新的国际产业链的形成及其进一步演变的新趋势，而陷于自我边缘化的困境中。必须看到，知识产业、文化产业、现代商务服务产业等非物质经济产业已经成为世界强势产业和经济发展主流，而加工制造业等物质经济正在被相对边缘化，成为弱势产业。但是，工业化又是我们经济成长必经阶段。因此，需要我们在推进工业化的同时努力把握国际产业发展战略机遇，主动切入国际产业链强势环节，逐步构筑经济国际化的自主产业基础。否则，虽然我们的经济高速发展了，GDP规模大了，但国民经济体系的国际依附性更严重了。

此外，我们还要进一步考虑在国际产业大循环和国内区域产业循环的总链条中，广东如何与第二、第三梯度地区形成异构互补共赢发展格局，避免同构竞争互损格局的出现。必须看到，解决这一问题的矛盾主导面在我们，取决于我们的战略走向。如果我们能够用10年至20年时间，实现由工业经济向后工业经济的过渡，这不仅使广东经济发展进入一个全新的境界，而且形成与第二、第三梯度地区异构互补发展格局，必将有利于辐射和推动第二、第三梯度地区的经济发展，更好地服务于全国发展大局。

二、广东发展战略区位分析

从正常的经济成长阶段看，广东远未进入由工业经济向后工业经济过渡和转换的时候（参见下图）。从国际发展经验看，由工业社会转入后工业社会，一般要达到人均GDP10000美元以上。广东人均GDP2006年才超过3000美元，处在工业化的中略偏后阶段，即处在工业化中进阶段，还未进入工业化成熟阶段。即使珠三角人均GDP超过了5000美元，仍处在工业高度化阶段。但由于广东所处的特殊的经济地缘区位和国际、国内经济发展的特殊形势，特别是置身于规模庞大的本国经济体中，广东完全可以借此采取错位发展的战略定位，超前向后工业经济推进。

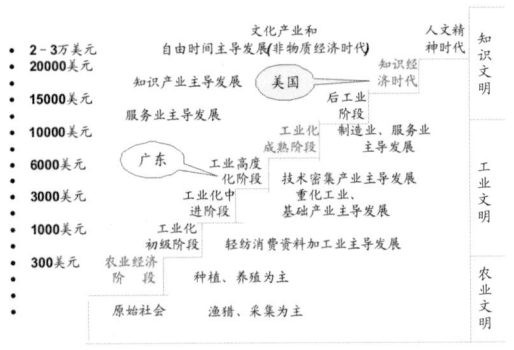

一是广东的特殊经济地缘区位，即处于国际产业大循环、国际产业链与国内产业循环、国内产业链的接合部，特别是大珠三角本身就包含了香港国际商业金融中心和澳门国际博彩、旅游、休闲中心，是内地与国际经济对接最方便、最现成、最低成本、最有效率、最具优势的地方（参见下图）。内地其他地方，即使上海，在相当一段时间内也难以超越以香港为龙头的大珠三角国际商务中心的优势地位。这为广东超前向后工业经济推进提供了十分重要的基础条件。广东可以借助两个产业循环结合部的区位优势，借助国际产业循环与国内区域产业循环双动力加速产业结构升级和优化。

二是上世纪后20年发生，至今继续深化的知识革命，使环大西洋经济圈跨越了工业文明进入知识文明，同时世界加工制造业加速向亚太地区聚集，形成新的工业文明经济圈。这一国际经济分工格局又形成了环大西洋知识经济圈与亚太工业经济圈的庞大的商品、信息、金融、知识、技术的交易和流动。香港在上世纪80、90年代最终成为这两大经济圈商品、金融、商务、知识、信息交流的最重要的国际枢纽。随着国内第二、第三梯度地区的工业化起飞，内地会继沿海地区之后更大规模地卷入两大经济文明圈的国际经济交流中，从而在华南地区形成以物流为龙头的更庞大的物流、金融信息商务流。广东完全可以发挥毗邻港澳优势，加强粤港澳合作，共同打造服务于内地经济与国际经济对接交流的强大的商务枢纽和商业中心。

三是随着亚太地区区域经济一体化或区域合作的加强，为我国经济自主走向经济国际化提供了重要的机遇。这包括：中国－东盟（10+1）自由贸易区的建立，中日、中韩经济交流与合作的深化，甚至远及太平洋东西两岸的经济互动。党中央对于我国与亚太地区的国际关系格局，已经有了清晰的战略判断和大局安排，问题是广东能否利用地缘区位优势积极切入，发挥作用。可见，广东的大局意识不仅仅是保持GDP快速增长，更重要的是自觉地、主动地在党中央的战略大局中发挥积极作用，力促党中央战略大局的实现。如果广东继续自我守成，自我发展，就背离了中央对广东的期待。

四是2003年启动的泛珠三角区域经济合作，为广东加快发展以物流为龙头的国际商务服务业准备了广阔的腹地。目前，广东周边兄弟省区工业化进程明显加快，面向国际市场的物流、金融、商务活动愈加活跃，迅速扩张。未来20年是广东周边兄弟省区工业化起飞、扩张期，经济规模将扩张6倍以上。我们完全可以设想，她将带来巨大的商务服务需求。对此，广东应超前捕捉战略机遇，加强粤港澳合作，构筑新优势，乘势而上，开创发展新局。广东只有加快向国际产业链和国内产业链的上端和下端拓展，才能在国际、国内发展新格局中更好地发挥经济地缘优势。

五是由于广东处于国际产业链与国内区

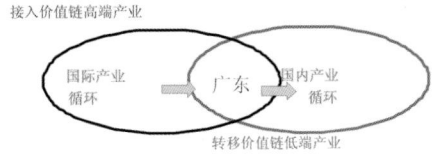

域产业链的交汇区，毗邻的香港又具有较强的国际经济吸纳力，广东可以率先接受国际先进产业的辐射和转移，使广东成为国内产业变革和产业结构升级的先行区。如果广东放弃这一优势，将由于其他区域（如上海为龙头的华东地区、京津为龙头的华北地区）的抢位竞争而被边缘化，失去龙头区域地位。

六是广东是资源（包括土地、低成本劳动力资源）相对短缺的地方，与国际、国内其他地方相比，除了产业集群优势和经济地缘优势还很突出外，其他比较优势正在迅速弱化或消失。资源环境和市场环境双紧约束下，广东的传统产业发展模式显然已经难以为继。或者说，相对于加工制造业而言，广东的经济地缘优势正在快速减弱，但相对于知识、信息产业，特别是国际商务产业（服务业），比较优势仍然十分明显，并可能进一步加强。但取决于我们的战略抉择。

综上所述，广东加速推动产业转型，即由工业经济向后工业经济延伸、拓展，已具备较成熟的条件和优势，是可行的而非一厢情愿。广东经济外向度很高，但广东外向型经济以两头在外为基本特征，其发展一直为外所主导，缺乏自主性，可以说仍然是一种依附型的外向型经济。除客观原因外，一个重要的主观原因是广东一直缺乏自觉的国际视野。进入21世纪，从筹备省第九次党代会报告起，一直在"经济国际化战略"的判断上摇摆不定，延缓了广东经济国际化进程和地缘区位优势的再造。今天，广东唯有与港澳进一步携手，走向经济国际化，要从被动接受国际分工转向自主参与国际分工，才能持续保持和优化区位优势，才能获得国民经济持续成长的关键动力，才能为国家发展大局作出新贡献。对此广东应有清醒认识和判断。

当然，自主走向经济国际化，对于省委、省政府及各级领导，甚至对于企业驾驭国际发展能力都是新的考验。即要由"船老大"升级当"船长"。原来我们是在珠江里驾小船，两岸、航道、水势、方向等均目所能及，我们凭船老大的驾船经验就可以驾轻就熟了。现在船开到了珠江口，要驶向太平洋，我们面对的将是看不到陆地的茫茫汪洋，凭船老大的经验不行了，东南西北找不着方向了，也不知道洋流风势，目的地在哪。现在广东的经济成长之船已经到了伶仃洋上，需要我们有一个坚定的战略判断和战略调整。广东经济必须要以国内经济体为后盾，果断地走出太平洋，走向大西洋。

三、新区域发展定位的战略价值分析

考虑广东区域发展战略定位，必须要进行战略价值分析，即必须注意战略定位的战略价值。所谓战略价值，就是通过合理的战略定位和战略抉择，寻求全局利益、长远利益的最大化，并保障战略利益的持续增长。上述我们对广东未来区域发展定位，也是基于下述战略价值分析：

1、有利于构筑广东未来区域发展地缘战略新优势，实现由经济大省向经济强省的飞跃。由国际加工制造业基地向区域性国际物流商务基地转换，将使广东由生产型区域向服务功能型区域转变，大大提升广东在国际产业链和国内区域产业链的地位和作用，把区域经济的客观地缘优势转变为现实的地缘经济竞争优势，为广东产业结构持续升级和国民经济持续成长奠定良好的区位条件。

2、有利于广东依据产业成长进程和规律率先加速广东产业结构升级，拓展广东经济发展产业空间。特别是在经济全球化与我国经济大开放的背景下，广东可以不需要等待国民经济工业化完全成熟了再转入后工业经济，而是可以借助国际、国内产业、市场空间，适度超前错位进入后工业经济，使广东获得巨大的战略利益。

3、有利于加速推动广东产业向国际产业价值链和国内产业价值链高端转移，获取巨大的直接的产业利益。而根据国际、国内经验和理论分析，产业价值链高端位于产业链的上端（研发）和下端（服务），而中端（生产）则处于价值链低端。

4、有利于广东经济发展服务于国家发展战略大局。一方面可以通过广东区域性国际商务服务体系支持我国产业自主切入国际产业链。另一方面可以通过与内地第二、第三梯度地区错位互补发展，为他们的工业化起飞提供服务支撑。此外，也是为配合了我国的国际外交战略。

5、有利于广东加快构建高质和谐社会。广东区域发展定位的转换必然带来产业结构的升级优化，引致社会人口结构向中产阶级主导的人口结构转换和优化，大大提升人口结构素质，为构建和谐社会奠定良好的人口基础。同时也会有力地改善和优化社会环境和文化环境。

6、有利于协调经济发展与环境保护的矛盾，促进可持续发展。把国民经济增长的主导产业由第二产业逐步转向第三产业，可以在保持国民经济持续高速增长的同时，减轻和缓解经济发展对环境和资源的压力。近两年广东在保持经济高速增长的同时，实现能耗和环境污染的相对下降，主要原因是产业结构的优化，而非技术进步所然。如果我们能加速由工业经济向后工业经济升级，将会从根本上解决经济发展与资源、环境的矛盾。正如我们今天所看到的欧美在工业化之后环境的根本性改善。

7、有利于广东支持再造港澳地区新繁荣。维护港澳地区的稳定和繁荣，是中央给广东的一个重要任务。前20多年，广东通过与港澳地区形成的前店后厂的产业分工，支持和促进了港澳地区的产业升级和经济繁荣。但目前这种产业分工模式已经走到尽头。必须通过粤港澳合作，构筑更强大的国际商务服务中心区，在全国更大范围内，特别是在泛珠三角区域构筑前店后厂的大区域产业分工格局，并争取辐射东南亚，创造粤港澳地区新繁荣。

四、采取产业延展型拓展策略，推动由从国际加工制造业基地到国际商务服务基地的逐步换位

广东未来构建国际商务服务中心区，并不是要简单地退出或淘汰加工制造业，相反，是要在巩固、优化、提升加工制造业的基础上，通过产业横向和纵向延展，逐步"长入"国际商务服务业和知识产业，并使国际商务服务业和知识产业成为国民经济成长的主导产业。因此，未来我省将存在一个长达10年~20年的国际加工制造业基地与国际商务服务中心区逐步换位的过渡期。因此，我省在一个较长的时间内，还需要实施好工业高度化战略。在新区域战略定位下，我们宜实施工业高度化战略与后工业经济战略互补互促的双星战略，以保障我省国民经济持续增长和产业结构快速升级。

广东的国际加工制造业基地也需要优化、升级，主要方向是向加工制造业的中场产业、龙头产业、基础产业聚集，力图在国内和东南亚加工制造业圈中昂起产业龙头。

五、广东区域发展综合战略定位的考虑

上述主要是从经济发展角度考虑广东区域发展的战略定位。从更广泛角度考虑，广东区域发展战略定位是多方面的；我们要以科学发展观统揽，全方位确立广东区域发展综合战略定位：中国以人为本，科学发展，构建和谐社会的先行区；中国深体制改革，创建社会主义现代社会制度的试验区；中国经济对接经济全球化的辐射带和接合部；中华文化与世界文化交汇、融合的思想文化理论创新区；国际政治斗争中抵御西方政治渗透、分化，缓解东西方冲突，推进国家外交战略，展示中国特色社会主义优越性的桥头堡；支持港澳持续繁荣发展的协作区。广东区域发展的经济战略定位，要与其他方面的战略定位互补，互动。

六、进一步深化粤港澳合作

深化粤港澳合作，是实现新的战略定位的支点。特别是香港拥有巨大的国际商业服务业的实力和优势，广东只有和港澳联手，才能更快地形成相应的国际商务服务业体系和能力。这里有两个问题：一是在国际商务服务业领域，粤港澳既可能进入同构竞争，也可以形成优势互补，共构合力新优势。我们宜避开同构竞争，寻求互补合作。二是如何深化粤港澳互补合作，这需要我们对国际物流商务链进行全面、系统、深入的分析研究，而不是停留在一般口号上，形成操作层面的思路，并作相应的制度安排。

七、广东内部区域板块的战略布局定位

实现广东的区域发展的战略定位，需要对广东内部各板块进行合理的区域分工和战略布局。有以下几个要点：一是粤港携手构建以珠江口港口群为主枢纽，湛江港、汕头港为支点的沿海港口（海港、空港）物流带和国际商务服务产业带。二是依托沿海港口物流带拓展和建设以能源、材料、装备制造业和中场产业为骨干的临海国际加工制造产

业带。三是在次沿海地带建设集约化加工制造业基地（如河源模式集约化工业基地，要防止加工制造业在次沿海地区和山区遍地开花）。四是在汕头、梅州、韶关、肇庆、湛江等地建设沟通与内陆兄弟省区经济联系的物流、商务二级枢纽。五、要重视和加快培育一批大型现代国际性物流、商务企业。

八、实现广东区域发展新战略定位的三大目标

1、优先打造广东软实力，增创广东软实力新优势。必须看到，面向未来发展，与我省硬实力优势相比，与港澳地区及沿海其他地区（如华东、华北地区）相比，广东软实力不具有明显优势，甚至明显落后。但没有强大的软实力优势，是无法支持广东产业结构向产业链上、下两端拓展的。必须看到，不仅发展知识产业需要良好的软实力，而且现代国际商务服务产业也是高科技产业、高智慧产业（如发展第三方物流、现代金融业等等，是非物质性高科技产业），需要高度的智力资源、丰富的组织资源、广阔的思维视野、良好的理性环境。因此，要引起各级领导和全社会高度重视、共同参与打造广东软实力。

2、优先推动制度创新，强化制度供给能力。必须看到，虽然广东在体制改革、制度创新方面在全国仍有一定先行优势，但相对于发达国家，相对于向产业链两端延展的需要，我们的制度供给明显不足。产业链中端的物质生产环节在直接生产过程是相对封闭的，只在产前、产后与市场对接时是开放的社会化的，而产业链上端（研发）、下端（服务）的直接生产过程本身就是开放的、社会化的。因此，如果没有完善的法制化、制度化、理性化的社会制度环境，我们的生产成本、交易成本就非常高，甚至使研发、服务过程无法正常运行。目前，我们的党委、立法、行政、执法等机构还没有形成制度供给的概念和意识，这是很可怕的。建设法制社会必须有强大的制度供给能力。什么是制度供给不足？例如，一边是大学生毕业后难找工作岗位，一边是农村、落后地方智力资源匮乏，这肯定是因制度供给不足，缺乏合理的制度安排造成的；又如一方面经济社会生活很需要信用资源，另一方面社会信用资源严重缺失，也肯定是制度供给出了问题；再如现在经济社会生活出现平等、公正、正义不足，成为引发社会矛盾的根源，这也肯定是保障社会平等、公平、正义的制度供给出了问题。现在我们在经济社会运行中出了问题往往满足于用临时性手段、紧急性措施解决，而不重视进一步从制度供给层面上解决问题。这需要我们高度重视制度供给问题。

要有效解决制度供给不足，必须加快理论（理性资源）供给和文化资源供给问题。这是实现有效制度供给的必要基础。此外，还要注意正确认识谁是主要的制度供给者。现在有一个误区，把政府作为主要的制度供给者，这是一种偏误。政府部门是行政机关，依法、依制履行社会管理责任。政府自己订规立法，容易导致所立之法规、制度倾向于政府意志和利益立场，而不是体现社会意志和公众利益（如前段时间的医疗、教育、社保、住房等公共产品供给出现偏差）。其实，立法机关才是主要的制度供给者，但现在立法机关的制度供给能力很弱，制度供给方式落后，远未适应经济社会变迁和发展的制度需求。这需要我们作进一步专门研究。

3、努力从"船老大"变为"远洋船长"。现在广东经济社会发展之船已经由小船长成大轮船，而且这条轮船已经驶出珠江口，要走向太平洋、印度洋、大西洋了。"船老大"的经验不足以走向世界了。这需要我们各级党委、政府，还有各企业、事业的领导者要从"船老大"变成有世界目光的"远洋船长"。否则，广东的经济社会发展难以迈上新的历史台阶。几十年的实践表明，广东人"小脑"发达"大脑"不足，务实有余，理性不足。这既是优势，又是劣势。她成就了广东改革开放20年的辉煌，但也成为阻碍广东迈上历史发展新台阶的障碍。所以今后广东在保持"小脑"发达的同时，要补"大脑"不足，让"大脑"也发达起来；在继续保持良好的务实精神的同时，要强化理性精神。如此，广东走向新的历史辉煌有望矣！

（参与研究：梁桂全、王志刚、唐汉生、梁　军、游霭琼等；报告执笔：梁桂全；数据支持：广东发展研究数据库）

广东科学发展分析研究

广东省社会科学院、广东省统计局联合课题组

编者按：根据省委要求，广东省社会科学院和省统计局合作，采取比较分析的方法，对我省科学发展进行评估分析。研究报告完成于2008年12月30日，包含有一个主报告、九个专题分析报告，其中，主报告31千字。成果发中共省委十届四次全会代表阅。这里选取主报告的部分内容予以摘编。

一、广东科学发展综合比较分析

改革开放以来，广东的工业化、城市化和现代化基本上沿袭了传统的路径和模式。因此，在取得工业化、城市化和现代化发展巨大成就的同时，也产生了一系列负面问题，面临一系列不可持续发展的挑战。但自从中央提出树立和落实科学发展观后，以2003年～2004年为转折点，广东经济社会发展开始逐步转向科学发展轨道，并初步显示科学发展的优越性。

近几年的实践证明，科学发展不仅不会约束经济的发展，相反有利于提高经济发展水平和质量，促进经济的健康、高速、持续发展。但另一方面，广东要实现科学发展还有相当距离，传统发展模式的问题和弊端进一步显露。广东先行发展的势头正在减弱，经济社会发展的某些方面已被其他兄弟省市所超越。

二、从若干方面分析广东科学发展状况

（一）从加工制造业行业比较看广东科学发展

依据广东省统计数据，我们从产业的经济带动效应、社会带动效应、生态协调性、产业先进性四个方面对我省九大支柱产业进行量化分析，比较分析和评估这些产业的科学发展现状。

（1）经济推动效应分析，最近两年三类产业增长的变动趋势存在一些值得注意的问题。我省电子信息产业缺乏自主创新能力和市场开拓能力，产业后续发展空间受制。相反传统产业仍有相对较强竞争力。因此，在考虑未来一段时间内我省产业指导政策时，需要加以慎重考虑，不要盲目求"高"追"新"。（2）社会带动效应分析，社会带动效应与经济推动效应的计算结果基本一致，即新兴产业带动效应强、传统产业位居其次，潜力产业效应较弱。但是，个别产业也有不同的表现。（3）生态协调性分析，新兴产业和潜力产业的平均能耗一般要小于传统产业，但是其中的石油化工和森工造纸两个产业因为其独特的资源利用特性，导致平均能耗较高。虽然他们的平均能耗较高，但是单位能耗的经济拉动效应比较大，所以仍然具有较高的发展价值，只是在发展中要更加强调节能降耗，并合理优化能源结构。（4）产业先进性分析，在盈利能力方面，石化位居首位，医药制造业、汽车紧随其后。在市场占有方面，电子信息业位居首位，电气机械及专用设备、森工造纸位居第二、三位。在市场风险方面，电子信息业以出口为主，外贸依存度最高，受国际经济影响带来的市场风险最大。电器机械及专用设备制造业和纺织服装产业的外贸依存度也比较大。其他如石化、建筑材料主要是满足国内需要，而汽车产业面临的仍是国内经济发展带来的巨大汽车需求市场，产业整体外贸风险相对较小。（5）产业经济效益与社会成本分析，劳动密集型产业与资本或技术密集型产业存在非常明显的经济效益与成本差异。下

（二）从三次产业比较分析看广东科学发展

第三产业发展远比第二产业的发展更有利于促进科学发展。但是，广东第三产业发展长期以来滞后于整体经济发展，而第二产业却相对过度发展。显然，广东的发展存在严重的传统发展路径依赖，未能在取得工业化起飞成功后加速推进第三产业发展。甚至存在明显"重二轻三"倾向。2000~2007年我省第三产业占GDP比重分别为44.3%、46.1%、47.0%、45.3%、44.3%、42.9%、42.8%、43.3%，最大下降幅度为2002年的47.0%到2006年42.9%，4年间竟然下落4个百分点。这显然既不符合一般经济发展常规，更不适合科学发展。今后应当把经济增长的动力更多地转到第三产业上来，同时大力开拓服务腹地，加速由工业经济向后工业经济转换，为科学发展奠定根本的经济基础。

（三）从资源、环境损失比较看广东科学发展

改革开放30年，广东经济社会发展长期依赖资源外延式开发的粗放型增长模式，已经面临资源、环境紧约束的挑战，可能导向不可持续发展危机。（1）2007年广东绿色GDP评估分析。广东环境损耗较大，不可再生资源消耗相对较小；珠三角地区环境污染严重，西翼地区和北部山区环境尚好；珠三角地区资源消耗相对较多，东翼地区资源消耗较小；全省人均绿色GDP比人均GDP减少9.68%，北部山区资源环境损失较小。（2）广东绿色GDP历年变化分析。绿色率总体呈下降态势，但恶化趋势得到遏制；资源消耗增速过快，环境损失总体趋稳。

（3）广东省21个地级市绿色GDP评估分析。首先，东莞每年资源环境损耗占比最大，珠海佛山损耗占比上升快速。其次，广州深圳治理污染成效显现，河源清远韶关云浮肇庆需审慎发展。再次，中山汕头湛江资源环境损耗较大，其余门市、惠州市、梅州市、茂名市、潮州市、揭阳市、阳江市和汕尾市等八个城市资源环境损耗占比微小。

（四）从产业链分析看广东科学发展

广东产业相当部分生产环节处在国际产业链和国际产业价值链低端位置；近年来通过政府引导和企业努力，开始逐步向相对高端位置演进，初显效果；但是，我省产业或企业在国际产业价值链中的地位仍不高、附加值空间仍小、受国际微笑曲线高端环节挤压的状况仍较严重。因此，能否努力改善和提升我们的企业在全球财富生产链中的地位，在相当程度上影响甚至支配着科学发展的程度和可能性。一些地区的产业如家电、服装、陶瓷等的演化和创新表明，通过持续创新特别是持续的自主创新，努力掌握产业核心技术、提高产品价值含量、改进商业营运模式，是加快构建现代产业体系，提高广东产业国际竞争力，实现科学发展的有效手段。

（五）从区域比较看广东科学发展

我们把科学发展观指标归纳为三个基本方面，即社会民生、经济发展、生态环境，对广东21个地市实践科学发展进行定量评估分析。从分析可见，各地市科学发展水平差异较大（见下表）。从得分情况看，最高分为深圳的0.86分，最低分为揭阳的0.33分，平均分为0.49，得分的高低排名大体可以反映各地市科学发展的水平。

表：广东21个地市实践科学发展水平指数及排名

排序	地市	社会民生科学发展指数	地市	经济科学发展指数	地市	生态环境科学发展指数	地市	科学发展综合指数
1	广州	0.238	深圳	0.333	深圳	0.328	深圳	0.865
2	中山	0.219	珠海	0.249	广州	0.326	广州	0.806
3	珠海	0.208	广州	0.242	东莞	0.259	珠海	0.697
4	深圳	0.203	中山	0.215	珠海	0.241	中山	0.660
5	佛山	0.172	佛山	0.208	汕头	0.228	佛山	0.604
6	东莞	0.161	东莞	0.175	肇庆	0.228	东莞	0.595
7	惠州	0.137	江门	0.142	惠州	0.227	惠州	0.501

8	河源	0.135	惠州	0.137	中山	0.226	江门	0.475
9	江门	0.112	汕头	0.136	佛山	0.225	河源	0.449
10	韶关	0.110	汕尾	0.134	江门	0.221	汕头	0.448
11	湛江	0.105	湛江	0.121	韶关	0.218	韶关	0.441
12	肇庆	0.087	肇庆	0.118	阳江	0.210	肇庆	0.433
13	阳江	0.085	韶关	0.113	河源	0.206	湛江	0.426
14	汕头	0.084	阳江	0.108	湛江	0.200	阳江	0.404
15	潮州	0.081	河源	0.108	茂名	0.200	汕尾	0.392
16	云浮	0.080	梅州	0.094	云浮	0.193	梅州	0.364
17	茂名	0.078	云浮	0.091	梅州	0.193	云浮	0.364
18	梅州	0.077	清远	0.088	汕尾	0.191	茂名	0.361
19	清远	0.074	揭阳	0.087	揭阳	0.189	潮州	0.352
20	汕尾	0.067	潮州	0.086	清远	0.186	清远	0.347
21	揭阳	0.055	茂名	0.083	潮州	0.185	揭阳	0.331

（六）从国际比较看广东科学发展

为了搞清楚自身的发展现状以及与世界的差距，科学规划未来的发展道路，广东科学发展的国际比较显得十分必要。为此，我们分别将广东与实力最强的美国、日本进行比较；将广东与公认为可持续发展欧洲模式的代表性国家比较；将广东与新兴经济体国家和地区进行比较。因为篇幅的问题，详细分析见专项研究报告6《广东科学发展的国际比较》，这里只归纳主要的结论性意见。

1、与美国、日本等实力最强的发达国家比较

一是经济发展比较。广东经济增长快，保持两位数增长率；融入世界经济势头强劲，对外依存度高。但与美日相比仍存在巨大发展差距。二是创新能力比较。国际上衡量创新型国家主要有三个标准：第一，研发投入占GDP总量的比重是2.5%；第二，科技成果对经济进步贡献率应该达到70%；第三，对技术的依存度要低于30%，从以上三个方面来看，广东的差距都有不小的差距。

2、与欧洲主要发达国家比较

一是经济发展比较。近30年来，特别是21世纪以来，广东经济增长速度远快于欧洲诸国一倍多，与他们的发展差距速度缩小，但人均GDP差距依然突出，仅是他们的7%~10%左右，在经济结构上仍处在工业化阶段（欧洲已进入后工业化时代）；外贸依存度高，但服务贸易额低，表明广东参与经济全球化程度高，却自主能力低。二是科教发展比较。广东教育发展快但仍然明显落后。科技人员比例广东与西欧持平，但经费投入少。三是社会发展比较。社会公平与社会保障广东远逊欧洲。相比之下，欧洲主要发达国家的基尼系数一直较为平稳，并基本控制在30%以下（英国约在35%），表明居民的收入分配比较合理。广东居民收入分配的不合理主要反映在城乡差异上。四是生态环境发展比较。广东人地关系紧张。在空气环境方面，广东面临的环境压力较大。

3、与韩国、新加坡、印度等新兴国家比较

广东GDP已超过"亚洲四小龙"中的香港、新加坡和台湾，并预计2015年可能超越韩国。但是，广东在人均GDP、人均居民消费支出、产业结构水平、产业发展水平、人民生活水平、城市化水平、研发投入和高等教育发展等社会发展方面与韩国和新加坡还有很大差距。

三、广东未来科学发展路径与策略调整建议

广东经济社会发展正处在重要的转型期。我们认为，政府应在下述方面给予特别考虑：

（一）切实加大力度推进市场经济体制和政府行政管理体制改革。体制改革创新的主要方向是完善市场经济体制、产业服务体系，建设良治政府。要加快改造各级政府职能和行政管理服务体制。

（二）以新的制度环境优势促进新一代市场主体（企业家和企业）的成长，特别是加快本土企业家和企业的成长。

（三）以落实国务院批准的《珠江三角洲地区改革发展规划纲要》为契机，调整发展战略，继续以开放促科学发展。一是促进大珠三角（含粤港澳）进一步融合，面向国际，侧重二、三产业产业链整合，重构粤港澳现代产业体系；二是推动粤台产业合作，整合和创新加工制造产业链，面向国际市场建立国际制造业新优势；三是加强粤东（东盟）合作，构建粤东国际产业链；四是远交欧美，加强我省产业与欧美的高位对接；五是加强与国内知识、技术密集区产学研合作，强化我省产业优化升级的科技资源支持；六是继续推进与兄弟省（区）区域合作，扩大产业链开放重构的区域空间。

（四）进一步加强社会治理和环境治理，特别要加强社会信用环境建设和社会保障体系建设，更加注重环境保护和节能降耗工作。

（五）加大力度对全球经济发展动态和国内发展态势研究，进一步提高各级政府科学决策水平。当前特别需要进行系统的产业政策研究。

（主报告总负责：梁桂全、李新家；参与研究人员：刘品安、林平凡、向晓梅、丘杉、郑梓桢、游霭琼、刘毅、梁军、丁力、肖智星、赵细康、刘佳宁、朱欣苑、张媛媛、余贵波、张建平等；撰稿人：梁桂全、肖智星等）

广东省区域综合竞争力评估分析报告

广东省社会科学院课题组

编者按：本报告为广东省社会科学院年度系列专题调研报告，获2009年"广东省哲学社会科学优秀成果奖"调研咨询报告类三等奖。原文约36千字。该系列报告一直得到省委主要领导的肯定。

一、全球金融危机给广东带来的挑战

对于广东而言，至少在以下方面我们需要严阵以待：一是伴随金融危机而来的全球经济萧条会导致广东大量加工贸易企业订单显著减少。二是广东产业转移升级步伐会受严重阻碍。未来几年有可能出现进入广东的国际产业资本总量收缩的情况，特别是来自欧美日等发达国家的世界500强产业资本，有可能难以支撑广东的经济转型与产业升级三是广东可能成为金融危机转嫁的重灾区。

二、广东经济与社会转型面临的困境

在全球金融危机的持续冲击下，广东原来在总量最大与高速增长掩盖下的发展后劲不足问题会充分暴露出来，具体表现在以下方面：
一是广东经济与社会转型的内源力量不足适度调整我们已经推出的一些政策，包括产业转移政策，追求"稳中求好、稳中求快"应当是上策，广东产业转移与升级的方向不变，但是，调整转移的节奏应当适当放慢，广东的发展方式转变不能急于求成。二是广东经济与社会转型的内生需求不足。其中贫富差距的扩大与社会保障的缺乏是关键。三是广东经济与社会转型的制度创新不足。当前影响广东制度创新的最大障碍来自各种既得利益集团的干扰，特别是与权力结合的资本会千方百计地将平坦的世界变成自己垄断的细分市场。

三、广东现有发展成就与实力

广东总量较大但区域发展尚不平衡，综合竞争力沿海地区名列前茅但后劲趋弱。从图1可见，自1978年以来，按可比价格计算，广东30年均增长率达到13.45%，高于全国同期平均3.5个百分点，30年来广东的名义增长速度达到了17.65%，分别高于江苏与山东1.66与1.28个百分点。但是，全省的经济与社会发展主要集中在面积占全省不足1/4的珠三角地区，广大的周边地区并没有获得相应的快速发展。

图1

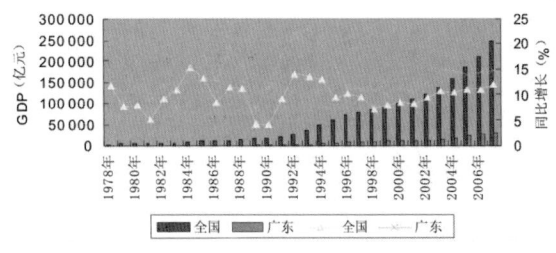

30年广东与全国发展比较

表1　2007年珠三角与周边地区的经济、社会发展差异

发展指标	全省	珠三角	东翼	西翼	北部山区
土地面积	17.98	4.17	1.57	3.17	7.71
常住人口	9449	4491	1612	1521	1591
生产总值	31084	25416	2107	2325	2075
人均GDP	32713	57154	13144	15412	13093
固定资产投资	9597	6819	706	509	1187
实际利用外资	171	152	5	3	11
对外贸易	6340	6101	125	43	71
社会消费品零售总额	10598	7812	1011	1010	765
地方财政收入	2786	1832	85	83	110
居民存款余额	22214	17473	1698	1307	1474
邮电业务总量	3071	2348	273	221	228

表2 珠三角与周边地区各占全省比重（%）

发展指标	珠三角	东翼	西翼	北部山区
土地面积	23.19	8.73	17.63	42.88
常住人口	47.53	17.06	16.10	16.84
生产总值	81.77	6.78	7.48	6.68
人均GDP	174.71	40.18	47.11	40.02
固定资产投资	71.05	7.36	5.30	12.37
实际利用外资	88.89	2.92	1.75	6.43
对外贸易	96.23	1.97	0.68	1.12
社会消费品零售总额	73.71	9.54	9.53	7.22
地方财政收入	65.76	3.05	2.98	3.95
居民存款余额	78.66	7.64	5.88	6.64
邮电业务总量	76.47	8.89	7.20	7.43

图2

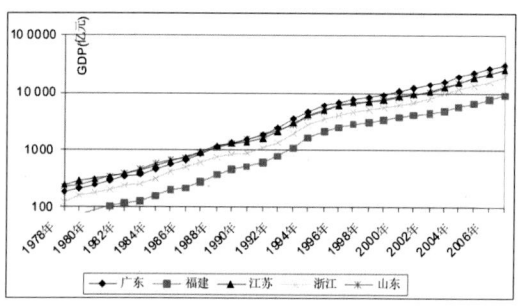

从图2可以看到，改革开放以来，广东与江苏、山东在经济总量上一直处于胶着状态，广东的发展主要得益于率先改革开放的优势，近年来这种优势已经明显趋弱。

从图中还可以看到，广东的长期发展后劲在1992年以后得到了增强，到1995年就开始回落了，在1997年以后，广东的真实发展后劲已经低于均速增长所需的发展后劲，虽然有2004年以来的努力，广东的长期发展后劲下降已经难以避免。

四、广东加快经济社会转型的建议

（一）抓住机遇加快经济转型与产业升级步伐

即使没有全球金融危机的爆发，广东的工业化也已经走到了中期转型这道"坎"上，比较优势的快速失去意味着广东传统的发展模式迫切需要更新，此次全球金融危机则从外部进一步增加了广东转型的压力。广东的经济与社会转型，应当在稳定大局的前提下渐进式展开，应当在企业对自主创新处在"有心无力"时给予正确引导与及时帮助，应当在追求GDP快速增长无望时给予政府更为科学的政绩评估与指导，广东的转型应当按照客观规律来切实推进。

广东经济与社会转型以珠三角产业与劳动力双转移为突破口，如果成功，无疑可以产生"一石二鸟"的良好效果。然而，全省产业转移园的实践表明，上述想法未免失之简单。无论产业转移抑或升级，都涉及产业结构的调整。广东的确存在大力发展第三产业的问题，但决不是依靠盲目冲动就可以解决的。在制定发展战略时首先要搞明白的是我们的"三产"，特别是高端的生产性服务业落后的原因。在缺乏足够的较高劳动生产率企业支撑时，在各地生产性服务市场相互封锁时，"退二进三"的说法是需要予以认真斟酌的。牢牢抓住市场需求的变化及时进行产业结构调整，这是广东经济发展最根本的经验。然而，我们也要清醒地看到，广东经济的快速增长具有粗放型与外源型的基本特征，这种经济增长方式存在着不可持续的难题。

（二）通过刺激内需与发展内源实现良性互动

坦率地说，改革开放30年广东最为软弱的就是过度依赖"两头在外、大进大出"的发展模式，这种依赖最终会成为我们进一步发展与转型的桎梏。在经济萧条时期，通过收入倍增计划刺激内需是有难度的，因此，对于地方政府而言，除了最大限度地刺激本地需求，更重要的是与企业配合共同开拓国内外市场，通过"走市场、建渠道、树品牌"弥补广东企业的生产能力过剩。广东应当充分利用此次金融危机，在继续保持与香港紧密合作基础上尽快实现从间接开放到直接占领国内外市场的跨越。有了市场需求的支撑，广东应当花大力气解决内源型经济发展不足的问题，广东的内需不足在很大程度上是一次分配造成的，而一次分配之所以不公平，关键在我们的外源型经济主导发展模式。在经济萧条时期，要鼓励广东人在低价时积极收购兼并外资企业，通过创业将广东的财富优势变成发展优势，通过创业将广东的外源型经济优势转变为内源型经济优势。

（三）珠三角经济一体化决定粤港澳合作成败

在珠三角以低成本为基础的比较优势消失殆尽后，唯有通过制度创新构建一体化的珠三角市场才能为两地合作赢得新的空间。通过培育统一的要素市场，科学规划区域内的基础设施与产业布局，最大限度地提高本地区资源配置的效率，进一步提升珠三角的国际竞争力，同时，通过制度安排实现本地区百姓的公共服务均等化与分配的公平。

在珠三角经济一体化进程中，我们面临的主要难题有：

1. 如何正确处理政府与市场的关系。

在珠三角经济一体化中，最大的障碍来自各地政府的行政壁垒，政府通过行政手段分割珠三角市场，珠三角市场的一体化首先需要地方政府的放权。鉴于珠三角地区现有的经济基础，建议省委、省政府对珠三角地区的地方政府不实行GDP或者人均GDP指标的考核，并且将各地市场监管的部门，如地税局等收回到省政府垂直管理，地方政府在2007年度财政收入基础上通过省政府转移支付，获得与珠三角地区经济增长相应的财政收入增加，并承担与财政收入相应的社会管理与公共服务责任，从而实现从利益型政府向服务型政府的转变。

2. 珠三角统一规划与各地有效竞争。

珠三角地区的发展需要竞争，但是，这种竞争不是在现有体制下的过度竞争，而是在统一规划基础上的有效竞争。统一规划需要有明确的产业发展愿景。通过规划，珠三角地区应当形成以广州为区域综合性门户城市，以深圳为次中心，其它地级市为本地服务枢纽，各镇（区）为产业集聚地与服务终端的有国际竞争力的区域生产网络体系。珠三角在整体上看，产业的过度竞争与竞争不足同时存在，因此，需要通过珠三角经济一体化规划与市场监管加以改变与调整。

3. 各级政府分灶吃饭与珠三角利益统筹。

要确保珠三角经济一体化有序推进，关键是要从现有的财政体制入手理顺各地政府与省政府的关系。分灶吃饭的本质是按照各级政府的事权来合理划分相应的财权，并且通过在合理的财权基础上形成的利益机制来推进珠三角经济一体化。现在的地级市政府应当逐渐收缩到两部分：一部分是作为省政府的派出机构，由省政府每年提供一定的行政事业经费；另一部分是作为中心城区转到县级政府层面，获得与县级政府同样的事权与财权。

4. 珠三角整体效率提高与利益分配的公平。

广东今天发展的不平衡，原因主要不是市场机制使然，而是来自在现有行政体制基础上的外源型经济发展模式。珠三角地区要成为全国提升国际竞争力的主力区，必须在区域经济一体化上，在整体的资源配置效率提高上，在现有的政府职能转变上狠下功夫。广东经济转型与产业升级的核心就是提高效率，除了通过加强企业内部管理进一步实现生产成本的下降，广东更需要的是在区域经济一体化中通过产业组织实现市场配置资源效率的提升。

（四）通过泛珠区域合作提高开放型经济水平

如何掌握开放型经济的主导权，从被动接受分工到主动参与分工，从资源被配置到配置资源者，这是广东进一步提高开放型经济发展水平的方向。广东要改变自己在开放型经济中的被动地位，要成为地区甚至全球资源的配置者，必须在占有市场与自主创新上狠下功夫。开放型经济的重点是吸引世界500强来广东投资，配置广东的资源，参与广东的发展。在开放型经济中，广东仅仅对香港与澳门开放是不够的，对外我们要加快与东盟各国的合作，对内我们要继续打好泛珠三角这张牌，通过对外与对内的加快开放，广东应当成为整个东南亚地区的战略制高点，成为对内对外都有较大辐射与影响力的区域经济中心。泛珠三角概念的提出，最大的好处是可以有效改变广东在世界500强中的知觉背景，提升珠三角在世界500强心目中的份量。在泛珠三角区域合作中"广东图名、周边图利"，实现从"广东经济"向"广东人经济"的跨越，最终实现让广东人赚取全国人民的钱，让全球高端产业与世界500强企业集聚广东。

（课题组长：梁桂全；执行组长：丁力（主笔）；组员：范西斌、马星）

科学发展　幸福广东
Scientific Development Happiness Guangdong

对接珠三角"绿道网"，建设沿海"蓝色印象带"

——广东建设国家海洋综合开发试验区的突破口

广东省社会科学院产业经济研究所

编者按： "向海洋要资源，要环境，要空间"成为广东未来的重要发展方向，对接珠三角"绿道网"，在全省形成"蓝带绿网"的多彩空间格局，共同成为广东实践科学发展的核心展示区和全国标志性工程。本文原载2010年7月21日广东省社会科学院《专报》，原文8.6千字，省委领导批示认为，这是一个有创意的意见，但有一项基础性的工作要做。并指示海洋局、住建厅进一步调研摸查，提出办理意见。

转变发展方式，实践科学发展是广东在历史新时期的核心使命。为此，广东作出构筑珠江三角洲"绿道网"的重要战略部署，用6000公里长的绿道织成珠三角都市圈的绿地系统"骨架"，用于展示珠三角的科学发展实践。然而，广东争当实践科学发展"排头兵"不仅要在珠三角地区得到集中展现，与此同时，要进一步把科学发展的理念和实践引向全省，其中，因适时把沿海科学发展提上战略决策日程。今年，广东建设国家海洋综合开发试验区获得国家正式批准，广东必须对接国家海洋综合开发试验区建设，借鉴欧美日等发达地区沿海发展经验，建成全国最优美和最发达的滨海岸线之一。

一、修复和美化沿海生态岸线，构筑立体蓝色景观带

"蓝色印象带"建设的首要任务就是沿海生态的修复，其最大的特点是在全省沿海打造一个滨海风情的立体蓝色景观带，把沿海工业建设融入滨海城镇建设，把滨海城镇建设融入滨海生态建设，在全国乃至全球形成"蓝色高地"印象。

（一）建设"沿海绿道"，连通珠三角"绿道网"

借鉴美国东海岸绿道建设经验，自汕头到湛江建成全长4000公里的"沿海绿道"，途经全省沿海各市、城镇，集休闲娱乐、户外活动和滨海旅游于一体。"沿海绿道"将与珠三角"绿道网"连通起来，构筑全省绿道网络，并为未来对接国家绿道提供空间和端口。

（二）美化滨海岸线，建设立体蓝色景观带

学习美国东海岸、旧金山湾，澳大利亚的黄金海岸、大堡礁，意大利、法国的地中海岸线开发模式，对广东全境的海岸线进行景观式美化，从岸海交接处往内陆延伸5公里作为沿海景观带，把海洋、沙滩、青山、河流、潮汐等滨海自然景观元素和路、桥、船、社区、灯光等人工景观和活动区域有机地结合起来，形成立体的滨海蓝色景观体系。

（三）实行沿海生态修复工程，构建海洋蓝色生态新屏障

加快以人工鱼礁为主要形式的海洋牧场建设，加大海洋生物人工增殖放流力度。实施红树林、海草床、珊瑚礁、滨海湿地修复工程，发挥海洋生态系统吸收、存储和转化二氧化碳的作用，发展"蓝色碳汇"。

二、优化沿海生活岸线，构建滨海蓝色城镇带

依托"沿海绿道"建设，把广东沿海的中心城市、城镇和乡村（社区）连接起来，构建滨海蓝色城镇带，并与滨海立体蓝色景观带建设结合起来，注入海洋文化元素，改善渔民民生，建设和谐滨海生活带。

（一）蓝色城镇

在沿海规划中小城镇体系，构建"中心城区——城镇群（次中心城市）——中心镇"的沿海城镇空间体系结构，加强中心城市与次中心城市、中心镇的规划衔接，并用"沿海绿道"将其串联起来。各地按照自身特色进行规划，使沿海城镇各具特色，但均要求突出海洋的蓝色特质，在城镇形态上要求具备海岸景观效应，在环保与形态上与滨海立体蓝色景观带紧密结合，把城镇的形态、特色地理生态条件、文化历史资源与蓝色海洋风格充分结合起来，自然山水与人文资源交响，"山、海、文、绿、人"相融，城镇空间"绿化、环保、生态、舒适、人性"，具有浓厚的岭南沿海文化特色。

（二）蓝色乡村（社区）

实行渔民上岸安置计划，建设渔民新社区。把沿海社会主义新农村建设与海岸线资源科学开发结合起来，大力发展农村海洋经济，全面提升农村公共服务能力，不断提高农民特别是渔民的整体素质，切实改善沿海农村生产生活条件和整体面貌。建设沿海农村排水和污水处理、高氟污染和缺水地区安全供水、生活垃圾处理三大系统，防止污水未经处理直接排放入海。在广大沿海农村大力宣扬"海洋意识"和海洋环保观念，坚持统一规划、因地制宜、循序渐进、规范引导的原则，按照沿海布局规划调整要求，加快编制沿海农村居住点建设规划，积极稳妥地推进沿海村庄撤并整合，实施旧村改造工程，加强规划指导和政策扶持，积极引导农民向沿海城镇和沿海农村新型居住点集聚，逐步建设地域特色明显、基础设施基本配套的沿海农村新社区。

（三）蓝色牧场

广东要引导海洋渔业从"黄水"走向"蓝水"，建设"蓝色牧场"。加强渔港建设，提升渔港的配套功能和建港水平，并与渔区水城镇建设结合起来，把渔港建设成渔船安全避风、渔货集散、生产整休、加工贸易、质量安全监督、生产补给、滨海旅游和休闲渔业为一体的产业基地。

三、改造沿海生产岸线，建设"三合六极"蓝色产业带

广东需要对传统生产岸线进行改造提升，填充海洋特质，变海洋生态污染为临海工业景观，合理布局全省临海工业，建设"三个合作区"和"六个增长极"的蓝色产业带。

（一）节能减排，"穿衣戴帽"，建设临港工业美化工程

建立临港工业污染监测体系，督促沿海工业企业节能减排，减少对海洋的污染排放。实行临港工业美化工程，对工业企业的建筑进行"穿衣戴帽"的改造，以外表清洗和涂刷为主，对建筑进行整洁和翻新；以提质为目的，对建筑的材质、色彩和部分构件进行改变；对既有建筑进行形体重塑，同时对外表、细部构件等进行改造。通过美化工程，能够把临港工业与海洋生态、滨海景观体系紧密地结合起来，成为"蓝色印象带"的重要组成部分。

（二）节约开发，"以海定陆"，科学保护岸线资源

坚持节约开发原则，修订和完善《广东省海洋功能区规划》，统筹规划海洋资源，增强海域综合开发意识，实现由单一产业开发向三次产业综合开发转变，由资源一次性利用向综合利用、循环利用和深度开发转变，由单一经营向多种经营转变。在重点区域坚持"以海定陆"，探索科学围填海，根据岸线资源的特征决定陆地城市和工业开发的强度，不因为陆地开发需要而随意人工改变岸线资源条件。把海洋开发规模维持在海洋资源与环境的承载力基础上，防止无序、无度利用海洋资源。海洋开发要与海洋环境和资源保护同步规划、同步实施、同步发展，走出一条海洋生态系统与经济社会协调发展的新路子，确保海洋环境的健康和资源的永续利用。

（三）合理布局，"三合六极"，建设蓝色产业带

根据海域自然属性的特点和区域资源的比较优势，结合《珠江三角洲改革发展规划纲要2008～2020》和广东沿海各地经济社会发展水平，调整优化海洋产业空间结构，加强资源整合和产业互动，构建"三合六极"蓝色产业带，建设成为广东的大港口、大交通、大钢铁、大能源、大电力、大石化、大造船基地。

"三合"：

一是利用港珠澳大桥建设的契机，布局"港珠澳海湾经济带"，建设粤港澳5个重点合作区域：广州南沙港区、深圳前后海地区、深港边界区、珠海横琴区、珠澳跨境合作区，充分利用港澳服务业的优势开发海洋，粤港澳台合作成立海洋开发银行，着力推进海洋企业在深港上市融资，以及在境内外发行海洋开发债券。

二是策划"粤琼海峡经济区"，利用广东海南跨海大桥建设的契机，进一步加大粤琼两地沿海的经济合作，并对接北部湾经济区，推进粤、桂、琼、闽海洋经济合作，建立省区合作开发协调委员会。

三是以潮汕地区加盟"海西经济区"为契机，与台湾开展海洋经济合作。从汕头湾与高雄港、潮汕新机场台湾机场的运输、物流合作及远洋捕捞合作切入，主动与台湾产业进行对接，有计划地与台湾相关产业形成配套产业链和产业集群，使台资产业在潮汕形成聚集效应。加快推动台商投资工业园区建设，有针对性地承接生物技术等新兴产业，引导台资企业参与投资能源、石化、造船等对区域经济发展有重大带动效益的产业。加快台湾农民创业园建设，拓展与台湾在现代效益农业、旅游观光农业、渔业及水产品加工业等方面的合作。

"六极"：

广州：充分发挥珠江口湾区中心的作用，依托南沙港和黄埔港，构建"港口经济"和"港口文化"为特色的现代产业集聚区，建成全国沿海综合运输主枢纽和集装箱运输干线港，具有重要影响力的海洋生物技术研发和产业转化基地，强化全省海洋行政管理中心作用，打造成全国重要的海洋现代服务业中心之一。

深圳：以港深合作为契机，加强与香港先进的海洋技术和人才的交流与合作，优先发展海洋交通运输业及其配套产业，大力发展海洋医药产业、海水综合利用业、海洋环保业等新兴产业，调整提升滨海旅游业、海洋化工业和海洋油气业等传统优势产业。

珠海：推进横琴岛"特区"建设，拓展壮大临港工业，优化传统海洋渔业，提升滨海旅游产业。以高栏港为中心和依托，发展船舶和海洋工程装备制造业；以万山海洋开发试验区为基础，以高科技发展海洋环保产业，打造海洋与高科技工业结合的休闲旅游新品牌。

惠州：优先发展临港石化工业，以中海壳牌石化和中海油两个大项目为龙头，在大亚湾及其辐射范围内形成石化产业集群；加强发展海洋交通运输业，做大港口，壮大发展大亚湾开发区的规模和适量，加快沿海能源基地、滨海旅游基地、港口物流仓储基地、海水养殖基地的建设。

汕头：以汕头港为依托，开展对台贸易和发展外向型经济，依靠大型项目和高新技术产业优化产业结构，利用海涂、海岛资源填海造陆，建设深水良港，扩大海上腹地

湛江：依托深水良港与区位优势，加强与北部湾经济开发区的合作，重点建设临港石化产业带，能源产业带与沿海钢铁基地等重化工业；加强港口建设，发展成为粤西以及北部湾区域的物流基地；构建以钢铁石化为主导的临海工业、滨海休闲度假、海洋渔业、海洋新兴产业。

四、寻求政策突破，推进"蓝色印象带"建设

"蓝色印象带"建设涉及到经济、社会、环境、文化等多个方面，政策体系的构建是其得以成功的重要保障。重点是依托《珠江三角洲改革发展规划纲要（2008～2020）》赋予广东"先行先试"的权责和国家海洋综合开发试验区所拥有的特殊政策优惠，在政策保障上寻求突破。

加强组织引导，制定"蓝色印象带"规划，并推动落实。以国家海洋综合开发试验区的建设为契机，高度重视沿海经济带"蓝色印象带"的开发建设。由省发改委和省海洋渔业局牵头，联合专业规划单位，结合《广东省国家海洋综合开发试验区建设规划》和《广东省海洋经济"十二五"规划》，制定广东省沿海"蓝色印象带"总体规划和各专项规划，并参照推动珠三角规划纲要落实措施，加强对"蓝色印象带"建设的重大决策、重大工程项目的协调领导以及政策措施的督促落实。同时向国家申请"海上特区"优惠政策。

深化海洋管理体制与机制改革。规范各级涉海管理部门的职责划分，实现管理重心下移，提高管理效率和水平。试行"包海到户"和"海岛承包"，实行"统分结合、双层经营"的海上联产承包责任制，健全近海和海岛开发的体制，解决沿海民生问题。完善省、市、县(市、区)三级海洋功能区划管理体系和用海审批流程，提高海域使用审批

效率。建立重大用海项目储备库，充分发挥省海域使用项目审核委员会作用，完善集体决策机制。完善项目专家评审制度，加强对海域使用论证单位的管理，强化项目的科学论证。

加强海洋意识宣传，营造海洋经济大发展的浓重氛围。彻底改变重陆轻海的传统意识，普及海洋知识，宣传海洋文化，举办海洋博览会和广东"蓝色文化课堂"，打造全国一流的"蓝色文化"品牌。进一步加强海域使用管理的法律法规宣传，分片组织沿海地方政府、有关部门、主要用海企业开展海域管理法律宣贯活动。制作海域使用金征收、减免、分期缴纳等宣传片子，在媒体上分期播放，以实际生动的例子，向政府、企业、社会公众宣传依法用海意识。

形成财政性投资的"蓝色"导向。加大政府引导性投入，加强对各涉海部门的海洋经济发展相关专项资金的整合和统筹安排，调整省级海域使用金的分配比例，省级及沿海市、县、区财政要形成对海洋公益性事业投入的正常增长机制。推进银企合作，开辟海洋产业发展专项贷款，对海洋开发重点项目优先安排、重点扶持。对海域、港口岸线、无居民岛屿等资源的经营性开发实行使用权公开招标、拍卖，创新海域使用权抵押贷款制度。积极争取和合理利用国际金融组织、外国政府贷款以及民间基金，支持符合国家政策的重大项目建设。

构筑海洋科技创新平台，增强海洋科技实力和自主创新能力。由省科技厅牵头组建海洋科技合作联盟，成立全省海洋科技指导委员会，以加强对海洋科技工作的统筹协调。申请建立第二个国家海洋科学研究中心，将它建设成为国家南方海洋科技创新基地，与北方的青岛国家海洋科技创新基地互为补充。积极组织承担国家重大海洋研究项目，鼓励大专院校和科研院的科技力量以多种形式进入企业或企业集团，参与企业的技术改造和技术开发，和企业合作共同开展海洋科技研究和人材培养，共建研发中心和科研基地，培育一批高水平的工程技术中心和产业化示范基地。

建立健全海洋监测网络，构建海洋生态平衡系统。完善海域使用动态监管，加快海洋基础地理空间数据库的数据采集和系统建设，全力配合国家建立天空—海面—水下—水下地质层多维观测平台网络建设，实现气、海观测数据共享、设备共享和数据无缝对接。加快建设海洋环境监测预警体系，加强重点海域、海湾、主要海洋功能区环境监测。建立海洋环境保护责任考核，将海洋环境保护上升为地方政府责任。实施重点海域入海污染物总量控制制度，建立海洋环境容量"以海定陆"的保护模式。组建广东省填海造地开发总公司统筹全省填海造地业务，探索划定禁止围填区、限制围填区和适度围填区。

（课题组组长：梁桂全；执行组长：向晓梅；参与人：吴伟萍、邓江年、燕雨林、张拴虎、杨娟、陈小红；主要撰稿人：向晓梅、邓江年；修改定稿：梁桂全）

推进珠江三角洲区域一体化（经济圈）工作评价指标及评价方法

广东省社会科学院课题组

编者按：为贯彻落实好《珠江三角洲地区改革发展规划纲要（2008～2020）》，推进珠三角一体化建设，课题组，在2010年完成的研究成果《推进珠江三角洲区域一体化工作评估指标及评估方法》的基础上，2011年进一步研究完成《推进珠江三角洲区域一体化（经济圈）工作评价指标及评价方法》。省委领导批示认为，这是由第三方进行考核评价的有益尝试，请省有关部门积极支持，社科院积极探索，争取走出一条路子。

根据汪洋书记2010年5月26日在珠三角贯彻落实《规划纲要》工作会议上的重要讲话精神，制定本评价指标及评价方法。

一、评价对象

广佛肇、深莞惠、珠中江三个经济圈。

二、评价内容

为各经济圈落实《珠江三角洲地区改革发展规划纲要（2008～2020）》、省政府关于五个一体化专项规划（基础设施建设一体化规划、产业布局一体化规划、基本公共服务一体化规划、环境治理与保护一体化规划、城乡规划一体化规划）、省委省政府《实施〈珠江三角洲地区改革发展规划纲要（2008～2020）〉实现"四年大发展"工作方案》、省政府办公厅《关于加快推进珠江三角洲区域经济一体化的指导意见》（粤府办〔2009〕38号）、三个经济圈合作框架协议和有关的专项协议等文件提出的目标任务和分阶段工作任务进展情况，重点评价基础设施一体化、产业布局一体化、基本公共服务一体化、环境治理与保护一体化、城乡规划一体化等方面的工作目标和任务的年度完成情况。

三、评价指标和分值

评价指标包括基础设施一体化、产业布局一体化、基本公共服务一体化、环境治理与保护一体化、城乡规划一体化、体制机制一体化六大类、19项一级指标、60项二级指标（见附件1）。

评价指标体系中的具体指标分值，根据不同情况分别采用指标考核、工作测评和公众评价方法进行评估。

评价指标将实行动态调整，每年依据工作重点从指标体系中选取30个左右的指标进行评价。相关评价指标以2009年为基期。

2011年将选择如下30项指标进行评价：圈内公路网（"断头路"）连通推进程度、圈内年票互通互认程度和城市间公共交通"一卡通"进展程度、圈内交通基础设施专项规划衔接程度、圈内能源基础设施专项规划衔接程度、圈内供水保障一体化程度、圈内防洪防潮建设设施和合作联动程度、圈内水资源设施专项规划衔接程度、圈内城市信息基础设施专项规划衔接程度、圈内产业布局一体化规划衔接程度、圈内产业布局一体化协作发展程度、圈内先进制造业增加值占工业增加值比重变动系数、圈内单位建设用地二、三产业增加值上升率、圈内基本公共服务财政支出增加率、圈内基本公共服务制度对接占比率、圈内基本公共服务一体化专项规划衔接程度、圈内公共卫生一体化指数、圈内就业保障一体化指数、圈内环境信息共享程度、圈内环境监测一体化程度、圈内重点跨界水污染整治项目完成程度、圈内重点大气污染整治项目完成程度、圈内空气质量优于二级指标的天数、圈内空间一体化规划配套政策衔接程度、城际轨道站点周边控制性详细规划报备率、城市规划信息互通程度、城市功能布局对接指数、党委政府的组织协调力度、公众对一体化的满意程度、一体化组织措施对接与落实程度、政府服务对接机制运作成效。

四、评价程序和方式

评价工作由省纲要办统筹协调，省社科院具体负责，省发展改革委、经信委、建设厅、财政厅、环保厅、省统计局参与。

工作评价。由省纲要办牵头，五个专项规划工作牵头单位参加并分别负责相关对口部分。体制机制工作评价部分由纲要办负责。

数据评价。由省统计局负责组织和提供相关数据。由五个专项规划牵头单位分析。

专家评价。由省社会科学院牵头组织专家评估。

评价汇总。在省纲要办指导下由省社会科学院负责。

2010年度进行预评价，由省直各部门根据《2010年省政府工作报告》和省各相关部门2010年初分解下达的工作任务，于2011年2月底前对各市的完成情况进行评分，并将结果报省府办公厅。评价结果作为2011、2012年评价结果的参考，不通报全省。

2011年度评价，将于12（11）月启动，先由五个一体化牵头部门和省纲要办对各自负责领域进行综合考评，并于2012年1月15日前将考评结果提供给省社科院；2012年2月20日前，省社科院完成三个经济圈一体化工作推进情况评价报告并呈报省政府；2月底，省政府以正式文件公报评估报告，并下发给各市和省直各相关部门。

2012年3月，根据一体化工作重点和评价情况对指标选取及本方法进行修改完善，形成正式制度，每年评估一次。

五、工作要求

各市人民政府要按照省委、省政府的工作部署，围绕五个区域一体化专项规划，明确每年的工作目标任务，制定工作计划，狠抓落实，保质保量地完成相关工作任务。

省直各牵头部门要对下达的各项指标任务尽可能量化清晰，加强协调，帮助各市政府解决一体化推进过程中遇到的需省解决的问题，督促各市政府按照省提出的时间节点要求完成相关工作任务，并配合省府办公厅做好考核、评价工作。

珠江三角洲区域一体化（经济圈）评价指标体系

项目	一级指标	二级指标	分值与权重		数据来源	评价方法
基础设施一体化	交通基础设施建设	1、圈内城际轨道交通建设和连接程度	6分	35%	公众打分	公众评价
		2、圈内公路网（"断头路"）连通推进程度	9分		省直部门（省交通厅）打分	工作测评
		3、圈内年票互通互认程度和城市间公共交通"一卡通"进展程度	9分		省直部门（省交通厅）打分	
		4、圈内珠江港口资源整合程度	5分		专家打分	
		5、圈内交通基础设施专项规划衔接程度	6分		专家打分	
	能源基础设施建设	6、圈内电网建设推进和连接程度	4分	20%	专家打分	工作测评
		7、圈内成品油管道建设和连接程度	4分		统计数据	指标评价
		8、圈内天然气管道建设和连接程度	4分		统计数据	指标评价
		9、圈内油、气、电的价格差异系数	4分		统计数据	指标评价
		10、圈内能源基础设施专项规划衔接程度	4分		专家打分	工作测评

项目	一级指标	二级指标	分值与权重		数据来源	评价方法
基础设施一体化	水资源设施建设	11、圈内供水保障一体化程度	8分	20%	省直部门（省水利厅）打分	工作测评
		12、圈内水资源保护一体化程度	4分		统计数据	指标评价
		13、圈内防洪防潮建设设施和合作联动程度	4分		省直部门（水利厅）打分	工作测评
		14、圈内水资源设施专项规划衔接程度	4分		专家打分	工作测评
	信息网络建设	15、圈内无线宽带覆盖程度	8分	25%	统计数据	指标评价
		16、圈内城市信息基础设施专项规划衔接程度	5分		专家打分	工作测评
		17、圈内信息服务一体化程度	12分		省直部门（经信委）	工作测评
产业布局一体化	产业布局一体化发展	18、圈内产业布局一体化规划衔接程度	15分	25%	专家打分	工作测评
		19、圈内产业布局一体化协作发展程度	10分		专家打分	工作测评
	优势产业聚集	20、圈内服务业增加值占GDP比重变动系数	15分	45%	统计数据	指标评价
		21、圈内先进制造业增加值占工业增加值比重变动系数	15分		统计数据	指标评价
		22、圈内高技术制造业增加值占工业增加值比重变动系数	15分		统计数据	指标评价
	资源配置高效	23、圈内单位建设用地二、三产业增加值上升率	15分	30%	统计数据	指标评价
		24、圈内全员劳动生产率提升率	15分		统计数据	指标评价
基本公共服务一体化	基本公共服务投入	25、圈内基本公共服务财政支出增加率	20分	20%	财政厅	指标评价
	基本公共服务过程	26、圈内基本公共服务过程一体化指数	20分	30%	专家打分	工作测评
		27、圈内基本公共服务制度对接占比率	5分		财政厅	指标评价
		28、圈内基本公共服务一体化专项规划衔接程度	5分		财政厅	指标评价
	基本公共服务结果	29、圈内公共教育一体化指数	8分	50%	教育厅	指标评价
		30、圈内公共卫生一体化指数	6分		卫生厅	指标评价
		31、圈内公共文化体育一体化指数	5分		文化厅 体育局	指标评价
		32、圈内公共交通一体化指数	5分		交通厅	指标评价
		33、圈内生活保障一体化（含社保流转等）指数	8分		民政厅 人保厅	指标评价
		34、圈内住房保障一体化指数	6分		住房和城乡建设厅	指标评价
		35、圈内就业保障一体系指数	6分		人保厅	指标评价
		36、圈内医疗保障一体化（含医保异地结算等）指数	6分		人保厅 卫生厅	指标评价
环境保护一体化	一体化机制建设	37、圈内环境信息共享程度	10分	30%	环保厅	工作测评
		38、圈内环境执法合作联动程度	10分			
		39、圈内环境监测一体化程度	10分			
	一体化工作进展	40、圈内重点跨界水污染整治项目完成程度	10分	40%	环保厅 水利厅	工作测评
		41、圈内重点大气污染整治项目完成程度	10分		环保厅	
		42、圈内城镇污水集中处理率	10分		建设厅	数据测算
		43、圈内城镇生活垃圾无害化处理率圈内环境质量指数	10分		建设厅	
	圈内环境质量指数	44、圈内空气质量优于二级指标的天数	10分	30%	环保厅	数据测算
		45、圈内跨市河流交接断面水质达标率	10分			
		46、圈内集中式饮用水源水质达标率规划编制	10分			
城乡规划一体化	规划编制	47、圈内空间一体化规划配套政策衔接程度	10分	40%	省住建厅及各市规划部门	指标评价
		48、城际地区同城化规划完成率	15分		省住建厅及各市规划部门	指标评价
		49、城际轨道站点周边控制性详细规划报备率规划执行	15分		省住建厅及各市规划部门	指标评价
	规划执行	50、城市规划信息互通程度	10分	25%	省直部门	指标评价
		51、城际项目纳入近期建设规划程度实施效果	15分		省住建厅	工作测评
	实施效果	52、城市功能布局对接指数	20分	35%	省住建厅	专家打分
		53、区域特色塑造和公共空间品质提升指数 形成一体化协作共识	15分		省住建厅及各市规划局	专家打分
体制机制一体化	形成一体化协作共识	54、党委政府的组织协调力度	10分	20%	专家打分	工作测评
		55、公众对一体化的满意程度 建立一体化协作机制	10分		公众打分	公众评价
	建立一体化协作机制	56、一体化组织措施对接与落实程度	20分	50%	专家打分	工作测评
		57、一体化决策机制与协调运作成效 创新一体化管理机制	30分			
	创新一体化管理机制	58、政府服务对接机制运作成效	4分	30%	专家打分	工作测评
		59、经济管理协调机制运作成效	10分		省直部门	
		60、社会管理协作机制运作成效	10分		省直部门	

经济类

经济转型 绿色发展 自主创新

广东"三促进一保持"评估分析

广东省社会科学院"三促进一保持评估分析"课题组

编者按：2008年爆发的世界金融危机，对我国特别是我省的经济社会发展形成了强烈的冲击。中共广东省委、省政府提出了"三促进一保持"应对世界金融危机冲击的重大战略决策。2009年5月，根据省委部署，广东省社会科学院成立课题组启动本课题研究工作，系列研究共产生了1个主报告（《应对世界金融危机冲击广东"三促进一保持"评估研究报告》16千字），29个分报告，受到省委领导的高度肯定，为广东应对金融危机发挥了决策参谋作用。

在党中央和国务院的正确领导下，中共广东省委、省政府提出了"三促进一保持"应对世界金融危机冲击的重大战略决策。"三促进一保持"结合了短期政策和中长期战略，既着重解决短期世界金融危机对我省经济带来的严重冲击，力保经济平稳较快发展，又着重解决我省转变经济发展方式的中长期重要战略任务。半年多来，全省人民在省委省政府的领导下，团结奋斗、共渡时艰、力挽狂澜、化危为机，经济形势正在出现积极的变化。

一、当前广东经济运行态势分析

（一）当前我省经济基本态势

2007年7月美国次贷危机爆发并逐步发酵，作为高外向度的我省经济最先感受了这场世界金融海啸的强烈冲击。以2008年11月为转折点，我省经济经历了一次过山车式的由热骤冷的转变，由21世纪以来持续五年的高速增长一下子跌入低谷，今年第一季度经济增长速度下滑到5.8%，增幅比去年同期低4.7个百分点，近20年没有过的下滑幅度。但是在中央正确领导下，我省采取了"三促进一保持"应对方针，力挽狂澜，快速止住下滑颓势，以今年一、二季度之交为转折点，经济运行逐渐由收缩下滑转向止跌回稳，但走向完全复苏将需要缓慢的过程和较长的时间。

（二）当前我省经济态势的主要征象

无论从国际经济形势还是国内经济形势看，当前我省经济运行正进入两个经济增长周期的转换点或胶着期，处在由上周期下滑态势向下周期上升态势的转换过渡中，显示一系列交叉复杂的过渡性征象。我省经济基本面、基本走势是正常的、积极的。同时我省经济态势又呈现各种因素参差交错的复杂局面，存在较大的不稳定因素，对发展周期转换过渡中的各种负面压力因素仍不可掉以轻心。

（三）我省经济形势演变的动力结构分析

在世界金融危机爆发后，我省经济运行的动力构成发生了明显变化。首先，从拉动经济发展的出口、投资、消费三驾马车看：过去拉动经济增长的主要动力"出口"变为逼压经济下滑的主要因素；其次，从三次产业动力构成看：基本态势是一稳、二降、三挺；再次，从市场经济主体的动力构成看：境外投资企业在国际需求市场收缩压力下，成为迫压我省经济下滑的主要因素；第四，从我省九大支柱产业动力构成看，高新技术产业在危机冲击下受影响较大，较脆弱；相反，传统产业因其多数属需求刚性高的产业，因此回复快，成为力挺经济平稳的支柱。

（四）我省经济近期走势分析

根据我省经济运行态势和国内外经济变化走势，预计广东2009年GDP增长在8.0%~9.0%之间，实现增长8.5%的预期目标仍较有把握。

从三大产业角度分析，保增长关键看第二产业的发展态势，可考虑采取稳三促二策略，实现今年增长目标。从地市情况分析，保增长关键看珠三角的发展态势。按照目前的止跌企稳趋于回升的势头看，预计珠三角全年GDP增长8.5%~9.5%。东、西两翼和北部山区受危机冲击较小，整体增长势头较好。综合推算，预计广东全年经济增长率可超8.5%。

综合各方面情况，我省今年经济运行基本轨迹可见：继去年第四季度向低谷下跌，今年第一季度下滑触底，第二季度止跌回稳，第三季度徘徊回温，第四季度有可能小翘尾巴，以保8.5%收局。

二、"三促进一保持"政策效果分析及要着重解决的矛盾和问题

（一）在力保经济平稳较快发展的同时，"三促进"呈现良好势头

一是实施"双转移"，推动区域协调发展成效初显。截至4月份，我省东翼、西翼、北翼工业增加值同比增长分别达到10.8%、4.4%、7.7%，明显高于珠三角地区的1.2%的增长率。二是快速推进实施《珠三角地区改革和发展规划纲要》，特别加快珠三角大都市圈的整合和一体化进程，为危机冲击下的经济发展注入了新的活力和动力。三是广东新十项工程和200项重点安排项目不仅有利于调整优化我省科学发展布局，而且正在成为推动我省经济平稳较快发展的新"引擎"，其投资带来的累积效应将有望加快经济的回温复苏。四是加快推进新一轮体制改革。五是不少地区高度重视扶持中小企业特别是民营企业等市场经济主体建设。六是在力稳外需的同时，全力拓展内需市场，力拓新市场格局。七是在化解危机对社会冲击中大力推进民生工程与和谐社会建设。

（二）反危机冲击中显示的一系列复杂情况凸显"三促进"存在一系列深层次矛盾和问题

从表层情况看，虽然我省经济运行基本止跌回稳，但存在一系列不稳定因素。一是虽然经济止跌回稳，但可能会进入"平底徘徊"。二是上半年推动我省经济正面发展的主要因素表明，我省经济回稳的基础并不牢固。三是从上游行业能源看，发电量、用电量仍处在负数。四是来源于广东的财政收入降幅虽然略有收窄，但仍高达-25%以上。五是从直接调查看，企业对经济前景信心未真正恢复，仍处于观望中，抑制了近期企业特别是民间投资活力。六是反危机冲击对策突出了政府主导的基础投资，但是四两拨千斤的传递效应不明显，如果政府主导的投资不能有效传递到市场和民间，就有可能引致通胀，出现滞胀并存局面。

从深层次情况看，这次危机对我省形成严重冲击暴露了我省经济持续发展的一系列深层次矛盾和问题。一是我省长远发展战略还需要进一步确立和完善，特别是如何借助这次危机暴露的深层次矛盾和问题，确立我省经济持续成长的开放的市场战略和产业战略。二是如何在明晰的发展战略指引下设计我省中长期发展的相对稳定的政策体系，更好地保护地方产业的持续创新和成长。特别是完善我省持续发展的动力系统。三是我省体制改革和创新仍然大大滞后于经济社会发展和国内外形势变化需要，特别是地方金融的发展和创新，仍成为经济持续发展的突出瓶颈。四是反危机冲击的资源配置与当前和长远的经济发展动力结构不相适应。资源进一步集中到政府主导的领域和国有经济领域，呈现"国进民退"的倾向，这不利于借助危中之机加快构建我省经济持续发展的动力体系和市场主体。五是后危机世界经济格局正在出现新的变化，我们必须要因应变化全面调整和创新经济国际化战略。六是面向下一经济发展周期，技术创新、产业组织创新和商业模式创新仍与我省经济持续发展不相适应。

三、深入推进"三促进一保持"的对策建议

当前经济形势正处于由经济下滑收缩到止跌回稳，逐步走向复苏的转折点上，因此，我们需要相应调整战略策略，即从重点"保增长"向再继续"保增长"的同时，重点加强"三促进"；加大力度化危为机，深入体制机制改革，加快经济发展模式转型，为世界和我国下一发展周期的到来抢占先机，奠定先发基础。为此，我们需要有长远眼光，调整理念，由追求高速增长逐步转向中速增长，为"三促进"腾出战略空间和机动能力。

从国际经济发展新趋势和我国经济发展新走向，以及我省经济发展新格局综合考虑，以化解危机冲击为转换点，调战略、重创新、改体制、促协调、强主体、优环境，进一步全面推进和实现"三促进一保持"，其中需要突出抓好六大问题：

（一）处理好保增长与促转型关系

保持经济平稳增长是基础，但只有建立

在转型升级基础上的增长才是可持续的增长。要适时调整以GDP为导向的政策取向，构建以经济转型和结构优化为导向的政策取向。危机必定带来变革。此次全球金融危机必定引发世界经济政治格局的大调整，以及人们生活方式、消费方式和消费行为的调整，广东只有利用危机机遇，加快经济转型，才能适应自身发展需要，更好地应对全球经济大变局。否则，广东有可能因竞争力的丧失而失去现有在全国和全球中的地位，逐渐被边缘化。日本尚未走出迷失的10年，其中重要原因就是经济转型的失败，其海外市场逐渐被新兴国家特别是中国所取代。

（二）调整市场战略，构建支撑经济持续发展的多元市场体系

这次世界金融危机的爆发，在一定程度上结束了20世纪末以来逐渐形成的国际"金融恐怖平衡"。因此我们必须依据新走势调整我省的市场战略和参与全球国际产业分工的战略。具体讲是"四力"，力稳欧美市场，力辟新兴市场，力拓内需市场，力创高端市场。我省经济外向依存度高，且在一定时期内还难以改变，因此需要特别赋予国际市场多元化战略新的时代内涵，构建合理的全球市场布局。将全球市场划分四个层次，并按市场特点，采取相应的开拓对策。

一是将发达国家和地区作为基础性市场进行深度、均衡的开拓，确保发达市场的巩固发展。二是将周边国家和地区作为外贸市场的"基础元"加大巩固和开拓力度，尤其要全面加强与东盟合作。三是将新兴市场作为战略性市场进行有选择的、循序渐进的开发。如墨西哥、阿根廷、巴西、印度、印尼、韩国、波兰、土耳其和南非等。四是暂时还不成熟的潜在市场要给予关注和研究，主动创造市场。

（三）调整增长动力结构，强化持续发展动力

全面构建经济发展动力体系，始终是保障经济持续、高速、平稳发展的核心。一是扩大内需、巩固外需、稳定投资，形成"三驾马车"并驾齐驱的局面；二是稳住一产、强化二产业，突出三产，形成"三二一"产业动力序列体系；三是稳定外向型投资主体，提升民营投资主体，改善国有投资主体，力促由政府投资主导向社会投资主导转换；四是稳定传统产业，开拓高端产业，形成可持续的产业体系。这里特别强调两个问题：

1、从依靠外需到内外需并重转变问题。随着危机中及危机后发达经济体消费方式的变革，从依靠外需到内外需并重是今后广东经济平稳较快增长关键性问题。特别是随着我省将由小康向富裕小康转变，大众高消费时代将降临，我省需要抢抓扩大内需机遇，多形式开拓国内市场。

2、从政府投资向社会投资转变。要从培育基础性市场主体、增强发展自主性出发，广东下一轮经济刺激计划应当制定启动民间投资和扶持中小企业走出困境的一揽子解决方案。

（四）加快体制改革，推动发展动力转换

如果说，广东30年的高速发展动力主要来自中央自上而下"放权"（除了区位优势和广东人敢闯敢干的务实精神外），那么未来30年的发展动力则主要来自广东自身体制机制创新。通过改革，进一步解放生产力。事实上，体制、制度问题已经成为广东下一步发展的根本制约。体制机制改革和政府职能转变的滞后，已经使广东改革开放以来形成的体制优势正在快速消解，甚至旧体制的复归正在恶化广东的投资和发展环境，企业生存越发艰难，优质企业流失。因此，我省需要全力加快推进体制创新，再创制度优势。

（五）以珠三角城市圈一体化、同城化促进内需扩张，并带动环珠三角协调发展

扩大内需的牛鼻子是城市化。我省特别是珠三角城市带正在进入二次城市化或城市现代化新阶段，城市化和再城市化不仅会进一步提升区域竞争力，而且会创造巨大的新需求；不仅扩大政府或社会城市开发建设需求，而且更是提升居民需求能力，促进消费扩张，提升消费品质。要继续抓紧落实《珠三角地区改革和发展规划纲要》，扩大内需，优化发展格局。同时以"双转移"为抓手，继续推进区域协调发展，全面均衡提升全省消费水平和需求能力。与内地二、三梯度地区特别是泛珠三角区域进入工业化快车道相呼应，进一步发挥广东两个市场、两种资源、两个分工接合部、辐射带的地缘优势，大规模拓展区域间产业分工与合作。

（六）突出培育市场经济主体，全面提升运用财富和创造财富能力

进入21世纪以来，广东金融存贷顺差越来越大。这表明，广东运用财富、创造财富能力与财富的增长扩张越来越不适应。解决这一矛盾，关键是两点，一是改善投资营商环境特别是制度环境，特别是金融体制环境，同时不断增创经济地缘优势；二是培育现代市场经济

主体，即企业家和企业。企业和企业家是直接支配运用财富创造财富的承担者，没有富于创新力、竞争力的现代企业和企业家，是不可能有持续发展的国民经济体系。应把创新制度环境，培育市场主体作为核心战略任务或战略基础，持之以恒地抓住抓好。

综上所述，下半年及今后一段时间，继续应对和化解世界金融危机影响，力保经济平稳较快发展，促进自主创新能力提升，促进传统产业转型升级，促进构建现代产业体系，应进一步协调好十大关系：一是协调好增长速度、发展规模与发展质量效益的关系，可考虑在保持平稳中速增长的同时，侧重提升发展质量和效益；二是协调好扩大内需与稳定外需关系，在扩大内需的同时，积极稳定外需，力促经济国际化战略转型；三是协调好保民生与促发展关系，在适度保障民生的同时，力促提升全省经济综合竞争力；四是协调好政府主导作用与发挥市场基础作用的关系，在适度发挥政府主导作用的同时，更加注重市场经济规律，培育市场主体；五是协调好珠三角与环珠三角发展关系，继续高度重视珠三角发展的同时，大力推进环珠三角发展；六是协调好传统产业与新兴高端产业关系，在大力推动新兴高端产业发展的同时，要着力巩固和提升传统产业；七是协调好政府主导投资与社会民间投资关系，积极通过政府主导投资带动和促进社会民间投资；八是协调好发展与改革关系，要加大力度推进体制改革，用制度创新保障经济持续稳定，又快又好发展；九是协调好发达经济市场与新兴市场关系，在巩固发达新兴市场的同时，加大力度拓展新兴市场；十是协调好商品输出与资本输出关系，在继续巩固商品输出的同时，通过资本输出扩大商品输出，反参与经济全球化水平推向新的水平；十一是协调好引进技术（广义技术，含生产方式、商业模式等）与自主创新关系，要适应我国加快崛起的进程，加大自主创新力度；十二是协调好经济发展与金融创新关系，要通过加快金融创新与发展保障经济协调高质发展。

再过一年多，我国经济社会发展又要跨入"十二五"时期。我们需要借助这次世界金融危机凸显的世界经济发展新问题、新格局、新趋势和我国发展大局的调整变革，面向世界、面向未来，理清今后我省经济社会中长期发展的重大矛盾和战略问题，组织力量进行系统研究，努力争做实践科学发展观排头兵。

（研究人员：负责人为梁桂全，撰稿人为游霭琼、肖智星，总撰稿为梁桂全，资料数据支持为余贵波、朱欣苑，课题协调为梁军、汪春青、陈贤波）

科学发展　幸福广东
Scientific Development Happiness Guangdong

关于扩大内需若干重大理论和现实问题研究

广东省社会科学院课题组

编者按：2008年以来世界金融危机对我省的冲击，暴露了宏观经济发展模式深层次问题，从我省省情出发，科学制订扩大内需战略，是当前我省一项重要的战略决策任务。根据省委的要求，我院专门就我省扩大内需战略若干重大理论和实践问题展开研究。本报告围绕"扩大内需战略"从形势、理论和概念、战略思路、重点问题、对策建议诸方面分六个题目展开研究。原文38千字，2009年10月省委领导批示，研究报告对制定扩大内需的战略很有参考价值。成果为广东研究制定扩大内容战略发挥了重要作用。

实施扩大内需战略，是我国国民经济发展新阶段的重要战略选择。去年以来世界金融危机对我省的冲击，暴露了宏观经济发展模式深层次问题，扩大内需也是我省宏观经济发展的客观要求。

一、从理论与战略的结合上系统把握扩大内需问题

扩大内需问题，不是孤立的消费、需求问题，而是重大的宏观经济发展战略、发展模式与发展政策问题。我们在考虑扩大内需战略时，要防止狭义化与短期化，要从宏观经济发展总体战略上很好地把短期政策目标和长期政策目标统一起来。为此，需要从理论上科学把握扩大内需问题。

（一）马克思社会生产理论视角下的扩大内需问题

今天我们提出扩大内需问题，不过是以内需为切入口，科学反思我省宏观经济战略和基本政策，并依据新的形势、新的成长阶段要求，以科学发展观为指导，以扩大内需为抓手，重构广东供给－需求宏观动态系统或社会生产过程，努力再创广东经济发展新格局。

（二）发展经济学视角下的扩大内需问题

制订扩大内需战略，调整宏观经济发展政策，必须依据经济社会发展基本规律、基本趋势。

（三）科学发展观视角下的扩大内需问题

经过改革开放30年高速发展，中国经济高速增长时期是否已经结束？从理论上说中国仍可能存在一个较长时间的经济较高速增长时期。关键是要与时俱进采取科学、正确的宏观经济发展战略和政策。扩大内需必须要坚持符合目的性，最大限度满足人民和社会日益增长的物质和文化需要；必须坚持协调性，即环境、经济、社会、文化与人发展的协调性；必须坚持可持续性，把今天与未来很好地统一起来，不能为了满足当代人的需要牺牲下一代的生存发展条件；必须坚持统筹兼顾，处理好不同地区、不同利益人群、不同领域，不同层次以及本省、全国、国际间的关系。

（四）经济全球化视角下的扩大内需问题

当前我们考虑扩大内需问题时，不应回避、脱离经济全球化，必须保持开放的国际视野，任何回避参与国际竞争的宏观经济政策考虑，都必然要犯重大战略失误。

（五）知识经济视角下的扩大内需问题

两个世纪之交兴起的知识革命，为世界经济持续发展开拓了全新境界和新的发展台阶，也为我国、我省经济的持续发展提供了新的前景和战略选择空间。一方面，知识经济为扩大内需提供了新的创新空间，形成了物质经济需求与非物质经济需求并行发展的新格局，非物质经济（如知识产业、文化产业、现代服务业等）越来越成为社会经济持续发展的新增长空间和主导力量；另一方面，知识经济为社会经济的持续发展提供了

新的动力。我们在考虑扩大内需战略，优化宏观经济发展体系时，需要把工业文明与知识文明结合起来，建立新的供给－需求战略思维，特别是新型工业化战略、后工业经济战略思维等。

由此，我们在思考扩大内需战略时，需要确立几个重要观念：1.社会生产过程统一观念；2.科学发展观念；3.经济全球化观念；4.知识经济观念。只有确立科学理念和世界视野，才能以扩大内需为切入口，把握宏观经济发展全局和长期发展路向，把我省改革开放和经济社会发展引领到新的境界。

同时，扩大内需也是一个涵盖宏观经济发展巨大时空和丰富内容的复杂概念，必须全面把握扩大内需的系统内涵，并相应转化为全面系统的扩大内需政策体系。

二、我省宏观经济发展特征及面临的挑战

（一）我省宏观经济发展有几个明显特征

1.宏观经济发展仍处在高速增长轨道上；2.已经进入或要跨入工业高度化与工业化成熟阶段；3.三大需求对地方生产总值增长的影响（贡献率）波动较大，最终消费率趋于下降。4.从供给结构看，我省宏观经济仍停留在工业经济主导的形态，并在继续强化中，对内需的发展产生明显的负面影响。5.从消费需求结构看，总体上仍处于温饱、小康消费形态，城镇居民开始迈入富裕小康的消费形态。6.我省外需与内需"两张皮"。应对我省经济发展的高外向度问题有一个更符合实际的客观判断。7.从区域看，需求发展很不平衡，形成多梯度复合需求结构。8.从社会收入分配结构看，收入的差别导致消费支出和消费结构的重大差异。9.从存量与增量关系看。扩大内需政策宜采取保存量，挖掘存量潜力的同时，重点扩增量，拓高端。后者具有更持久、更重要的战略意义。

（二）我省宏观经济发展面临的挑战

目前我省宏观经济供给－需求运动的基本面是正常的，但也存在一系列深层次矛盾和问题。1.宏观经济的外循环将面临长期的结构性冲突，必须加快调整和提升经济国际化战略。2.新世纪以来重工业化的强化，客观上约束了最终消费，造成宏观经济内循环结构性冲突，不利于供给－需求的良性运动。3.消费力与消费需求错位的矛盾，制约着内需的扩大。而可支配收入消费率偏低表明，我省仍存在巨大的消费潜力。4.存在多方面有效供给不足，明显约束了宏观经济供给－需求的良性互动。其中，创业不足、创新不足、市场主体发育不足，是约束扩大内需的根本性瓶颈，其背后带有根本性的问题是制度供给不足、文化供给不足、理论供给不足。只有加强制度创新、文化创新、理论创新，全面改善和优化软环境，才能更快地创新和完善走向新辉煌的宏观经济供给－需求新格局。5.市场力（流通力）发展滞后于生产力发展，市场力严重不足。必须培育强大的消费力，这是走向世界重要的战略基础。6.分配体制、分配格局与供给－需求良性互动需要不相适应的矛盾。这一矛盾明显牵制了扩大内需的推进。后危机世界新变革的来临，以及我省发展进入新的成长阶段，我们正面对新一轮发展机遇，也面对新一轮挑战。能否在创造了三十年改革开放发展巨大成功之后，把握机遇，深化改革，调整宏观经济发展政策，推进发展战略转型，再创三十年新辉煌，可谓时不待我，机不可失。或继续繁荣，或走向衰落，我们正处在历史的十字路口。

三、我省扩大内需战略的基本思路

扩大内需战略的出发点和基本目的，是顺应国际国内发展形势的变化和我省经济社会发展新阶段的新趋势，推进发展战略转型，再构良性运行的宏观经济供给－需求系统，增强国民经济发展的主体性与自主性，进一步推进科学发展。扩大内需战略要实现12个具体目标：1.构建供给－需求良性互动机制体系，保障未来10年国民经济增长率不低于10%，20年间国民经济增长率不低于9%。2.实现国民经济发展由主要依靠外向带动向投资、消费、出口协调带动转变，提高发展的主体性和自主性。3.实现人民群众生活由小康到富裕小康的飞跃。4.优化经济结构，促进有效供给，实现供给与需求的高度协调统一。5.构建强固的宏观经济内循环体系，促进经济国际化战略升级，推动资本与产业输出，拓展国际产业链，形成国内市场与国际市场、国内资源与国际资源、国内分工与国际分工协调融合互长的格局。6.进一步促进国民消费由传统消费方式向科学消费方式转变，国民经济发展由传统增长方式向科学发展方式转变。7.构建循环经济体系，创新

科学生产方式，促进环境、经济、社会、文化和人的全面协调发展和进步。8.依托内源型经济，强化自主创新，优化产业分工，促进产业集群，培育强大的市场经济主体。9.进一步完善市场经济体系和调节机制，转变政府宏观经济决策和管理职能，完善宏观经济调控机制。10.进一步改革、完善国民经济分配与再分配体制，建立和完善公共财政体制与公共产品供给体系。11.以城市化、城市现代化、城乡一体化带动扩大内需，以扩大内需促进城乡全面繁荣和协调发展。12.挖掘、振兴和繁荣岭南文化，发展文化经济，通过文化经济发展，促进宏观经济发展高端化。实现上述目的和目标，扩大内需战略应遵循下述原则：1.以人为本原则。一切从提高人民生活水平，增进人民幸福，促进社会文明进步出发。2.科学发展原则。扩大内需战略必须以科学发展观为指导，并有效促进科学发展。3.社会生产过程协调统一原则。必须把扩大内需放在社会生产过程中，并促进社会生产过程的协调、高速、和谐运行。4.开放发展原则。面向世界构建我省宏观经济内循环体系，把外向带动和内需主导有机结合起来。5.自主创新原则。必须把扩大内需战略建立在科学技术持续进步和广泛应用的基础上。6.效率公平统一原则。坚持以效率为主导，公平为基础，构建良性互动的社会经济体系。坚持上述原则，要努力处理好下述关系，达致九个统一：调整、完善宏观经济发展战略与坚持科学发展，转变发展方式统一起来；扩大内需战略和推进经济国际化战略统一起来；扩大内需与促进有效供给统一起来；扩大内需与促进体制机制创新，完善市场经济体系统一起来；扩大消费需求与促进投资需求统一起来；扩大物质性需求与发展精神性需求统一起来；扩大内需与增强国民经济持续发展能力统一起来；发展个人消费需求与发展公共消费需求统一起来；调整优化供求关系与调整交换分配关系统一起来。

四、我省扩大内需战略需着重解决的若干重大问题

扩大内需涉及广泛复杂的宏观经济问题，扩大内需战略必须要从我省实际出发，抓住重大问题、关键领域、要害部位突破。重点七个方面：（一）找准扩大内需突破口问题。包括：1.提升自主创新能力，培育壮大新兴战略性产业，实现工业化的"重头产业"转换；2.推动产业结构高端化，大力发展非物质经济特别是文化产业和现代服务业，开拓扩大内需战略空间；3.加快城市化进程，进一步释放推动供给与需求变革和持续拓展的动力；4.发展壮大地方中小企业和民营企业，实现扩大内需的主力转换；5.高度重视"三农"问题，挖掘扩大内需的巨大潜力空间；6.扩大公共产品供给，形成个体性消费和社会性消费"双轮驱动"格局；7.提高供给能力，构建科学开放的内外需供求互动模式。（二）解决消费环境建设滞后问题。包括创新商业模式、完善现代市场经济体系，发展信用系统等。（三）解决金融服务发展滞后问题。（四）解决不合理的国民收入分配格局对居民消费能力提升的制约问题。（五）解决扩大内需的制度供给不足问题。（六）解决扩大内需的有效企业家供给不足问题。（七）解决扩大内需的文化约束问题。

五、我省扩大内需的对策建议

当前和今后一段时间，我省要围绕解决制约内需扩大的深层次矛盾和突出问题，深化体制改革，完善相关政策，加快建立健全有利于内需潜力不断释放、结构持续优化升级、投资与消费协调发展的扩大内需长效机制。

（一）以改革促内需，进一步释放生产力和消费力

以突破制度瓶颈为核心，加快推进相关领域的改革，改造制度供给系统，实现制度设计从着重围绕外源型经济发展转到启动和扩大内需，促进自主发展的制度建设上来，加快建立扩大内需、促进自主发展的长效机制。1.深化投资体制改革，启动、扩大民间投资，加快政府投资向民间投资的切换。2.深化收入分配制度改革，提高居民消费能力。3.完善社会保障制度，提高消费预期，释放消费潜力。

（二）将扩内需寓于调结构中，促进过剩产能向有效供给转变

1.以国内销售渠道建设、品牌打造为重点，推动和促进过剩生产能力、新增生产能力、潜在生产能力向国内终端消费、中间消费、潜在消费的转化。2.以发展第三产业和新兴战略性产业为重点，促进结构调整。3.继续加大结构性减税的力度，增加启动和扩大内需的"科技元素"，支持企业进行大

规模的设备更新和技术创新，使我省产业与企业竞争力和先进生产力经过这一轮调整之后，有一个大提高、大发展。4.加大对城镇化的推进力度，促进城乡经济社会一体化发展。5.加大对农村基础设施的投入力度，努力增加农民收入。继续加大对农村电网、水利工程、道路、饮水、沼气以及市场流通体系等基础设施的投入力度，改善农村生产、生活条件，促进农村经济发展和农民增收。

（三）以做大做强地方金融为重点，构建扩大内需的金融服务模式

1.坚持改革、开放、创新，做大做强广东金融。2.调整信贷结构，大胆创新，满足产业结构优化升级的金融需求。3.构建自主创新的金融支持体系。4.消除政策歧视，拓宽投融资渠道，大力支持中小企业发展。5.科学规划新型农村金融机构，有效满足农村金融需求。6.大力发展贸易金融，为我省从商品输出走向产业、资本输出提供金融支撑。7.构建和完善消费信贷的服务体系，提升消费信贷供给的能力。

（四）以第三产业发展为重点，构建扩大内需的服务支撑模式

第三产业发展滞后于整个经济发展水平，成为制约我省产业结构和消费结构转型升级的重要因素，也是当前我们扩内需、调结构急需加快发展的薄弱环节。1.围绕产业结构转型升级需要，加快新兴第三产业和现代生产性服务业发展。2.围绕消费结构升级需要，大力发展现代生活性服务业。3.围绕营造良好的消费生态环境，加强、健全、完善立足于扩大内需的政府服务。

（五）打通国际国内两个市场，使扩内需与稳外需成为有机整体

我们在思考扩内需时，不能将国际国内市场割裂甚至对立起来，必须有一个系统、整体的统筹思维，推动我省从以往的单向开放向双向开放发展，进一步拓宽我们扩内需的空间。充分利用国家应对危机各项政策、我国国际地位提升以及区域合作顺利推进的机遇，健全体制机制、完善促进政策。一方面推动我省加快从商品输出向资本、产业输出转变，转移过剩产能，开辟新的需求空间；另一方面，抢抓内陆省区特别是泛珠三角地区工业化、城市化加速推进机遇，政府与企业形成合力，搭建平台，建设渠道，打造品牌，提升向内需市场拓展能力。通过扩内需与稳外需的有机整合提升国际国内两大经济循环系统互动融合，加快我省服务全国、参与国际市场竞争主力省建设。

（主要执笔人：梁桂全、游霭琼）

启动"南海战略",建设"深蓝广东"
——广东省海洋经济发展战略研究

广东省社会科学院产业经济研究所课题组

编者按：在后危机时代以及"中国—东盟10+1自由贸易协定"全面生效的大背景下，广东应以更广阔的全球视野制定海洋经济发展战略，以中国—东盟深化合作为突破口，启动"南海战略"，力促"10+1"合作重心由陆地转向海洋。本报告原载2010年2月5日广东省社会科学院《专报》，原文约9.1千字。省委主要领导批示，这是个大主意，很好。请发改委会同社科院研究进一步组织力量进行规划研究的问题，并提出办理意见。

广东作为海洋大省，俯瞰南中国海，毗邻太平洋，是中国海洋战略的主战场之一。在后危机时代以及"中国—东盟10+1自由贸易协定"全面生效的大背景下，广东应以更广阔的全球视野制定海洋经济发展战略，以中国—东盟深化合作为突破口，启动"南海战略"，力促"10+1"合作重心由陆地转向海洋，把南中国海建成区域经济合作的"内海"，着力构建现代海洋产业体系，打造"深蓝广东"，引领广东由"珠江时代"进入"海洋时代"。

一、"深蓝广东"的战略构想

建设"深蓝广东"，实现"蓝色崛起"，要以南海战略、产业支撑战略、科技兴海战略、港城一体化战略和"和谐海洋"战略等为指引，提升海洋经济在广东国民经济中的比重，优化海洋经济结构和产业布局，推进广东由海洋资源大省向海洋经济强省转变。

（一）战略思路

以科学发展观统领广东海洋经济发展，以建设海洋经济强省为目标，以"宽视野"、"大时空"、"高目标"的海洋战略意识，以"南海战略"为核心，以"产业支撑"为基础，以"科技兴海"为引领，以"港城一体化"为突破口，以"和谐海洋"为方向，向海洋要资源、要空间、要财富、要发展，要"气"势，沿着"河湾—海湾—海岸—海岛—远洋"的发展路径，引领广东从"陆地"走向"海洋"，从"珠江时代"迈向"海洋时代"，不断提高海洋经济的综合竞争力和可持续发展能力，构建广东发展的蓝色引擎，实现"蓝色崛起"。

1、核心战略："南海战略"

抓住"东盟10+1自由贸易协定"生效的历史机遇，加强与东盟各国的经贸往来，构建东盟"10+1"合作的海上通道，力促东盟"10+1"合作的重心由陆地转向海洋，制定南海航运指数，把南海建成东盟"10+1"合作的"经济内海"。

全方位准备对接好国家南海开放战略，为承担国家南海开发战略任务做各方面的储备工作，把广东建成为国家南海开发的物资供应和补给基地、研发和后勤保障基地、资源综合利用和加工基地、产品的推广运销基地、资金筹措和技术人才储备基地，即南海开发的后方总基地。

2、四大支撑战略

"产业支撑"战略。围绕着为"南海战略"提供产业配套和支撑，把海洋产业作为广东省的战略性新兴产业进行培育和重点发展，优化海洋产业结构，构建广东现代海洋产业体系。建设近海海洋产业链系统和终端商品生产加工产业链系统，使海洋产业链体系的资源优势在广东本地快速转化为产品优势，以南海为中心构筑全球化的海洋运输网络体系。突出各个时期的广东海洋产业开发重点和开发时序，促进产业集群化。依托南海开发和广东港口、航道、市场优势，把广东建成我国重要的油气资源战略储备基地之一。

"科技兴海"战略。世界海洋经济发展进入全面依靠科技创新时代。广东要紧紧围绕"南海开发"，以增加海洋财富、保护海洋健康、提高海洋服务能力、推动科学发展的目的，实行高技术先导战略，形成高技术、关键技术、基础性工作相结合的海洋科技战略。积极推进海洋信息化建设，推进"数字海洋"，为"南海开发"和海洋安全、经济、科研、网格、综合、虚拟的应用提供服务。要坚持"加快转化、引导产业、支撑经济、协调发展"的指导方针，紧紧抓住科技成果转化和产业化的主线，尽快将海洋科技成果转化为现实生产力。

"港城一体化"战略。港城一体化，即港口与城市功能的"无缝对接"。依托大型港湾，加快港口建设，壮大临港产业集群，推动以港兴市，促进港口与港口城市紧密相连、互动发展，实现城以港兴、港以城荣。目前国务院已先后批准上海外高桥保税区、青岛、宁波、大连、张家港、厦门象屿、深圳盐田港、天津保税区与其邻近港区开展联动试点，港区联动极大地拉动了当地港区经济的发展。广东的港口城市建设必须解决"港区分离"问题，走港城联动之路。

"和谐海洋"战略。对海洋的开发与保护同步是广东"南海开发"和海洋经济发展的重要原则之一。广东的海洋经济发展将与环境、民生等连接起来，探索建立海洋监督管理机制，建立健全海岸带管理、污染物排放控制、海洋灾害防范防治和统一联合执法监督机制，以及海岸带经济发展和海洋环境资源信息管理系统，有效保护并逐步改善海洋环境，维护良好生态系统，建设海洋民生工程，不断提高海洋生态环境服务功能，完善广东省海洋主体功能区划，努力恢复近海海洋生态功能，实现经济、社会、环境的可持续和谐发展。

（二）愿景定位

在海洋经济发展中，广东需要以"南海战略"为中心，把"深蓝广东"发展目标定位于：南海开发支持基地；东盟"10+1"自由贸易合作的通道与枢纽；广东未来重要的经济引擎和"第二增长极"；我国南方海洋科技研发中心和现代海洋产业发展基地。

（三）空间引导

广东要优化全省海洋生产力布局，结合海洋经济的分布态势，依照主体功能区的要求，形成不同特色的蓝色产业集聚功能区，在总体上形成"一带、三区、四岛群、六中心"的空间布局。

"一带"即是指从湛江到汕头的整个广东沿海的蓝色经济带。广东沿海各城市通过"一带"即蓝色经济带的串联作用，以点带轴、沿线突破（珠三角带动，东西突破）、沿线成带，形成在空间上形成有序格局的沿海蓝色经济走廊。

"三区"即珠三角海洋产业集聚区，粤东海洋产业集聚区和粤西海洋产业集聚区。珠三角以广州、深圳、珠海为重点，加强与港澳、东南亚的产业合作，重点发展临海重工业和现代海洋综合服务业。粤东以汕头为中心抱团融入海峡西岸经济区，加强与福建、台湾的产业对接，重点发展海洋能源业、临港重化工业、水产品深加工业。粤西以湛江为中心抱团融入北部湾经济区，加强与环北部湾城市和东盟的产业分工与合作，重点发展临海重化工业、外向型渔业、滨海旅游业。

"四岛群"即东海岛—海陵岛海域岛群、珠江口岛群、南澳岛群、上下川岛群。规划选取这四大岛群为岛屿开发重点，以临海重化工业和滨海旅游业等大项目拉动自主开发，打造区域海洋产业的发展中心。

"六中心"即广州、深圳、珠海、惠州、汕头、湛江。以这六个城市作为其所在海洋经济区的中心增长点，发挥其作为区域中心的辐射和带动功能，推动广东海洋产业整体发展。

二、围绕"南海战略"构建广东现代海洋产业体系

（一）以海洋高技术的超前部署引领海洋新兴产业发展

海洋生物资源开发技术。主要包括渔业资源调查技术、机械激光探鱼技术，声、光集鱼技术；捕捞技术：渔船将向高效、节能和安全方向发展，捕鱼、加工、冷藏将全部自动化；海洋农牧化将转化为集约化高效型产业；海洋药物开发技术，将形成一种新型

的海洋产业群，海洋药物制品；海发展基因重组，细胞工程技术。建立高新技术的密集型育苗中心，研究和培养海洋生物优良新品种。

海洋油气开发技术。主要包括海洋油气勘探技术在各方面达到国际先进水平；钻井水深将达到1000米，钻井井深达7000米，钻探能力大于5000米；在开采技术方面，水下多相流开采技术投入使用，石油产量将达到3000万吨/年以上。

深海采矿技术。主要包括勘探技术：深地层剖面仪、测深洲好声响、深浅器将投入使用；深海矿藏开发技术：自动采矿系统将投入使用；冶练技术：将采用低温湿式冶练法、高温干式冶练法等较先进的冶练技术。

海水资源开发技术。海水淡化技术：将跨身于世界先进行列，并有广泛的国内外市场。海水化学资源提取技术，海水提盐技术水平达到年产海盐1亿吨的能力，海水提溴的总产量将达到15～20万吨／年的水平。海水提溴技术达到世界先进水平，实现大规模工业生产，产量达30万吨／年。海水提溴达到工业化生产水平。

海洋能源利用技术。主要包括潮汐发电预计将建几座百万千瓦级的大型潮汐电站，总装机容量达100～300万千瓦；波能发电，将建5～10座次1000千瓦岸式波能电站，总装机容量达30万千瓦；海（潮）流能发电：完成几座1000千瓦级潮流发电站的建设，总装机容量达5万千瓦；盐含能发电：建成投产1000千瓦级的盐差能电站。

（二）打造海洋主导产业群

1. 海洋农牧化，建设"蓝色基地"

广东渔业要从"黄水"走向"蓝水"，建设"蓝色基地"。加强渔港建设，提升渔港的配套功能和建港水平，并与渔区水城镇建设结合起来，把渔港建设成渔船安全避风、渔货集散、生产整休、加工贸易、质量安全监督、生产补给、滨海旅游和休闲渔业为一体的产业基地。水产品加工贸易方面，要从简单的生产加工向综合加工利用的方向转变，加强水产品加工基地建设。

2. 临港石化及海洋油气产业

以炼化一体化项目为龙头，实施以上游带动下游，以中下游促进上游发展的双向推进战略，不断延伸产业链，带动石油化工、合成材料、有机化工、精细化工、化学建材等快速发展。茂名石化工业基地以成品油、聚烯烃、芳烃、有机化工等石化中上游原料为重点。惠州和揭阳石化基地以重石脑油为原料的芳烃系列有机化工为重点，延伸产业链，提高产品集中度和产业配套能力，形成具有较强区域竞争优势的石化产业集群。

发展港口型能源工业，争取国家批准在广东建设新一代能源储备中转基地。加快沿海负荷中心电源建设，优化电源点布局，按照能源多元化、清洁化、优质化的要求，引进国外液化气资源。利用广东沿海深水港条件建设煤炭中转储备基地，争取国家在广东布点建设大型石油储备基地和规划建设沿海输气(天然气)、输油(成品油)管道建设，建立能源储备体系，增强能源储备保障能力。

3. 海洋装备制造业

重点发展高附加值、高技术含量的出口船舶、游艇和各种大中型船舶建造修造。延伸拓展船舶工业产业链。以造船带动钢结构、分段、仓口盖制作及船用机电设备配套等四大产业链的发展。引进国外技术，开发生产船用电缆、电机、电控设备、通讯导航、配电盘、开关等配套产品，开发本土化船舶机械设备。以造船骨干企业为依托，建立和健全研发中心，联合专业设计院，在提高生产设计水平的基础上，实现基本设计、详细设计、生产设计一体化。建立船舶物流配送中心、涂装和劳务培训中心。积极发展与海上石油勘探行业相配套的装备设施，增进产业链条向海洋工程领域的拓展，快速构建海洋装备基地的产业体系。

4. 海洋生物制药业

协调整合在广东的有关海洋院所机构研究力量，摸清广东周围海域的海洋生物资源情况，建立海洋生物资源库、海洋生物样品库和科技信息服务网络；以优惠的政策引进国内外著名的带头人、企业和医药研究机构到广东建立海洋重点实验室，有计划地选送从事海洋开发的人才到国内外著名的海洋研究院所进行培训，与国内外著名的海洋研究院所建立广泛的技术交流和合作，引进高水平的科研人才。

5. 港口物流业和海洋运输业

按照规模化、大型化、集装箱化和信息化的要求，加快建设沿海港口群，培育和发展现代港口物流园区，积极参与全国大型港口运输、中转的布局分工，推行水、陆、空多式联运,促进港口集疏运体系向多元化、立体化方向发展,构建与现代物流相配套的中转货运网络。加快整合现有物流资源,推行"就近报关、口岸验放"和"铁海联运"的通关模式,加快建设适应进口货物属地验放的快速转关通道,实现进出口货物的快速流转。

6.蓝色旅游和海洋娱乐业

整合旅游资源,全方位、多层次地开发蓝色旅游项目,着力打造几项具有广东特色的海洋旅游精品,实现由观光型向度假、观光复合型的转变,形成集生态、观光、休闲度假、商务会议、体育健身等为一体的现代综合海洋旅游经济,把我省建成我国重要的滨海旅游目的地和具有鲜明地方特色的蓝色滨海旅游带。

7.海洋商务服务业

坚持政府主导、统筹规划、统一标准、联合建设、互联互通、资源共享的发展方针,整合利用全省海洋信息技术和资源,建设"数字海洋",在数据基础平台上实现多功能、多用户、高精度、数字化的信息服务,依托海洋信息服务公共平台,努力实现海洋资源、环境、经济和管理信息化。以园区、产业基地、项目组团建设为载体,完善金融服务、科技研发、行业中介等公共服务平台建设,加快为海洋工程配套的现代服务业的集聚发展。

(课题组长为梁桂全,课题副组长为向晓梅,课题组成员有吴伟萍、邓江年、燕雨林、张拴虎、杨娟、陈小红,主要撰稿人有向晓梅、吴伟萍、邓江年,修改定稿为梁桂全)

珠江三角洲金融改革创新综合试验区总体方案

广东省金融办与广东省社会科学院联合课题组

编者按：省金融办与省社科院组成金融改革创新研究联合课题组，在全国一些省市、港澳地区和珠三角有关城市开展一系列调研，并会同省市有关部门以及中央与地方各金融监管机构、经营机构论证基础上，根据我国未来金融改革创新趋势和我省发展需要，提出了《珠江三角洲金融改革创新综合试验区总体方案（建议方案）》。原载2010年4月13日广东省社会科学院《专报》。原文6.6千字。省委领导批示认为，我省要加大金融政策创新的力度、课题组的建议应予重视，所提《建议方案》可作为省委省政府制定工作方案的基础蓝本。

一、建立金融改革创新综合试验区的总体要求

（一）总体思路

珠江三角洲金融改革创新综合试验区以珠江三角洲为主体，辐射带动环珠江三角洲地区。在建立金融改革创新综合试验区过程中，对中央已经作出部署的一系列金融改革，应率先加快推进；对符合未来发展方向的金融改革，应积极探索，先行先试。试验区建设依托香港国际金融中心优势，在珠江三角洲地区重点推进城市金融改革创新综合试验；在梅州地区重点推进农村金融改革创新综合试验；在湛江地区重点推进统筹城乡协调发展金融改革创新综合试验。

（二）主要目标

到2012年，金融产业初步发展成为珠江三角洲国民经济支柱产业。逐步完善配套健全的多层次金融市场体系；基本形成以具有国际竞争力的金融机构为主体、多种金融机构共同发展的金融组织体系；建立起粤港澳更紧密金融合作机制，初步建立起粤港澳金融共同市场；初步形成珠江三角洲金融一体化发展格局；在农村金融改革创新和统筹城乡协调发展金融改革创新的重要领域和关键环节取得重大突破，城乡基本金融服务差距明显缩小，金融服务"三农"能力显著增强。

到2020年，建立起与全国重要的经济中心地位相适应的现代金融体系；建立起以香港国际金融中心为核心、与广东开放型经济体系相适应、具有国际竞争力和全球影响力的国际金融中心区域；珠江三角洲地区在金融基础设施、金融市场与服务体系、金融监管领域基本实现一体化；初步探索建立起具有广东特色的现代农村金融服务体系和统筹城乡协调发展的金融长效机制。

二、建立金融改革创新综合试验区的主要工作任务

（一）积极推进珠江三角洲城市金融改革创新综合试验

基本思路：

以构建配套健全的多层次金融市场体系为核心，大力发展金融产业，重点建设多层次资本市场体系和现代金融服务体系；深化金融体制改革，加快金融创新步伐，积极推进珠江三角洲金融一体化发展；充分利用CEPA制度安排的优势，全面深化粤港澳金融合作，提升区域金融合作与开放水平。

改革重点：

1. 加快建设现代金融市场体系

加快构建多层次资本市场。探索在广州、深圳建立本外币债券市场，探索发展中小企业债券市场、地方政府债券市场、银行

间债券市场等，支持债券发行主体、发行主体和交易模式上的创新；以市场化方式整合区域内产权交易市场，积极开展区域性中小企业产权交易市场试点工作，形成国家级区域产权交易市场；争取开展珠江三角洲场外交易市场（OTC）试点。探索推进适合珠江三角洲构建开放型经济体系需要的外汇市场和离岸金融市场建设，探索率先在珠海横琴新区开展离岸金融和资本项目下开放试点；探索建立信贷资产二级市场和银团贷款分销市场；探索期货市场、金融衍生品市场建设；加快保险和再保险市场发展；推动培育房地产金融市场发展。

2．加快建设完善金融组织体系

深化地方金融机构改革，适时建立金融控股公司，加快推进符合条件的金融企业开展综合经营试点。大力发展符合市场需求的金融机构，促进资产管理公司、融资租赁公司、汽车金融公司、货币经纪公司、消费金融公司、企业财务公司等有利于增强市场功能的机构聚集和发展。探索组建服务自主创新的新型金融组织，推动各类股权投资、证券投资、产业基金、创业投资基金、私募股权投资基金的发展。发展壮大为中小企业服务的村镇银行、贷款公司、小额贷款公司、中小企业投资公司等地方性中小金融机构（组织）。发展壮大为创新创业和外向型经济服务的各类专业性保险机构。大力发展金融后台服务产业，将广东金融高新技术服务区建设成为辐射亚太地区的现代金融产业后援服务基地。

3．加快金融产品与服务创新

积极探索创新广东经济社会发展迫切需要的金融产品与服务。加快银行、证券、保险、基金、期货等机构的金融产品和服务创新步伐，有序开发跨机构、跨市场、跨领域的金融业务。进一步扩大跨境贸易人民币结算业务试点范围，逐步扩大人民币资产在境外的流通与运用，探索推动我国与东盟及其它国家和地区跨境贸易人民币结算逐步纳入粤港票据联合结算系统和粤港外汇实时支付系统。稳步扩大中小企业集合债、中小企业短期融资券的发行规模。大力发展私人银行、个人理财业务、消费金融业务。开展供应链金融模式创新。探索财政、税收政策引导下的利益激励机制，切实解决中小企业融资难问题。探索设立土地基金、推动开展房地产投资信托基金(REITs)和个人住房抵押贷款证券化业务。将保险创新发展试验区范围从深圳扩大到整个珠江三角洲地区，推动个人税收递延型养老保险产品试点，开展科技保险业务试点，探索城市低收入人群参与商业保险的途径，探索开展离岸保险和再保险业务。积极进行外汇避险交易产品创新。争取广州、深圳进行碳排放权交易试点。提高金融服务信息化水平，加强金融机构网上支付、网上交易、移动支付的产品创新、平台构建和政策法规研究工作。

4．推动珠江三角洲金融一体化发展

加快推进金融网点、支付结算体系、社会信用体系、金融后台服务设施等金融基础设施一体化建设；逐步推进金融服务功能一体化。科学规划珠江三角洲金融改革创新综合试验区建设，完善区域分工，实行错位发展，优化区域内金融资源配置。加快广州、深圳区域金融中心建设。合理规划、聚集发展金融后台服务产业。在中山开展创新城乡金融服务一体化建设试点。整合行政资源，以珠江三角洲的"广佛肇"、"深莞惠"、"珠中江"三大经济圈为依托，加强金融监管协作和信息共享，推进珠江三角洲区域内监管一体化，完善区域金融业综合统计体系、经济金融调查统计体系和分析监测及风险预警体系，完善金融突发事件应急处置机制，率先建立符合市场经济发展规律的金融监管体系。

5．提升区域金融合作水平

充分利用CEPA先行先试的制度安排优势，建立更加紧密的粤港澳金融合作机制。在现有的合作基础上，全面深化三地金融市场、金融机构、金融业务、金融监管、金融智力等方面合作。推进深圳证券交易所和香港联合证券交易所互联互通，探索深港证券信息互换、产品合作、技术联通等深层次合作。探索粤港合作开展化工原料、石油、金属等期货市场交易。在粤港澳现已开展的人民币业务基础上，稳健创新三地人民币业务。探索粤港保险业协同为跨境出险的客户提供查勘、救援、理赔等后续服务。积极争取扩大港澳资金融机构在粤设立合资金融机构和参股在粤金融机构的持股比例，降低港澳资保险等金融机构进入广东金融市场的资本金要求。创新三地金融监管合作方式，维护金融市场安全与稳定。探索推动三地金融从业人员资格互认及金融人才交流与培训合作。深化粤台金融合作，在东莞开展两岸金融合作试点。加强广东与东盟的金融合作，研究建立广东——东盟区域投资开发基金、区域支付结算体系等合作项目。

6．进一步优化金融发展环境

加强金融法制建设，建立公平公正高效的金融纠纷审判、仲裁机制，推动建立金融专业法庭与仲裁机构，完善金融执法体系；整合金融监管资源，探索跨行业、跨市场金融监管；加强粤港澳金融监管合作，健全粤港澳合作反洗钱机制；加强社会信用体系建设，整合信用资源，以金融系统征信体系建设为载体全面推进信用体系共享机制建设；加强地方政府与金融监管机构的合作，探索建立由地方政府金融工作部门牵头组成的金融发展环境建设机制。

（二）努力推进农村金融改革创新综合试验

基本思路：

以探索构建服务"三农"、具有广东特色的现代农村金融服务体系为核心，在梅州地区开展深化农村金融改革、创新农村金融服务综合试点。通过建立符合农村金融需求的新型金融机构（组织），推动农村生产要素资本化，完善农村金融基础设施和信用环境建设，为切实有效解决金融服务"三农"不足问题探索新模式、构建新机制。

改革重点：

1．培育完善农村金融市场体系

积极推动新型农村金融市场体系建设，建立农村生产要素的资本化市场，以股份制形式深化农村土地承包经营权改革，建设农村土地用益权的区域性证券化市场和权证交易市场。探索开展农村集体建设用地使用权、乡村房屋产权抵押融资服务。探索建立农村信贷和农业保险相结合的银保互动机制。积极扩大农村消费信贷市场。

2．创新农村金融服务体系

加快发展适合农村特点的新型金融机构（组织）和以服务农村为主的地区性中小金融机构，在市场化和财务可持续的基础上深化农村信用社改革，组建金融控股公司。放宽农村金融准入门槛，培育和发展农村商业银行、农村合作银行、村镇银行、贷款公司等新型农村金融机构，探索发展农村资金互助社等新型合作金融组织。组建农村金融资产管理机构。推动并完善农村金融中介组织建设与中介服务。创新农业保险，扩大政策性农业保险覆盖面，大力发展农房、能繁母猪、水稻、渔业、林木等政策性保险，积极支持开展生猪、奶牛、烟草等商业性保险，建立健全农业灾害风险分散机制。鼓励农民、村镇企业、专业合作组织、农业龙头企业等建立互助性农业保险组织。探索建立地方各级政府农业保险财政补贴机制。研究建立农业产业化投资基金。

3．优化农村金融发展环境

完善农村金融基础设施建设。大力推进农村金融信息化建设，加快农村金融结算体系建设，合理布局农村金融机构网点，增加农村金融服务自助设备。建立完善农村金融风险补偿和利益协调机制，开展政府、银行、保险公司合作，探索建立新型农村贷款担保模式，推行农户联保、农户互保、合作组织担保等多种信用保证方式。切实加强农村信用体系建设，维护农村金融稳定与安全。

（三）认真探索城乡统筹发展金融改革创新综合试验

基本思路：

以探索构建具有广东特色统筹城乡协调发展的金融长效机制为核心，在湛江地区开展统筹城乡发展金融改革创新综合试验。通过建立科学合理配置城乡金融资源的体制机制和城乡一体化的基本金融服务体系，逐步缩小城乡基础金融服务差距，努力开创城乡金融协调发展的新格局。

改革重点：

1．探索推进统筹城乡金融协调发展新机制

坚持城市金融反哺农村金融，引导、促进金融资源回流农村地区的指导原则。探索建立城市金融资源反哺农村金融的机制，通过制定激励与约束并举的农村财税政策，建立起完善的农村金融利益补偿与风险分担机制，建立起珠江三角洲金融资源反哺环珠三角地区机制；建立健全金融促进"三农"发展激励考核机制，通过制定完善金融促进"三农"发展激励考核政策，引导促进金融机构加大服务"三农"的力度；支持引导鼓励各类金融机构通过完善内部绩效考评机制，提高农村金融业务比重，有效增加农村金融供给，形成金融机构服务农村的长效机制。

2．加快构建城乡金融市场对接平台

通过银政企合作，多渠道筹集资金，搭建地方政府支农投融资平台和农业企业融资平台；建立农副、水产品远期交易中心；搭建农业和农村保险创新平台，提高农村社会保障水平，开展农业互助合作保险、农村小额人身保险、大额补充医疗保险等新型农村保险业务；搭建统筹城乡支付结算一体化平台，开展"统筹城乡支付环境试点市"试点工作；搭建城乡信用一体化平台，进一步扩大企业和个人信用信息基础数据库在农村的采集和使用范围，推动建立城乡信用信息共享机制。

3. 加快形成城乡一体化基础金融服务体系

优化城乡金融机构网点布局，支持和鼓励商业性金融机构恢复、增设农村金融服务网点，提高农村金融网点的人均拥有率和网点覆盖率；支持涉农金融机构扩大支农业务覆盖面，引导涉农金融机构"三农"业务和城市业务统筹发展，重点扩大农村贫困地区金融服务覆盖面；加快农村金融产品和服务方式创新，延伸城市金融服务链，创新农村贷款担保方式，创新农业信贷经营模式，促进农业产业化发展；大力培育农村社区金融组织，坚持以农户为本的社区性发展方向，探索一站式、社区性、综合化农村金融服务模式，积极探索由民间资本发起设立村镇银行等农村微小型金融机构（组织），支持农民专业合作社开展信用合作试点；完善农村担保体系，将城市融资担保体系覆盖至农村地区，扩大融资担保业务范围，拓展融资担保渠道。

（课题组长：周高雄、梁桂全；课题组成员：郁方、聂林坤、游霭琼、任志宏）

培育我省战略性新兴产业核心能力对策研究
——基于扶持大型综合性创新组织的视角

广东省社会科学院企业管理与决策科学研究所

编者按：培育和发展战略性新兴产业，是我省立足在后国际金融危机时期的国际竞争中抢占制高点、争创新优势做出的重大战略抉择。培育战略性新兴产业的关键在于提升产业的核心能力，而大型综合性创新组织具有突破性技术创新能力和产业化能力，是培育战略性新兴产业的重要依托力量。本文原载2010年11月8日广东省社会科学院《专报》。原文7.0千字。省委领导批示，此报告很有参考价值，并要求有关部门组织研究并提供战略性新兴产业领导小组成员讨论、决策。

我省大型综合性创新组织的规模数量、创新能力和带动作用仍然不强。为此，要从战略思维上重视大型综合性创新组织的培育，推动我省具有创新能力的大型企业、高校和科研院所向大型综合性创新组织发展转变。在资金投入上，发挥财政扶持的引导性和带动性，在资源有限的条件下，要以"贵精不贵多"为原则，集中力量重点扶持和培育若干有重大带动作用、有自主创新能力、有创新集成组织能力的综合性创新型龙头组织，引导这些创新组织引领或紧跟国际技术发展方向，在核心技术层面形成突破，从而提升其内生动力和能力。

一、大型综合性创新组织在战略性新兴产业中的作用

战略性新兴产业是新兴科技和新兴产业的深度融合，代表着科技创新的方向，也代表着产业发展的方向。培育战略性新兴产业关键在于培育产业核心能力，其基本途径是突破性创新，基本载体是大型综合性创新组织。

（一）发展战略性新兴产业的关键是培育产业核心能力

战略性新兴产业的核心能力是战略性新兴产业在区域之间的竞争中快速实现先进技术获取、积累、激活与运用的能力，表现为较强技术创新能力，关键是掌握能够实现市场化的核心技术。我省战略性新兴产业已经具备一定的基础，但仍存在着许多制约因素，培育产业核心能力仍然是我省发展战略性新兴产业的重大任务。

1.培育产业核心能力是战略性新兴产业发展的起点。2.培育产业核心能力是实现产业技术不断跨越的重要途径。3.培育产业核心能力是占据战略性新兴产业链高端的根本支撑。

（二）产业核心能力获取的根本途径是突破性创新

培育战略性新兴产业关键在于培育产业核心能力，而产业核心能力获取的根本途径是突破性创新。

从理论分析的角度看，由于突破性技术创新是对原有技术的替代和跨越，突破性创新常常带动产品创新、过程创新和组织创新等一系列连锁反应，带来产品结构和产业结构的变动。

从市场竞争的角度看，通过突破性创新，掌握自主核心技术和知识产权，从而赢得竞争优势，能够带来超额利润并吸引大量跟随性企业进入该产业，形成新的产业链，从而形成以创新型龙头企业为核心的新兴产业。

从技术进步的角度看，重大核心技术突破性创新，都形成了一系列突破性新兴产业，并通过突破性技术创新及其发生的链式反应形成了的新兴技术产业群集，从而导致产业间竞争地位的重新确立。

从区域发展的角度看，突破性创新可为原有产业带来新的活力，形成新产业的竞争力核心，带动所在产业以及相关产业的发展，进而导致区域内产业结构发生变动，在原产业的基础上形成产业层次较高、带动性强的创新型产业。

（三）突破性创新的基本载体是大型综合性创新组织

战略性新兴产业的发展离不开突破性创新，更进一步讲，离不开突破性创新组织。大型综合性创新组织具有突破性技术创新能力和创新成果产业化能力。大型综合性创新组织通过突破性技术创新，形成战略性新兴产业的诱发因子，通过技术创新成果产业化，形成和发展战略性新兴产业。

1.大型综合性创新组织具有突破性技术创新能力。大型综合性创新组织拥有较好的研发平台，能为突破性创新提供硬件基础；大型综合性创新组织拥有技术全面、层次更高的创新人才队伍，能为突破性技术创新提供智力支撑；大型综合性创新型组织能够为研发投入提供更充分的资金保障。2.大型综合性创新组织具有创新管理能力。3.大型综合性创新组织具有创新成果产业化能力。大型综合性创新组织具有人才、资金、科研优势和产业化综合配套能力，可以通过设立行业标准、共享技术和控制关键资源等核心环节的多种方式，重新构建产业链和决定其中的组织方式，在更大范围的、更多种类的产业资源和核心能力的基础上，接通和延长产业链条，发挥产业化综合配套能力，有效促进创新成果产业化。

二、我省大型综合性创新组织发展现状及存在问题

我省大型综合性创新组织通过突破性创新，推动了战略性新兴产业的发展，提升了产业发展层次和水平，但仍存在着数量少、能力弱、投入不足等问题。

（一）我省大型综合性创新组织发展现状

我省大型综合性创新组织包括大型创新企业、大型研发机构，这些大型综合性创新组织在发展过程中，围绕自主创新能力提升，不断加大科研投入，不断完善创新平台建设，从而不断提高创新产出，并通过实施一批重大项目和工程，支撑了战略性新兴产业的发展。

1.大型创新型企业不断提高创新能力，成为突破性创新的主体。我省大型企业在发展过程中，逐步重视科技创新对企业长远发展的推动作用，创新投入逐步加大，创新人才不断积聚，创新平台建设逐步完善，创新产出不断提高，逐步培育出较强的发展能力，成为全省自主创新的生力军。如深圳华为公司其科研投入强度在国内整个电子信息产业企业中一直高居榜首，与国际高科技行业中的著名企业相当。

2.大型研发机构不断贴近市场，为产业技术进步提供了强有力的支撑。大型研发机构的研发创新能力不断增强，通过承担行业内关键、共性技术项目，成为攻克企业技术难题的坚强后盾并引领产品的技术升级，通过突破性创新，解决了重点产业的关键共性技术，逐步形成广东战略性新兴产业的强大技术创新能力。

3.我省高等院校科技转化能力有所提高，但仍处于创新的初级阶段。近几年来，广东高校科技成果转化的速度和规模明显提高，呈现出良好的发展势头。但总体上看，我省高等院校创新项目分散，未形成集成创新优势，处于市场化创新的基础阶段，科技产业化能力较低。

（二）我省大型综合性创新组织发展存在问题

1.大型综合性创新组织少，综合性创新能力弱。相比于经济大省，我省创新型企业相对较少，尤其像华为、中兴、格力等具有集成创新优势的大型综合性创新组织更少。此外，创新性组织综合性创新能力弱，其发展速度滞后于产业发展的需求。

2.科技成果产业化能力弱，资源整合力度不够。一方面，我省大型创新组织在有一定研发能力并能取得原创性创新成果的情况下，缺乏产业化的能力，难以将创新成果培育成为新兴产业。另一方面，创新资源之间的整合力度不够，产学研能够有效对接的项目少，游离于企业之外的大量科技资源没有被充分利用，比如一些大型的实验设备和检测设备等。

3.政府自主创新投入不足，引导作用不强。一方面，政策支持不足，缺乏对我省大型综合性创新组织的系统规划和战略定位，大型综合性组织的发展处于自发状态，政府在重大技术创新方面缺乏有效引导。另一方面，资金的使用效率不高。财政资金无法按照集中资源、长期扶持、重点突破的原则对重点项目进行投入。

4.风险机制不健全，创新投入缺乏有效支

持。战略性新兴产业具有高投入、高风险、高回报的特征，其发展迫切需要通过金融创新来构建风险分担机制和区别于传统产业的融资机制。目前，我省资本市场还不完善，风险投资市场发展滞后，影响着突破性创新技术资本的持续投入，部分突破性创新只能停留在技术研发的初级阶段。

三、培育大型综合性创新组织的对策

我省培育大型综合性创新组织的基本思路是推动有较强创新能力的企业、高校和科研院所向大型综合性创新组织转变。从政府的角度来看，要能够提供这种转变的推力，为创新组织提供方向性的引导。从创新组织自身来看，要能够产生内在的转变动力。尤其要注意的是，大型综合性创新组织的培育是一个长期的过程，近期基本的政策思路是：

从战略高度上重视大型突破性组织的培育，引导综合性创新组织占据自主创新的制高点，形成核心技术的突破，在国际产业链中占据高端位置；政府要加大投入力度，发挥财政扶持的引导性和带动性，建立和完善风险投资体系；在资源条件有限的情况下，要以"贵精不贵多"为原则，集中力量重点扶持和培育若干有重大带动作用、有自主创新能力、有创新集成能力的龙头组织。支持和引导大型综合性创新组织提升内生动力和能力（见图1）。

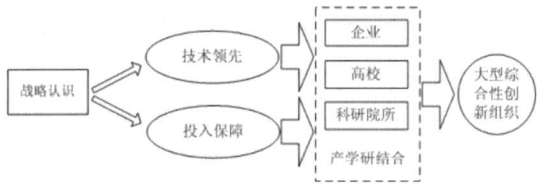

图1 我省培育大型综合性创新组织的政策思路

（一）从战略高度明确培育大型综合性创新组织重要性

增强政府部门支持培育大型综合性创新组织的意识，进一步明确大型综合性创新组织在培育和发展战略性新兴产业中的核心作用，要把大型综合性创新组织通过自主创新掌握自主知识产权，实现战略性新兴产业关键技术突破的重要性和战略性，提高到产业转型升级和经济持续发展的高度，防止国外势力在产业领域的控制与渗透。

（二）把握技术前沿，在产业链高端寻求突破

突破性创新，必须能够占据自主创新的制高点，形成核心技术的突破，由此培育出战略性新兴产业，并在国际产业链中占据高端位置。

1.明确产业发展技术路线，为全省战略新兴产业发展提供导向。在政府的支持和引导下，发挥大型综合性创新组织技术引领者的作用，明确战略新兴产业的发展方向和技术突破路径，为全省战略性新兴产业发展提供方向指导。

2.选择有基础的领域率先突破。在高端新型电子信息、新能源汽车和半导体照明（LED）等有较好发展基础的产业领域，进一步开展大协作、集中攻关，将人力、物力、财力等资源高度集中，形成研发合力，真正掌握具有世界领先水平的核心技术。

（三）构建和完善培育大型综合性创新组织投入保障机制

战略性新兴产业是一个高投入、高风险、高回报的产业，需要持续的资金供给作为发展保障。因此，需要建立完善的资金投入保障机制，为大型创新型组织发展战略性新兴产业提供资金支持。

1.加大对大型综合性创新组织的财政资金投入。加大对我省有实力的大型综合性创新组织的注资，推动并购，通过兼并、收购、买断等方法，形成创新资源的集聚效应。

2.成立战略性新兴产业发展专项资金，向大型综合性创新组织和重大、重点项目倾斜。专项资金主要用于关键技术突破研发、重大投资项目配套、新兴产业基地建设、创新成果产业化、重大创新平台建设、标准制定等，重点投向大型综合性创新组织。此外，适当将高新技术产业发展专项资金、产学研专项资金、技术研究与开发资金、技术创新资金等政府专项资金向大型综合性创新组织发展的新兴产业领域倾斜，重点投向关键技术研发和成果产业化。

3.建立和完善风险投资体系，为大型综合性创新组织发展战略性新兴产业提供融资支持。加快创投、私募股权以及创业引导基金、新兴产业引导基金的发展。引导金融机构创新金融服务，建立适应战略性新兴产业特点的信贷体系和保险、担保联动机制，促进知识产权质押贷款等金融创新。同时，建立健全投融资担保体系和风险投资机制，充

分发挥投资担保公司和风险投资公司作用，加大对大型综合性创新组织的投融资担保和风险投资力度。

（四）有计划、有重点地对大型综合性创新组织进行扶持

1. 制定和实施大型综合性创新组织培育的规划。拟选一批具有一定规模、基础条件好、创新能力强、成长性高、产业拉动力明显的综合性创新组织，按照战略性新兴产业发展需求，在创新能力建设、新产品研发、创新成果产业化以及市场、人才、融资等方面给予扶持，设定年度成长目标，实行动态管理和考核，力争培育出一批支撑战略新兴产业发展核心力量。

2. 促进优质资源向大型综合性创新组织集聚。鼓励和引导企业有效利用广大科研院所的技术成果、项目、人才等资源，促进优质创新资源加快向大型综合性创新组织流动。依托具有较强科技研发能力的科研院所、重点企业，组建国家或省级重点实验室，部署开展面向战略性新兴产业的基础性研究和前沿研究，储备一批科技成果。对大型综合性创新组织优先推荐申报国家、省科技资金项目，优先安排应用技术研发与产业化项目资金。

3. 支持大型综合性创新组织承担起建设战略性新兴产业基地的引导创新责任。重点支持大型综合性创新组织建设一两个重大创新平台，增强我省战略性新兴产业基地的技术创新能力和产业发展的共性支撑能力。加强研发经费税前加计扣除政策的落实，引导大型综合性创新组织加大研发投入。支持大型综合性创新组织加强产品标准研制，申请成为国家行业标准。

（五）提升大型综合性创新组织发展的内生动力和能力

1. 建立有利于突破性创新的激励机制。引导大型综合性创新组织重视加大和加快对战略性新兴产业的创新投入，提高大型综合性创新组织的核心竞争力和可持续发展能力。

2. 加强大型综合性创新组织人才引进和培养。加快高层次创新人才集聚，显著提高大型综合性创新组织创新型人才数量和综合素质，培育形成在全国有较强竞争力的科研领军人才队伍、应用型技能人才队伍、创新型企业家队伍。

3. 加快创新平台建设，提升突破性创新能力。围绕战略性新兴产业技术创新链，组建省级产业技术创新战略联盟，实现企业、大学和科研机构等在战略层面有效结合，共同突破战略性新兴产业发展的技术瓶颈，形成产业核心技术标准，支撑和引领战略性新兴产业技术创新。

（课题督导：梁桂全、李新家；课题组长：林平凡；课题组成员：刘城、高怡冰、刘靖巧）

广东省沿海经济区发展战略构想
——以"大湾区"分块绘制海洋经济地图

广东省社会科学院产业经济研究所课题组

编者按：2011年7月20日，国务院正式批复了《广东海洋经济综合试验区发展规划》，我省成为继山东、浙江之后，全国第三个海洋经济发展试点地区。相对于山东和浙江，国家对我省的海洋经济发展试点的要求更高，迫切需要绘制《广东省海洋经济地图（2020年）》，以对全省海洋经济的空间布局进行统筹。本报告原载2011年9月19日广东省社会科学院《专报》。原文9.8千字。省委领导批示，赞成制定广东海洋经济地图，并要求省发改委，海洋局等牵头实施。围绕省委省政府领导的批示精神，省发改委、省海洋渔业局与省社科院一起，会同有关海洋经济方面的专家，绘制"广东海洋经济地图（2020年）"。

2011年7月20日，国务院正式批复了《广东海洋经济综合试验区发展规划》，我省成为继山东、浙江之后，全国第三个海洋经济发展试点地区。这也是继《珠江三角洲地区改革发展规划纲要（2008～2020）》之后，我省又一个上升到国家级战略的区域性规划。相对于山东和浙江，国家对我省的海洋经济发展试点的要求更高，不仅要求在海洋经济上有新突破，更希望广东能够在以前发展的基础上走出新的路子，特别是在综合治理、统筹发展方面能够起到示范作用，而海洋综合治理和统筹发展的关键在于对海域空间进行功能分区指导和科学布局。我省已在2008年出台了《广东省海洋功能区划》，但需要结合新的《广东海洋经济综合试验区发展规划》进行修编，按照生产岸线、生态岸线和生活岸线的不同功能进一步细化分区，尤其是要绘制《广东省海洋经济地图（2020年）》，以对全省海洋经济的空间布局进行统筹，对各海域的海洋发展方向进行指导，避免重走珠三角"村村点火、户户冒烟"的传统开发模式，防止产业过度重构，生态过度透支。今年是"十二五"开局年，大量国家、省级、市级，甚至县镇级临海项目上报，盲目上马，重复建设现象仍然存在，更是迫切要求加快绘制《广东省海洋经济地图（2020年）》，统一全省海洋经济发展思路，以海洋试点促进海洋经济发展方式的转变，以科学发展的思路引领我省海洋的综合治理和统筹开发。

湾区在海洋经济发展中具有独特的作用，往往能够形成一个相对比较完整、紧密的海洋经济系统，我省沿海大致可以分为珠江口湾区、大亚湾、汕头湾、大红海湾、打海陵湾、大湛江湾等六大湾区。因此，以这六个大湾区为单位对全省海域空间进行分块处理，并分别绘制海洋经济地图，六大湾区合起来即可形成全省海洋经济地图。

（一）珠江口湾区：优质生活圈

珠江口湾区北起黄埔港区，南止国家领海基线，东至外伶仃岛和担杆岛连线，西临澳门特别行政区，包括珠江口岛群。珠江口湾区海洋经济建设的主题是优质生活圈建设，方向是港城一体化，主要产业功能是优先发展以现代物流业为主导的现代服务业和包括海洋生物医药、深海技术等海洋战略性新兴产业在内的先进制造业，发展造船、钢铁、装备制造等重化工业，形成临港工业、高科技产业和现代服务业一体化的产业集群基地。

珠江口湾区—深圳市西部海岸线：开发强度较大，现在是深圳市综合性的物流交通带，蛇口湾区、赤湾港区、妈湾港区开发较为成熟，前海湾、大铲湾、宝安国际机场围填海面积较大，适宜发展海洋交通运输功能，可建成综合性的生产和生活区。与东莞相邻海域接近东宝河口，以围塘养殖为主，适宜发展海洋旅游功能，可建成生态休闲活动区。

珠江口湾区——东莞市海岸线：东宝河口段处于狭窄河流入海口位置，近海海域受东宝河来污的影响，水质较差，沿岸建设有长安港和沙角电厂，应加强海洋环境综合整治，以建设人工岛的方式适度围填海用来发展城市休闲、旅游产业，开展生态休闲活动。立沙岛狮子洋岸段开发强度较高，建有一系列化工码头、港口泊位，靠近主航道，适宜建设临港石化工业园区，发展港口功能，建成海洋生产区。

珠江口湾区——广州市海岸线：黄埔港区与黄埔新港区临近珠江主航道，深水港口资源优良，应继续优化发展航运业。莲花山岸段海岸线跨度较小，建有广州市唯一的国家级中心渔港，渔业基础设施完善，但通航能力较弱，适宜发展休闲渔业功能，保护红树林等海洋生态环境，建成海洋生态区。南沙岸段深水港口资源条件优良，且沿岸旅游资源丰富，适宜发展港口与滨海旅游功能，但需加强污染防治，建成海洋生产和生活区。万顷沙岸段总体开发强度较低，自然生态要素保持完好，建有红树林保护区和湿地生态保护区，通航能力较弱，应保护海岸生态环境，建成海洋生态区。

珠江口湾区——中山市海岸线：洪奇门和横门有入海口，河口较为狭窄，通航能力较弱，应保持海岸生态环境和入海口的畅通，适宜建设小型渔港，发展海洋养殖等渔业功能，建成海洋生活区。翠亨岸段近岸有红树林湿地生态区，具有海上温泉资源，适宜发展高端海洋旅游产业，兼容发展渔业功能，建成海洋生态区。

珠江口湾区——珠海东部海岸线：官塘湾岸段滩涂资源广布，海岸自然景观较好，沿岸建有多个国家高新科技园区和高校、产学研基地，适宜进行滨海新城建设，建成海洋生活区。拱北湾与澳门交界，沿岸自然与人文景观较好，交通便利，建有珠澳跨境工业园区，适宜打造具有国际水平的滨海休闲度假旅游带，建成海洋生产与生态区。洪湾岸段已建成多个大等级生产性泊位，货物吞吐能力较强，临近马骝洲水道，但泥沙淤积问题较明显，应加强生态维持与泥沙治理，建成海洋生态区。

珠江口湾区——珠江口岛群：横琴岛重点发展商务服务、休闲旅游、科教研发及高新技术等四大重点产业，以海洋公园建设为主打造高端海洋旅游业，以澳门大学横琴新校区建设为切入点将横琴岛建设成为粤港澳合作的示范区。三灶岛重点围绕航空产业，积极发展配套服务业及其空港物流业。高栏岛重点发展海洋交通运输业、现代物流业和临港工业。淇澳岛重点发展生态旅游和海洋科普及海洋保护合作示范基地。万山群岛以海洋旅游、海洋渔业和深水港口开发、仓储物流为开发重点，推进万山海洋开发试验区建设。内伶仃岛加强国家自然保护区的建设，重点保护猕猴、红树林等珍稀生物资源，规划建设海岛生态博物馆。

（二）大亚湾湾区：国际石化基地

大亚湾湾区涵盖了惠州市的绝大部分区域，其发展定位是建设国际石化基地。主要产业功能是以石化产业和核电能源为主导，电子信息和汽车工业、旅游业、港口物流业协调发展，大工业与滨海旅游并重的现代滨海新区。

大亚湾湾区——捻山镇南部海岸线：位于大亚湾湾顶，水深较浅，滩涂资源丰富，是大亚湾水产资源保护区的重要组成部分，海水养殖产业较发达，靠近大亚湾石化工业基地和亚婆角旅游区，沿线人口密度较大，适宜进行城镇建设，发展旅游娱乐与渔业功能，建成海洋生活和生态区。

大亚湾湾区——西北部海岸线：海岸具备丰富的沙滩资源和优良的深水岸线资源，已建有惠州港荃湾港区、东联港区、澳头港区及大亚湾石化基地，应保护砂质岸线和深水岸线资源，发展滨海休闲度假旅游、港口航运、临港工业功能，建成海洋生产和生态区。

（三）大红海湾湾区：新型能源基地

红海湾湾区从马宫海域至惠州东山海，西临碣石湾，东至平海，位于汕尾之东与惠州之西部交界处，也是珠三角海洋经济区与粤西海洋经济区的交界区。其海洋经济发展定位是新型能源基地，主要产业功能是构建火电、风电、核电门类齐全的能源产业集群，建成粤东重要的新型能源基地。

红海湾湾区——汕尾东部海岸线：碣石湾岸段水深较浅，靠近市区，可适度进行围填海，适宜发展城镇建设、临海工业、海洋渔业及海洋电力功能,建成海洋生产和生活区。品清湖岸段临近汕尾市区,自然风景优美,设有部队海训基地,建有马宫渔港,但泊位条件待改善,面临的主要问题是淤积和水质恶化,应当维护海洋生态系统平衡和生物多样性,适宜建成海洋生态区。小漠镇岸段总体开发强度不大,水深较浅,交通便利,建有渔港,有大片围塘养殖区,适宜发展城镇建设、海洋渔业、临海工业功能,建成海洋生活和生产区。

红海湾湾区—惠州西部海岸线：考洲洋岸段处于惠州、汕尾交界处,海域内主要为海水增养殖去,应保护海岸生态系统,适度发展海洋特色渔业、滨海旅游功能,建成海洋生活和生态区。东山湾岸段面朝南海,处于大亚湾和红海湾的交界处,有漫长的砂质岸线,风景优美,大部分地区为水产养殖区,应保护海洋生态系统,适宜发展滨海旅游、海洋渔业功能,建成海洋生态区。

（四）汕头湾湾区：粤台产业合作

汕头湾湾区主要指以汕头港为中心及其附近包括达濠、南澳、海山三大海岛的海域组成。该海域的经济发展定位是粤台合作桥头堡,主要产业功能是承接台湾的产业转移,重点发展发展临港能源工业、造船工业、石化工业和装备制造业、电力、现代物流业等产业。

汕头湾湾区—潮州海岸线：与福建诏安交界的大埕湾与柘林湾东岸岸段,是潮州港大吨级泊位最密集的区域,近岸海域建有大埕湾水产资源自然保护区,柘林湾东岸建有产业转移工业园区,应保护海洋生态环境,发展海洋渔业,同时维护岸线深水港区功能,发展港口航运功能,可建成海洋生态与生活区。柘林湾西岸岸段沿岸养殖业发达,海生物资源丰富,应保护海洋生态系统,适宜渔业养殖功能,建成海洋生态区。

汕头湾湾区—汕头海岸线：澄海区面向大海,临近南澳岛,六合围岸段为淤积滩涂区,海水养殖、增养殖条件较好,适宜进行围填海,发展渔业养殖和滨海旅游开发功能,可建成海洋生活区。南山港口区尚未开发,属于深水岸线,距离广澳港区仅1.5海里,应重点开发,发展港口和临港工业。龙头山岸段具有较好的深水岸线,风浪较大,临近莲花峰风景旅游区,适宜开发海洋新能源,发展海洋交通运输和高端旅游功能,建成海洋生态区。海门湾岸段是传统的海水养殖区域,建有国家级中心渔港、交通运输码头,但近岸海域污染、淤积较严重,应大力保护海洋生态系统,发展现代渔业,建成海洋生态区。

汕头湾湾区—南澳岛群：重点发展海洋旅游业、现代海洋渔业,加快海洋能开发和深水港建设。以建设广东南澳跨海大桥、引韩供水和过海电缆"三大跨海工程"为重要契机,把南澳岛建成国家生态旅游示范区、国家5A级旅游景区和大型中转港区。推进风能综合利用、海洋生物制品（药品）开发,积极发展外海捕捞和远洋渔业以及水产品加工流通业,重点发展以贝类和藻类生产为主的海水养殖与海产品深加工。积极拓展对台海洋经济合作。

（五）大海陵湾湾区：滨海旅游基地

大海陵湾湾区东起广海湾,西至儒洞河出海口,是连接珠三角和毛茂湛地区的通道,其发展定位是滨海旅游基地,主要产业功能是加快海洋电力业和滨海旅游业的发展,开展以海洋历史文化、渔家文化和海洋生态为主题的旅游活动

大海陵湾湾区：广海湾。重点发展海洋旅游业、深水港口、现代海洋渔业。其中,力争把上川岛建成国家4A或5A级旅游景区,成为国际邮轮停靠港。适时开发乌猪洲等超大型深水港,规划建设港口仓储工业区。加快川岛风电项目建设,开展太阳能、波浪能等其他海洋能的示范工程建设。积极发展远洋渔业和深海网箱养殖。

大海陵湾湾区：海陵岛群。重点发展海洋旅游业和现代海洋渔业,联动第一、三产业,将休闲渔业与海洋旅游结合起来,发展多元化、高层次的旅游产品,积极推动海陵岛国家级海洋公园、广东海上丝绸之路博物馆、雪流湾国际旅游度假区和南海观音文化主题公园等重大旅游项目建设,将海陵岛建成国际闻名的生态、历史文化旅游岛。发展壮大海洋生物医药业。丰头岛重点加快深水港区的建设,依托港口发展船舶制造、能源、物流、钢铁等临港工业。

（六）大湛江湾湾区：茂湛临海重化产业带

大湛江湾湾区位于粤西海洋经济区西端,东起茂名莲头港,西至雷州市界,是西南诸省出海通道重要门户港口。其发展定位是临海重化产业基地,主要产业功能是临海重化工业、海洋渔业、滨海旅游业。

湛江湾湾区—鉴江口海岸线：岸段位于鉴江拦潮闸以内，作为湛江城市备用水源区域，为水源地保护岸段，应建设一定宽度的防护林带，作为水库的缓冲带，建成海洋生态区。

湛江湾湾区—坡头海岸线：岸段包括南海舰队专用海区和海军专用码头，存在部分养殖塘和网箱养殖，应保障军事用海需求，合理协调军事用海与地方经济发展的关系，为将来港口、旅游、海洋新兴产业及城镇发展提供备用空间。

湛江湾湾区—霞海海岸线：水深条件较好，港口设施配套齐全，是湛江港国家枢纽港的组成部分和大西南的主要出海通道，建有霞海城市滨海绿地，具有独特的滨海景观，应严格保护深水岸线，合理安排港口开发，适宜发展港口交通运输、滨海旅游、临海重化工业，建成海洋生产与生活区。

湛江湾湾区—南渡河口海岸带：岸段属于生态敏感区，区域内有海水养殖，拥有红树林和湿地生态系统，应注重维护海洋生态系统的平衡和生物多样性，并兼容发展海水养殖功能，建成海洋生态区。

湛江湾湾区—茂名海岸带：加快发展以石化为主导的临海工业，积极发展海洋交通运输业和滨海旅游业等第三产业。

湛江湾湾区—湛江湾岛群：东海岛重点发展以钢铁和石化两大产业为主导的临港重化工业，以重化工业发展为契机建设大型深水港口。加快东海岛、南三岛、特呈岛、硇洲岛等旅游资源的开发利用，推进东海岛旅游产业园、特呈岛水上渔家乐园、特呈岛渔家、海洋公园等项目的建设。巩固滩涂海水养殖基地，优化发展浅海水产资源增养殖，做大做强创汇渔业基地。

（课题督导：梁桂全；课题组长：向晓梅；课题组成员：吴伟萍、燕雨林、张拴虎、邓江年、杨娟、陈小红；执笔：向晓梅、邓江年；修改定稿：梁桂全）

社会类

和谐社会 协调发展 幸福指数

广东社会矛盾凸显态势与应对思路

广东省社会科学院课题组

编者按：化解社会矛盾是幸福广东建设中加强和创新社会管理的重要突破口。2011年4月广东省社会科学院以高度的敏感性自觉主动调研编写的"广东社会矛盾凸显态势与应对思路"课题专报，获省委主要领导高度肯定。全文共9.8千字，报告分析了广东社会矛盾凸显制约因素并提出广东"十二五"时期人本化、理性化、法制化、常态化应对社会矛盾的宏观思路。成为当时广东即将召开的省委全会文件起草组重要参阅材料。

一、广东社会矛盾凸显的六大基本态势

（一）社会矛盾总体数量较大，频度加快

虽然当前我省就业形势趋稳、个人收入增加，但由于物价水平不满意度创2002年以来的新高等因素的影响，2010年末我省居民对当年个人生活状况评价，较深受金融危机影响的2009年还要低：满意度下降了7.1个百分点；认为生活状况有改善的比例减少了6.8个百分点；认为变差了的略有上升。从当下的情况预测，"十二五"时期的广东很可能延续自身过去社会矛盾总体数量增加、频度加快的趋势。

（二）社会矛盾领域扩散较广，向度多维

我省当下存在的社会矛盾，涉及经济、政治、文化、社会、生态各领域，涉及居民、学校、农村等各个社会阶层。主要矛盾多肇因于利益表达，也有部分肇因于不满宣泄或价值诉求。有的社会矛盾发生前甚至很难发现苗头，令人防不胜防。现在，矛盾冲突普遍存在异质性、传染性、立体性甚至政治化等特质。

（三）社会矛盾凸显态势上扬，烈度增强

当前我省社会矛盾，按其烈度大小从高到低排序，依次是贫富差距、环境恶化、劳资关系、道德转型、干群关系。这些矛盾冲突往往以上访请愿、阻断交通、停工停产、冲击械斗等高烈度形式；黑恶势力团伙犯罪、抢劫抢夺街头犯罪，也在严重威胁着人民群众生命财产的安全。

（四）社会矛盾主体结构多元，燃点降低

由个体事件向群体性突发事件演变的矛盾在增多，群体性事件参与人员涉及面甚广，其中农民是所有群体性事件当中最大的参与群体[1]；外来流动人口引发的矛盾在增多，全省发生的刑事案件中流动人口作案占六成以上，珠江三角洲某些地区更是高达八九成；犯罪低龄化趋势明显，目前全省未成年人犯罪人数占刑事案件判决总人数的十分之一左右，并且呈逐年递增态势。在市场化、功利化条件下，现在不少矛盾主体心态浮躁，容易感情冲动，往往随意突破理性。

（五）社会矛盾区域集聚明显，触点较多

珠江三角洲的刑事发案约占全省七成以上，其他地方也有区域特点，有的地区黑恶势力猖獗，有的地区贪污腐败严重，有的地区体制内耗频繁。广东社会矛盾触点较多，如珠江三角洲外来民工高度聚集，大学城大学生高度聚集，某些区域外籍人口聚集。这些都是潜在的"火药桶"，矛盾和纠纷处置不当后果可能不堪设想。

（六）社会矛盾表现形式翻新，难点较多

---

[1] 黄辉，徐建华，张晓红.广东省群体性事件多发的态势与防范对策[J].政法学刊，2006（4）：33-36.

运用计算机、网络等高科技手段实施犯罪，都较早在我省出现。由于传媒特别是网络发达，高智商不法分子聚集，再加上地缘因素影响下敌对势力悄然介入，我省社会矛盾容易小事渲染成大事，经济问题炒作成政治问题，地方问题炒作成全国问题，国内问题炒作成国际问题。

二、广东社会矛盾凸显的制约因素

当下我省社会矛盾成因按重要程度从高到低排列前五位的依次为腐败行为、法制不健全、利益表达机制不健全、分配不公平、经济改革加速阶层分化。

（一）与人类社会发展规律有必然联系

从人类社会发展规律来看，各种社会转型中，都必然出现价值取向的更新、社会结构的重构、社会群体的分化和利益格局的调整，都必然伴随社会矛盾凸显的阵痛。世界多极化、经济全球化、科技进步日新月异、综合国力竞争日趋激烈，发展中国家时局动荡，东西方意识形态较量，生态领域、公共安全领域全球化问题凸显等，也将是"十二五"时期的重要影响因素。

（二）与我国社会发展阶段有必然联系

伴随着各种社会转型全面展开，"十二五"时期人们的期望值将全面提升。但这种全面转型并未经过历史文化发展的充分酝酿和准备，再加上转型期某些领域失范会放大人们对社会矛盾的感受，加剧人们的不满，这就必然导致社会矛盾凸显的阵痛比此前更为剧烈。

（三）我省城乡区域发展失衡挑战严峻

从1990年到2010年，我省城乡居民人均可支配收入比由2.21上升到了3.05，总体上表现为城乡收入差距扩大的趋势。早在2008年，珠江三角洲人均GDP就已进入工业化中等发达国家阶段，但现在粤东、粤西、粤北地区的人均GDP均在全国平均水平之下。仅看步入"十二五"时期的起点，就足以说明我省"十二五"时期缩小城乡差距、区域差距难度之大。

（四）我省地处改革开放前沿潜在风险

我省地处改革开放前沿，是我国社会矛盾凸显最敏感的神经地带之一，不少矛盾的化解，深受法规制度、体制机制的制约。"十二五"时期对外合作交流、粤港澳联系频繁，潜在风险将存在于经济领域，也存在于国家安全、社会稳定等其他领域。

（五）我省人口资源环境约束压力巨大

我省特别是珠江三角洲，人口密度相当大。从现在起进入向后工业化发展、赶超中等发达国家的时期，但人均资源占有率在很多方面低于全国平均水平。"十二五"时期国家要求耕地面积零减少，但按近年年均减少耕地量计算我省需要消耗耕地12.5万公顷，如何解决经济发展用地问题是个极大的难题。

三、广东社会矛盾化解的宏观思路

以加快转型升级、建设幸福广东为核心任务的"十二五"时期社会矛盾的化解，应该遵循人本化、理性化、规范化、常态化的宏观思路。

（一）核心价值：人本化

人本化就是必须始终坚持以人为本、执政为民，切实贯彻党的全心全意为人民服务的根本宗旨，不断实现好、维护好、发展好最广大人民根本利益。

1. 通畅诉求表达，强化人文关怀。尽量减少妨碍各种平台依法行使诉求合法表达功能的制约因素；加强企业文化、校园文化、社区文化建设，尽量满足人们正当的精神文化生活需求；高度重视改善企业用工环境，维护劳动者尊严。

2. 关爱弱势群体，完善社会保障。在财力供给不足的情况下，首先要维护好孤寡老人、残疾人等困难群体、弱势群体的利益，从源头上预防社会矛盾纠纷的发生。"十二五"时期，珠江三角洲社会保障要率先真正覆盖全体城乡居民，包括覆盖外来的常住人口；东西两翼和粤北山区至少应覆盖全体城镇居民及50%的乡村人口。

3. 加强公共服务，缩小贫富差距。实施更加积极的就业政策，提供更加公平公正的就业环境；把外来的常住人口纳入基本公共服务的范围。解决问题不能重复过去搞绝对平均主义的老路，但应该体现先富帮后富、先富带后富，不应该把锋芒指向平民百姓。

4. 慎待维权人士，强化公众参与。对真正维护民众合法权益的维权人士，应该肯定和感谢他们，并通过他们找到解决矛盾的有效路径；但对违法违纪、无理取闹特别是社会背景复杂的所谓"维权人士"，必须严加控制。要积极培育和规范发展各类社会组织，支持他们参与社会矛盾治理，充分调动公众参与解决社会矛盾的主动性、积极性和创造性。

5.协调利益关系，严惩腐败行为。建议在我省要害部门与相对弱势部门之间实行干部轮换，这样既能保护干部，也可强化对弱势群体的扶助。

6.加强组织领导，提高管理素质。政府要实现由划桨向掌舵的转变，由运动员向裁判员的转变，不能越俎代庖，引火烧身。公共权力部门的社会管理者，要有良好的政治素质，要有经济头脑，要有国际眼光，要有法律素养，要有服务能力，要善于进行危机管理。

（二）精神脊梁：理性化

理性化是指必须坚持马克思主义唯物辩证法，深入贯彻落实科学发展观，全面提高社会矛盾化解的科学化水平。

1.把坚定信心与注重细节统一起来。要在战略上藐视社会矛盾，坚定信心；要在战术上重视社会矛盾，认真对待，注重细节，绝不可以掉以轻心。

2.把正面宣传和舆论监督统一起来。对待社会问题、突发事件、外来文化和新媒体，不能靠查和堵，更不能隐瞒真相让"谣言倒逼公开"，要主动抢占舆论制高点。领导者不要插手干扰正常的舆论监督，传媒也绝不能偏听偏信、捕风捉影；不能为了追求卖点而哗众取宠，也不能把本应先通过内参反映的东西过早公开化，给境外敌对势力以口实。

3.把动态稳定和相对和谐统一起来。在强调动态稳定的同时，一定要彻底破除激化矛盾有益的斗争思维定势，加强社会整合，缓和社会矛盾、化解社会矛盾，实现相对和谐。

4.把科学治理与刚性制约统一起来。要研究科学理论、国内外相关规范与实践经验，深入进行调查研究，联系实际解放思想，大力推进社会矛盾化解的理念创新。

5.把改革发展与和谐稳定统一起来。当和谐稳定矛盾十分突出时，稳定压倒一切，但同样不能忽视改革发展；当社会建设矛盾十分突出时，要更加注重社会建设但同样不能忽视经济建设。[2]；在公平问题十分突出时，应该更加注重公平，适当放缓发展速度，但绝不能停滞不前讲公平。[3]；当和谐稳定矛盾十分突出时，集体和个人的需要首先要服从国家稳定的需要，但同时要尽可能维护群众的利益。

6.把转型升级与幸福广东统一起来。加快经济增长方式的转型升级，确保我省经济发展的可持续性。在突出转型升级这一重点的同时，要全面理解建设幸福广东的深刻内涵，统筹兼顾经济、政治、文化、社会建设和生态文明建设的全面、协调发展。

（三）刚性支撑：法制化

法制化是指必须按照正确的法治原则健全法律制度、法制体系，严格按法律制度办事，违反法律制度者将被严加追究。

1.坚持依法执政。督促、支持和保证政府机关依法行使职权，在法治轨道上化解社会矛盾；支持审判机关和检察机关依法独立公正地行使审判权和检察权；鼓励和督促参政党依法参政、人民团体和事业单位依法运行、企业依法经营、公民依法行使权利和履行义务。

2.坚持公平正义。必须坚持立法内容、立法程序上的公平正义；必须坚持行政职能、运行范式上的公平正义；必须坚持司法内容、司法过程上的公平正义。要重点解决城乡、区域、行业、职业、群体之间发展不平衡问题。

3.完善立法体制。为了增强人大代表的代表性，增加由选民联名推荐代表候选人的比例，试行选区预选；为提升人大常委会的履职能力，多吸收懂财政、懂法律的专业人士进入人大常委会。

4.坚持依法行政。推动"窗口"单位服务向规范有序、公开透明、便民高效转变，提高政府办事效率；加强审计监督和行政监察，强化经济责任审计和绩效审计。

5.坚持依法司法。改革现行的诉讼再审程序和信访制度设计，维护司法裁判的终局性效力；人大应采取听取工作报告、进行询问、质询、行使罢免权和进行特定问题调查等多种措施加强对司法的监督。

6.加强制度建设。不断完善党委政府的社会政策，建立健全社会伦理规范体系、各类社会组织规范体系和机关学校、企事业单位规章制度，发挥各种形式的契约和乡规民

---

[2] 当前社会建设地位作用突显，我们应该提"把社会建设摆到更加突出的位置"，要慎提"以经济建设为中心"；但在中央没有作出新的判断以前，也要慎用所谓"以社会建设为中心"、"社会建设与经济建设同等重要"等提法

[3] 在现实语境下，不要强调"效率优先，兼顾公平"，但中央作出新的判断之前，也要慎用"公平比效率更重要"或"二者同等重要"的提法。

约的作用，形成全社会在制度框架内化解社会矛盾的规范格局。

（四）恒久保障：常态化

常态化是指实现主导维度的大联动、参与维度的大协同、层级维度的大贯通、内容维度的全方位、时间维度的全过程、地域维度的全覆盖，不让社会矛盾化解工作留下任何维度的盲点与空白。

1.建立健全大联动组织领导体制。建议由各级党委政府的第一把手担任召集人，由分管相关具体工作的党委政府领导担任副召集人，由信访办、党廉办、维稳办、综治办、扶贫办、法制办、应急办、安委办、拆迁办等机构负责人及相关单位负责人担任联席会议成员，将会议秘书处设在党委或政府的综合职能部门。

2.建立健全大协同社会治理体制。加大对社会组织特别是社会工作组织的扶持力度；建立健全公众参与平台，畅通民意沟通的渠道；强化城乡基层社区自治，让广大居民自觉运用法律武器维护自身的合法权益。

3.建立健全大贯通层级责任体系。要坚决前移社会矛盾化解关口，把工作的重心和重点放在基层，扎实推进人民来访接待厅和基层综治信访维稳中心建设，健全打防管控一体化的社会治安防控体系。

4.建立健全全方位社会诚信体系。突出抓好经济领域、文化领域的诚信问题，建立健全信用制度；加强对社会组织和虚拟社会的诚信管理，推动全社会形成良好的诚信环境；加强公民诚信教育，激励诚信楷模，健全不诚信举报机制与惩防体系。

5.建立健全全覆盖属地管理机制。以社区为单位实行群防群治，实行社区网格化管理；以行政区域为归属，统筹本区域内城乡、区域社会矛盾的化解。处理省内外、境内外、国内外社会矛盾，省里要严格把关，加强对各地的指导与协助。

6.建立健全全过程动态管理机制。通过科学的数据监测和定性分析事前预警可能出现的重大事变，做好防范和及时化解矛盾的充分准备；尽量随时随地解决各种新矛盾、新问题；要对矛盾化解的效果进行全程跟踪和反馈评估，找出矛盾发生发展的规律性，为新矛盾的预警提供借鉴。

（课题督导：梁桂全（审定）；课题组长：刘小敏（主笔）；副组长：左晓斯、周联合、李飏；成员：邹开敏、韩冷、曾云敏、刘佳宁、石宝雅、欧阳卿、李娟、周仲高、邓智平、高俊、许雁雁）

加快广东志愿服务事业发展的对策建议

广东省社会科学院、共青团广州委员会联合课题组

编者按：党的十七届五中全会通过的"十二五"规划建议中明确指出："要不断拓展群众性精神文明创建活动，广泛开展志愿服务"。2011年1月27日由广东省社科院联合共青团广州委员会成立课题组共同承办的"加快广东志愿服务事业发展的对策建议"课题专报获省委主要领导批示并指出，志愿者服务深圳、广州两市基础好，报告建议的一些事情可由两市先做起来。"全文共11.1千字。

广东是我国志愿服务的发源地之一，广东省志愿服务经历了"从无到有，由点带面，覆盖全社会"的发展阶段。同时创造了诸多全国第一：第一条志愿服务热线电话、第一个正式注册志愿者社团、第一部地方性志愿服务法规、第一个省级志愿者事业发展基金会、第一个省级志愿者联合会等等，为全国乃至国际志愿服务领域探索了许多成功的经验。目前，我省已形成以省志愿者联合会为龙头，21个市及协会为支撑，100多个县级协会为基础的志愿服务组织网络，组织管理体系日趋完善。2010年广州亚运会、残运会的志愿服务工作，以其"国际化、有特色、高水平、全方位"，又一次为广东在全国率先弘扬志愿服务精神文化留下一系列宝贵的财富，为我省志愿服务事业提供了一次难得的发展契机。

一、广州亚运会推动志愿服务事业迈上新台阶

（一）推动了公众对志愿服务的参与率和认知度

亚运会、亚残运会期间，上百万志愿之花全城绽放，包括6万名亚运会志愿者，2.5万名亚残运会赛会志愿者，50万名亚运城市志愿者。同时，组建2200多支城市文明志愿服务全民行动队伍，发动80多万名平安亚运志愿者协助社会治安联防联控，发动30多万人次的志愿者参与文明出行劝导志愿服务，1491个社区都有一支不少于50人的志愿者队伍共计7.5万人开展社区志愿服务，发动189个亚运志愿者艺术团及其下属社区志愿者文艺团体在全市开展唱响亚运文艺巡演超过2000场，发动500万人次市民参与清洁城市志愿服务，所有交通从业人员都佩戴"亚运城市文明出行宣传志愿者"胸章在日常工作时主动向宣传文明出行，70多万名窗口行业服务人员佩戴志愿者微笑使者服务徽章上岗服务，百万中小学师生参与文明微笑使者评选活动，参与体验城市文明志愿服务岗位的市民起过25万人次，形成"人人都是东道主、个个都是志愿者"的社会氛围。

（二）推动了志愿精神的普及提高

亚运志愿服务工作在全社会得到了广泛弘扬和普及，使得奉献、友爱、互助、进步的志愿精神成为社会风尚，成为推进社会和谐、文明、进步的强大力量。广大市民群众和志愿者积极响应中共中央政治局委员、广东省委书记汪洋同志"迎接亚运会、创造新生活"和广州市委市政府"人人都是东道主、个个都是志愿者"的号召，广泛开展"新生活行动"、"大拇指行动"、亚运志愿信使、亚运小记者、亚运会志愿者名人堂、亚运会动漫志愿服务队、志愿彩、志愿礼等活动，深入推进"迎亚运讲文明树新风"城市文明志愿服务全民行动。其中"大拇指行动"以竖大拇指方式传递出人人可为、处处可为、一起成长的新理念和"平等、平和"的新的公共道德内涵。

（三）形成了具有岭南特色的志愿服务品牌

广州亚运志愿服务着眼于凸显志愿服务的岭南特色和广东风格，以"发动广州、辐射全省、带动全国"为目标。成立广州原创动漫人物志愿服务队，开发深受青少年喜爱的"志愿彩"、"志愿徽章"时尚标识物，设计代表志愿者文明礼仪形象的"志愿礼"，开发集管理与激励于一体的"志愿时"管理信息系统，设计制作"志愿福"和全民行动首日封送到每户市民家中，广泛

开展亚运志愿者歌曲征集和传唱活动，通过网络评选等方式确定"绿羊羊"、"木棉红"为亚运志愿者昵称，确定"西关小屋"为服务站点昵称，催生了"大拇指"、"绿羊羊"、"木棉红"、"新生活驿站"等特色鲜明的广东志愿服务品牌载体。

（四）推进了我省志愿服务社会动员体系建设

广州亚运志愿服务在组织化动员上，将国际化的志愿服务与中国特色的党团员先锋示范作用紧密结合起来，创新完善城市社会志愿服务体系。积极推动《广州市志愿服务条例》于2009年3月5日正式实施，明确将志愿者工作经费正式纳入财政年度预算，成立了广州市志愿者行动指导中心、广州市志愿者协会、羊城志愿服务基金会，组建全国第一所志愿者学院，吸引社会志愿团体以志愿服务总队的方式直接挂靠志愿者协会，建立1000个"志愿助残示范岗"，创建全国志愿者助残培训基地、志愿助残爱心服务基地，成立新生活驿站总站和亚运志愿者之家，明确将志愿服务工作纳入创建全国文明城市工作考核体系。

（五）促进了广东志愿服务的区域一体化和国际化

围绕亚运志愿服务，粤港澳志愿服务领域的一体化开始在体制层面得到突破，如在珠三角九城市和港澳地区设立招募点，发动珠三角九城市和港澳的青联组织签署共同参与亚运会志愿者工作合作协议，成立广州亚运会城市志愿服务专项工作领导小组，建立辖区亚运城市志愿服务工作联席会议制度，形成了推动亚运志愿服务深入开展的强大合力。通过国际化合作，大大提高了广东志愿服务领域的开放水平；发动各类志愿者，宣传亚运志愿服务特色，吸引国际人士关心和支持。

（六）锤炼出一批较高素质的志愿者骨干队伍提高，壮大了广东志愿服务参与力量

一方面，锻炼出一批经受了大型活动志愿服务工作考验的干部队伍。另一方面，在各类志愿服务活动中形成了数十万人组成的志愿者网络、数万人的骨干志愿者队伍，这些志愿者具备较优秀的综合素质和专业技能，对城市发展有很强的参与意识，为志愿服务在广东的发展培养了种子、储备了资源。

二、广东志愿服务事业发展面临的主要问题

我省志愿服务事业虽有较大的发展，但仍面临低水平徘徊、缺乏持久性等问题，且严重制约着志愿服务的创新与发展，与发展较早的国家相比，还存在一定的差距。

（一）对志愿服务存在模糊认识，影响志愿服务事业的持续健康发展

其一，由于受传统观念的影响，并缺乏全面的宣传和推广，人们只停留于表面的认知层面，普遍把志愿服务视同慈善行为，认为从事志愿工作是乐善好施的表现。其二，我国志愿服务的组织管理主要依托共青团，造成有人认为志愿服务主要是青少年参与的活动，对全体民众参与的重要性认识不足。其三，对志愿服务者的权利与义务关系理解不清。有的服务对象将志愿者视为无偿劳动力滥用，甚至认为志愿者的服务不应该有报酬和补充；有的认为任何志愿服务都是"纯志愿"的，从而对有关方面的管理不理解。

（二）志愿者人数明显不足，志愿服务组织发育还不成熟

我国志愿者资源不足，志愿者的参与人数比例还较小。在一些西方发达国家，志愿者占国民的30%，有的高达60%以上。而广州志愿者亦仅占全市人口的1/10左右，其成员主要是大、中院校的学生和一些热心公益事业的市民，而且基本上是不定期地参加志愿服务。一些民间自发的志愿者组织发展在机构注册、经费筹集、人员招募、活动开展等方面还受到一定的限制，乃至影响了民间志愿组织的积极性。

（三）志愿者组织管理机制不够完善，资源利用效率不高

在注册管理上，缺乏长效科学的后续管理机制，有的基层志愿者组织虽然有人专门负责注册，但注册后的管理却没有跟上，往往是有活动现注册，无活动时这些已经注册在案的志愿者就被遗忘；在渠道衔接上，志愿服务组织和各级政府衔接不紧、配合失调，防碍了志愿服务组织积极性的发挥。

（四）志愿服务的形式还比较单一，限制了志愿服务事业发挥更大作用

目前广东的志愿服务活动领域主要限于以及清洁、环保等以服务社会为目的的活动上，尚未达到调整社会结构和社会关系的高度。而随着我国社会福利及保障体系的日益健全，我国的志愿服务的必将扩展到社会福利活动之外的其他领域，尤其在解决贫困失业、环境保护、科学普及及应用、生态农业、教育卫生、社区发展、职业培训、技术研发、政治参与等问题上会发挥更大的独特的价值。

（五）激励保障机制不够完善，影响了志愿服务事业的进一步发展

其一，在经费保障上，目前许多志愿服务项目的设置和开展都是依托专业志愿者服务队伍提供资源，即专业志愿者组织既是活动的组织者、参与者，又为活动提供经费和资源保障。这种格局形成的条块分割、各自为政的局面，也限制了社会其它志愿者的加入，不利于志愿者服务项目的进一步扩大。其二，没有建立起激发全社会成员广泛参与志愿服务的有效激励机制。其三，相关税收优惠政策还不完善。一方面是享受税收优惠的捐赠范围过窄，另一方面享受优惠的力度过小，这就导致捐赠的大众热情可能因此会受到一点打击。

（六）志愿服务培训滞后，导致志愿服务的专业程度不高

青年志愿者大部分来自高校，但在我国这一领域的优势却未能很好地利用，统一管理和协调不够，缺乏有效的指导，志愿者水平参差不齐，加之学校教师缺乏强有力的指导，导致高、精、专的志愿服务不够，特别是部分高校学生缺乏相应的角色技能，致使服务效果不明显，服务质量大大降低。

三、加快广东志愿服务事业创新发展的对策建议

（一）及时转化部分亚运志愿服务活动成果，使之常态化、长效化

1. 在扩大志愿队伍覆盖面的同时，按照各类志愿者的专业技能和岗位特点，提升志愿者队伍的专业化程度，明确专业志愿者的权利与义务。以此为契机，大力提高志愿者的服务能力，加强志愿者专业培训的力度，培养志愿者的现代服务素质。同时，保留城市文明志愿服务全民行动队伍开展常态化的社区志愿服务。

2. 将城市重点旅游景地、公共场所的"新生活驿站"给予保留，以此为平台铺开适合群众需求的服务活动，使之成为广东志愿服务的形象载体。同时，将"新生活驿站"打造成志愿服务项目的定期发布平台，从而建立完善公益服务项目发布对接平台。这就要求对目前的"新生活驿站"进行信息化改造。

3. 进一步系统打造具有广东特色的志愿服务形象标识系统，实施广东志愿服务"品牌战略"，创新服务品牌项目，在众多的服务项目中突出重点，巩固"品牌"、不断创出新"品牌"，形成一些能带动整体发展、具有较大社会影响社会效益的服务项目，以获得更多的社会认同和支持，产生更大的社会影响力。

4. 建立大珠三角城市志愿服务工作联席会议制度，推进活动联动、资源共享。利用亚运期间形成的广东志愿服务国际合作项目和网络，建立常态化的广东国际志愿者交流营，面向海外志愿者、本地志愿者开展定期的志愿服务交流营项目，形成以交流营为依托，以志愿家庭为支持，以城市公益服务、文化交流为主要形式海内外志愿者定期交流机制。

（二）大力拓展服务领域，使之更加契合加快转型升级、建设幸福广东的需要

1. 加强科技志愿服务。把"科学商店"建设纳入"十二五"时期科普工作的重点（即大学生科普志愿者服务社，科学商店不是传统意义上的商店，出售的不是商品，而是一种科学传播的理念和服务，它将市民的问题和潜在的研究支持相结合，老师和学生一起致力于用他们的知识来帮助社区居民，如用化学知识来解决环境问题，大学生"店员"既学以致用，还可以赚取学分。）科学商店的场所设置，可依托"新生活驿站"，数量根据社区规模而定，目的是在社区及其成员需要的时候能够及时提供服务。

2. 加强权利救济志愿服务。推动社会福利活动之外的其他社会领域的志愿服务加快发展，如农民工权益保护、青少年和妇女权益保护等，政府要高度重视并积极为民众权益保护提供志愿服务，从而防止其他力量借机将权益保护事件复杂化、扩大化。

3. 加强社区发展志愿服务。围绕创建"文明社区"，发挥志愿者尤其是青年志愿者的创建活动的先锋队、突击队作用；围绕社区生活，重点发动辖区内志愿者为城乡居民生活提供辅助性或专业性的服务，尤其是要着力将志愿服务纳入养老保障体系建设中，其次是对下岗失业人士和城乡困难家庭的服务。

4. 加强文明公益及应急志愿服务。组织志愿者开展环保、慈善等方面的志愿服务。完善应急志愿服务体系建设，建立专业化的应急志愿队伍建设，大力加强对应急志愿服务人员的各种保障和补偿，同时强化应急志愿服务人员的义务履行。

（三）建立健全志愿服务参与机制

1. 建立健全强制性参与机制。探索将志愿服务纳入国民教育体系，计入学生学分，中小学的志愿服务学分要作为升学的重要参考指标；高校志愿服务学分作为获得毕业文凭的必备条件。推动党员干部发挥表率作用，并把它作为指标纳入年终考核。

2. 建立健全激励性参与机制。健全以"志愿时"为主要取向的志愿服务认证制度,将志愿者服务的奖惩情况记入档案,形成志愿服务特殊帐户,以此作为志愿者就业、升职等的参考指标,并给予这种参考一定的分量;针对一般民众,可实施志愿服务积分奖励计划,规定志愿者的服务积分积累到一定数量,便可以享受由志愿者组织或其他社会组织举办的各种培训,给予免费体检、带薪休假、图书、文化艺术欣赏等奖励。建立健全志愿服务荣誉表彰机制,将广东省志愿服务表彰大会作为品牌项目重点打造。

3. 发挥社会氛围的导向作用。利用大众媒体、新兴媒体,加大对志愿服务的宣传,鼓励媒体更多报道志愿服务事例、志愿者故事,打造志愿文化精品,提高志愿文化的社会渗透力和影响力。

(四)建立健全志愿服务组织开发机制

1. 建立健全志愿者招募吸纳机制。大力开发潜在志愿者资源,包括还没有参加过志愿服务但又具有能力参加的广大社会成员;充分发挥广东毗邻港澳、侨乡众多的优势,大力在港澳同胞、海外华人华侨当中发展志愿者,使之为广东志愿事业服务。

2. 大力加强志愿服务基地建设。探索推行服务基地认证和挂牌制度,在机关、企事业单位、高校和民间组织建立志愿服务基地,形成保障经常性志愿服务活动开展的强大网络。推动高校、科研研所、企业、社区等相互之间成立志愿服务战略合作伙伴关系。同时,着力推动科研机构与企业就科技志愿服务工作建立战略合作伙伴关系。

3. 建立健全志愿服务项目外包机制。建立健全志愿服务项目外包的竞争机制,将适合招投标的项目,通过有序竞争,用竞争性投标与合同来执行和完成项目,对项目绩效进行评估,要委托第三方的专业机构进行评估验收,确保政府资助的目标要求。

4. 建立健全组织管理机制。结合我省正在开展的社会管理体制改革,放松管制,降低志愿组织的准入门槛,打破双重管理体制的限制,体现志愿组织的相对独立性,鼓励更多小型化、个性化、专项化的志愿者组织发展,提高志愿者组织作为独立法人的运作水平。

(五)建立健全志愿服务保障机制

1. 建立健全资金保障机制。加大政府财政支持力度,建立健全社会化的融资机制。积极探索慈善机构定向资助社区志愿者服务站建设等机制,加快推进志愿服务商业性经费筹集,支持爱心店等机构发展壮大。

2. 建立健全信用保障机制。要大力改变志愿服务评估工作主要有志愿者组织自我评估的状况,一方面政府可以通过建立专门的监督和评估机构,对志愿服务过程进行监督检查和考核;另一方面探索建立第三方评估机制,将志愿服务的评估工作由专业化的组织来负责实施。同时,明确监督的渠道和方式,并实行公示制度。加强对志愿组织的财政监管。

3. 建立健全权益保障机制。倡导志愿服务津贴,加大对志愿服务的合理补助与补偿。为志愿者提供法定的社会保障,着力建立健全志愿服务保险体系。

4. 建立健全人才保障机制。将志愿服务有效纳入小学、中学、大学的选(读)修课程,并在公民教育、学校教育、职称考核等教育体系中,普及志愿服务知识,提高全社会对志愿服务的认知。

5. 建立健全法制保障机制。适时对《广东省志愿服务条例》开展立法后评估,修改完善相关的制度规定。由省人大牵头,适时对《广州市志愿服务条例》、《深圳市义工服务条例》、《汕头市青年志愿服务促进条例》进行研究,修改,废止其中矛盾的规定,统一和不断优化保障志愿服务事业发展的制度环境。

(课题组长:梁桂全、王焕清;课题组副组长:温宪元、童慧;课题组成员:廖胜华、张造群、李毅强)

广东社会建设前沿:理论与战略问题研究

广东省社会科学院课题组

编者按：本文源自《专报》省委汪洋书记的一份社会建设专题研究报告，原题为"广东社会建设的理论与战略研究"。2011年5月22日汪书记在报告上批示：这份报告好，读后很有启发。问题分析得深刻，提出的办法实在。请全会文件起草组以及起草我在全会讲话时注意吸收借鉴。省委十届九次全会后省委省政府发布的《关于加强社会建设的决定》部分采纳了该报告的观点。

一、社会建设领域的六大矛盾

回顾我省"十一五"时期的社会建设，可以概括为八个字：成就巨大，问题突出。主要表现为：保障改善民生成效显著却仍是短板；社会事业蓬勃发展但社会服务供需矛盾依然突出；社会保障水平不断提高但困难群体仍然生活艰难；社会组织规模不断扩大但活力不足；社区建设水平全国领先但基层自治半生不熟。经过仔细梳理和认真分析，我们发现，我省社会建设之所以出现这种喜忧参半的状况，主要源于社会建设领域存在着六大矛盾。1.破与立的矛盾：现代社会的建构滞后于传统社会的解构；2.强与弱的矛盾：强势群体与弱势群体之间利益冲突凸显；3.硬与软的矛盾：经济发展与社会建设、追求公平与追求效率长期处于非均衡状态；4.行与思的矛盾：改革任务迫切，改革思路依然模糊；5.供与求的矛盾：社会公共需求不断增长，公共产品供给严重短缺；6.公与私的矛盾：公权力私化、公权入侵私域与公民社会发展方向严重背离。

二、社会建设的理论思考

从历史发展战略高度科学认识、从理论与实践的结合上正确把握社会建设，需要运用马克思主义基本原理和基本方法，把人类社会发展的普遍规律与我们的特殊国情、省情相结合，树立国际化视野，坚持本土化思考，全面理解新时期加强社会建设的性质、规律和历史地位，形成改革、发展、稳定的新政治战略，把我省经济社会发展推向新境界。

1.要充分认识社会建设在人类现代化进程中的地位、作用和趋势，提高社会建设的自觉化、科学化水平。首先，人类文明越发展，物质财富越丰富，如何分配好、利用好这些财富就愈加重要，社会建设的重要性就愈加凸显。特别是由传统农业社会转向现代工业社会后，社会建设具有特殊意义，在特定条件下甚至比经济发展更重要。其次，需要注意社会建设与经济发展的水平相适应。再次，社会建设需要配套的政治和行政体制改革。最后，社会建设是一个长期的过程，并不是一劳永逸的。

2.要充分认识现代化进程中社会建设的一般趋势与共同特征，自觉遵循社会发展的普遍规律和共同要求。现代化是近代以来人类社会发展的大势所趋，也是中华民族上百年来魂萦梦牵的渴望。现代化是整体性、系统性的，包括了经济工业化、学术知识科学化、政治民主化、空间城市化、思想文化人性化等社会生活各个领域的一场全面性变革过程。在现代化的大系统中，社会现代化是一个相对独立的子系统。经济现代化必须有社会现代化相伴随，没有社会的现代化，整个现代化进程将陷入停滞。加强社会建设是推进社会现代化的题中应有之义。社会建设具有不同于经济建设、政治建设、文化建设的独特规律和逻辑。只有充分认识人类社会发展的普遍规律，承认普世共识，以开放的心态吸收借鉴人类在社会建设过程中的思想成果，才能少走弯路，提高我们造福于民的水平。

3.要充分认识我国社会建设的特殊矛盾和国情特征，充分发挥共产党领导下的中国特色社会主义政治优势。党的十六届四中全会以来作出的一系列关于社会建设的战略决策，特别是党的十七大把社会建设独立出来，使中国特色社会主义事业总体布局由经济建设、政治建设、文化建设三位一体扩展为经济建设、政治建设、文化建设、社会建设四位一体，体现了我们党对共产党执政规律、社会主义建设规律、人类社会发展规律认识的深化。当前的社会建设在某种意义上是一场中国版的社会进步运动。充分发挥中国特色社会主义政治优势，就一定能够取得社会建设的伟大胜利。首先，党的领导为社会建设的顺利推进提供了坚强保障。其次，社会主义意识形态为社会建设提供了良好的舆论基础，共同富裕、立党为公、执政为民、这些都可以成为社会主义长期信奉的基本价值，可以成为社会建设的宝贵财富。再次，广大人民群众支持社会建设。在高度短缺的计划经济时代，发展经济成为最迫切的需求，也最容易获得老百姓的支持。但改革开放三十多年过去了，发展的成果并没有为全体人民共享，发展面临合法性的危机。适时加强社会建设，维护社会公平正义将强化党和政府的合法性。

4.要充分认识新时期我省社会建设的特殊矛盾和地位，超越传统路径依赖，加快现代社会建构和社会管理创新。新时期我省加强社会建设，既有世界各国经济社会演变的一般特征，同时在特殊国情下，我们面临的问题又具有特殊性。突出表现在：(1)社会转型的二重性。(2)文明变革的时空挤压特征。(3)资源环境的高约束性。(4)社会变迁的高外向性、高开放性。(5)社会变革的先行性。

经济社会生活的复杂化，迫切需要形成一种更为有效的治理结构以应对这种挑战。新时期社会建设最重要的任务就是要在培育市场的基础上，进一步培育社会，提高社会的自我治理能力。只有同时完成总体性权力之于市场、之于社会领域的撤退和转型，让政府的归政府，市场的归市场，社会的归社会，三者各司其职，各守本分，互补互助，相互制衡，才是应对日益复杂的经济社会生活的正确选择。

5.要充分认识转型期社会建设的关健是社会组织重构和制度变革，扭转社会建设领域新制度建构滞后于旧体制机制解构的局面，实现社会建设从以破为主向以立为主转变。

三、创新我省社会建设的战略思维与战略任务

社会建设的主要路径是要在宏观、中观、微观三层次上推开，实现制度重构与社会关系的重组。在系统层面，重建适应社会功能体系运行逻辑的制度框架，在明晰政府—市场—社会的权利界限基础上，形成三者各司其职、互补互助、相互制衡的治理格局，破解因市场失灵、政府职能的畸形化所引起的权力失衡，以及由此导致的社会生活紊乱。在中观层面，重构富有活力的中间组织体系（工会、社团），建立主要利益主体与政府间的合作主义制度框架，通过社会契约重构新型社会关系，形成市场经济条件下的利益均衡格局。在微观层面，重建个人与公共世界的联结点，实现社会初级群体（家庭、社区）再造。通过打造新的社会公共空间，吸纳游离于组织之外人群（特别是没有社会保障的非正规就业人群），通过增强他们的社会参与，凝聚社会共识、舒缓社会焦虑、调解社会矛盾，解决由社会结构"碎片化"与社会"原子化"所带来社会失范与道德失衡。

（一）重建适应社会功能体系运行逻辑的制度框架，明晰社会、政府、市场的权利界限

"驯服市场、重建社会"是在中国独特的历史条件与转型背景下进行社会建设的根本出路。在市场经济条件下，个人需要和福利的满足完全赖于个人在市场竞争中的地位。由于大多数人无法在市场竞争中取胜，必然出现两极分化和大量的弱势群体，并最终威胁市场经济体系的运作和社会的稳定。为此，现代国家一般都要通过加强社会建设、实施社会政策来驯服市场的自发力量。只有在公平和效率之间维持一种巧妙的平衡，经济社会才能持续繁荣稳定。

"驯服市场"的关键在于社会发育与政府转型。政府自我限权是政府转型的一个重

要组成部分。但现实的状况是：政府不仅没有"退位"，还强化它在经济活动的地位，甚至成为经济活动中的利益主体；少数政府官员甚至与资本勾结在一起，形成了利益共同体。在诸如征地、拆迁、国企改革等，都可以看到这个因素的存在。

"重建社会"的主要任务之一是福利社会构建。要打破认为搞福利社会和社会建设就是花钱（不赚钱）的传统的观念，树立积极福利和社会投资的理念。事实上，社会事业发展和社会福利改善其实是一项重要的社会投资，既有直接的经济投资和社会服务业发展，更有对技能、健康等人力资本的投资，同时也提升个人独立于市场的能力，只有个人不处处受制于市场，才能获得自由的身体和灵魂。

（二）建构富有活力的社会中介层，建立主要利益主体与政府间的合作主义制度框架，形成市场经济条件下的利益均衡格局

建构社会中间层，一要构建一个实体，即在总体性的政府与原子化的个人之间嵌入实体为社会组织的中间层次，以避免政府直接面对群众而产生的局部、一定程度的社会失范。二要形成一套规则，即在社会的主要利益群体间制定规则、调节关系，以完善政府-社会组织-个人间制度性的合作框架。

首先，应加强社会组织建设，增强社会自我管理和自我发展的能力。一是增强社会的自组织能力，克服政府对社会组织的本能恐惧，引导其成社会管理的良性力量。二要建立更为明确的社会组织参与社会管理的战略性安排，形成政府与社会组织间平等、互助、双赢的合作关系。其次，应创新利益博弈的制度化机制，形成市场经济条件下的利益均衡格局。一是要对财税体制、政府管理体制、信用体制等收入分配相关的"元制度"进行顶层反思与重建。二是要充分考虑阻挠收入分配改革的各种阻力，必须在改革实施的前、中、后各个阶段对由此产生的"棘手政治问题进行管理"，要采取适当的战术策略，让改革一方面突破行政框架外既得利益群体的重围，一方面避开行政框架内各部门"利益板块"对改革的扭曲作用。再次，充分保障公民利益表达，形成制度化解决社会利益冲突的机制。

（三）重建个人与公共世界的联结点，实现社会初级群体（家庭、社区）再造

新时期我省必须进一步加强和完善基层社会管理和服务体系，把人力、财力、物力更多投到基层，把基层社区建设成为管理有序、服务全面、文明祥和的社会生活共同体。一要逐步改革基层社会管理体制，推动基层社区从行政化社区向自治型、服务型社区转变，实现政府行政管理和社区自我管理的有效衔接，政府依法行政与居民依法自治的良性互动。二要发挥社区党组织的核心领导作用，切实理顺基层自治组织、社区公共服务站（社区工作站）、业主委员会等各类社区组织之间的关系。三是逐步建立起互助家庭、互助楼道和互助小区等社区互助组织，鼓励社区参与，促进社会融合。

四、加强我省社会建设的若干建议

社会建设是一项长期和系统的制度重构、结构重建、资源重置过程，其创新深度、管理难度、投入力度、建设程度远远超出经济建设，需要进行一场深刻的思想革命和观念更新，克服发展惯性阻力，突破带有根本性的障碍。当前我省迫切需要从以下几方面率先破局。

（一）继续解放思想，打破阻碍社会发展的认识偏见、思维定势和思想桎梏，为社会建设和管理创新提供强大的精神动力

当前，我们正处于全面转型转轨的历史关口，要继续高扬解放思想的大旗，打破患得患失、条条框框、因循守旧的思想桎梏和思维定势，开创社会建设的新局面。1.继续加强学习与引导，纠正一些干部的错误认识和片面理解，提高其对社会建设的认识能力、理论水平和思想高度。2.要破除对GDP的盲目崇拜。要扩大社会建设指标在党政干部政绩考核体系中的数量，提高考核权重，把考核棒变为提高干部思想认识的导引棒，切实提高各级干部对社会建设的热情，把主要精力花在真正思考和谋划社会建设方面。3.要打破社会管理的传统思维定势。各级干部应充分认识社会变化的复杂性和多样性，紧跟社会变化的节奏步伐，尽快改变传统的思维定势和工作方法。必须大力弘扬求真务实的精神，始终保持脚踏实地干事创业的良好作风，敢讲实话办实事，真出实招求实效，做到一本经念到底，一件事抓出头，不摆花架子，不搞形式主义，不树"形象工程"。4.要破除对社会建设的教条式理解，从组织、激励、权威等方面采取切实措施，让那些想干事、真干事、敢干事、会干事的干部有更大的发展空间、更高的精神追求、更宽松的工作环境。

（二）大力推进民主政治建设，拓展社会制度建设新空间，充分发挥人民群众的主动性和创造性

在当前，尤其应当对政府决策的公众参与、重大决策公示、群团组织改革、社会组织培育、政府购买服务、社区功能发挥等涉及社会建设与稳定的重大领域进行率先探索，把推进民主政治建设与加强社会建设进行有机结合起来。

社会主义民主的本质是人民当家作主。共产党执政，就是领导和支持人民当家作主，最广泛地动员和组织人民群众依法管理国家和社会事务，管理经济和文化事业，维护和实现人民群众的根本利益。社会建设是人民的事业，没有人民群众积极性和创造性的发挥，社会建设就只能是空中楼阁。应当继续发挥我党密切联系群众，"从群众中来，到群众中去"的优良传统，坚决贯彻人民当家作主的原则，从法律和制度上保证人民群众在社会生活中的主人翁地位，切实提高公众参与程度，动员社会资源，激发社会活力，真正做到广凝民心，广开言路，广听民意，广聚民智。必须改变目前在政府信息公开、网络问策、公众参与城市规划、公众参与环境评价等方面存在不同程度的做表面文章，走形式和过场的状况，善于和敢于借鉴国外政府服务中通常采用的利益相关者方法、政策网络方法等新思想、新做法，用法规来逐步规范化，用政策来逐步程序化，用制度来逐步常规化，用监督来逐步活力化，大力化解目前的政府信任危机，尽快扭转目前社会道德不断滑坡和社会关怀日渐麻木的趋势。

（三）大胆研究探索，创新社会建设理论，为中国特色社会主义社会建设的决策与实践提供强大的理论支撑

进一步加强社会建设基础理论研究，是推进以改善民生为重点的社会建设的重要前提，也是发展中国特色社会主义的重大任务之一。当前和今后一个时期，社会建设基础理论研究应重点研究目前中国社会发展中存在的一些重大现实和理论问题，比如，在市场经济陌生人世界中如何建设人际和谐的社会共同体，在价值观开放多元时代如何促进具有高认同度的社会共识，在社会分化加剧的情势下如何张扬公平正义的价值观，在社会重心下移情况下如何大力改善民生问题，在发展主体布局上如何理顺政府组织、企业组织和社会组织三大部门关系。等等。具体来说，应从社会分层与社会结构调整、社会流动、社会组织建设、社区建设、社会事业发展、社会保障制度、利益关系协调和机制保障、创新社会管理体制等方面进行深入研究探讨。

（四）勇于改革创新，消除体制性障碍，构建职能清晰、协调高效、无缝对接的大社会建设管理体制

1.尽快提高社会建设的宏观管理协调能力。当前我国各级党委政府普遍掌控社会建设发展方向，主导规划设计和制度安排，握有人、财、物等主要资源，是社会建设管理的终极推手和掌舵人。建议整合目前与社会建设相关的政府层面的协调机构，在省市县统一设立社会建设与管理领导小组，由党政主要领导挂帅，主要职能部门共同参与，并明确规定领导小组、领导小组办公室和职能部门的责任和权限。2.提高社会建设和管理职能部门的决策影响力。为尽快改变目前社会建设职能部门相对弱势化的局面，建议社会建设主要职能部门的一把手兼任政府副秘书长。妇儿工委、残工委等承担政府职能的部门应参与重大社会事务的决策。三是适当调整和合理配置部门的社会建设职能。为消除目前各自为政、政出多门、相互推诿、资源滥用等行政低效现象，建议对涉及各职能部门的行政资源进行一次认真的清查，按照大部制改革的思路，整合相关职能。在大部制改革的地区以及省直管县，尝试推行大社会建设管理体制改革试点。四是探索工业园区与地方政府社会建设的无缝对接管理体制。目前，工业园区多数仅有经济职能，社会职能缺失，通常是上级政府设在下级政府辖区内的"飞地"，在征地拆迁、税收分成、社会建设与管理等方面存在诸多矛盾与冲突，这些问题在产业转移园建设中比较突出。建议借鉴苏州等地的经验，探索"区县合一"、"区镇合一"、"区乡合一"等新型行政管理模式，切实加强基层的经济建设和社会建设水平。

（五）善于学习借鉴，促进干部队伍思维、知识、经验的转型升级，全面提高社会管理的科学水平

各级党政干部队伍是管理社会、驾驭矛盾、推进和谐社会建设的骨干力量。一定意义上，各级党政干部队伍的素质、水平、能力决定了我们的社会管理水平和效果，决定社会和谐稳定状态。社会冲突的有效预防、社会矛盾协调化解的效果也与干部队伍的素质水平密切相关。特别是基层干部天天与群众打交道，党和政府的工作意图、工作作风往往由他们直接传递到老百姓。因此，我们要把干部队伍能力建设作为社会建设治本工程来抓。应建立一套长期的、系统的、制度化的干部（特别是基层干部）培训体系，真正下气力、下本钱落实好干部培训问题，要抓住时机培育新一代民主、理性、专业的社会管理者。在培训中，要认真学习发达国家有益的社会管理经验，特别是社会治理方面的新问题、新举措、新办法；学习运用现代化的科技管理手段，包括信息技术手段、心理手段、社会治疗手段等。

（课题组成员：梁桂全、刘小敏、赵细康、左晓斯、邓智平、黄彦瑜、张桂金、燕云霞）

如何创新社会管理：以珠海为个案

广东省社会科学院课题组

编者按：本文源自一份总结珠海社会管理先行先试经验的专题报告，原题为"珠海经验与广东社会管理创新"。省委书记汪洋同志对珠海的社会管理创新予以充分肯定，并于2011年4月10日在该报告上批示：珠海的试点经验值得推广，所提建议一并请全会文件起草组考虑。

本文着眼于创新社会管理，加强社会建设，建设幸福广东这一大局，以珠海为案例，分析珠海做法对全省创新社会管理的主要启示，并据此提出若干建议。

一、珠海创新社会管理的探索与实践

（一）形成合理职能分工，探索民主决策方式

珠海坚持由党委领导、总揽全局，政府负责、主抓落实，人大、政协、司法部门、人民团体等通力协作，明确了各自的职能分工；同时明确市一级主抓决策、规划、统筹和监管，区一级主抓经济建设和社会发展，镇街一级主抓社会管理和公共服务，通过市、区、镇（街）、村（居）四级联动推动社会管理上新台阶。

珠海建立了以小区管理、应急管理、行政问责、医疗卫生、促进就业等咨询委员会为平台的决策咨询制度，不断健全人员选聘、委员会设立、咨询决策、激励淘汰、与人大政协参政议政制度有效对接等方面的工作机制。咨询委员会由相关部门领导、相关领域专业人士和行业协会代表、其他社会组织代表和市民代表组成，并选取一定比例的具有专业知识的人大代表和政协委员出任；其主要职责是通过定期会议、圆桌会议、专题调研、信息收集等方式提供具体政策制定和实施的意见和建议，并做好相关政策的宣传解释工作。

（二）健全社会服务机构，探索政府购买服务

在事业单位分类改革的基础上，通过制定特定政府规章的形式，珠海在新设立的承担特定公共管理和社会服务的机构、公用事业特许经营机构以及其他公益性组织中率先进行法定机构试点，从法律地位、职责任务、人员配备、薪酬机制、治理结构、财务管理、外部监管等方面探索法定机构组织管理的有效模式。

珠海注意建立完善政府购买服务的法规规章，制定政府购买社会服务的工作流程和评估标准，构建政府购买公共服务项目库，完善政府购买服务流程，增加财政资金在政府购买社会服务中的比例，探索购买社会服务试点，采取直接购买、项目委托、公开招标等方式向福利机构、社会组织、镇（街道）居家养老服务站购买服务，或尝试以发放服务券的形式推进社区"居家养老"服务。

（三）强化城乡社区自治，推动管理重心下移

在城市，珠海构建了议事、决策、执行、协同、监督五位一体的社区民主自治体系：探索建立社区"一站式"服务新机制和公共服务新平台，构建社区党组织、社区公共服务站、社区居民委员会"三位一体"的社区自我管理体系；实行楼长制、选举娃娃楼长、设置睦邻卡和举办睦邻节，构建社区自我教育体系；组建党员义工队，开设综合服务站，不断扩大企业、社会团体等对社区建设的有序参与和支持，实行为民服务代理制，构建社区自我服务体系；开辟议事园，建设"数字社区"，实行网上问政，实行社区事务公开制，建立社区民主评议制，构建社区自我监督体系。

在农村，珠海探索建立区、镇、村联动的社区民主自治体系；创新农村社区党建工作，全面推进"双融双促"；健全各种农村民主自治制度，发挥农民在农村社会管理中的主体作用；结合镇街综合治理、来信来访和维护稳定工作中心的建设，整合人口计划生育、消防安全监督、户籍管理、房屋出租、就业和社会保障等各类行政和公共服务资源，大力加强社区矫正，建构户户联保、小组联防、村村联动以及组户联保、村厂联防、镇村联动的综治联保新模式。

（四）扶持社会组织发展，激发社会创新活力

按照统筹归类的原则，珠海对现有社会组织进行资源整合重组，理顺市、区登记管理部门职责分工，降低准入门槛，简化登记程序，试行备案制度，制定鼓励社区公益性社会组织参与民生服务的扶持政策，形成了有利于社会组织发展的宽松环境；按照良性互动的原则，通过政府财政扶持、购买服务、实施特许经营、建立社会组织培育孵化中心等多种形式，培育壮大社会组织和中介机构，探索社会组织参政议政的新途径，为社会组织的快速发展注入了强大动力。

在社会组织发展进程中，珠海高度重视发展慈善组织，组建了市社会救助募捐委员会，在各区成立区慈善会，各镇（街）成立慈善救助工作联络站、慈善捐赠接收点和慈善义工帮扶服务队，形成覆盖全市各区、镇（街）、村（居）的慈善组织网络。各级政府和部门从资金、土地、税收等方面对慈善组织的发展给予支持，为慈善组织兴办各种慈善服务机构提供便利。

（五）探索社工服务机制，创新流动人口管理

珠海注意科学设置社会工作岗位，建立健全社会工作者考核机制，建立社会工作发展的公共财政支持体系，积极促进社会工作发展和社会工作人才队伍建设；构建社会工作管理部门、民办社工机构与高校的联动机制，建立社会工作者、义工联动发展机制，在城乡社区、福利救助和优抚安置等领域率先推行"社工引领义工、义工协助社工"的社会工作服务新模式。

珠海建立全市统一的基础人口信息库，推行非本市户籍人口登记管理"一证通"制度，将实有人口公共服务、社会保障逐步纳入居住证体系，让持证居住人员享受居住地公共服务，实行户籍人口、非本市户籍常住人口和流动人口分别享受相应的保障政策，实行全面覆盖的多层次社会保障政策。

二、珠海创新社会管理的主要启迪

（一）首要前提：加强党委领导，强化政府责任

社会管理创新是一项错综复杂的社会系统工程，其方向是否正确、进程是否顺利，首先取决于各级党委能否切实发挥指引、统筹、协调的作用，各级政府能否切实担当执行、落实、保障等责任。

珠海成立由市委书记任组长、各区一把手和相关职能部门主要负责人为成员的社会管理体制改革先行先试工作领导小组，市、区、镇三级相应成立推进试点工作领导小组，设立市委体制改革办公室，作为市委统筹、指导、协调改革特别是社会管理体制改革的工作机构。同时，还专门成立市委社会工作委员会，统筹全市社会工作发展。

政府及各相关部门主要领导参加市先行先试工作领导小组，还组成推进各项具体改革实施方案的专题工作小组，专门组建市社会工作促进局。政府除加快职能转变、推动民主决策和创新公共服务提供方式外，还切实保障财政投入，在市、区、镇三级均建立专项投入机制。

（二）改革重点：促进社会协同，动员公众参与

和谐社会要靠大家建设，幸福广东需要全社会参与。在社会管理中，必须广泛动员社会力量，汇集社会资源，凝聚社会合力。

珠海创新社会组织党建工作，引领社团组织、行业协会、民间组织等各类社会组织参与社会管理；在厘清政社关系的前提下，创造条件让社会组织承接政府转移的多项职能；积极探索人民团体体制内的转型升级，充分发挥其对其他社会组织的聚拢效应。同时，积极鼓励社会组织向自立、自主、自律方向发展，建立社会组织董事会制度及运作条例，建立社会组织等级评估制度，建立社会组织内部监察和政府监督相结合的机制。

珠海通过党委政府的发动，逐步激发出群众参与公共生活和社会管理的热情。问卷调查结果显示，超过七成（73.0%）的居民积极参加社区所组织的活动，还有很多居民（52.2%）自发组织了兴趣团体。53.8%的居民积极参加社区义工活动，31.3%的居民虽然没时间参与，但仍觉得很有价值，一些义工积极分子成为社区居民最敬佩的人物。

（三）实践路径：深入调查研究，坚持试点先行

只有深入调查研究，才能深刻认识和准确把握社会管理规律，提高社会管理的科学化水平；只有坚持试点先行，才能做到循序渐进，让社会管理在理性化的轨道上运行，降低体制改革的风险和成本。

珠海社会管理体制改革试点工作启动前，花了近一年的时间进行深入的调查研究。一方面，组织骨干先后赴上海浦东、江苏无锡、苏州、香港、广东深圳等地深入考察、学习社会管理创新经验；另一方面，由市主要领导带队，深入街道镇村、机关学校、企事业单位、社会组织，进行广泛的调查研究。

在调查研究基础上，试点工作逐步展开。2009年，确定5个城乡社区、3个社会组织和3个政府咨询委员会为试点单位。2010年，进一步扩大试点范围，初步形成城乡社区民主自治多试点覆盖的工作局面；同时，积极探索创建校园社区和企业社区试点，进一步拓展社会组织与咨询委员会的试点工作。

（四）关键环节：强化制度建设，推动范式创新

所有创新活动从根本上讲都有赖于制度建设的积淀和范式创新的激励，社会管理创新尤其如此。一些好的做法只有及时通过制度建设才能加以固化和提升，一些不好的惯例只有通过范式创新才能克服和消除。

两年多来，珠海先后出台《关于增创体制机制新优势、继续当好改革开放排头兵的实施意见》、《关于推进社会管理体制改革先行先试的意见》等全局性制度规定、专项制度规定及相应的实施细则。在实践中也有不少制度创新，如十户联保制就是一种传统外衣加当代内核的乡土发明。它是由人们求平安而衍生的一种制度设计，是法、理、情有机结合的网格化管理，使农村社区成为关系亲密、出入相友、守望相助的命运共同体。

娃娃楼长、校社联建、企社联建则是珠海社会管理范式创新的亮点。娃娃在每个家庭中的地位举足轻重，让娃娃当楼长，不仅可以有效地发挥成年人所不具备的优势，而且可以培养孩子的社会意识。目前珠海在校大学生已达10万，大型企业如伟创力的员工已达4.5万，大力推动校社联建、企社联建，不仅促进城乡社区自治向校园和企业延伸，而且有助于防止境内外敌对势力和非法宗教组织的渗透，占领这些重要阵地，促进政治和社会稳定。

（五）根本保障：突出改善民生，坚持统筹兼顾

社会管理是社会建设的重要内容。在创新社会管理的同时，要全面加强以保障和改善民生为重点的社会建设。社会管理是构建和谐社会的重要内容，但和谐社会内涵丰富，在把社会管理工作摆在更加突出的位置的同时，要统筹兼顾经济建设、政治建设、文化建设、社会建设以及生态文明建设。

珠海在社会建设中注重改善和保障民生：在全国率先实施中小学12年免费教育；大力实施就业和再就业工程，建立起覆盖城乡的公共就业服务体系；率先建立全民医疗保障制度，形成了多层次、宽领域的社会保障体系；社会管理安全有序，社会大局稳定。

珠海构建和谐社会统筹兼顾，成效显著：先后被评为"国家园林城市"、"国家环保模范城市"、"国家级生态示范区"、"国家卫生城市"；是我国第一个荣获联合国"国际改善人居环境最佳范例奖"的城市；实现全国"双拥模范城"六连冠和全省"双拥模范城"七连冠；城乡居民生活质量居珠江三角洲城市前列，荣获"中国十大最具幸福感城市"称号。

三、我省创新社会管理的若干建议

（一）切实加强党的领导，健全党的组织体系

各级党委要把社会管理创新放在更加突出的位置，总揽全局，加强督促，积极协调；要建立健全相应的领导机构，一把手要亲自抓，负总责；要实行严格的目标管理、层级管理，强化责任追究。

建立健全党的组织体系，特别要注重消除党在社会组织中的空白和盲点，积极在社会组织中发展党员；密切党和社会组织的联系，充分发挥党在社会组织中的战斗堡垒作用，提升社会组织的协同能力。

进一步加强城乡基层社区党组织建设，使之成为基层各种组织的领导核心，增强基层党组织的社会凝聚力；党员干部要在思想上尊重群众，在感情上贴近群众，在工作上依靠群众；要充分发挥党员干部在广大人民群众中的先锋模范作用。

（二）加快转变政府职能，增强社会服务能力

要强化各级政府的公共服务和社会管理职能，着力转变职能、理顺关系、优化结构、提高效能，形成权责一致、分工合理、决策科学、执行顺畅、监督有力的社会管理体制。要不断优化组织结构，理顺社会管理中的条块和分权，设置专门的机构，把众多社会管理机构整合起来，实现无缝对接。

要深化财政体制改革，注重向社会提供基础性、普惠性和全局性的公共服务，提高基层政府提供公共服务的能力。要调整财政支出结构，建立社会管理创新专项资金，切实加大对社会事业和公共服务的财政投入，尽快完成从投资型财政体制向公共服务型财政体制转变。

要尽快将政府分离出来的或新增的社会管理和公共服务事项，以政府购买的方式向符合条件的社会组织转移，并根据社会组织提供服务的数量和质量，按照一定的标准进行审核后支付费用；或采取"政府承担、定项委托、合同管理、评估兑现"的契约方式进行管理。

（三）大力培育社会组织，提升社会工作水平

要加大对社会组织的扶持力度，基本放开社会组织的发展，一般以登记备案为准，特殊情况下采用审查制；大胆赋权给社会个体和社会组织，让他们能够组织起来，自主决策、自主发展，发挥其在社会整合和社会管理中的作用；把管理的重点放到对其发展的扶持和运行的规范上，提高社会组织的公信力。正在转型的工会、共青团、妇女联合会等群团组织，要带头向社会服务领域华丽转身，成为促进社会组织发展的新平台和相关社会组织的"联合体"，成为社会组织的标杆。

要将现代社会工作理念纳入社会管理创新体系中，运用专业化的技术方法解决复杂的社会问题。要尽快制定适合本土发展的社会工作者注册和考评法规、社会工作职业评估法规、社会工作教育法规、社会工作专业培训法规，确定社会工作职业的法律地位，明确社会工作者的权利和义务，完善社会工作岗位设置，健全专业社会工作机构，保障社会工作参与主体的权益。

（四）激发公众参与热情，培育公民自治精神

党委政府要建立健全公众参与民主选举、民主决策、民主管理、民主监督的平台，畅通民意沟通的渠道。要制定具有可操作性的激励办法，强化公众对公共权力机关开展社会管理的监督，不断促进和完善相关的立法、行政、司法工作。

要健全以基层党组织为核心的城乡社区组织体系，协调好各类社区组织之间的互利互动、共建多赢关系，不断完善村、居民委员会的各项民主制度，积极推行"民情恳谈会"、"民意听证会"、"民主评议会"、"民事协调会"制度，努力把城乡村、居民委员会建设成为功能完善、充满活力、群众满意、政府放心的基层群众性自治组织。

要强化城乡基层社区居民的独立人格意识、权利意识和责任意识，采取具体措施激励居民参与社区建设、社区自治、社区服务，让广大居民自觉运用法律武器维护自身的合法权益，充分调动他们投身社会管理的主动性、积极性、创造性。

激发公众参与热情，培育公民自治精神，都需要充分发挥舆论的引导作用。同时包括网络在内的大众传媒也是公众参与的重要渠道和平台，要充分利用这个平台宣传党的路线、方针和政策，了解社情民意，理顺社会情绪。

（五）完善利益整合制度，确保社会和谐稳定

要完善诉求表达机制和利益协调机制。要建构各种平台引导群众通过法定程序理性表达利益诉求，以各种形式对合理合法的诉求，从政策、法律、资金、人力等方面给予旗帜鲜明的支持，建立群众诉求回应机制，缩短反馈周期和链条，强化责任追究。工会、共青团、妇联等群团组织要当好老百姓名副其实的利益代言人，切实维护群众的利益。

要健全权益保障机制和矛盾调处机制。要健全公平的利益分配机制，调整利益关系，缩小贫富差距；建立健全社会保障制度，切实保障特殊、困难群体的基本生活。要完善信访工作责任制、社会舆情汇集与分析机制、跟踪反馈机制，着重解决好征地拆迁、环境污染、劳动关系、就业难、上学贵、看病贵、住房贵等方面的突出矛盾。

（课题组成员：刘小敏、赵细康、左晓斯、邓智平、张桂金、燕云霞）

科学发展　幸福广东
Scientific Development Happiness Guangdong

"规划到户，责任到人"扶贫开发政策实施情况调研报告

广东省社会科学院课题组

编者按：自省委、省政府作出扶贫开发"规划到户、责任到人"的战略部署以来，全省上下迅速行动起来，出台了一系列政策文件。为深入了解"规划到户、责任到人"政策的实施情况，广东省社会科学院课题组在梁桂全院长的带领下，结合扶贫工作进行了专题调查研究，形成一个主报告及《广东贫困地区农户家庭调查报告》，全文14.8千字，载于2010年6月8日广东省社会科学院《专报》，研究成果为省委省政府谋划推动全省扶贫开发工作提供了参考作用，省委主要领导在全省扶贫工作会议上引用了报告相关内容及观点。

贫困现象和人类社会相伴而生。贫困不仅是一个经济问题，同时又是引起各种矛盾乃至冲突的内涵复杂的社会问题。改革开放以来，广东省委、省政府在抓好全省社会经济发展的同时，持续开展了大规模的扶贫开发工程，取得了明显的成效。在新的历史时期，为解决剩下的3409个贫困村和316.5万贫困人口的绝对贫困问题，广东省从2009年实施了"规划到户、责任到人"的扶贫开发战略。

一、扶贫开发"规划到户，责任到人"工作进展情况

自省委、省政府作出扶贫开发"规划到户、责任到人"的战略部署以来，全省出台了一系列政策文件，摸清了贫困村和贫困人口的基础数据，制定了具体的工作实施方案，针对贫困特点，创新工作方法，探索扶贫新思路，得到了广大人民群众尤其是贫困人口的支持。目前正处于全面贯彻落实阶段，部分地区和村落初步取得了明显成效。

（一）创新扶贫理念，从区域开发扶贫向以贫困户为导向的定点扶贫转变

多年来，为集中力量保证供给，防止扶贫资金的分散使用，广东省扶贫开发工作的重点一直是16个贫困县。随着形势的发展，目前大部分的贫困县已经实现脱贫奔康，区域性的绝对贫困基本消除，贫困户变得更加分散，消除剩余贫困的成本更大、困难更多。因此，广东提出"规划到户、责任到人"的扶贫开发战略，将扶贫开发的重点进一步聚焦，直接瞄准贫困村和农村家庭年人均纯收入1500元以下的贫困户，实行"靶向疗法"，更直接、更精确地配置机关、企事业单位扶贫资源，减少资源消耗，实现定点清除贫困。

（二）完善政策体系，为扶贫开发工作扎实推进提供了制度保障

围绕"规划到户、责任到人"扶贫开发战略，全省构建了一整套系统的政策体系。《中共广东省委办公厅广东省人民政府办公厅关于我省扶贫开发"规划到户、责任到人"工作的实施意见》是全省扶贫开发的总纲领。省扶贫办进一步抓好落实，出台了《关于切实做好我省扶贫开发"规划到户责任到人"工作有关问题的通知》、《关于我省扶贫开发"规划到户、责任到人"的实施意见解读》、《广东省建立健全扶贫开发信息管理系统工作实施方案》、《全省贯彻落实省扶贫开发"规划到户、责任到人"工作电视电话会议精神的情况报告》、《关于进一步明确扶贫开发"规划到户责任到人"帮扶对象的通知》、《广东省扶贫开发"规划到户、责任到人"工作考核办法》、《关于抓紧做好建档立卡电脑管理工作有关问题的通知》、《关于审核上报帮扶单位方案（计

划）的通知》等8个配套文件。省委组织部将扶贫开发作为加强基层党建工作的一次机遇，出台了《中共广东省委组织部关于在扶贫开发"规划到户、责任到人"工作中切实做好统筹城乡基层党建工作的意见》。这些政策文件的出台，为全省"规划到户、责任到人"扶贫开发工作在思想动员、组织领导、投入保障、明确任务、考核奖惩、信息化管理等多个方面提供了坚实的制度保障。

（三）各地迅速行动，扶贫开发工作得到热烈响应和广泛支持

1.积极贯彻部署。许多地级市、县（市、区）、镇召开了专门的工作会议，出台了一系列政策文件，编制了专门的扶贫开发简报。2.贫困地区与帮扶单位无缝对接。基本上所有帮扶单位都前往所帮扶的贫困村进行了专题调研，并派驻了专门的工作组或驻村干部，共商扶贫对策。每一次帮扶活动记入了《帮扶记录卡》，形成了帮扶台账。3.做好贫困户的认定工作。充分了解农村家庭的收入情况，探索参与式识别贫困人口的办法，将认定的贫困户上墙公示，接受群众监督，防止扶贫开发中次生矛盾的发生。4.制定了实施方案。广泛吸纳贫困村、贫困户的意见，各帮扶单位都制定了扶贫开发"规划到户、责任到人"工作实施方案。

（四）创新扶贫方式，初步探索出扶贫开发的新路

目前已经探索形成多种有效的扶贫方式：1.观念扶贫。扶贫先扶志。一些帮扶单位积极打破农民过去低水平的均衡，在村小学以及村主干道贴上"不读高中，就打苦工"、"脱贫致富，全家幸福"等标语，积极鼓励农民摆脱贫困。2.产业扶贫。围绕农业产业化和农产品商品化，一些帮扶单位在贫困村建立了蔬菜基地、茶油基地、灵芝基地、柠檬基地，形成"公司＋基地＋农户"的产业扶贫模式。3.智力扶贫。有的帮扶单位为贫困户提供免费的职业技能培训，并推荐就业；还有的设立奖助学金，资助贫困户子女教育。4.福利扶贫。针对很多贫困户（特别是老年人和残疾人，由于失去劳动能力，发展经济先天不足而且后天无法补救，通过扶持脱贫基本无望）因不具备劳动能力而不能受益于建立在贫困户生产能力基础上的减贫政策，以及农村社会保障体系不健全的现状，有的帮扶单位积极对贫困户进行救济，出资为其购买养老保险、办理低保等。5.金融扶贫。探索把扶贫专项资金作为小额贷款担保或者贴息的资金，通过金融杠杆，让这笔扶贫专项资金发挥更大的作用，即通过小额贷款解决资金短缺问题。

（五）初步取得成效，涌现出一批先进典型

1.部分贫困村的面貌得到很大改善，衰落的农村社区重现欣欣向荣的景象。如紫金县光凹村的亮化工程建设为村道安装了路灯，方便了农民夜间生活；硬化工程建设将泥土路改成水泥路，改变了乡村面貌，方便了群众出行。2.村集体的收入有了保障和提高。一些帮扶单位出资帮助贫困村入股水电站、高新区、房地产等项目，使村集体的收入有了稳定保障。3.基层党组织建设进一步加强。帮扶单位按照一手抓扶贫，一手抓党建的要求，积极做好与帮扶村党组织的"一帮一"结对共建工作，贫困村缺什么补什么，极大地丰富了贫困村的党建资源。4.贫困户得到实惠。根据贫困户的实际情况，帮扶单位为贫困户提供农资补贴、种苗补贴、危房改造、技能培训等服务项目，受到了贫困户的欢迎，也为今后脱贫致富打下了坚实基础。

二、进一步抓好扶贫开发"规划到户，责任到人"工作建议

扶贫开发最核心的任务就是要让贫困户参与现代市场分工体系，在市场分工中找到自己的位置，而不是被甩出经济社会结构之外。为此，必须积极推进农业产业化、农产品商品化、劳动力市场化、人口城市化、资源（土地）资产化。

（一）责任联动，内因外因双轮驱动

扶贫开发要充分发挥贫困地区和贫困人口的主体作用，内外因合力摆脱贫困。

首先，既要加强对帮扶单位的责任考核，更要加强对有扶贫开发工作任务的市、县、镇的责任考核，层层抓好落实。当前迫切需要提高基层政府（县、镇级政府）对扶贫开发"规划到户，责任到人"工作的认识，增强责任感和紧迫感，防止基层政府将贫困作为博弈的筹码。要将对帮扶单位的考核与对贫困地区政府的考核结合起来，实行

责任联动，形成利益共同体。在一个贫困市、县、镇可能同时有多个贫困村及对应的多个帮扶单位，这么多帮扶单位都需要贫困地区基层政府配合工作，从而形成"一对多"的关系。

其次，要逐步改变政府作为反贫困工作主体，而贫困人口是需要帮扶的客体，处于被动地位的现状，充分发挥贫困户和贫困人口的内生动力，从优势视角出发，发掘贫困人口的潜能，增强其改变自身命运的信心和能力。此外，由于实际工作中，很多具体的扶贫任务都需要村干部落实，必须加强对贫困村"两委"班子的培训和调整，配好致富带头人。

（二）分类指导，细化扶贫开发战略

要对已经纳入电脑管理的贫困数据进行统计分析，科学划分贫困户的类型、致贫原因的类型、帮扶措施的类型等。

首先，可以将贫困人口分为有劳动能力和无劳动能力两大类。加强扶贫开发与低保制度的衔接。开发式扶贫主要针对的是有自助能力的贫困人口。对于没有劳动能力的贫困人口主要是进行社会救助，政府或社会慈善机构直接发放救助金到贫民手中，才是解决其温饱问题的更加有效的途径。当前，迫切需要建立健全以社会救助制度为核心的农村社会安全网，尽快在农村地区实现低保对象的"应保尽保"。同时，加快推进重大疾病救助、新型农村合作医疗、新型农村养老保险等农村社会保障体系建设。

其次，进一步细化有劳动能力的贫困人口，将其分成转移就业和务农两大类。对于希望非农就业的贫困人口，要对其进行免费职业技能培训，并推荐就业。建立推荐就业奖励基金，就业服务机构和基层平台每成功推荐一名农村劳动力转移就业给予相应补贴。对于愿意从事农业的贫困人口，按照农户的种养意愿进一步细分，因地制宜选择种养项目，引导种养意愿相同类型的农民规模化发展，提供资金、生产资料、技术指导、人才和市场支持，积极推进农产品的商品化。同时对一些开发农业项目，要引进对口下游企业，综合对口衔接，形成加工制造业与专业化农业对口产业链，大型流通企业与农业生产基地的对口供销链，等等。全省应在调查研究基础上编制产业对接引导规划。

（三）分代治理，斩断代际贫困传递

随着家庭劳动力数量和扶养系数的变化，农村贫困具有明显的生命周期。在刚刚组建家庭之初，上有老，下有小，家庭劳动力不足，容易贫困；小孩成人后，家庭劳动力充裕，一般会脱离贫困；当小孩婚后组建新的家庭，会重新陷入贫困，年迈的父母由于缺乏供养也会陷入贫困。扶贫开发必须建立一种干预机制，斩断农村贫困的代际传递。为此，需要对农村贫困进行分代治理。

首先，对于60岁以上的老人，要逐步将其全部纳入新型农村社会养老保险，使其获得稳定的养老金收入；第二，40~60年中年人，一般有较好的务农技能，应以推进农业产业化和农产品商品化为主要解决途径，同时，结合"双转移"，以就地就近非农就业为辅助；第三，对于20~39岁的青年人，要以外出打工和非农就业为主，加强劳务输出服务，加强职业技能培训，加快户籍制度改革，推进人口城市化，促进这部分人向城镇转移；第四，对于20岁以下的小孩和新增劳动力，主要以教育为主，帮扶没有考上高等院校的高中毕业生和未能升高中的初中毕业困难家庭子女入技（职）校学习。降低贫困户教育支出，逐步在全省推行强制的免费职业高中教育，保障贫困户的后代接受各类教育，提升后代参与现代化社会分工能力，为全省培训现代产业工人和其他人员。省应把此项工作列入刚性任务给予保障。

（四）资本下乡，构建开放式扶贫系统

农村生产力的发展离不开资本的作用。不仅要支持家电、汽车等消费品下乡，更要支持资本下乡，大力发展生产性扶贫。

1. 促进产业资本下乡，推动产业化扶贫带动农民稳定增收。按照产业化发展的方向，连片规划建设，形成有特色的区域性主导产业。引导和鼓励具有市场开拓能力的大中型农产品生产加工企业，到贫困地区建立原料生产基地，形成"公司＋农户"、"公司＋基地＋农户"、"农民经济组织＋农户"的产业化经营模式。加强贫困地区农产品批发市场建设，进一步搞活流通。

2. 促进金融资本下乡，带动农村经济发展。完善农村金融体系，深化农村信用合作社、农业发展银行、农业银行、邮政储蓄银行等正规金融改革，强化其为农服务功能；加快小额信贷公式、村镇银行等民营小型商业金融机构建设；支持和培育合作金融组织。设立农户贷款担保专项资金，构建以政策性担保为主体、互助性担保为辅助、商

业性担保积极参与的多元化信用担保体系。鼓励金融机构向农户提供小额贷款，逐步放开小额贷款规模，重点支持贫困户调整农业产业结构，发展增收项目。

（五）资产扶贫，从增加收入到资产积累

我国农村反贫困主要以增加农民收入为主，缺少资产建设的视角。我们需要加强农村体制机制创新，将农民的资源资产化，让农民成为有产者。

1. 土地制度创新。积极探索农村土地所有权、承包经营权、使用权"三权分离"，明确集体所有的层级落实到自然村，赋予承包经营权的物权性质，并给予法律凭证认定。在明确土地权属的基础上，鼓励和支持农民采取出租、入股、质押、置换等方式流转土地经营承包权，推进农业适度规模经营。成立土地储备银行，实现土地价值化，发展土地估价中介组织，农民可以将自己的土地存在银行，由土地银行统一管理经营全村土地。探索土地换社保制度，鼓励长期外出迁入城镇并有稳定职业和固定住所的农民自愿放弃承包土地。对自愿放弃承包地并迁入城镇定居的农民，应享受与迁入地城镇居民同等的待遇和社会保障。

2. 住房制度创新。农民经营收入和外出打工收入一般会沉淀到住房，但是，住房却不能变成农民的资产。要对现有农村宅基地和住宅进行改革，依照有关规定明确权属，办理登记发证手续。农民住宅只要补缴土地出让金就允许和城市住房一样上市交易。大力发展廉租房和经济适用房，探索宅基地换城镇住房制度，避免农民工"在城镇无房可住"而"在农村有房没人住"的现象。

（六）社会参与，培育扶贫接力

扶贫是一场持久战。政府参与力度是有限的，追求利益最大化的企业介入也是要遵循市场规律的，我们必须接纳和放大社会参与力量，加大对"穷广东"报道力度，树立"就近扶贫"理念，形成全民扶贫的氛围。除了动员社会捐款捐物，更重要的是要基于社会网络组织力量，让扶贫工作发展成全民参与的慈善事业。鼓励专业的农村社工带薪或志愿者的形式驻村，推动各项扶贫措施的落实；在大学毕业生中倡导"公益创业"，并给予资金支持，但要求所办企业必须参与贫困户农产品的生产与销售过程；组织城市社会消费网络，使贫困户农产品以直销方式与城市消费者对接，减少流通环节。

（课题组长：梁桂全；课题组成员：游霭琼、邓智平、赵哲、张琳；执笔：邓智平；修改定稿：游霭琼）

民生导向型城镇化：建设幸福广东的核心战略

广东省社会科学院宏观经济研究所

编者按：基于广东城镇化进程中出现的问题和幸福广东建设的新要求，本报告提出广东城镇化必须由经济导向型向民生导向型转变，民生导向型城镇化是建设幸福广东核心战略的重大命题，并就破解这一命题的路径、战略任务及保障措施等提出了新的思维。原文2011年5月31日载广东省社会科学院《专报》，全文10.6千字，为省委省政府提供了决策参考。

广东正进入从中等收入地区向高等收入地区迈进的关键时刻。过去30多年，广东发展动力主要在于工业化，而未来十年发展的动力之一在于城镇化。要突破"中等收入陷阱"，需要城乡均衡、地区均衡、阶层均衡，重心是普通居民收入提高与消费提升。因此，必须重塑人与人、人与自然的利益关系，必须遵循城镇化发展的客观规律，按照科学发展观的要求，审时度势，周密部署。

一、民生导向型城镇化的内涵与路径

（一）民生导向型城镇化的内涵

所谓"民生导向型城镇化"，就是在城镇化进程和城镇建设中，秉承"以人为本，民生为重"的宗旨，一切从百姓的安居乐业、幸福生活出发，充分体现城镇规模发展与人的生活发展相适应、城镇公共服务发展与经济社会发展相适应、城镇时代人文发展与物质发展相适应、城镇生态环境发展与人的生存发展相适应的城镇化模式。通过民生导向型城镇化，以城镇带动区域发展，以城镇转型发展带动产业和区域转型升级，以城镇建设进一步满足人民群众追求幸福生活的权利和诉求。

民生导向型的城镇化，必须以人为本，重视城镇化中人的问题，更多的从人的需求和发展角度出发，促进城镇化、社会民生与经济发展的协调；必须复合推进城镇化进程，在实现人口向城镇集中、城镇用地不断拓展的同时，更应强调城市文化、城市生活方式和价值观在地域上的扩散，促进生产方式和生活方式文明程度不断提高、不断现代化；必须把农民工的完全城镇化作为重点，推动各级政府从城市生活更加和谐的角度使农民工逐步融入城镇生活，实现城乡统筹协调发展；必须不断完善城镇职能与配套，提高城镇化质量，统筹城乡发展，提高城乡居民生活水平与质量，使产业和经济发展的成果真正惠及人民群众；必须力求城镇化的可持续发展，在确定城镇化目标时，要立足当地的资源环境承载能力、符合地区的主体功能定位，在确定城镇规模、功能时要充分考虑资源环境的限制因素，确保从长远的角度提升城乡居民的福祉水平。

（二）民生导向型城镇化的路径选择

由侧重人口城镇化向复合推进的城镇化转变。应该更加重视城镇市政基础设施和公共服务设施的配套建设，并逐步向乡村地区延伸，以改善城乡居住环境和生活水平。同时，加强城镇文化建设，促进城市文明的传播与扩散，提升城镇居民的文化素质，在城镇化过程中促进人的发展。

由侧重大城市发展向强调城镇群协调转变。城镇化水平的提高只能是一个长期的、渐进的过程，城镇化的纵深推进必须遵循客观规律，走大中小城市和小城镇协调发展的多元、多层次的城镇体系发展道路，让城镇化的便利和实惠惠及更多的人民群众。

由侧重产业空间开发向完善生活空间转

变。应在承认城镇作为产业和经济发展空间载体的同时，更加强调城镇的居住和生活功能，强调生活空间的营造和完善。在产业空间扩张的同时，必须同步配套相应的生活空间，现有产业空间改造升级，则必须补上生活空间配套不足的短板，改变生活设施不完善、工作生活不便的现状，提高城镇居民的生活质量。

由侧重空间扩张向注重功能提升转变。把城镇化发展的重心向提高城镇承载能力上转移，强调城镇功能发展与周边乡村地区的协调，强调现有城镇空间的功能完善与提升，着重提高城镇的就业吸纳能力、基础设施水平和配套服务能力，从而提高城镇的运行效率、居民幸福指数和生活质量。

由城乡二元分化向城乡统筹转变。必须统筹城乡居民的利益，更加重视农民工利益诉求，进一步吸纳和转移农村人口，促进农民工市民化和农民工家庭城镇化，并提供相应的管理和服务，实现工业与农业、城镇与乡村发展良性互动，缓和城乡差距可能激化社会矛盾，推动城镇化的持续发展。

由侧重开发建设向注重管理服务转变。把改善管理服务作为提高城镇化质量的核心，加强城镇管理，加快建设有利于社会融合的城镇管理体制和机制，为城镇居民提供完备、优质的基本公共服务，拓展城镇公共服务内容，丰富公共服务的层次，营造包容多元文化、富有亲和力和归属感的城镇居民生活环境。

二、民生导向型城镇化的战略任务

（一）创新城乡统筹的多元城镇化模式

民生导向型城镇化进程应根据不同地区的基础条件，综合考虑城镇体系、产业布局、社会事业等各方面的特点，紧扣各地区城镇化过程中的不同民生问题，因地制宜地推进城镇化进程，引导城镇化渐次推进和城乡统筹发展，形成各具特色的民生导向型城镇化格局。

首先，要创新城乡统筹发展的城镇化模式。广东城镇化应当按照城乡规划、基础设施建设、产业布局、公共服务和环境保护一体化的要求，促进农民工市民化和农民工家庭城镇化，形成城乡统筹发展新格局。切实加强城乡统筹发展的规划布局，从整体角度对城乡区域进行合理功能分区，优化城乡空间布局，促进城乡全方位的联动发展。针对目前城镇化进程中城乡基础设施差异大和共享性差等问题，加大对农村基础设施投入的力度，推进农村交通、能源、通讯、水利等基础设施建设，并将其与城镇基础设施建设统筹考虑，建立完善的城乡基础设施体系。健全财政、金融等支农政策体系，逐步形成以城带乡、以工补农新机制，优化乡镇产业发展环境，促进城乡产业发展与布局一体化。统筹教育、卫生、文化、社会保障等公共资源在城乡之间的均衡配置，将城镇化过程中社会事业建设的重点转向农村，健全城乡统一的公共服务机制，实现城乡基本公共服务一体化。制定农村环境保护工作指引和技术规范，实施农村环境清洁工程，全面推进农村环境污染整治，实现民生导向型城镇化进程与宜居城乡建设的相互促进。

其次，因地制宜地推进城镇化进程。珠三角地区通过建设适宜创业、创新和居住的城镇综合环境，提升中心城市的服务功能和居民生活质量，提升基本公共服务覆盖率，实现基本公共服务均等化和一体化，引领珠三角向宜居城镇群迈进。把产业转移园打造成广东省东西北地区的民生事业发展和城镇化的先导区，加快在交通设施、产业配套、城镇建设、社会事业等方面与珠三角地区的对接，带动欠发达地区的城镇化进程。对欠发达地区的城镇化从单一的经济扶持转向对整个发展环境的扶持及政策上的支持，改善其发展环境，使其能很好地承接先发展地区的产业转移，缩小区域差距，消除城乡二元结构，形成欠发达地区民生事业发展的长效机制。

（二）营造优质宜居的城乡环境

民生导向型城镇化，必须注重统筹经济发展与环境保护，促进城乡经济社会全面协调可持续发展，推进低碳节约型城镇和新农村社区建设，加强区域绿道和城镇景观风貌建设，在全省建设一批生产发展、生活富裕、生态良好、文化繁荣、社会和谐、人民群众充满幸福感的宜居城市、宜居城镇和宜居村庄。

首先，要注重生态环境建设和保护。要把生态建设理念贯穿于城镇化和城镇建设的方方面面，严格实施环保规划，大力推进环境保护和生态建设。加大水环境综合治理，开展河流两岸生态与景观整治。实行区域上下游联防联治，健全跨行政区的交界断面水质达标管理和污染事故应急处理机制。加强林业生态建设，严格保护近海红树林湿地生态系统，建设沿海防护林体系。严格实施节能减排，落实节能减排考核问责制。严把环保准入门槛，实行主要污染物排放总量控制前置审核制度。加快重点污染源在线监控系统建设，加强对减排重点工程的日常监管和现场监察。

其次，要推进低碳节约型城镇建设。集约利用资源，强调城镇化过程中对土地资源的保护，大力推进"三改工程"，提高土地利用效率，为城镇可持续发展扩大空间和资源储备。加快城镇市政公用设施建设，逐步完善城镇污水管网垃圾清运设施和垃圾无害化处理场等生态环卫设施。加速制订和推广节约能源和节水的住房标准，对能耗高、效率低的建筑实施低成本节能改造。积极抓好"宜居城镇"的创建试点工作，逐步积累经验，推进"宜居城镇"建设的全面深入开展。

再次，要推动新农村社区建设。把农村公益事业和公共设施建设纳入公共财政的支持范围，加大对农村规划建设的扶持力度，增加对农村规划编制、危房改造、基础设施建设的资金投入。继续推进村庄规划，规范农村宅基地管理，早日解决农村住宅地、返拨地办证问题，促进农村居民住宅的合理布局与集约建设，集约、节约利用土地，积极推进"宜居村庄"的试点与深入开展。

此外，要加强绿道和城镇景观风貌建设。加快城镇园林绿化建设，积极创建园林式城镇、园林式村庄，努力提升城镇、乡村绿化、亮化、美化水平。坚持突出城镇特色原则，以"三旧"改造为契机，以城市规划设计为手段，注重地区差异性，保护具有传统风貌和地方特色的文物古迹、历史街区，发挥地方人文特色，形成传统与现代相结合的城镇景观风貌，强化城镇和乡村的自然和人文特色。

（三）建立健全多层次的城镇住房保障体系

为确保我省城镇化的顺利推进，加快转型升级、建设幸福广东目标的实现，当前必须建立健全多层次的城镇住房保障体系，提高城镇人口（包括常住人口）住房保障水平，加强对城镇住房价格调控，促进房价与消费能力相适应，实现住有所居。

首先，要加快建立以市场为主满足多样化需求，以政府为主提供基本保障，政府调控和市场调节相结合的多层次住房供应体系。对城镇中高收入家庭，主要通过房屋租赁市场与商品住房市场来满足其住房需求；对中等偏下收入住房困难家庭，主要通过公共租赁住房和经济适用房来实现住房保障；对城镇低收入住房困难家庭，主要通过廉租房来实现住房保障。同时，各级政府要多渠道多形式改善农民工居住条件，鼓励采取多种方式将符合条件的农民工纳入城镇住房保障体系，积极为农民工提供农民工公寓及其他住房救助保障服务。逐步形成总量平衡、结构基本合理、房价与消费能力基本适应的住房供需格局。

其次，要强化地方政府责任，维护社会公平，增加城镇保障性住房供给，着力解决城市中低收入家庭的住房困难。重点发展公共租赁住房，逐步使其成为保障性住房的主体。多渠道增加廉租住房房源，完善租赁补贴制度。加快各类棚户区改造，改进和规范发展经济适用住房。建立稳定投入机制，加大财政资金、住房公积金增值收益、银行贷款的支持力度，提高土地出让金净收益投入比例，引导社会力量参与保障性住房建设运营。加强保障性住房管理，制定公平合理、公开透明的保障性住房配租政策和监管程序，严格规范准入、退出管理和租费标准。

再次，要加强和改善房地产市场调控，建立住房价格调控长效机制。省、市、县各级政府都要承担起住房保障和稳定房价的责任，把保障基本住房、稳定房价和加强市场监管纳入各级政府年度目标考核。严格住房用地管理，加大打击和惩治开发商违规囤积、闲置土地的力度。健全差别化住房信贷、税收政策，合理引导自住和改善性住房需求，有效遏制投机投资性购房。加快住房信息系统建设，积极推动建立住房保障、房地产、民政、公安、税务、银行等部门的信息共享机制，建立居民经济状况核查系统，完善信息发布制度。

（四）完善城乡一体的基本公共服务体系

首先，必须着力构建城乡一体的文教、医疗卫生服务体系。以重点加快乡镇、村（社区）、新开发区、新居民区的卫生体系建设为突破口，建设完善城乡基本医疗服务体系、环境卫生体系、疾病预防控制体系、卫生保健及执法监督体系等医疗卫生配套体系，推动城乡医疗卫生体系一体化发展，让公众在城镇化进程中享受到便利的医疗卫生服务，增加城镇化建设动力。整合城乡文化资源，着力建设基层文化基础设施体系，加快推进城乡文化惠民工程及文化信息工程建设，提高城乡公共文化服务能力。

其次，必须进一步推进城乡劳动就业服务一体化。健全劳动者自主择业政策，鼓励自主创业，拓宽就业渠道。健全城乡统一的职业培训体系，逐步建立以珠三角为核心辐射带动全省、城乡共享的公共职业培训体系。加大高技能人才培训基地建设，建立覆盖城乡的农村劳动力转移就业技能培训示范区和创业带动就业孵化基地，为引领带动产业转型升级提供有力的人力支撑和雄厚的人才储备。全面取消地域、身份、户籍、行业等对农村劳动力进入城镇就业的限制性政策，建立健全城乡平等，覆盖省、市、县、乡镇、社区（村居）五级的公共就业服务体系，促进城乡就业协调发展。

再次，必须完善覆盖城乡的社会保障网络。因地制宜推动城乡社保全覆盖，逐渐建立以社会公正为基础的城乡一体的社保网络，以不断增进城乡居民福祉，提高公众参与城镇化建设的积极性，增加城镇化动力，加快实现幸福广东建设目标。

三、推进民生导向型城镇化的保障措施

（一）促进规划体系的转变创新

经济社会发展规划与土地利用规划应从极化思维转向均衡思维，努力缩小城乡发展差距，积极关注城镇化过程中的弱势群体，维护社会稳定与和谐发展。城乡规划着力推进就业导向的城乡发展策略，将对政府、大型企业与开发商等强势主体的关注转向对普通民众的关注。重视公共服务和社会保障体系在城乡规划中的作用，合理配置教育、医疗、文化及环境卫生等各项公共服务设施，保障公众获得相对均等的公共服务。加强城乡规划中的环境与生态策略，营造优质宜居的城乡人居环境。

（二）建立稳定的投入保障机制

积极改革城镇投融资体制，创新运营管理和建设模式，积极吸引和引导外资与民间资本进入供水、供气、垃圾与污水处理等城镇基础设施和保障性住房建设等民生领域，变一方投资为多方聚资，变政府包建为全民共建。加快推进地方公共财政体制改革，继续调整优化支出结构，不断完善财政转移支付体系，以推进全省基本公共服务均等化为重点，大幅提高社会福利和公共服务的供给水平，保障广大人民共享改革发展成果。

（三）深化户籍管理制度改革

实行城乡统一登记管理制度，调整完善现行教育、医疗、社保、就业、住房等方面制度和政策，推动城市教育、住房、医疗、就业等资源向农民工开放，逐步实现流动人口基本公共服务均等化，消除制约农村人口市民化的体制性障碍。制定引导人口有序转移的政策措施，把符合条件的农民工基城镇就业和落户作为推进城镇化的重要任务。充分尊重农民在进城或留乡问题上的自主选择权，切实保护农民承包地、宅基地等合法权益。

（四）促进社会管理创新

必须全方位解决农民工和失地农民问题，切实保障农民工合法权益，给进城农民工以"市民待遇"；深化城镇就业制度改革，实行城乡统筹的就业制度；构建补偿、就业、社会保障"三位一体"的失地农民利益保障体系，建立失地农民分享工业化、城镇化和现代化成果的长效运行机制。着力强化社会组织管理体系，着力加强社会治安综合治理体系，着力完善社会突发公共事件应急处置体系；大力发展科教文卫事业，提升城镇的凝聚力、城镇发展的和谐度、城镇文化的影响力，增强城镇的文化底蕴；大力推进制度创新，加强规划、规范和引导作用，基于民生导向对城镇化实施必要的宏观调控，构建良好的经济与社会发展秩序。

（课题督导定稿：梁桂全；课题组组长：刘品安；课题组成员：陈再齐、杨志云、杨秀琴、李震、林全兴；主要执笔：刘品安、陈再齐、杨志云）

政治类

依法治省 服务政府 公共服务均等化

新形势下加快转变侨务工作方式的建议

广东省社会科学院课题组

编者按：广东省经济社会发展正处在重要的拐点上。广东省在海外华人、华侨、华裔关系上享有得天独厚的优势，如何使这一优势成为转变经济发展方式的重要力量，是当前需要引起我们关注的重大问题。本报告原载2010年10月15日广东省社会科学院《专报》，全文约7.3千字。省委主要领导批示要求，组织一次海外广东侨务资源的调研，弄清情况，完善对策。据此，由广东省侨办牵头，省社科院等单位参与，开展了海外广东侨务资源调研，取得了很好的效果。

一、当前迫切需要发挥华侨、华人、华裔的作用

当前，我国改革开放和现代化建设正进入新的历史时期——对外和平崛起和对内科学发展的重要时期；广东推进外经贸战略转型，再创开放型经济新优势，加快提升国际竞争力的关键时期，华侨、华人、华裔关系资源被赋予了新时代意义和新战略意义。

（一）侨务资源在广东新一轮开放中的重要战略意义

广东实现转变经济发展方式这一战略目标，需要全球技术资源的支撑和海外商业网络的支持，侨务资源将发挥战略性作用。

1. 充分利用侨务资源加快"走出去"。后危机时代，在全球经济再平衡过程中，贸易保护制度化，国际贸易摩擦加剧。因此不论从国际环境还是内在问题看，我省过去的以吸引外来投资为主、出口贸易为主的外向型经济模式将受到越来越大的约束。推动企业走出去，建立拥有全球资源支配权的、国际收支平衡的、产业分工层次较高的开放型经济体系，是规避贸易摩擦，突破发展瓶颈，推动新一轮开放发展的根本。海外侨胞熟悉住在国的政治、经济、法律、文化和风俗习惯，海外华人商圈能够在获取投资环境信息、开拓商业协作关系、建立商业信用、维护企业权益等方面，为内地企业的走出去提供支撑。

2. 充分利用侨务资源，构建多元化国际市场布局。由于广东本身的人才资源、技术资源、大宗商品资源短缺，广东是全球制造业的集聚地，因此建立基于全球的开放型经济体系，是广东经济持续发展的基础。广东华侨华人遍及全球，新生代逐渐在当地社会担当重要角色。东南亚以潮汕、客家为主体的华人商圈，美国以江门五邑侨乡为主体的华侨华人族群，此外，在欧洲、中南美也拥有较多的华侨、华人、华裔关系资源，这是广东独特的优势。借助侨务资源优势，以美、欧为重点，引进智力资源，开展技术合作；以东盟为重点，推动制造业投资、商品和资源贸易；同时拓展中南美产业链和商圈。这是我省推动技术创新和产业升级，建立基于全球的开放型经济体系的独特优势。

3. 充分利用侨务资源，整合全球资源。我国有超过100万的华人华侨专业人员，分布在全球各地和各个领域。与这些专业人才的交流和科技合作，将为广东建立全球的专业人才供给体系，从而提高广东创新能力。2009年全球华商企业总资产约为3.9万亿美元，充分利用海外侨胞所拥有的经济实力和广泛的商业网络，既是广东引进外资的重要渠道，也是实施"走出去"战略的桥梁和提高对外开放水平的重要力量。广东的开放型经济发展率先由主要借助港澳台向全球华人商圈全面拓展，这是未来一二十年广东开放型经济发展的重要战略支点。

（二）侨务资源在我国和平崛起中的重要战略意义

发挥侨务资源的战略性作用，改善我国发展的国际环境，是广东作为侨乡应尽的责任，广东理应先行先试，率先探索。

1. 依托华侨华人促进中外沟通与互信，优化中国崛起的国际环境。中国崛起改变了全球的政治和经济格局，进入敏感的国际磨擦、磨合适应期，国际社会对我国崛起的不安，在政治、经济与文化领域针对我国的国际磨擦加剧，冷战思维重新抬头，国际舆论和意识形态发生不利于我国和平崛起的变化。这一状况在全球金融危机之后凸现。其原因第一是中国崛起引起的全球利益格局改变，导致的利益冲突；第二是来自意识形态和文化的偏见；第三是我国自身对外宣传力度不足，西方世界对中国缺乏了解。华侨华人特别是融入当地社会的华人，在当地政经等各界有着广泛而深厚的人脉关系甚至影响力，许多国家的华人精英已经在各级政府机构、议会组织中担任要职。他们既对中国了解，也容易得到海外的信任，在增进中外了解与互信、创造国家发展的良好外部环境方面可以发挥桥梁、纽带和宣传员、公关员作用。并且，这种作用随着我国经济的增长愈益重要。

2. 促进海外华人的文化认同和经济合作，是全球化背景下中华民族复兴的重要内容和支撑。全球化背景下，随着全球公司的出现和发展，民族国家的部分权力向全球组织（公司）让渡，公司的国家属性日渐模糊，大规模的移民促使国家认同逐渐减弱而文化认同逐渐增强。炎黄子孙遍布天下，利用民间力量，推动华人商圈经济合作培育华人经济力量，促进华人族群文化认同弘扬中华文化，是中华民族伟大复兴的重要内容和力量支撑。

3. 加强我国、我省开放型经济与世界华人经济圈的对接融合，有利于支持世界华人经济圈的发展壮大。可以预见，我国我省开放型经济与世界华人经济圈的融合，将是互动、共荣的。而世界华人经济圈的发展壮大，将是中国和平崛起的重要国际支持力量，具有不可估量的战略意义。这也是中国崛起与很多国家崛起所不同的重要的条件、优势和特点。我们必须特别珍惜这一优势，高度关注、精心培植、积极利用好世界华人经济圈。

二、侨务资源建设亟待加强

与改革开放初期相比，当前我国的侨务资源已发生了根本性的变化。最主要的原因是"新华侨华人"群体的形成。"新华侨华人"，是指改革开放后为移居海外而因私出国的中国公民，以及随同他们定居海外或者他们在海外所生的子女。据估计新华侨华人群体超过600万人，约占海外华侨华人总量的八分之一。由于在1949～1978年间，中国政府批准的因私出国者仅21万人。因此，老华侨与新华侨华人之间，存在一个长达30年的历史断层。

老一代移民多为劳务移民，迫于生计远走他乡，效忠祖国与落叶归根的观念浓厚。新一代移民则以家庭团聚、留学移民、技术移民居多，知识层次高，大多以追求优裕生活和谋求自身发展为目的，他们更注重个人价值的实现，落地生根，积极融入所在国主流社会。新老两代移民出国的动机与价值观念有很大的差异。

由于新老两代移民之间观念与目标的差异，老侨团对新生代缺乏吸引力。随着老一代逐步退出历史舞台，建立于乡土观念的老侨团趋于衰落。据江门侨乡一些同志的反映，改革开放初期活跃的侨团风光不再，一些华侨宗亲社团多为风烛残年的老人，令人唏嘘。如何吸引年轻人加入，成为海外侨团改革迫切需要解决的问题。去年底媒体披露的国务院侨办下属机构的研究报告《树立华侨华人文明形象专题调研》，指出海外侨社之间不团结，侨团内部争权夺利，融入当地主流社会不够，以致影响了海外华人形象。华侨社团建设亟待影响引导。

据教育部统计数据，从1978年到2009年底，各类出国留学人员总数达162.07万人，留学回国人员总数49.74万人。新华侨华人相当一部分是高学历、高素质、高层次的尖端人才，在不少国家和地区的科技、经济、学术等领域发挥重要作用。在今年的世界华商大会上，北京市侨办主任指出，目前海外有100万高端人才，但侨务部门并不完全了解他们的意愿和技术水平，在促进海内外资源对接方面存在困难。

新华侨华人移民群体的形成，也使我国的侨务资源地域结构发生了重大变化，北京、上海等地，成为新华侨华人的重要来源地，广东的侨务资源优势减弱。另一方面，对于以个人发展而非以乡情为主要诉求的新华侨华人，来源地的重要性下降，侨务资源成为全国各地共同的资源，从而面临区域之间的竞争。因此，广东要保持优势，必须先行一步，以更有效的措施、更主动的工作，凝聚全国的侨务资源为我所用。

当前的形势表明，如果不加快转变侨务工作方式，海外侨务资源将无可避免的衰落，广东的侨务资源优势将无可避免的丧失。在中国崛起而导致全球政治经济格局发生重大变化的今天，在广东转变经济发展方式的关键时期，如果不尽快采取有效措施，将会导致战略性的失误，给广东乃至我国的长远发展造成重大损失。

三、新形势下侨务工作新内涵及工作模式转变

过去30年侨务工作的特点。改革开放初期，国内贫穷，海外华侨华人相对富裕，爱国情结驱动了华侨华人对国内的捐赠，当时侨务工作的重点是激发华侨华人的爱国热情，推动华人华侨支持国内建设。随着国内市场经济的发展，海外华侨华人从向国内捐赠转为向国内投资，分享了中国经济高速成长的利益，侨务工作的重点向招商引资、招商引智转变。适应这一任务，侨务工作的重点是牵线搭桥，促进华侨华人与地方政府之间的沟通互信，侨务工作的主要地域在国内，主要的工作对象是华侨华人。

当前侨务工作面临新形势的突出特征：1.中国崛起引起全球利益格局改变的国际大背景；2.与老移民不同的移民背景、不同的理念与目标的新华侨华人；3."走出去"成为我省经济发展的重要任务。在新形势下，在改革开放初期形成的侨务工作模式必须转变。

（一）工作理念的转变

因应新华侨华人群体的利益诉求，以及实践和谐世界理念，因应沟通世界、改善我国崛起的国际环境的需要，侨务工作在理念上，应推动华侨华人融入当地社会，而非强调情系乡梓报效国家；应着重经济层面的合作发展，而避免涉及政治层面的利害冲突。

（二）工作目标的转变

1.促进中外沟通与互信，优化我国崛起的国际环境；2.促进华商经济合作，为广东企业走出去搭建支撑平台；3.引进智力技术资源，提高我省创新能力；4.促进海外华人商圈的发展，促进华侨华人族群的发展。

（三）工作地域的转变

适应新形势和新目标，侨务工作的重点地域，应从国内转向海外。改革开放以来，我们对海外华侨、华人、华裔的工作主要是争取引资、募捐上。今后，除了继续争取华商投资、捐资等外，更重要的是走出国门，争取华侨、华人、华裔、华商的支持和参与，构建全球产业网和商业网、文化网等；并通过支持海外华人经济圈的成长、壮大，支托我国的经济国际化深化。

（四）工作对象的转变

工作的重点对象，转变为国内社团与海外的华人、华侨、华商社团。从优化我国崛起的国际环境这一任务看，应避免政府过多直接参与；采取政府支持，非政府组织为主体，通过非政府组织之间的沟通和协作，实现侨务工作的目标，更符合国际社会的主流理念，有利于中国的和平发展。从为我省企业走出去搭建支撑平台这一任务看，海外经营企业与华商协作的基础，是价值创造和利益分享。这种建立在利益层面的多样化的协作，需要企业之间、商会之间的直接沟通。建立华商与我省海外经营企业之间的沟通与互信，专业性强，对象众多，利益多元化，多样化的社团组织在这一沟通中扮演主要角色，是合适的制度安排。因此，侨务工作的主要任务，是促进国内外社团之间的沟通。

（五）工作模式的转变

概括起来就是以服务凝聚人心、以经济强化关系、以文化促进认同。第一，以服务凝聚人心。为华侨华人提供紧急援助，帮助华侨华人融入当地社会，既能凝聚人心，也能提高海外华侨华人地位，增强其实力，使之发挥更大的作用。第二，以经济强化关系。以商业合作为基础，强化经济联系，充分利用华侨华人商业资源，推动华侨华人、我省经济、当地经济共同发展。在经济全球化背景下，忠于国籍国与经济上支持祖（籍）国发展，并不矛盾，也只有在这一模式下，才能实现融入当地主流社会的目标与支持国内经济发展的目标相统一，中国发展与改善国际环境相统一。第三，以文化促进认同。文化认同是民族性传递与价值观传递的主要途径，在推动华人融入当地社会的同时，保持中华文化的传承，是维持民族认同、民族向心力的保障。

四、促进转变侨务工作方式的对策建议

（一）在海外设置贸易促进机构，加强侨务工作

依托贸促会，在我省华侨华人主要聚居点以及对外投资主要国家设置我省驻外贸易促进

机构。其主要任务：1.作为服务窗口，为华侨华人提供法律援助、紧急援助和经济援助，以及为其与各类组织机构的联络提供协助；2.了解驻地国华侨华人社团组织的状况，通过信息的沟通引导海外华侨华人社团发展；3.加强对高端人才的了解和沟通，为其与我省企业、研究机构、跨国企业的联系牵线搭桥；4.为我省跨国企业海外经营提供信息、法律咨询，以及与商业组织的联络、社团组织的联络、东道国政府机构的联络提供协助；5.为海内外社团交流提供协助。

（二）加强对海外华侨华人的服务

建立信息沟通机制和协作机制，加强省内侨务部门与外经贸部门之间的信息沟通和协作、省内政府部门与国家驻外机构的沟通，以及省内政府部门与民间团体之间的沟通，整合资源，形成合力，以加强对海外华人华侨的服务。这些服务包括：1.为华侨华人提供安全与权益保护方面的协助。2.促进华人社会与当地政府与当地群体的沟通，推动华侨华人融入当地主流社会。3.促进商贸交流，推动华商、华侨华人与商业组织、特别是省内以及省内跨国企业之间的沟通合作，为华侨华人拓展发展空间。四是支持华文教育，开展文化交流活动，促进文化认同。

（三）深入开展调研工作，制定战略性行动方案

当侨务工作主战场转移到国外，侨务工作的复杂性、专业性及其影响与传统的侨务工作不可同日而语。而侨务工作所承担的使命，也远非过去30年所能比较。建议省委将侨务工作作为广东未来发展的基础性战略任务，从战略角度给予高度关注；重视新形势下工作任务的转变与工作模式的转变，组织深入调研以把握新情况，出台一个指导意见，明确目标与任务，整合侨务、外经、贸促、经信、社团管理部门的力量，推进侨务工作。建议：第一，推动侨务、外经、贸促、经信、社团管理部门，提高对侨务工作的新形势与新任务的认识，开展深入的政策研究。第二，组织对海外侨务资源调研，掌握基本情况。第三，形成一个全省的关于新阶段侨务工作的指导意见。第四，制定行动方案，推动经济层面和民间层面的交往。第五，制定长远计划，加强对新生代华人的培训与文化交流。

（四）推动适应侨务工作方式转变的行政管理体制机制改革

适应侨务工作方式的转变，需要下列的行政改革支持：第一，深化政府体制改革，促进社团发展。1.政府职能的改革，部分职能向社团转移，使社团能够在经济社会发展中承担更重要的职能，发挥更重要的作用，并相应提高了社团的地位，也为社团之间的协作沟通提供价值基础；2.改革政府的社团管理方式，进一步减少对社团发展的制约，更多地支持社团的发展，完善社团发展的体制基础。第二，改革社团管理条例，促进社团国际化。经济全球化下华商的跨国经营，推动了华侨华人社团的国际化。第三，实施有利于侨务工作走出去的行政管理改革。适应侨务工作重点区域向境外转移，应对行政管理、出入境方面的便利化进行改革。

（课题组长：梁桂全；报告执笔人：陈建、游霭琼）

探索建立协调劳动关系的制度平台

广东省社会科学院课题组

编者按：原载2010年10月25日广东省社会科学院《专报》，原文约2万9千字，包括《我省协调劳动关系制度平台研究报告》、《我省协调劳动关系制度平台建构方案》及其说明等一个主报告、两个分报告，其中主报告1万9千字。省委领导批示要求相关领导和职能部门组织研究，提出具体的工作意见。

随着经济社会转型步伐加快，传统发展模式的内在矛盾会日益突出，劳动关系会呈现更为复杂、多样的变化态势，需要我们更新关于劳动关系治理的观念，调整工作思路和手段。因此可以说，系列停工事件既是"危"又是"机"。我们要以这些事件为契机，深刻认识现阶段劳动关系和劳资矛盾的特点和演化规律，着力构建和完善符合规律的、满足治理需要的、与国际接轨的制度环境，着力搭建协调劳动关系和促进劳资双方沟通、博弈和合作的体制平台，从而促进劳动关系以及经济社会的健康发展。

一、当前劳动关系的基本特点

（一）劳动关系日趋市场化、多样化和全球化，其基本面的特征已经演化为劳资关系

1.劳动关系的市场化基本完成，劳动关系的基本面的特征已经演化为劳资关系。2.劳动关系类型多样化的格局同时形成，劳资矛盾日益趋向复杂多变。3.劳动关系的全球化特征更为明显，劳动关系的协调处理面临新的课题。

（二）劳动关系总体稳定但趋紧张，权利争议与利益争议并存的局面已经形成，反映劳动关系和谐程度的一个最直观的指标，是劳动争议的状况

2010年5月以来发生的系列停工事件，改变了之前劳动争议即权利争议的状况，权利争议与利益争议并存的态势清晰地呈现出来。而这必将对劳动关系调整的体制机制以及相关的劳动法律制度、政策产生深远的影响，对此，我们必须要有足够的重视。

（三）系列停工事件凸显了劳动关系的体制外博弈成分

1.劳资之间具有实质意义的利益争议会逐步走向前台成为常态，争议内容会从目前比较集中的薪酬待遇等经济问题逐步扩展。2.停工事件的发生，是由于劳资双方没能通过体制内的途径，如集体谈判，解决利益争议问题。3.停工事件理性进行，但事态容易出现反复僵持，一些企业员工在停工要求加薪成功后，继续提出新的加薪要求或者其他诉求。这表明劳资利益争议和博弈尚处于非常初级的阶段，需要相关规范的引导和调节。

二、现行的劳动关系协调机制及其局限

（一）劳动利益争议协调机制尚未真正发挥作用

1.劳动关系三方协商机制（又称劳动关系三方协调会议制度）运行中（存在）问题。主要体现在：对三方机制的功能意义认识不足、在三方机制中雇主组织的主体缺位。2.集体协商机制运行（存在）不足。主要体现在：企业中的集体协商有名无实、区域、行业集体协商谈判的开展不理想。

（二）劳动权利争议处理机制不能促进纠纷的及时有效解决

1. 劳动争议解决程序过于复杂繁琐，有关纠纷解决期限的规定过长，违背了效率的原则。2. 劳动争议调解机制在制度设计上的结构性缺陷，影响了调解机制承载的消化过滤部分劳动争议、协调劳动关系、减轻仲裁和诉讼机制负担的功能的发挥。3. 劳动争议仲裁机制的不足。主要体现为：第一，劳动争议仲裁作为前置程序增加了劳动者维权的成本。第二，劳动仲裁机制较强的行政性特点使其在解决劳动争议中的公正性不足，从而减弱了其作为纠纷准司法解决途径的功能。4. 劳动诉讼机制运行中的问题首先表现在劳动争议诉讼的特殊性被完全忽视。

（三）政府劳动行政部门执法的缺位和越位，增大了劳资双方发生纠纷的机会

1. 劳动执法监察和信访力量的严重不足，是劳动监察中选择性执法突出的重要原因之一。2. 政府劳动行政部门执法的越位表现在随意改变执法的标准方面，突出反映在社会保险缴费基数和缴费比例的确定、住房公积金的缴交等上。3. 政府劳动行政部门执法的越位还表现在强势介入迫使劳资双方解决劳资纠纷上。这种强势的处理方式，往往是开始时迫使劳动者复工，事态发展后又转化为迫使资方答应劳方的要求以求解决群体性事件。

三、主要发达国家和地区协调劳资关系实践的启示

1. 劳资之间的博弈以及由此产生的矛盾贯穿于整个工业化的过程，双方博弈的范围不断扩展，已经从最初单纯的工资等经济问题，逐渐延伸至劳动保护、工作量分配、加班控制、信息共享、卫生与安全、劳动力控制与流动、工作保障、职业培训、缩短工时等劳资关系的各个方面。受到不同历史阶段政治、经济、社会、文化以及双方力量对比等因素的影响，劳资博弈所引起的劳资纠纷的强度和表现形式在不同国家、不同阶段有不同的表现。为了避免冲突的发生，各国政府建立了协调劳资关系的机制制度，三方机制、劳资谈判等都是被实践证明行之有效的方式。

2. 要有效发挥三方机制的协调作用，首要的前提是健全三方主体。按照《三方协商促进履行国际劳工标准公约》确立的原则，现代劳资关系是一种雇主、工人和政府三方博弈的关系。在劳资关系系统内，通过肯定和承认雇主和工人建立自由、独立组织的权利，并要求和促进政府与雇主组织和工人组织之间的有效协商，三类主体相互影响、相互作用，共同推动经济和社会发展。因此，三方机制在协调劳资关系中能够充分发挥作用的关键就是三方主体健全、行为目标明确、有代表性而且具有足够的可以制衡其他两方的能力。上述国家的实践也表明这点。

3. 必须建立健全调处劳动权利争议和劳动利益争议的制度体系和程序。权利争议与利益争议发生的前提不同、涉及劳动者的数量不同、规模不同、社会影响不同，因此应该加以区分，并通过不同的渠道解决。香港区别对待的做法，值得借鉴。

4. 政府应当鼓励、扶持成立中立的社会组织和机构，充分利用社会资源协调劳动关系。英国ACAS制度设计合理、发展成熟、运行顺畅。其对纠纷的事先预防、兼具公平和保密性的调解等，具有很强的借鉴意义。

5. 完善的企业内部劳资关系协调机制有助于把争议解决在基层。韩国的劳动关系管理委员会实质上就是在企业内部建立的劳动关系协调机制，它为劳资双方提供了一个沟通的平台。我国《劳动争议调解仲裁法》也有类似的制度设计，该法规定企业劳动争议调解委员会是劳动争议调解机构之一。但该机构只能在劳动争议发生后介入，属事后救济。我们完全可以借鉴韩国的做法，把企业劳动争议调解委员会的职能进行扩展，将其作为劳动者参与企业管理及劳资双方协商的平台，充分发挥劳资双方的自主性，将劳资矛盾化解在基层。

四、建立协调劳动关系制度平台的政策建议

（一）指导思想与策略选择

1. 既要完善劳动权利争议处理机制，又要着力构建具有我国特色并能与国际接轨的劳动利益争议协调机制。劳动权利争议处理机制的完善可以从以下几方面入手：借鉴市场经济比较发达的国家的做法，改革劳动调解机制；借助省劳动人事争议仲裁院成立之机，着力强化劳动仲裁准司法的定位，回归劳动仲裁独立、公正的本位，推动劳动仲裁向实体化、专业化、职业化方向发展；探索

和推动劳动争议审判组织形式改革，努力促进司法的独立和裁判的稳定。2.政府既要按照国际公约和我国法律法规的要求主动、正确履行职责，又要积极探索借助社会组织协调处理劳动关系的新路径。首先，政府更主要的应该是规则的制定者。其次，在利益争议的协调上，政府应该将自己定位为维护秩序的一方，不直接介入劳资双方的协商谈判，不充当施压者的角色，不将矛盾引到自己身上。再次，在权利争议处理上，政府应该积极介入，加大劳动监察执法力度，以防止劳资纠纷的不断增加。

（二）与集体协商机制相关的三个重大问题

1.罢工权。在市场经济条件下，罢工权与集体谈判权是不可分割的。只有正视它并予以立法规范，才能有效避免无序停工对经济社会秩序的冲击和破坏。广东完全可以在地方立法上先行先试，适度承认并保护劳动者的罢工权，并设定罢工的例外情形，把罢工纳入法制化轨道。2.工会。作为集体协商的重要主体和企业劳动者权益的代表者、维护者，工会目前正面临十分严峻的信任危机。如何规范地、积极地履行市场经济中的工会责任，是当前摆在工会面前的重大课题。3.雇主组织。目前，从法律层面来看，在我国的劳动关系三方协商机制中，中国企业联合会是雇主组织的唯一代表。但是，由企业联合会作为雇主组织唯一代表的做法使三方机制的代表性不够完整，而且实践中，基层企联组织不健全。这不仅影响劳动关系三方协商机制作用的效果，而且已影响到区域、行业集体协商谈判的开展。因此，赋予工商联等作为雇主组织的地位，有助于改善企业联合会代表性不足和雇主组织主体缺位的问题，有利于推动集体协商的开展。

（三）当前要着力推进的三项重点工作

1.建立协调劳动关系的制度平台。从弥补现有机制在解决不断攀升的利益争议中的不足这一角度出发，协调劳动关系制度平台的建设可以从下述两方面着手：构建劳动关系协调指导理事会，完善企业劳动争议调解委员会的职能。

2.加强集体协商特别是工资集体协商立法，指导、规范劳资双方的谈判协商行为。通过完善地方立法，规范以下事项：第一，建立健全工资协商要约和回应制度，包括协商要约和回应的程序；企业方响应要约的期限、不响应要约的例外情况、没有法定情形不响应要约应当承担的责任以及追究责任的具体措施等。第二，建立健全履约监督检查制度。通过实行工资集体合同履行情况向职代会和企业劳动争议调解委员会报告、企业职工代表监督检查和在厂务公开栏公示等企业民主管理的方式，确保工资集体协议的严格履行。第三，建立健全争议调解处理制度，明确调处程序及救济措施，及时化解和处理工资集体协商和集体合同履行中出现的劳动争议。第四，规范停工行为，规定只有在企业方不响应要约或者明确表示拒绝开展集体协商、企业方响应要约但无限期拖延和协商破裂等三种情况下，经过法规预设的特别调解程序，仍然没有取得协商一致，经半数以上工会成员直接投票同意，才可以开始停工等集体行动。立法中还应该同时规定，企业员工未依法提出工资集体协商要求的，不能停工；企业员工不得因同一已经取得协商一致的事项，在一定的规定时间内，再次停工。第五，建立和规范政府劳动行政部门对于集体劳动争议的紧急调停制度和三方机制为了促进和解的有效介入制度。至于是否在立法中赋予企业方"替换停工者"的权利，应该慎重考虑。在最近发生的停工事件中，东风日产乘用车公司组织了生产工人预备队，一旦发生停工，立即调动预备工人进厂顶岗。这种做法虽然会降低企业生产受到的影响，但也可能会激化劳资矛盾，甚至会引起预备工人与参与停工的企业员工之间的流血冲突。这是要警惕的。

3.加强宣传引导。舆论引导的重点，既包括政资劳三方的职责、企业应当承担的责任，又包括解决两类不同劳动争议的不同途径和方式，使劳资双方面临争议时，能够遵循体制内途径理性解决。

（课题组长：梁桂全；课题副组长：刘小敏；课题执行组长：骆梅芬；课题成员：黄晓慧、李继霞、李娟、张庆元、彭志、张英；修改定稿：梁桂全；数据支持：余贵波）

以新的政治吸纳化解新农民工对广东转型期的冲击

广东省社会科学院应用决策课题组

编者按：原载2011年9月26日广东省社会科学院《专报》，原文约8.1千字。省委领导批示，这份报告对问题的分析深刻、精辟，但对解决问题的办法尚需进一步探索，指示要求将报告印发给省级领导及各市党政主要领导及有关部门负责人阅研，并结合工作考虑应对措施。

一、新农民工具有足够的理由、意愿和能力引爆和扩大矛盾冲突，成为影响广东稳定发展的重大政治变量

（一）新农民工集中承载着中国特有的一系列结构性矛盾，具有引爆和扩大矛盾冲突的众多理由

其一，从理由的形成看，新农民工是弱势族、外来工、新移民、底层知识青年的复合体，受到资本力量、市场机制、新的城乡二元结构、阶层向上流动封闭化的多重挤压。其二，从理由形成的机制性质看，新农民工面临的是高度累积性不平等，各不平等因素具有高关联度，使得只要有一两个方面或一两次失误的应对和处置，就可能引爆诸多燃点，造成无法控制而又难以承受的后果。其三，从理由形成的归因对象看，新农民工往往将政府人员、政策、政府、制度视为统一体，既容易把对个体、局部的不满迁延到整体上；又容易把对整体的不满集中宣泄到个体和局部上。其中，由于中央相对远离民众、权力运作较为神秘，新农民工对于中央的信任程度要大大高于地方，从而使地方政府处于矛盾和斗争的中心。

（二）新农民工正在形成自己的阶级意识，具有以激进的集体行动来争取权益的较强意愿

其一，他们对权利和利益的期望越来越高，相对剥夺感和挫折感却越来越强烈，产生怨恨情绪，希望现有制度有所改变。其二，他们的权利意识和抗争意识日益增强。其三，他们的民主诉求增强，已经在不断地提出自己的政治性主张。

（三）新农民工拥有新的自身特质和时空环境，具有引爆和扩大矛盾冲突的较大能量

其一，新农民工是有知识、有思考能力的一代，有自己的斗争策略。其二，新媒体时代让工人获得了全新的组织斗争能力和运动能量。一方面，即使没有传统意义上强大的组织化动员，也能迅速发起一场大规模的集体行动，如南海本田罢工就如此；另一方面，个别的、局部的行为能迅速成为社会政治运动的催化剂，带来全局的不稳，如突尼斯"维基革命"就是这一新的社会运动形态的代表。其三，产业和人口在地理上的高度集中，使引爆矛盾的巨大能量"浓缩"在狭小的空间里，提升了农民工的资源动员能力。其四，他们容易与其他群体结合，扩大力量。尤其是，广东是上百万大学毕业生低收入集聚群体即"蚁族"的主要集聚地之一（所谓北上广），他们中的非工人职业者是大学生农民工的庞大后备，两者容易"合流"。其五，广东地处改革开放和对敌斗争"两个前沿"，外来工问题更容易扩大化、复杂化、政治化。

二、既有政策和制度安排不适应农民工的新变化，存在推动矛盾冲突向对抗性方向演变的隐患，迫切需要有新的政治吸纳

（一）既有政策和制度安排没有充分体现农民工作为工人阶级新群体的权利主体

性，偏离工人阶级与国家关系发展的内在规律

调整工人阶级与国家关系的核心在于赋权，而我国对农民工成为工人阶级新群体在思想认识上准备不足，在落实权利方面不够及时和充分，以致农民工与国家关系出现疏离。其一，以往政策和制度安排的出发点，主要是将农民工作为流动人口和劳动力对待，形成了分割式管理的格局和偏资本型的政策偏好，强化了身份差异和劳资力量对比的不平衡，客观上会推动矛盾冲突向对抗性方向演变。其二，以往政策和制度安排对农民工利益的保护具有单一性，主要着眼于工资报酬等劳动方面的权益，不适应农民工利益诉求多元化的需要。如子女教育、公民权等方面的利益保障，就缺乏类似劳动保障部门的有效对接渠道。其三，一些地方党委政府存在一些思维认识上的偏差，导致对农民工的权利保障不及时，制度安排缺乏前瞻性、战略性。

（二）现有政治吸纳机制不足以满足新农民工的需要，需要创新发展

其一，与过去比，现有政治吸纳效能下降。计划经济时期，国家对工人在经济上实行"高保障、高福利"，在政治上给予特别待遇，如来自工人的人大代表在各级人大中占有相当大的比例，国家经常从工人中选拔干部，由此，工人成为国家制度的坚决支持者。而当农民工成为工人阶级的新群体时，工人的政治地位已经下降，失去了行政权力的直接庇护。其二，与国外比，我国现有政治框架吸纳政治性诉求的弹性不足。比如，集会、游行、请愿、罢工等，是市场经济条件下工人最为有效也极为常见的施加压力的方式，在很多国家和地区是常规政治的一部分。又如，不少国家和地区工人的自我组织程度非常高，力量强大。但在我国，由于缺乏对农民工的充分政治吸纳这一前提，上述方面一旦超前放开，就有可能诱发政治参与的爆炸，加剧社会不稳。其三，与现实需求比，现有政治吸纳机制的空间不够。1.国家权力机关的吸纳空间不够，导致农民工不能很好地"发声"，影响资源分配的能力较低。2.权利救济渠道的吸纳空间不够，会"迫使"农民工走向体制外甚至是非理性的维权道路。如工会等群众组织存在机关化倾向，在工人中的认同度有待提高；司法救济成本高，存在立案难、申诉难、执行难等问题。3.社会流动机制的吸纳空间不够，加剧农民工尤其是大学生农民工对前途的不确定性和集体焦虑感。相比于改革开放后的一段时期，不管是工人本人还是其后代，通过考上大学或创业来改变身份和命运的机会现在反而下降，社会阶层日益固化，出现"官二代"、"富二代"、"穷二代"现象。4.社区参与的吸纳空间不够，城市社区对农民工的管理以防范为主，加剧农民工的被排斥感。五是，党组织和政府部门的吸纳空间不够。一些地方党委政府和部门主动做工人工作的动力不够，积极为工人服务的自觉性不强，形成出了问题再应对的体制惯性。

三、创新政治吸纳机制的政策建议

政治吸纳是从政治结构上对体制外的群体进行整合，使其表达诉求和争取利益的行为体制化。国外对工人阶级的政治吸纳主要是通过民主化来实现，如英国通过议会改革、落实普选权化解了工人的暴力革命。对此我们既要学习其"软着陆"，又不能盲目照搬，而是要从国情出发，在体制内创新。

（一）目标任务：增强体制吸纳诉求、容纳冲突的能力，形成良性均衡的政府、雇主、工人三方关系

1.政策目标定位。要将体制外博弈转变为体制内博弈。通过将新农民工的诉求和抗争体制化，使其对社会的破坏越来越小，对国家制度的冲击越来越弱。2.政府角色定位：制度的供给者、利益的协调者。及时有效地反映劳资双方的利益诉求，创造有利于劳资良性互动的制度环境，既不与资方结成狭隘的利益共同体，也不代替包办工人走到与资方博弈的第一线，甚至以行政权抑制正常的企业管理权，而是要培育工人成为与资方博弈的合格主体。

（二）基本原则：权能平衡

要使党和政府的治理能力与新农民工的参与权力都得到增强，且保持协调均衡，既适应工人的合理需求，又避免政治参与过度超前。

（三）以构建新的动力系统为重点，拓宽党组织的吸纳空间，化被动反应为主动服务

根据社会结构分化的新变化，扩大党在劳工工作方面的功能，提升党统揽全局、协调各方的能力。1.创新党的劳工工作方式，在各级党委设立社会建设工作委员会的过程中，探索在委员会下设立党的劳工部门（也可独立出来设立），以此作为新的动力源。2.创新发挥党的基层组织作用的有效方式。在建立以地籍为纽带的党（团）组织的过程中，不仅要注重扩大党（团）组织在农民工中的覆盖面，更要注重提升组织作用发挥的有效性。如可结合上述党的劳工部门，在这些党（团）组织中，设立劳工委员，以此构建劳工部门的下级组织。3.大力加强干部的作风能力建设。把劳工方面的知识和能力作为干部培训的重要内容，强化培训的实践环节。加强责任考核，把工人权益的维护状况作为政府考核评价指标体系的重要内容。

（四）以适应农民工的参与需求为基点，拓宽政治参与制度的吸纳空间，提升制度的吸纳弹性

通过提供畅通、有效的制度参与渠道，使农民工在理性合法的政治参与中，形成对国家制度的较高认同。1.着力改进人大选举制度和代表工作方式，拓宽国家权力机关的吸纳空间。其一，创造农民工参与选举的便利条件，如改革户籍所在地选民登记制度，实行以居住地为选民登记地的选民登记办法。其二，加强对农民工参选基层人大代表的制度支持，如改革以协商方式确定正式候选人的办法，实行预选票决制度；增加一线工人的人大代表名额，特别是增加农民工在流入地人代会代表的名额（以及党代会和政协委员的名额）。其三，提升人大代表行使职权的能力，如以农民工人大代表为突破口，探索人大代表专职化，给专职人大代表设立专门的办公室，配备工作人员，划拨个人经费等。同时，强化人大代表职能，如加强质询权、特别问题调查权等。2.开展城市社区生活共同体建设活动，把此作为幸福村（居）建设工程的重要内容，拓宽社区参与的吸纳空间。建立健全农民工参加城市社区民主选举和管理的办法，推动农民工参与社区的公共活动、建设和管理，发展与城市居民的交往、互信和互助。搭建农民工参与社区自治的组织化平台，在发挥工会等群众组织作用的同时，组建农民工志愿者社团。加强对农民工民主管理素质的培育。

（五）以满足农民工的利益需求为结合点，拓宽行政吸纳的空间，提升政治吸纳的利益实现和权利救济效应

将政治吸纳贯穿到政府决策制定、执行和监督等各个环节，使吸纳的效果落实到保障农民工的切身利益上。1.强化民主决策。推动各级政府在出台有关决策特别是关涉农民工切身利益的重大决策之前，广泛开展农民工民意调查和咨询活动，尤其是领导干部要带着具体决策问题，深入到农民工中去。2.推行农民工听政。邀请农民工列席政府有关会议；举办农民工质询会，就具体议题，对有关责任单位进行面对面的质询。3.创新行政监督。可借香港有关经验，建立专门面向农民工的申诉专员制度，通过相对独立的申诉专员，缓冲农民工与政府的关系。4.创新协商对话制度。借鉴香港劳工顾问委员会的做法，建立三方协商对话机制，以行业为单位，广泛建立由政府、工人和雇主组成的三方委员会。

（六）以实现农民工自我发展的期望为着力点，拓宽社会流动机制的改进公务员遴选制度，将在农民工中招用公务员的做法制度化、规范化

如根据地区农民工特别是大学生农民工的人数，规定某些部门的公务员岗位必须为他们保留相应比例的名额。

（课题督导为温宪元，课题组组长为廖胜华，课题组成员为黄冬娅、曾欢、张造群、郭立，报告执笔人为廖胜华）

文化类

文化强省　创意产业　知识创新

广东文化影响力评估及提升战略研究

广东省社会科学院精神文明建设研究中心课题组

编者按：原载2010年3月8日广东省社会科学院《专报》，原文约8.9千字。省委领导批示，准备全省会议时要借鉴报告的一些思考，要突出广东文化影响力的特色，把文化和产业密切结合，形成独特优势。

一、提升广东文化影响力的重要意义

1. 提升文化影响力，有利于改善地方形象，增强广东综合竞争力。文化影响力是国家或地区综合实力的重要内容，是体现区域发展水平、展示区域形象的重要标志。从历史长远发展的角度来看，如果说国家或地区之间的竞争在19世纪是比生产力，在20世纪是比制度，那么在21世纪就是比文化影响力。当前所有世界大国身份的获得及其存续时间的长短，无不取决于该国所拥有的文化软实力及其对世界的影响。提升广东文化影响力，将会大大改善广东的地区形象，提高广东在全国的美誉度和世界的知名度，增强广东的话语权和整体地位，增进未来发展的综合竞争力。

2. 提升文化影响力，有利于促进对外交流，推动广东文化创新。文化创新需要通过与其他文化的不断交流互动而实现。如果一个地区的文化缺乏影响力，其文化不仅会失去深入其他地区或文化领地的机会和能力，而且会面临被其他文化排挤甚至同化的可能。文化影响力的提升也有利于增强民众对本地文化的自信心和对外来文化的包容心，从而为吸收融合外来文化、创新发展本土文化提供必要的思想基础。提升广东文化影响力，有助于进一步促进广东文化与其他地区和民族文化的交流与融合，推动广东文化在交汇中发展、在融合中创新。

3. 提升文化影响力，有利于积聚人才和资本，推动广东经济社会的新一轮发展。文化影响力就是文化吸引力。一个国家或地区的文化吸引力和感染力，对其引进各种资源和人才的能力具有重大影响。20世纪80、90年代，广东以流行文化引领全国，各路优秀文化人才纷纷南下，形成传颂一时的"孔雀东南飞"现象。如今广东的吸引力已有所弱化。如何通过提升文化影响力来增强对外来人才和资本的吸引力，是一个必须深入研究并着力实施的重大实践课题。

4. 提升文化影响力，有利于团结和凝聚人心，巩固和塑造广东特色人文精神。一个地区文化的影响力越大，外来人对该地区的容纳和亲近程度越高，该地区民众对所属区域和文化的信赖感、归属感就越强。提升文化影响力，有助于增强广东民众的文化自信和价值认同，培育具有较强外在影响力和认同度的特色人文精神，为推动经济社会发展提供强大的精神动力。

二、广东文化在世界的影响力评估

广东籍华人遍布世界、文化活跃、人才辈出，但"广东"的文化符号不够鲜明。海外侨民社会为广东文化的流传提供了丰厚的土壤。如岭南传统醒狮艺术，一直是维系海外华人社会的重要文化纽带，可谓"有华人的地方就有醒狮活动"。广东的饮食文化也是如此，广东华侨把"粤菜"文化带到世界各地，成为外国人认识中国的一个重要文化窗口。广东的海外华人、在海外留学或居住的归国人士对文化传播的另一个贡献，是华人精英的优秀示范作用。然而，西方世界可能知道醒狮艺术为中国文化、白切鸡为中国菜，但不一定知道是广东的特色；知道孙中山、丘成桐是中国人,不一定知道是广东籍。这表明广东的地域文化符号并不鲜明、国际知名度不够,与广东文化在历史上对中华文化传播的实际贡献和作用不相称。

粤方言使用人口日益增多、具有一定的国际化水平,但操粤语暗人的形象有待提升。一种语言的使用人数与传播范围,直接决定着它背后所昭示的文化的影响力与地位。广东在改革开放中先行一步,粤语也伴随着新潮的"广货"和鲜活的观念,传遍南北、独领风骚。一时间,唱粤语歌、吃粤式菜、讲粤方言成为一种时尚。然而,令人堪忧的是,近年粤语文化的影响力日渐式微,人们对操粤语的人是毁誉参半。受庸俗文化、假冒伪劣产品、"非典"和禽流感等所拖累,在影视小品上出现的一些具有广东口音的人,多是俗气、强于心计、喜吃野味的无文化的爆发户的负面形象。其实,这与广东人的真实面目相去甚远。广东人形象被"丑化",一方面源于自身有某些方面欠佳的客观现实,同时也与对广东优秀文化的宣传力度不够有很大关系。这种状况亟待改变。

广东人文历史资源丰富、境外旅客来访量不断攀升,但"旅游大省"的形象并未深入人心。旅游业的发达程度是衡量一个地区知名度和影响力的重要指标。国际经验表明,一个国家或地区向世界推广自身的文化形象,首当其冲发展的必然是旅游业。广东是岭南文化的发源地,又是中原文化与西方文化的交汇处,其中不乏秀美的自然风景、独特的人文景观,以及耐人寻味的风俗人情。随着广东旅游资源不断整合与开发,境外旅客的来访量不断攀升。但是,广东整体旅游形象并不鲜明,缺乏具有广泛国际影响力的知名品牌,具有岭南特色的旅游产品也未上规模,在海外的旅游知名度与京沪等地相比存在较大差距。到广东的外国游客,相当一部分是进出港澳顺道而来的过境客。广东"旅游大省"的形象还有待进一步擦亮。

广东媒体的境外传播能力日益增强、新闻和网络外宣发展较快,但海外媒体对广东的关注度远未到位。广东近年大力实施"走出去"战略,建立了一批具有国际传播能力和影响力的海外外宣阵地。西方媒体对广东的关注度不断提高。然而,这种关注度还远远不够,与广东的经济实力不相匹配。广东在国外的熟知度远不及人们的预期。同时,目前驻广东的国外媒体与北京、上海相比,有很大距离。

近年广东举办各种国际活动频繁、氛围活跃,但仍缺乏具有国际声势的响亮活动品牌。一个国家或地区成功举办的国际活动越多,在国际视野中亮相的频率越高,其文化影响力也越强。广东具有举办大型外贸交易活动的传统,如中国出口商品交易会,广东国际旅游文化节、中国(深圳)国际文化产业博览交易会、中国国际航空航天博览会等。这些重大外贸活动是对外宣传广东的大好平台,广东外宣充分利用这些平台进行经贸外宣和文化外宣。但总的来说,广东仍未能建立起具有世界号召力的大型活动品牌。同北京、上海相比,广东大型活动的对外宣传一直缺乏大手笔,缺少对外整体包装、系统推介广东形象的总体筹划,欠缺一以贯之的宣传主体和具象的品牌标识,难以给宣传对象留下集中而鲜明的印象。

广东文化产品出口发展势头强劲、占据全国半壁江山,但自主品牌产品不多、核心产业竞争力不强。文化产品出口是现代社会中文化进行国际传播的最直接途径。文化产品、特别是自主品牌文化产品的出口能力越强,文化的传播与影响能力就越大。广东的文化产品出口一直在全国首屈一指。在全球文化贸易格局中,广东已成为中国最大的文化产品出口地。但是,广东的文化产业产品生产的现状是:复制能力强大,原创能力较低。同时,广东的文化产品国际贸易顺差是建立在文化用品和设备制造业大量出口基础之上的。原创能力弱、核心产品少,必然使广东文化"走出去"受到制约。

广东在世界的学术影响力不高,对国外留学生的吸引力不足。由境外进入本地留学的人数可以直观地反映一个地区的文化吸引力。2008年,广东在校留学生有4000多人,而北京是55 000人,上海更是在2006年就已经招收了超过3万名留学生。广东省内的高等学府在世界高校的排名比较落后,各类学科在国际学术界的知名度与影响力也不高。可见广东的学术文化地位亟待提升。

三、扩大提升广东文化影响力和传播力的建议

(一)提升广东文化影响力和传播力的目标定位

建成与广东经济强省地位相匹配、与当好实践科学发展观排头兵使命相适应的文化影响力和国际竞争力居全国前列的文化传播

强省，使广东成为提升中华文化影响力和软实力的主力省。

（二）主要举措

1. 打造具有广东特色的对外文化交流精品。积极整合全省文化资源，统筹规划对外交流的重点活动和项目，着力打造有广东特色、有时代风貌、有影响效应的旨在对外文化交流的各种国际节庆活动。有步骤地筹划实施广东传统戏剧、文物精品、粤版图书、岭南绘画、民间艺术等领域的特色优秀项目走出去，不断增进世界对广东的了解。实施精品工程，充分利用广东的经济发展、人文资源、地缘人缘和文化品牌优势，引导鼓励创作弘扬中华民族优秀文化、彰显今日广东形象的文学、演艺和影视作品。建立体现广东特色、发挥广东特长的艺术创作生产基地，集中创作生产适销对路于国际市场的文化产品，形成规模和品牌，发挥引领示范作用。有深度、有创意地开发全省旅游文化资源，倾力打造有广泛国际影响力的旅游文化知名品牌，强化广东整体旅游形象，建设"旅游文化"强省。

2. 培育一批有较强国际竞争力的文化企业主体。广东文化走出去首先要打造一批大型文化企业或集团。要改变目前我省文化企业"小、散、乱"的状况，鼓励和支持大型国有企业进行跨地区、跨行业、跨所有制的兼并、联合与重组，努力打造一批包括报业、出版、发行、影视、网络、演艺等实力强大的龙头文化产业集团。促进文化产业投资主体多元化，培育壮大一批发展方向正确、经营机制灵活、市场前景广阔的重点民营文化产品和服务出口企业。大力发展外向型文化产业，重点扶持出版发行、广播影视、文艺演出、动漫游戏、工艺美术等各类文化企事业单位的文化出口贸易，在珠三角建立一批外向型文化产品生产基地。支持推动有条件的文化企业到海外开办分支、分销机构，举办演出、展览等，与国际知名文化公司开展合资合作，不断拓展国际文化市场。力推有条件的传媒集团以独资、合资或合作的方式，在境外办报、办刊、办台，与海外媒体合办频道（率）、栏目、节目。引导鼓励文化企业针对国际市场开发具有国际竞争力的文化品牌，扩大广东文化产品和服务在国际市场的份额。

3. 推进文化创意产业发展和园区建设。大力发展内容创意产业，积极推动平面设计、动漫画设计、工艺美术、影视制作、网络游戏、文化应用软件开发、建筑与工业设计等为主要门类的文化创意产业的发展。特别应注重开发产业链上游，并通过产业链条的上下延伸，囊括文化生产、输出各环节，以全面加入国际文化产业分工体系。构建一批文化创意产业孵化器，培育一批创意产业集群，在有条件的市建设一批定位准确，优势和特色鲜明，具备研发、投资、孵化、制作、培训、交易等功能的文化创意产业园，并在此基础上率先建立文化产业出口基地。打造"珠江两岸文化创意产业圈"，建设粤港澳文化创意产业试验园区，力争发展成为国家级文化创意产业示范区、亚太地区最具竞争力的文化创意产业区之一。

4. 推动实施文化产品出口集约化。大力实施文化产品出口集约化战略，积极整合资源，立足国际文化市场的前沿来规划建立区域性的文化产品和服务出口平台，构建跨行业、跨地区、跨所有制的海外区域发行中心和连锁经营体制，实现文化产品和服务出口的规模化。建设文化贸易公共信息网站，办好各类国际性文化产品展示和贸易活动、国际性民间文化艺术活动和旅游经贸活动，组织相关企事业参加有较大影响的境外各种文化节及产品展销活动，采取有效措施开展国际营销。增强"造船出海"能力，整合、组建广东对外文化贸易集团，专事向全球规模性地推介营销广东文化产品和服务，并将其打造成广东文化经贸的"航母"。

5. 创新对外文化交流的机制和渠道。拓宽对外文化传播渠道，探索打破长期以来被动受邀请到海外作短暂交流的局限，主动到北美、东南亚等地建立广东海外文化交流机构，可附设于中国海外文化中心和海外孔子学院内，作为省外宣办或文化厅外派的常设机构，常年策划、联络和组织各种文化交流活动项目。探索在境外建立经纪代理机构或组建经纪公司，向港澳或海外华人集聚地的演出和展览场馆进行战略投资，提高广东文化服务业的国际竞争力。设立由省财政纳入年度预算安排的对外文化交流专项经费，同时制定相关政策鼓励民间资金参与对外文化交流事业。

6. 充分调动各方力量参与文化传播工作。企业是进行文化传播的重要主体，应探索有条件地允许一些实力强的文化企业免费使用国有知识产权，扶持帮助它们把相关产品打入国际市场，参与国际竞争和分工，助推它们与国际文化传播大鳄合作，乃至成为专门从事国际传播活动的跨国公司，以对扩大广东的国际影响发挥作用。应充分利用民间组织开展文化外宣工作，如推动省内民间组织与国外组织的文化交流，通过民间组织邀请海外各界友好人士特别是各界精英来粤访问，再通过他们向世界宣传介绍广东，等等。民众个人也可以在文化传播中发挥作用，应充分重视广东多达1830万、人数居全国第一的"网民"的力量，引导、发挥好他们的网上传播作用，使其成为广东文化传播的一支生力军。还要继续打好"侨务"这张广东特色牌，为岭南文化的推广传播开辟更多的渠道。例如，可以在海外粤籍华侨中选聘广东文化传播大使；在当地建立岭南文化推介会和固定的展示基地等。

（三）近期重点项目

1. 进行广东文化对外宣传的形象识别定位。应该传达这样一个文化形象：广东——中国具有独特地方文化、最有活力与最为开放的地区。这一文化形象的对外传播应把目标受众集中在三个群体上：境外特定的消费群体、观光客、投资者。在对广东文化形象进行识别定位的基础上，还应确定形象的表达载体。同时要制定文化形象导入实施规划和方案，进行系统建构、长期经营。2. 策划一批大型文化交流传播项目。包括：打造有一定国际影响力的学术交流项目；推出汇集岭南文化元素，实现"国际表述"的大型文艺表演项目——"岭南3. 创设世界性文化（产业）高峰论坛。要在办好中国（深圳）国际文化产业博览交易会、中国国际音像博览会、广东国际广播影视博览会、广东国际旅游文化节等大型文化会展项目的基础上进行资源整合和功能提升，以进一步拓展广东的文化交流平台。4. 利用亚运会契机推介广东文化形象。应充分利用举办亚运会的有利时机，精心组织、系统策划广东文化推介活动，以塑造"文化广东"的新形象。5. 建立文化对外宣传产品制作生产基地。为了提高文化外宣产品的感染力和落地率，建议在珠江三角洲建立文化外宣产品制作和生产基地，专门创作、制作和生产既宣传广东、又适销海外的外宣产品，包括图书画册、音像制品、艺术工艺品、玩具文具等，并使之产业化。同时，可积极引导基地的生产企业到海外开办分厂、分销机构，利用国际会展平台，扩大版权交易与合作规模，开拓国际文化市场。6. 开辟广东文化经港澳"走出去"的国际通道。相关政府部门要为组建国际通道提供公共服务；组建文化交流的骨干组织；加强粤港澳文化企业与市场合作。

（课题组长：周薇；课题组成员：夏辉、李璐、张冰）

关于建立凭单式文化消费卡制度的建议

广东省社会科学院精神文明建设研究中心课题组

编者按：原载2011年4月20日广东省社会科学院《专报》，原文约4千字。省委领导批示要求相关省委、省政府领导进一步参阅、研究，组织进一步论证报告所提出的建议，看能否试一试。

大力培育文化消费是我省建设文化强省的一大亮点。《广东省建设文化强省规划纲要（2011～2020）》（以下简称《规划纲要》），提出了包括"国民文化消费卡工程"在内的系列支持举措。省里正在研究文化消费卡具体发放方式。课题组建议设计并推行凭单式文化消费卡（券）制度，以促进文化消费、提升民众文化素质，并使之成为推动公共文化服务制度创新、提高公共文化服务水平的重要抓手和切入点。

一、建立凭单式文化消费卡（券）制度的必要性

公共文化服务的基本矛盾，是文化供给能力与日益增长的公共文化需求不相适应。这主要表现为两个方面。1.增量意义上的投入不足。近年来我省文化事业财政投入持续增加，公共文化设施不断完善，但总体上公共服务供给仍然不足，社会化程度比较低，远不能满足民众基本公共文化生活的需要。全省文化文物事业费占财政总支出的比重低于1%，除东莞外，其余20个地级市均未达到省八届人大常委会第三次会议提出的"各级财政的文化事业经费应不低于当地的财政总支出1%"的要求。2.存量意义上的投入产出效率不高。相当多的文化单位经费主要用以维持"人头费"，一些文化单位运作模式陈旧，服务意识、服务效率、服务水平都有待提高。此外，公共文化服务在城乡之间、区域之间（珠三角与东西两翼）、乃至城市内部社区之间的发展不平衡、结构不合理现象，仍未得到合理解决。因此，如何改善供给，满足需求，就成为公共文化发展的核心问题。

文化投入总是会受到财政资源的硬约束和经济社会发展水平的制约。虽然《规划纲要》已要求文化事业经费投入要逐年增加，但其总量的提升必然是渐进且有限的。因此当前解决问题的关键，是如何通过提高公共文化的供给效率和水平去间接增加投入、改善服务。

提高公共文化供给的效率和水平，有两种相互补充的思路。1.从供给面入手，将公共文化服务的供给者和生产者分开、生产者和经营者分开，以提高投入产出效率和水平；2.从消费面入手，借助凭单制形成公共文化民众自主选择机制，以实现对文化服务效率和质量提升的"倒逼"。在我省公共服务改革中，对前者的运用比较充分，对后者却很少涉及。

凭单制的运作方式是：由政府将公共文化服务经费折合成一定数额的凭单（也称代金券、有价证券、消费券），发放给特定群体，该群体持券自由选择公共服务产品，再以部分减免或全部减免费用的形式将券支付给供给单位，供给单位（包括公共机构和私人机构）依规定程序持消费券或凭单向政府兑换现金。与传统直接向供给方拨付经费的做法不同，凭单制将经费拨付给需求方（即消费者），从根本上改变了财政资源配置的路径，其核心理念可归纳为"三方还权"：还资源配置权于市场、还文化选择权于公众、还自主权于文化机构。

可见相对于传统服务供给模式，凭单式

文化消费卡制度有三个优点：1.有利于提高财政资金的使用效率，从而间接地提高公共文化供给能力。通过公共资源配置程序的转变（从"政府—机构—消费者"，到"政府—消费者—机构"），凭单制把传统方式中机构争取财政预算的分配性努力，转变为争取消费者的生产性努力，从而有利于消除政府直接配置公共资源的非效率环节，改善公共文化财政的制度效率。2.有利于提高公共机构的文化服务效率和水平。凭单制度设计迫使公共文化机构以消费者为中心，不断改进服务水平和效率，通过市场竞争获取消费者的认同。另外，凭单制也为民营文化机构参与公共文化服务提供了平台和竞争机会，有利于推动文化事业的整体发展。3.有利于刺激公共文化需求、促进文化公平发展以及更好地保障公众的文化权益。通过凭单制度，民众可以根据需求，自主选择公共文化服务机构，其文化消费意愿及满意度会大大提高；政府也可以针对特定群体发放文化消费卡或进行消费补贴，从而兼顾到文化服务的公平和效率。

二、凭单式文化消费卡（券）制度的依据和可行性

凭单制作为公共服务制度安排的一种特殊方式，在西方国家的公共部门改革中占据着重要地位，发挥着不可替代的作用。

在世界不少发达国家，凭单制广泛运用于包括食品、住房、医疗、教育、幼儿保健、家庭护理、救护车服务、公共交通等改革领域，其中以美国20世纪90年代的教育券改革最为典型。凭单制运用于公共文化领域的成功经验也有很多。

凭单制在我国公共事业改革中的应用，主要在教育卫生领域。例如浙江长兴县的"教育券"改革，湖北监利县的"教育变法"，重庆市黔江区、浙江省淳安县推行的"公共卫生服务券"等等。但是，这些做法侧重的是服务券的福利和免费性质，对于其打破垄断、促进竞争等功能却很少留意。

为什么凭单制度很少在国内使用？主要原因是凭单制的实施需要一些与之相配套的制度设置，而现有公共事业单位体制与之尚存在相当程度的不匹配之处。例如，当前公益性事业单位体制经费（包括人员工资、行政运作经费、公共服务经费）由国家拨款；一旦实施凭单制，政府拨款方式由资助生产者转为直接补贴消费者，一些机构很有可能因竞争力弱而无法获得足够的消费券，从而使自身生存受到冲击和影响。

事实上，凭单制度提供的只是一种系统的概念或概念架构，我们完全可以根据所持理论或目的的不同，设计出一套与现实相协调的、具有可操作性的凭单制度。更重要的是，凭单制度体现了公共事业改革的一个方向，与未来的公共事业改革顶层架构可以实现无缝对接。因此，在公共文化领域率先实施凭单制度，意义积极而深远。

三、凭单式文化消费卡（券）制度的构想、特色及实施建议

（一）广东凭单式文化消费卡（券）制度的构想

广东凭单式文化消费卡（券）制度的构想具体如下：

1. 经费来源。从各级财政新增的文化事业经费中拿出一定比例用于文化消费券。鼓励社会捐赠或冠名资助。

2. 文化券种类。一种是面向所有广东居住人口的普适型文化消费券。居民持券可以自由选择指定的文化消费。一种是开放式的针对特定对象的特殊型消费券，例如针对外来务工人员、生活困难群体和青少年的文化消费等。其适用群体和消费类别可根据需要不断增删调整。

3. 技术平台。以智能IC卡为基础，建立统一的公益文化消费技术平台——文化消费卡。文化消费券金额打入文化消费卡（不能兑换现金）。文化消费卡记录民众公益和半公益类文化消费的基本情况，并通过技术手段反映公共文化需求的数量和结构特征，如文化服务的供需平衡程度、投入产出比例，以及文化服务供给的地域差异、行业差异、部门差异等。同时，还可以依据此设计系列制度，促进文化资源的合理配置。

4. 设定消费券使用者和文化服务机构的标准。(1)根据收入、年龄、健康等条件界定消费券使用资格；(2)设定辅助金的不同合格标准；(3)选择适当的服务供应者或机构。选择文化产品和服务供给者时，应适当放宽要求，降低民营机构或非营利性机构的准入门槛。政府可以和这些机构签订合

同，明确双方的权利和义务；对年度考核不合格者，可依规定取消其次年的合同。另外，在选择供给者阶段，可以多听取居民意见，因为他们是服务的接受者，有权对自己的需求作出判断。

5. 建立行政支持系统。在文化消费券被运用于设定范围内后，设置专门部门回收消费券，并据此资助服务或商品供应者。同时，要建立文化消费数据库和评估技术系统。

（二）广东凭单式文化消费卡（券）制度的特点

我们设计的凭单式文化消费卡（券）制度具有以下几个特点：

1. 增量性。不根本触及公益事业单位财政拨款体制，有利于改革的推进。凭单制度不对现有相关文化事业单位构成存量方面的冲击或竞争。居民文化消费卡（券）经费来源于根据文化强省规划纲要新增文化事业经费。在增量环节推动国有文化服务机构之间、国有与民营文化机构之间的竞争。

2. 开放性。凭单制既向国有文化机构开放，也向民营文化机构开放。国有文化机构新增文化事业经费主要依据回收凭单金额来评估。

3. 智能性。文化消费券整合到智能IC卡上，形成一个技术平台。它除了可以客观记录消费者的文化选择和消费数据外，还可以对文化经费投入结构、国有文化机构投入产出及服务水准进行量化评估和绩效考核。

（三）实施建议

从实施的角度看，需要抓好以下关键环节：

1. 建立行政支持系统。一个凭单系统的流程包括以下环节：制定方案→审定资格→发放凭单→选择供给者→使用凭单→收取凭单→兑换凭单→反馈信息。适应这个流程，需要四个行政程序：（1）根据特定条件（收入、年龄、健康等）来界定符合凭单要求的对象；（2）设定辅助金的不同合格标准；（3）选择适当的服务供应者或机构；（4）在抵用券被运用在合法范围内后，由政府相关单位回收凭单，并据此资助服务或商品供应者。为此，文化相关机构要建立跨部门和跨行业的工作小组，专门负责规划制定和行政支持协调工作。

2. 创建技术平台。以构建公共事业凭单制度统一技术平台为标杆，设计符合需求的文化消费智能IC卡。通过特许经营的方式，授权指定企业进行广东文化消费卡的功能开发、推广及运营管理；必要时，也可尝试与银行合作或与"羊城通"捆绑使用。

3. 拓展经费来源。文化消费智能IC卡平台面向全省居住人口，网络规模巨大。因此可以通过卡的经营管理如广告版面开发、冠名拍卖授权、资产运作等方式，实现以卡养卡、以卡赚费，以支撑文化消费IC卡支持系统的硬件投入，甚至进一步拓展凭单经费来源。

4. 做好试点。凭单系统在我省还是一个新事物，需要积累经验，减少工作失误。可首先在珠三角地区选择一个中小城市进行试点；同时，也可针对青少年和外来务工人员，在特定项目上试行凭单服务。

（课题督导：周薇；课题组长：夏辉；课题组成员：张冰、李璐；修改审定：周薇）

创新思维，做大做好广东省教育基金会的思考与建议

编者按：本文是广东省社会科学院2009年开展的广东省教育基金会管理运作调研成果的一部分。原文约14千字。研究报告得到充分肯定并采纳。

当前我省教育资源配置市场化、教育服务多元化以及社会需求多样化等趋势明显，基础教育整体水平不高、区域发展不均衡、资金投入机制不完善等瓶颈问题日益突出。作为政府和市场的补充，教育基金会具有为教育事业服务的公共服务性、从事公益事业的非营利性、非政府组织的独立性等多重特征，在筹措教育资金、推动教育公平发展等诸多方面大有可为。

广东省教育基金会（以下简称基金会）自成立以来，积极募集社会资金支持我省教育事业发展，特别是在促进贫困山区教育均等化等方面取得一定成绩，但受制于体制机制不完善，其公益能力尚未得到充分发挥，难以满足我省全面实现教育现代化的长远战略需求。如何借鉴国内外成功经验，进一步完善管理体制、创新运行机制，从一个仅仅"做善事"的组织尽快成长为更具公信力、竞争力和活力的大型公益组织，是今后一段时期基金会的工作重点。

一、发展现状和存在问题

基金会的中心工作是通过发动社会力量，多渠道筹集教育基金，用于奖励优秀教师和优秀学生，扶助贫困地区修建校舍，添置教学设备，改善办学条件。如何通过理顺机制，扩大发展规模，实现可持续发展，是当前摆在广东教育基金会面前的一个不可回避的问题。

（一）发展现状

1. 起步较早，发展滞后。基金会成立于1988年，1990年正式注册，是国内成立较早的教育基金会之一。截止1998年底，短短十年已筹集到教育基金5000万元。但资金总量、公益支出平均量尚显弱小，对教育事业的发展尚难产生较显著的影响。与国内同级基金会相比，基金会无论是在基金募集、项目开发、品牌效应，基金使用还是在制度完善上，都相对落后。

2. 奖优扶贫，宗旨明确。基金会遵照"奖优扶贫"的宗旨，每年都从教育基金的增值资金中拨出专款300多万元，表彰奖励1000多名优秀教师和1000多名优秀学生，拨出100多万元扶助贫困山区农村中小学修建校舍，添置教学设备。

（二）存在问题

1. 功能定位单一。基金会"奖优扶贫"功能的发挥主要通过"左手接钱、右手出钱"的简单会计方式实现，资金滚动使用效率不高，尚未培育出具有广泛影响力的公益品牌。

2. 内部管理机制不健全。基金会现有组织结构和规章制度自上世纪90年代沿用至今，难以适应新《基金会管理条例》出台后的形势需要。教育基金的运作，包括基金增值、资助方向研究等方面尚不规范，信息公布平台亟需完善。

3. 募捐渠道单一。基金会的募集渠道单一（主要依靠私人关系来发动募捐），筹资范围狭窄，社会公众参与度严重不足。

4. 基金增值乏力。基金会的基金经营运作过于保守，形式单一，以获取银行利息为主，资本运作甚少，使得基金增长乏力，办事能力逐步减弱。

5. 人才匮乏。基金会以各级党政机构退居二线的领导和从社会招募的专职募捐人员为主，缺乏投资管理、策划、税务、法律、

财务、营销、公关、社会工作等方面的专业人才和劝募策划专才。

6. 跟踪评估机制缺失。尽管基金会严格禁止私分、侵占、挪用基金会财产，但对资金的管理缺乏系统的跟踪评估机制，资金的使用效率不明晰，往往导致基金会公信力下降。

7. 横向沟通协调不足。各级教育基金会组织之间缺乏交流，没有形成一个组织健全、功能有效的基金会行业协会组织，难以发挥整体协调、相互借鉴、互补所长的优势。

二、国内外公益性基金会成功经验

教育基金会的生命力在于基金运作。经过多年探索实践，国内外一些著名公益性基金会已形成了一套较为完善的、规范的基金运作模式和管理模式可供借鉴，这些成功经验表现在以下几个方面：

1. 专业化的组织机构和完备的规章制度。国内大多数教育基金会设立理事会，负责基金会章程制定、重要负责人的任免和讨论决定基金会重要事宜。理事会规模大小、成员专业知识水平及其管理经验，都会对理事会治理产生直接影响。如中国青少年发展基金会选择理事候选人不仅注重其个人经历和声望，而且重点考虑了专业背景和管理经验。广州市教育基金会在理事会之外设立监事会，在常务理事会领导下设立各种专业委员会作为日常工作机构，由相关专业的社会人士担任，极大地提高了基金会工作的技术水平和效率。

2. 传统投资工具与资本运作相结合，实现基金的保值增值。在资金的增值运作上，一些大型基金会专门成立了一个基金管理和保值增值工作委员会，采取资本运作和实体的资助投资等各种形式来实现保值增值，通过投资获利后将增值部分用在慈善事业的各个项目上，从而形成良性循环。如不少高校教育基金会通过国债、委托证券公司进行资产股票管理等使之升值，或通过校内虚拟结算中心运作盈利。为了规避风险，在与理财公司的合作协议中，基金会都事先确定了一定比例的投资回报、风险分担原则。

3. 设计不同特点的"专项筹资计划"，拓宽募资渠道。重视以设计"专项筹资计划"方式进行筹资，以多样化的筹资渠道丰富资金结构，预防资金结构的单一化对基金会发展造成的障碍。如美国哈佛大学教育基金会采用"筹资运动"专项计划，设计定向捐赠用途，由捐赠者按照自己的意愿选择捐赠资金的用途。浙江大学竺可桢教育基金会通过下设专项基金模式吸引对口捐资。

4. 建立信息披露制度。信息披露制度是影响捐赠人的安全感重要因素，以此减少社会对基金会管理费用的误解所产生的不良影响，被广泛使用，包括年度财务报表、审计报告、年度收支和明细帐、办公费用、基金会管理人员的工资福利、专项资金的使用方向、方式和使用进度等情况。信息披露的主要方式有：（1）通过设立基金会网站，（2）接受官方调查，（3）民间咨询。

5. 重视组织专业化水平的提升。国内外运转良好的基金会大都聘请专业化的资金管理人才对基金会资金进行规范化管理，一方面加强资金的保值增值力度，另一方面降低资金的风险成本。如爱德基金会在工作中提出两"E"原则，即Effectively（有效率地）和Efficiently（有效益地），构建一支由财务、金融、投资、法律、宣传策划、项目活动等方面专业人才组成的工作队伍。

6. 重视组织文化建设。组织文化塑造是基金会运作效率和公信力的重要保证。如爱德基金会的成功经验表明，在组织能力建设中最重要的是组织文化建设。"三心三力"共同构筑了凝聚爱德员工团结奋斗的机构核心文化。"三心"，即博爱心、事业心和进取心。"三力"，即沟通力、合作力和创新力。

7. 重视公益品牌打造。大型基金会都拥有广泛影响力的公益品牌，例如中国青少年发展基金会的"希望工程"、中华慈善总会的"微笑列车"、中国儿童少年基金会的"春蕾计划"等等，都形成了比较公开、透明、有公信力的资金筹募渠道和"品牌效应"，这种无形资产具有真正的市场价值，保持捐赠人的信心，容易从社会各界获得大规模的资金。

8. 重视基金会的信息化建设。充分利用这个信息平台的优势发布信息宣传自己，同时也使基金会的运作增加了透明度。近年来基金会还受惠于电子支付等新技术，开发了电子捐款这种快捷方便的捐赠方式，已经得到相当多国外大型基金会采用。

三、广东省教育基金会功能定位

我们认为，教育基金会的功能应该是弥补政府、市场在教育发展作用中的不足，促进教育资源的均等化，实现区域义务教育均衡发展，为加快全面实现教育现代化发挥积极的作用。为此，应该努力做到：以社会效益为核心目标；以弥补公共教育资源分配不均，促进教育公平发展为基点；与其他教育基金会（主要是高校教育基金会）错位发展；实现"奖优扶贫"单一功能向资助、研究和咨询多功能转变。

应将发展重点放到农村和弱势群体。通过项目实施，引导高层次人才特别是优秀教育资源向欠发达地区流动。加大对农村优秀老师和学生的奖励力度，改善农村教学条件。更多地关注农民工子女教育问题。

应更好地发挥政府和市场之外的"第三部门"作用，逐步摆脱以"奖优扶贫"为中心，相对单一、被动的教育公益参与模式，加强以项目为基础、研发为先导的机构能力建设，开发贴近广东教育改革发展需要的有特色、有活力和长效的资助项目，做到有的放矢，在教育发展领域的各个薄弱环节发挥全方位的作用。

四、近期亟需要解决的重大问题

在明确功能定位的基础上，基金会需要进一步完善组织结构，打造一个好的决策班子和工作队伍；通过完善制度，形成一套好的工作制度和好的工作机制；通过组织文化建设，打造和谐、奉献、创新的团队精神，迎接新挑战，实现可持续发展。

（一）制定规划

根据我省教育中长期发展规划，制定教育基金会的年度发展计划和中长期发展规划，增强基金运作和投放的计划性和延续性。

（二）完善制度

加快制订《广东省教育基金会基金管理办法》，并逐步完善《广东省教育基金会专项资金管理试行办法》、《广东省教育基金会基金投资和财务管理暂行规定》等专项管理制度。

建立规范的内部财务制度。一是做好财务人员和财务机构的设置；二要建立严格的财务审批程序，保证资金的合理使用；三要定期对财务情况进行审计；四是定期对外公开基金会的财务情况。

（三）优化组织

1. 增强理事会功能。赋予理事会决策制定、方案发展、预算与财务监督、募款、甄拔与解聘行政主管、与社区沟通联系的桥梁等基本职能，坚持每年定期召开全体理事会议制度、每月理事长会议和秘书处例会制度，审议和决定各项活动、各项工作及经费收支等。

2、设立监事会。设立监事会，强化内部监管。监事会由监事会主席和监事组成，他们列席理事会会议，依照章程规定的程序，检查基金会财务和会计资料，监督理事会遵守法律和章程的情况。

3. 建立科学合理、精简灵活的内部运作机制。(1)精简的机构，降低人力成本；(2)建立灵活的工作机制和低成本的操作机制；(3)建立完善信息化管理系统。

（四）创新机制

1. 创新募集机制，拓宽基金来源渠道。募集资金和开展公益活动，是基金会本质的、基础的、经常性的工作。(1)在双赢、互利上下功夫；(2)定期推出年度《募资指南》；(3)建立募资"专项资金台账"；(4)扩大募资面；(5)建立可供捐赠者选择的"项目库"。

2. 创新基金保值增值机制。成立基金保值增值工作委员会，采取传统的投资工具、资本运作和实体的资助投资等多种形式组合来实现保值增值。建议通过委托有信誉的国债、证券公司进行资产股票管理，实现盈利升值；通过参与重大公共建设项目的资助投资，降低投资风险，确保基金合法、安全、有效地实现盈利升值。

3. 完善资金使用机制。必须制订严格的资金使用、调配、运作制度，使资金投向决策和申请审批程序科学化、规范化、制度化和阳光化。

4. 建立项目绩效评估机制。建立专家咨询评估机制，一是跟踪热点，满足需求，及时研究、设计和开发有特色、有活力的资金项目，提供有针对性的教育形势和政策咨询；二是对已经实施的资金项目实施效益进行全程跟踪分析和客观评估。

五、具体对策建议

1. 创新募资方式，千方百计扩大基金规模。一是积极争取各级政府的财政扶持，争取更多参与重大公共建设项目的资助投资。二是建立开放型募集形式，与海内外慈善组织、企业和个人建立密切联系，广募资金。

2. 创新思维，确保基金安全增值。遵循安全、合法、有效增值的原则，审慎进行基金投资运作。(1)严格按照投资程序进行基金的投放。(2)灵活采取资本运作和实体的资助投资等各种形式来实现保值增值。(3)定期存款和活期存款。

3. 制订严格的资金使用、调配、运作制度，提高基金使用效率。(1)建立科学的决策机制。在重大资助项目审批过程中委托专门项目小组开展研究。(2)规范申请程序，建立严格的项目审批制度。(3)建立良好的反馈、监控、调节系统，规范受助者行为。(4)对资金进行分类管理。建议将资金分为"专项基金"和"综合基金"，资助方向分为固定与活动、短期与长期，资助形式分为无偿发放、低息和无息贷款。根据资助项目对象，灵活合理采取基金形式。

4. 建立信息披露制度，增强公信力。以建立高度民主、高度诚信的公益组织为目标，坚持"既要对捐赠者负责，也要对受赠者负责"的精神，公开透明地进行各项操作，将募集资金数与发放救助数目及时公开向社会发布；通过信息披露，接受社会监督，重建公信力和公共信任，树立良好形象。

5. 创新服务，拓宽服务空间，提高基金会的吸引力。对全省教育薄弱环节进行有针对性的专门调研，逐步摆脱教育基金会"奖优扶困"的信息来源主要依赖于各级政府提供的被动做法。重点关注农村义务教育条件的改善、职业技术教育质量的提高、非户籍人口子女教育问题以及师资队伍和再就业群体的教育培训等。

6. 多管齐下，建设专业化服务队伍。多管齐下，建设专业和兼职两支既热心、守法又有专业知识和管理能力的人才队伍。建议在基金会内部加强自身机构文化建设，重视机构上下工作人员博爱心、事业感和创新力的培养。制定有效的激励机制，吸引更多的懂投资管理、税务、法律、财务、营销、公关、社会工作等方面的优秀专才从事或参与基金会这项工作。

7. 加强宣传，扩大影响。加强对外宣传推介力度，在社会公众中树立有广泛吸引力、凝聚力和公信力的教育公益品牌。(1)设立公共关系部。(2)研究制定系统宣传基金会活动的方案。(3)设立"广东教育基金会网"。(4)创办一份具有特色的基金会宣传刊物。(5)是多渠道、多形式地开展户外的教育宣传咨询活动。

8. 打造和谐、奉献、创新的团队精神。在组织文化的构建中，通过组织构架和制度设计来规范成员和组织的行为，培养和强化成员的职业道德素质，增强基金会对来自社会环境中的种种不良因素的诱惑或侵蚀的抵制能力，形成一支和谐、奉献、创新的工作团队。

（顾问：梁桂全；组长：游霭琼；参与课题研究人员：刘翠敏、苏惠、赵哲、陈卫人、张琳、章群英、陈贤波、余贵波）

"南海一号"的力量
——广东海洋文化遗产保护、开发与增强文化软实力思考

广东省社会科学院课题组

编者按：广东是我国第一海洋大省，拥有极为丰富的海洋文化遗产。以"南海Ⅰ号"、"南海Ⅱ号"古代沉船为代表的海洋考古新发现，展示了我省海洋文化遗产保护、开发与利用进入新的历史阶段。应该以"南海Ⅰ号"沉船考古为契机，大力发掘海洋文化遗产，整合全省海洋文化遗产资源，发展海洋文化旅游与海洋文化产业，使之成为构筑新时期海洋文化的重要资源，增强我省文化软实力，推动海洋强省建设。本文系中共广东省委宣传部下达的"南海Ⅰ号"与提升广东文化竞争力研究课题成果，原文约9千字。

海洋是人类的宝库，海洋事业对人类生存发展至关重要。20世纪90年代，广东省提出要大力发展海洋经济，再造一个广东。2008年3月，省委书记汪洋同志在考察海洋局工作时强调，广东要在新一轮思想大解放中做好海洋开发和利用工作，成为落实科学发展观、发展海洋工作的排头兵。

2007年，举世瞩目的"南海Ⅰ号"宋代沉船成功打捞出水，它蕴藏着极其丰富的历史文化内涵、巨大的学术价值与社会效益。我们认为，应该以"南海Ⅰ号"沉船考古为契机，大力发掘海洋文化遗产，用世界眼光、现代理念与时代精神进行重塑与创新，使之成为构筑新时期海洋文化的重要资源，提升我省文化软实力，推动海洋强省建设。

一、凸显"南海Ⅰ号"文化亮点，着力塑造广东海洋文化强省形象

广东是我国第一海洋大省。在悠久的历史发展过程中，广东以其地理、历史和传统因素，长期处在中国海上对外经济文化交流的前沿，创造了中国海洋文明诸多"历史之最"。广东所拥有的海洋文明积淀在沿海各省区中也是首屈一指的。但是，毋需讳言，广东在研究、保护、开发、利用海洋历史文化、弘扬海洋文明方面取得的实效与水平，却落后于沿海福建、浙江、山东等省份，与广东在历史上的"海洋文明大省"、当今中国"经济第一强省"地位很不相称。

造成广东在研究、开发、利用海洋文化遗产相对落后局面的原因是多方面的。其中一方面是对海洋文化遗产的作用与价值认识、重视不够，没有提升到国家海洋战略与文化发展战略高度，进行充分保护、利用和宣传。另外，广东虽然在海洋发展史上地位极其显要，但遗留下来有影响的海洋文化遗产几乎都集中在广州一地，其他沿海城市比较零散，而且规模小，欠缺保护。

"南海Ⅰ号"宋代沉船的整体打捞与发掘保护，不仅引起社会各界重视，政府投入巨资，而且沉船本身蕴藏着极为丰富的海洋历史文化内涵和巨大的多方面效益，极大扭转了这种局面。事实上，"南海Ⅰ号"成功出水那一天，国内外媒体共有70多家进行现场报道。经过广泛的宣传，"南海Ⅰ号"已成为一个广受国内外关注的文化事件，产生广泛的社会影响。广东应高度重视"南海Ⅰ号"的多样化价值，利用难得的历史机遇，以"南海Ⅰ号"整合、统领省内各地的海洋

文化遗产,使"南海Ⅰ号"成为推介我省海洋文化的旗帜,推进海洋强省与海洋文化建设。

(一)把"南海Ⅰ号"打造成为我省海洋文化强省的标志

海洋文化是广东文化的突出特色,在建设海洋强省的大背景下,以独具魅力的"南海Ⅰ号"塑造岭南文化新形象,是提升我省文化软实力,建设海洋强省的必然选择。重要历史遗产因其独特性、不可再生和不可替代的惟一性,往往可以成为一个城市、一个地区的标志。提起兵马俑,人们就会想到西安,提起故宫,人们就会想到北京。"南海Ⅰ号"是世界上迄今为止海上丝绸之路最重要的考古发现,凝聚着深厚文化底蕴和丰富历史信息,具有重大的学术价值和历史价值,应赋予其海洋文化"形象大使"、"宣传大使"的使命,进行独具创意的艺术设计,雕琢成为具有国际影响力的、充分展示我省海洋文化强省的文化标志。

(二)擦亮海上丝绸之路名片,扩大广东文化的影响力

广东是海上丝绸之路的重要发祥地,中国历史上最重要的海上贸易中心。海上丝绸之路既属于世界,也属于中国,更属于广东。但是,在相当长的一段时间里,广东未能深刻认识到"海上丝绸之路"品牌对于广东历史文化定位的重要意义,对海上丝绸之路的研究和开发利用未给予足够的重视,错失了许多良机。"南海Ⅰ号"的整体打捞出水,使海上丝绸之路从历史沉淀的深处款款走出,真实、生动、形象地进入世人视野。广东应以此为契机,把"南海Ⅰ号"打造成海上丝绸之路的重要标志,通过报纸、电视、网络等新闻媒体的大力宣传,通过官方、民间对外交往、国际会展、跨国旅游等多种渠道,使古老的"海上丝绸之路"以"南海Ⅰ号"为载体,焕发世界性品牌效应,成为贯通历史与未来、沟通广东与世界的名片,扩大广东文化在世界的影响力。

(三)挖掘"南海Ⅰ号"丰富的海洋文化内涵,增强全民海洋意识

海洋以其丰富的资源和重要战略的地位,越来越受到世界各国的重视,以致于有人提出:谁控制海洋,谁就能控制世界。中国虽然拥有辽阔的海洋,但相对于主导地位的大陆农耕经济与农业文化而言,海洋经济及海洋文化在中国传统社会中只是支流与附属,具有区域性与非主流特点。整体而言,中国的海洋意识相对淡薄。因此,要发展海洋经济和海洋文化,使我国成为海洋强国,必须普及、提高全民的海洋意识。作为从历史到现实的海洋大省,广东理所当然应该站在时代前列,做海洋中国的排头兵。普及海洋意识是关系国民素质、国家前途、需要持之以恒的长期任务。以"南海Ⅰ号"为代表的海洋文化遗产,不仅承载着数量众多的珍贵文物,更蕴涵着大量的历史文化信息,体现了我国沿海悠久的航海传统和海洋文化内涵,构成博大精深、丰富多彩的中华文化的特殊版块,是先民遗留下来的宝贵文化遗产,对提升全民海洋意识与海权意识,具有不可替代的特殊价值。

(四)启动"南海Ⅰ号"重大课题研究,在学术高端扩大海洋文化的影响力

可以考虑在如下几方面推进我省海洋文化研究:1.启动"南海Ⅰ号"宋代沉船重大研究项目。以省级特别重点或国家重大科研项目形式,在省内乃至国内外招集考古学、历史学等方面专家,多学科联合攻关,用5年左右时间,完成总结性考古挖掘报告与综合研究,在广东竖立起一座中国与世界水下考古的里程碑。2.在开展"南海Ⅰ号"项目研究同时,建立专门研究机构——广东省海洋文化遗产研究中心,创设小机构、大网络、开放式研究平台。整合全省人才资源,汇聚历史学、考古学、海洋学、地质学、文学、艺术学、社会学、人类学、经济学、旅游学等领域的研究专家与技术人员,开展全省海洋文化遗产研究,推进海洋考古、海洋文化遗产、海上丝绸之路等"南海Ⅰ号"系列学科研究,推动海洋文化研究的纵深发展。3.对全省海洋文化遗产进行全面、系统的普查与调研,为研究、保护和开发海洋文化遗产积累资料。4.加强与海外相关机构合作,与国际同行开展广泛交流。将国际公认的理论与标准引入海洋文化遗产保护与开发领域,以世界眼光建构我省海洋文化遗产研究新学科、新体系，跻身世界海洋文化研究的前列。5.重视专门人才的培养。可以委托省内有条件的大学和科研机构设立培养海洋综合人才的专业，同时吸纳相关高校和研究院所各领域的研究专才，合力打造我省研究海洋战略、海洋经济和海洋文化的高水平专业队伍。

(五)精心设计项目，申报"世界文化遗产"

海洋是岭南与东西方文明交融的重要孔道，广东是海上丝绸之路的重要发祥地，中外经济、文化交流的主要窗口，且2000余年历久不衰；广东遗存的海洋文明遗迹与文物极为丰富，具有多方面独有的重要价值，是人类共同的财富。可以借鉴发达国家的成功经验，以"海上丝绸之路"和"南海Ⅰ号"为核心，精心设计项目，申报联合国"世界文化遗产"，既可提升我省的国际影响，又能有效推动海洋文化遗产保护和开发工作。

二、整合海洋文化遗产资源，打造海洋文化旅游品牌

广东旅游业发达，长期稳居全国首位，对外交往十分频繁。然而，广东旅游业也存在诸多不足，难于实现产业升级，距离"国际旅游目的地"的目标还有相当大的距离。尤其在海洋旅游方面不仅与欧美国家差距很大，与国内沿海地区如山东、浙江、福建等地比较也显得落后。如何在有效保护的前提下合理利用海洋文化遗产，重视文化的含量，打造具有国际影响力、竞争力的旅游名牌，是实现旅游业可持续发展，壮大地方经济，构筑经济发展的新增长点的重要途径。

(一)以广州、阳江等为核心，构建有国际影响力的"海洋旅游目的地"

以珠三角为中心的广东中部地区濒临南海，地处珠江口，是我国历史上最重要的海上交通、对外贸易的中心，是海上丝绸之路的重要发祥地，全国著名侨乡，海洋经济发达，海洋文化遗产得天独厚。2005年澳门历史城区入选世界文化遗产，2007年南海Ⅰ号宋代沉船成功出水，开平碉楼入选世界文化遗产，不仅是我国文化遗产保护与海洋考古的大事，而且为广东海洋旅游发展提供难得的契机。

改革开放以来，珠三角地区开风气之先，成为我国经济最发达地区，广州、深圳、珠海、佛山、东莞、中山、江门，经济实力雄厚，旅游业在广东举足轻重，在全国也有影响。毗邻的香港、澳门是有广泛国际影响的都会与旅游胜地，彼此间文化具有高度的同质性，应该加强合作，通盘考虑。

珠三角地区各类历史人文资源异常丰厚，可以采取多种形式，突出海洋特色，以中心城市广州、深圳及五邑侨乡、阳江为中心，通过与港澳旅游区域协作，联合开拓旅游客源市场，推进旅游资源、市场、产品一体化，打造以"海上丝绸之路"、"海洋考古与海洋社会"、"欧陆风情"、"侨乡文化"等为核心的综合性海洋旅游品牌，构建具有世界知名度和强大影响力的海洋旅游目的地。

雷州半岛地处祖国大陆的南端，滨海旅游资源丰富。徐闻是汉代海上丝绸之路的启航地，湛江是近代开放口岸；半岛上海港、海防、海上交通和海洋生产遗址及石狗崇拜、天后、伏波将军信仰等颇有特色。可以雷州、湛江为中心，连结海南、广西、越南及东南亚，参与"泛北部湾经贸合作体"，打造跨区域、跨国家海洋文化旅游区。

粤东潮梅地区是我国著名侨乡，海外潮人超过1000万，约占全球海外华侨的五分之一。历史上漳林、汕头、饶平、南澳等港口是东南沿海的重要海港，是一个有条件整合为海洋文化旅游区域的地区。可以潮州和汕头为中心，以韩江水系为纽带，北连梅州，南结海外，打造以潮客民俗、华侨文化、山海风光为主体的海洋文化旅游目的地。

(二)以别具一格的自然人文景观，打造特色鲜明的海洋文化旅游项目

广东沿海各地海洋文化遗产各具特色，各有千秋，应该坚持以游客为本的基本原则，开发和挖掘沿海地区独特的生产生活习俗，针对游客的构成情况、消费层次以及兴趣爱好等，因地制宜，发挥优势，把知识性、趣味性、娱乐性、参与性相结合，打造有内涵、有品位、有特色、游客喜闻乐见的

旅游产品，提供优质的服务。

（三）加强粤港澳合作，发展国际海洋豪华邮轮旅游

随着世界经济一体化与区域经济合作的增进，跨国旅游成为是当今世界旅游发展的潮流。近日，包括希腊、意大利、克罗地亚、马其顿、马耳他、埃及、阿尔及利亚、突尼斯、摩洛哥、以色列等13个环地中海国家和地区的旅游代理机构成立联合组织以促进该地区的旅游业发展。作为中国改革开放的前沿地区，广东应该解放思想，树立危机意识与超前意识，借鉴国内外先进地区的成功经验，发挥优势，大力发展跨国旅游事业。广东拥有3368公里风景优美的海岸线和众多优良港湾，可以开辟联结广州、香港、澳门、海南乃至东南亚的海上邮轮航线，并与欧美海洋旅游相接驳，打造文化、休闲、健身、度假与旅游相结合的国际性海洋观光航线。

三、加快发展海洋文化创意产业，提升广东文化竞争力

（一）突出"广东·海洋·世界"主题，把岭南文化推向世界

海洋文化创意企业应以世界的眼光来审视广东海洋文明的发展历史，融海洋文化、创意科技、人文关怀为一体，熔铸面向国际市场、体现岭南历史与文化特色的海洋文化产业精品。

（二）制订切实可行的海洋文化创意产业战略规划

要大力发展海洋文化创意产业，政府应制订海洋文化创意产业战略规划，以相应的文化政策与产业政策为基础，按照"不同区域、特色发展、联动融合"的发展原则，在有条件的沿海大、中城市分布设置影视、文化、创意、设计、动漫等创意产业基地，打造海洋文化创意产业带。同时成立广东海洋文化创意中心，由政府提供政策、资金支持和发展战略指引，作为我省文化创意产业的"孵化器"和"酵母"，集政府、大专院校、科研机构、软件业以及海洋产业相关企业之力，通过体制和机制创新，在良好互动的架构下，共同营造和发展海洋文化创意产业，提升海洋文化产业的市场竞争力。

（三）完善制度和市场环境

政府不仅要增加有效投入（包括资金、人力、组织、管理等），而且要拓宽融资渠道，为文化创意产业领域提供更多的风险资本和创投基金。同时，加大知识产权保护力度，规范市场秩序，为文化创意产业成长提供良好的市场生态环境。

（四）加强对外合作与交流

英、美、香港等发达国家和地区具有发展文化创意产业良好的人才、科技储备，特别是具有世界一流的文化创意产业发展制度环境和投融资体制等市场环境和产业服务组织，这些都是广东发展海洋文化创意产业应该借鉴与利用的。可以考虑引进境外海洋文化创意人才乃至战略投资者，让境外各种资源与我省丰厚的海洋文化遗产充分结合，精心打造一批精品项目，加快文化创意产业基地和区域性特色文化创意产业群建设。同时，制定优惠政策，通过教育、培训和引进等途径，加强对自身文化创意产业人才的培养，吸引和激励国内文化创意产业人才在广东创业，让他们在与境外高尖人才的合作与交流中逐渐成长，为我省文化创意产业发展提供人才保障。

（五）借鉴国际先进经验，创新文化产业的运营模式

文化创意产业是由"文化、创意、科技"三者深度结合的产物，主要涵盖动漫、影视、网游、工业设计、会展等几个方面的主要内容。由一位作家所构筑的魔幻世界《哈利·波特》现已形成包括电影、出版物、玩具、游戏在内的庞大产业群，创造了当今全球文化产业发展的一个奇迹。《哈利·波特》现象说明了文化创意产业的赢利模式需要紧跟时代的发展步伐。

广东应发挥自身海洋文化资源的国际性特征，创新市场运作机制和文化产业的商业模式，围绕南海Ⅰ号拓展核心创意的关联效应，开拓国内外文化创意产业市场。可以借鉴美国拍摄动画大片《花木兰》的模式，将"南海Ⅰ号"的文化信息或南宋时期的平民生活通过动漫栩栩如生地展示出来，通过这种方式将"南海Ⅰ号"和广东海洋文化引向

全球，实现其国际价值。

四、挖掘海洋文化丰厚底蕴，弘扬广东与东南亚各国的传统友谊，发展文化合作与跨国旅游

（一）树立"南海Ⅰ号"的"友谊—和平"形象，增强中国与东盟的文化互信与和平交往

"广东—东盟"是个经济概念，更是个文化概念和外交概念。位于大陆与东盟对接带上的广东，肩负着实践国家"睦邻"、"安邻"和"富邻"周边政策，先行探索与东盟和谐发展关系的重任。发挥以"南海Ⅰ号"为代表的海上丝绸之路的文化魅力，彰显千百年来广东与东南亚各国的友好交往与历史联系，无疑是增进友谊，建立互信的有效途径。

（二）做大做强广东—东盟文化产业合作

2005年12月12日，温家宝总理出席中国与东盟领导人年度会议时提出，把交通、能源、文化、旅游和公共卫生确定为双方新的五大重点合作领域。开展中国-东盟自由贸易区建设中的文化问题研究，已成为实施国家发展战略的重大任务之一。

到目前为止，虽然广东—东盟的文化交流还没有系统地形成产业化，但天然的"三缘"（地缘、语缘、亲缘）关系和正在形成的"中国—东盟"自由贸易区将是突破文化产业合作发展瓶颈的最佳条件。"南海Ⅰ号"的成功出水及其历史文化价值为开展双边文化产业合作提供了契机。沉船上品种丰富的陶瓷和航海信息可以为双边开拓陶瓷、航海等系列文化产业合作提供不可多得的素材。

（三）促进广东—东盟海洋文化旅游合作

以历史悠久的海上丝绸之路为纽带，以南海Ⅰ号为载体，将广东与东盟各国港口联结起来，打造现代海上丝绸之路海洋旅游。并以此为契机，延伸该旅游线路的旅游产业，以沿线各港口、各国的风土人情、历史人文资源丰富旅游内容，全方位开展广东—东盟跨国海洋文化旅游合作。在此基础上，探索拓宽广东—东盟合作领域。中国-东盟合作关系前景极为可观。

（题组组长：王经伦；副组长：李庆新；参与研究人员：游蔼琼、徐素琴、陈志雄、黄淑娟）

抓机遇 促转型 谋幸福

钟世坚（时任珠海市市长）

省委十届八次全会顺应我省经济社会发展转型的内在要求和全省人民群众过上更好生活的热切期盼，把"加快转型升级、建设幸福广东"作为我省落实"十二五"发展规划纲要的核心任务，为新时期全省各地的改革发展工作指明了方向。围绕贯彻落实省委全会的决策部署，珠海明确把"率先转型升级、建设幸福珠海"作为全市"十二五"时期发展的主旋律，以更加统一的认识、更加科学的方法和更加扎实的措施，全力以赴推进转型升级，推动加速发展，增进民生福祉。

一、率先转型升级、推进加速发展是珠海肩负的重要任务

发展是永恒的主题，转型升级的目的是为了实现又好又快发展。贯彻落实省委全会精神，关键是要始终坚持发展硬道理不动摇。就现阶段而言，发展不充分、经济总量不大等问题，仍然是制约珠海加快建设珠江口西岸核心城市的重要因素，转型升级、加快发展已经成为珠海的当务之急。

（一）率先转型升级、推进加速发展，是珠海落实省委、省政府对珠海要求的重大部署

珠海是我国最早设立的经济特区之一，在全国、全省位置特殊。省委、省政府历来高度重视和支持珠海的发展，对珠海的发展寄予了很高的期望，提出了更高的要求。《珠江三角洲地区改革发展规划纲要》明确把珠海定位为珠江口西岸核心城市，要求珠海尽快建成现代化区域中心城市和生态文明新特区，争创科学发展示范市。汪洋书记明确表示，"珠海的发展问题不仅是珠海市的问题，珠海的发展涉及到广东经济布局的问题，涉及到整个广东区域协调发展的问题，也涉及到广东的可持续发展问题"，要求珠海尽快建设成为广东发展的增长极、科学发展的排头兵。这既是对珠海后发优势和发展前景的充分肯定，更是对珠海各项工作的鞭策。必须把珠海的发展放在全国、全省的高

2009年12月21日，胡总书记视察格力电器 图片来源于《南方日报》

度来统筹谋划，以更广阔的视野、更有力的举措来推动珠海的改革开放和现代化建设事业。从珠海的发展现状来看，珠海距离省委、省政府的要求还有很大差距。这次省委全会提出"加快转型升级，建设幸福广东"，全面启动经济社会发展转型工作，为珠海充分发挥后发优势，实现发展的突破和跨越，创造了良好的机遇和条件。珠海必须以此为契机，乘势而为，率先转型，加快发展，完成好省委、省政府赋予珠海的神圣使命。

（二）率先转型升级、推进加速发展，是珠海主动适应国内外发展大势深刻变化的必然选择

从国际上看，国际金融危机引发的全球经济衰退，使世界经济格局进入深度调整期，对传统产业造成了严重冲击，加速了全球产业的重新布局。这种全球性的产业结构调整，对珠海来说既是挑战，也是机遇。珠海作为一座新兴海滨城市，大部分企业走的都是外向型经济发展道路，对国际市场的依存度较高。这种产业结构和发展模式帮助珠海在一段时期内实现了较快发展，但同时也导致珠海抵御外部风险的能力较为薄弱。特别是珠海人均GDP已超过1万美元，按照国际产业发展规律，这一阶段是产业结构快速变化的重要时期，珠海已经处于产业转型的关键期。顺应全球产业布局调整大势，加快产业转型升级，是珠海又好又快发展的必然选择。否则，将被发展的潮流所抛弃。

2011年11月15日，温家宝在珠海中航通用飞机珠海产业基地考察 图片来源于"新华网"

从国内形势看，加快转型升级已经成为全国上下的共识，加上宏观经济环境趋紧和转型期社会矛盾日益突出，转型升级的要求越来越紧迫。江苏、山东、广州、深圳等省市已经掀起了抓转型促发展的热潮，并取得了很好的成效。珠海如果不抓紧这项工作，必然会在激烈的国内竞争中被拉开差距。只有以"坐不住"、"等不起"、"慢不得"的强烈政治责任感和历史使命感，率先转型升级，推进加速发展，才能有效应对各种复杂局面，推动经济社会又好又快发展。

（三）率先转型升级、推进加速发展，是珠海加快实现新一轮跨越发展的迫切需要

珠海市确立了新一轮发展"08谋篇、09启动、10升温、11提速、12跨越"的工作部署，全力推动珠海新一轮跨越发展。经过近三年"谋篇"、"启动"、"升温"，目前已经进入了加速发展的关键时期和攻坚阶段。展望"十二五"时期，珠海要努力实现七大目标：1.综合经济实力显著增强。到2015年全市生产总值比2010年翻一番，人均生产总值超过13万元，规模以上工业增加值超过1300亿元，财政一般预算收入超过240亿元。2.珠江口西岸交通枢纽基本建成。基本形成现代化海陆空综合交通网络，区域性交通集疏运体系更加完善，市内除海岛以外的陆地区域实现15分钟内上高速公路。3.现代化区域中心城市初步形成。区域中心城市功能更加强化，产业和人口集聚能力提高，高端要素聚集发展功能和生产服务功能增强，城市综合服务水平和发展带动力、辐射力明显提升。到2015年全市城市化水平达89%。4.自主创新能力明显提高。初步形成以企业为主体、市场为导向、产学研结合的开放型区域创新体系，科技支撑引领作用显著增强。到2015年，全社会研发（R&D）投入占全市生产总值比重超过2.3%，年发明专利申请量每百万人口超过500件，高新技术产品产值占全部工业总产值的比重达45%。5.城乡区域发展更趋协调。全市户籍人口自然增长率控制在10.5‰左右，森林覆盖率达31%，城镇人均公园绿地面积达13平方米，城镇生活污水处理率达83%，工业废水排放达标率达100%，生活垃圾无害化处理率达100%，完成省下达的节能减排等约束性指标。6.人民生活更加幸福。到2015年，城镇登记失业率控制在3.5%以内，城镇基本养老保险参保率、农村居民养老保险参保率均达到98%，城镇居民人均可支配收入年均增长10%左右，农村居民人均纯收入年均增长10.5%左右。7.科学发展体制机制更加健全。经济体制、行政管理体制、社会管理体制改革不断深化，在重点领域和关键环节率先取得突破。全市改革发展的任务十分繁重。而当前，珠海还存在经济和产业规模仍然偏小、产业结构性矛盾依然突出、自主创新动力不足、城乡社会事业发展还不够平衡等矛盾。随着要求实现"跨越"的时限越来越近，加快发展的压力也越来越巨大。转型升级已经成为珠海破解发展难题的唯一选择，加速发展已经成为当前的首要任务。全市上下必须进一步强化政治意识、发展意识和责任意识，切实把转型升级作为头等大事，把推进加速发展作为首要任务，努力推动珠海加快实现新一轮跨越式发展。

二、率先转型升级、推进加速发展必须以科学的工作方法为前提

围绕省委全会"加快转型升级、建设幸福广东"战略部署，珠海提出转型升级要努力做到"率先"，发展要实现"加速"。不但要

淇澳大桥晨韵

科学发展　幸福广东
Scientific Development Happiness Guangdong

深受群众喜爱的珠海民间艺术——鹤歌鹤舞

转，还要率先转；不但要发展，还得高质量发展，加速发展。这是目前全国和全省上下"千帆竞渡、百舸争流"的竞争态势决定的，更是珠海作为经济特区和珠江口西岸核心城市的城市定位决定的。面对激烈的竞争，珠海必须在速度上胜人一筹，才能占得先机。怎么样才能达到"加速"和"率先"这个要求呢？这就要以科学的工作方法为手段。只有在科学的工作方法指导下，才能以最短的时间、最少的资源实现转型升级、加速发展，才能达到事半功倍的效果。

（一）要突出工作重点

这是经济建设和其他工作必须遵循的科学规律。要善于抓统筹，抓关键，学会牵"牛鼻子"，抓住主要矛盾，抓住矛盾的主要方面，做到忙碌而不盲目、实干、巧干而不乱干、蛮干、点面结合，抓点谋面促发展。只要把"牛鼻子"牵住了，就没有制服不了的"蛮牛"，即使工作面再广、任务再繁重，也能闯出一片新天地来。珠海市已全面提出了"十二五"时期和2011年的各项工作任务，现在最为关键的就是要理清轻重缓急，遵循建设时序，集中优势"兵力"，打几场事关全局的"歼灭战"，特别要在以下几方面取得重大突破：1.在扎实推进《珠江三角洲地区改革发展规划纲要》"四年大发展"上实现新突破。围绕省、市的战略部署，按照"一年开好局、四年大发展、十年大跨越"的总体目标，对照省工作方案分解明确的工作任务和考核指标，从解决最紧迫、最突出、最重大的问题入手，以更快的节奏、更高的效率、更扎实的工作，持之以恒推动各项工作落到实处，有力地推动珠海实现"四年大发展"的目标任务。2.在拉动制造业投资上实现新突破。制造业投资是反映经济发展前景的"晴雨表"，制造业投资增速快、增量大，发展后劲就足，经济增长就有保障。去年珠海制造业投资虽然一改连续三年下降的颓势，增长28.2%达到105.6亿元，但与2007年134.8亿元的历史高位相比还有一段距离，与带动跨越发展的要求相比还有较大差距，与珠三角城市先进制造业投资大幅增长的趋势相比更存在巨大差距。今年要在招商引资、项目落户建设等方面狠下功夫，围绕征地拆迁、项目审批等环节重点攻坚，尽快形成更多的制造业投资增量。3.在交通枢纽城市建设上实现新突破。城市要发展，交通要先行。过去珠海吃了交通末梢的亏，延误了发展的步伐。今年要继续围绕市内任何区域15分钟上高速的目标，加快珠江口西岸交通枢纽城市建设步伐，力争在续建和新建重大交通项目、完善市内交通网、市政道路改造等方面取得新进展，进一步打通港口、机场、口岸三大节点，建立内外连接完善的现代化立体交通体系。4.在东西部均衡发展上取得新突破。西部地区是珠海实现新跨越的重要基础和希望所在，没有西部地区的发展加速，就没有珠海全市经济社会的发展加速。经济特区范围已扩大至全珠海市，这对西部地区发展是个重大利好。去年珠海西部地区GDP和规模以上工业总产值占全市比重均提高了1个百分点，发展势头越来越好。特别是高栏港的建设日新月异，发展步伐快而稳，成为珠海全市经济的重要增长极。这些说明西部地区的发展是大有可为的，前景是广阔而美好的。但总的来说，珠海西部地区的发展潜力尚未得到充分挖掘，还有更大的可作为空间。今年要充分利用特区范围扩大至全市的重大机遇，发扬"白加黑"、"5+2"的忘我奉献精神，加快推进西部地区城镇化进程，特别是要加快西部中心城区建设，加快发展高栏港区、航空产业园、富山工业园区等重点园区，进一步提升西部地区经济的发展速度和发展质

11月17日，珠海商用航空中心暨美国西锐飞机FBO运营基地落成典礼在珠海航空产业园隆重举行。

量，实现东西部协调发展、齐头并进。

（二）要建立良性工作机制

良好的工作机制是推动工作开展的有力保障。近年来珠海积极应对国际金融危机，抢抓机遇促进发展升温，在工作理念、工作措施上有了创新和转变，形成了一套较为科学完善的工作机制。但也要看到，一些工作还存在不少薄弱环节和"短板"，在一定程度上也存在着责任不到位、从上往下"压力递减"的现象，这给抓工作落实、圆满完成工作任务造成了很大阻力。如何从机制上寻找解决问题的突破口，激发广大党员干部"坐不住"、"等不起"、"慢不得"的责任感和紧迫感，是当前面临的一项重要而紧迫的任务。对此，汪洋书记在省委十届八次全会上提出了"形成倒逼机制，利用重大活动压任务打硬仗"的要求，这给做工作、抓落实指出了一条新途径。珠海要尽快建立完善倒逼机制，自我加压，打好各种硬仗和攻坚战，努力开创工作新局面。1.要强化一级抓一级、层层抓落实的工作机制，把工作压力传递到每个环节和每个岗位，做到"千斤重担众人挑"。2.要以科学合理、适度超前为原则，将各项经济指标和工作任务，宏观统筹、科学分类、细化量化，倒逼各级各部门

四通八达的高速公路把珠海与珠江三角洲连为一体

充分发挥主观能动性，实现工作成果的最大化目标。3.要完善科学规范的问责机制，把板子打到具体人身上，推动工作落实到位，真正实现目标倒逼进度、时间倒逼程序、社会倒逼部门、下级倒逼上级、督查倒逼落实。

（三）要始终不渝地坚持走群众路线

坚持走群众路线、保持同人民群众的血肉联系，是我们党夺取革命战争胜利和社会主义现代化建设伟大成就的重要法宝。胡锦涛总书记在十七届五中全会上强调，"实现'十二五'时期我国经济社会发展目标任务，必须紧紧依靠广大人民群众"。汪洋书记在省委十届八次全会上明确提出干部要永远和人民群众在一起。推动珠海发展"加速"和率先转型升级，更加要坚持走群众路线，营造人民群众广泛参与、群策群力的良好氛围，形成推动工作落实的强大合力。1.要真心实意听民声。了解群众呼声，把人民群众的要求作为"第一信号"。要继续发挥市政府门户网站、网络论坛等平台的作用，自觉地问政于民、问计于民、问需于民，切实关心、关注和解决事关人民群众切身利益的问题。2.要从善如流顺民意。主动接受人民群众对各项工作成效的评判，把人民群众的满意度作为"第一评价"，加强各项工作落实情况的公众监督、媒体监督和社团监督。对人民群众提出的批评和建议，一定要从善如流，闻过即改，促使各级各部门扬长避短、查漏补缺，抓好工作落实。3.要广开言路聚民智。把人民群众的智慧作为"第一力量"，大力激活民间智库资源，健全民众参与决策的制度平台，广泛吸纳各种真知灼见和良言贤策，进一步凝聚民心民力，使转型升级、加速发展成为广大人民群众的自觉行动，转化为落实工作的具体举措。

（四）要敢于工作创新

敢闯敢试、敢为人先的特区精神是珠海经济

省道S272机场路段竣工，打通了珠海机场的对外通道

科学发展　幸福广东
Scientific Development Happiness Guangdong

2009年12月16日 汪洋、黄华华、孙志辉等实地考察珠海长隆国际海洋度假区、十字门中央商务区等项目

香洲主城区举行2010年第四批廉租房抽签仪式124户低收入家庭喜获新居

社会发展取得巨大成就的根本原因和制胜法宝，解放思想、改革创新是增强珠海发展活力的不竭源泉。珠海30年来的发展历程表明，只要思想解放，敢于和善于创新，就一定能找到解决问题的思路和方法。因此，在工作中要弘扬特区人解放思想、敢想敢干的精神，跳出传统束缚、跳出体制障碍、跳出区域制约，从政府与市场、政府与社会的结合点中寻找创新点，探索加速珠海发展的新途径新方法。要学会活学活用，开拓创新，善于把上级精神、外地经验同珠海实际相结合，创造性地开展工作，积极研究解决面临的突出矛盾和问题，制定相应的配套政策措施，在服务发展上有新思路，在履行职能上有新突破，在自身建设上有新局面，在各项工作上有新举措。要大力宣传推广各级各部门推动工作落实的新招数，提倡"穿新鞋走新路"，鼓励创新，宽容失败，正确对待干部在干事创业过程中出现的问题，鼓励全市上下凝心聚力，真抓实干，开拓进取，推进发展。

（五）要优化工作作风

良好的作风是推进工作的必备条件。党的十一届三中全后后，邓小平同志强调："开放、搞活政策延续多久，端正党风的工作就得干多久。"率先转型升级、推进加速发展，必须把加强作风建设、充分发挥领导干部模范带头作用放在更加突出的位置，锲而不舍，抓紧抓好。1.要坚持上下联动，重在领导垂范。各级领导干部要积极行动起来，从自身做起，认真查找思想上的不足和作风上的差距，努力做到自重、自省、自警、自励，自觉做树立良好风气、抓工作落实的模范。特别是要进一步加大反腐倡廉力度，贯彻落实好《中国共产党党员领导干部廉洁从政若干准则》，严格履行"一岗双责"要求，狠抓党风廉政建设，保护好经济社会发展成果，塑造和维护清正廉洁的政府形象。2.要坚持标本兼治，重在解决问题。各级领导干部要以对党的事业高度负责的态度，自觉坚持从严要求，从点滴做起，从小事做起，真正起到表率作用。必须从人民群众反映最突出的问题开始改起，从群众要求最迫切的问题抓起，从群众利益最直接相关的问题做起，切实提高行政效能，不断优化发展环境。3.要坚持狠抓落实，重在实际效果。要深入基层、深入实际开展调查研究，广泛了解情况，及时总结经验，推动面上工作。要强化领导就是服务的意识，为基层解难题办实事，始终坚持求真务实，真抓实干，不搞花架子，扑下身子抓落实，用自己的模范行动，以对事业高度负责、为事业发展殚精竭虑的意识和精神，以"责无旁贷"、"舍我其谁"的责任和勇气推进各项工作落到实处。

（六）要树立良好心态

市老龄办每年都要向社会筹集资金30多万元，慰问高龄生活困难的老人1000余名，给他们送去棉被、蚊帐、衣服、大米、食用油等日常生活用品，使他们感受到了党和政府的关爱，社会主义大家庭的温暖。

数万大学生为珠海带来勃勃生机

数万大学生为珠海带来勃勃生机

胡锦涛总书记曾经强调："心态决定状态。"没有良好的心态，没有战胜自我的豁达和大度，没有拒绝庸俗的超脱和清醒，在加快转型升级、推进加速发展的艰苦征程上，必然难以保持锐意进取、奋发向上的良好精神状态和工作状态，工作也必然难以收到良好的效果。各级领导干部必须进一步提高自身素养，端正心态，专心致志干事业，一心一意谋发展。1.要保持正常心态。面对成功或荣誉，不狂喜，不盛气凌人，把功名利禄看淡些、看轻些；面对挫折或失败，也不能垂头丧气、一蹶不振。始终保持正常平和的心态，特别是面对职务岗位的升降去留时要得而不喜、失而不忧，真正做到宠辱不惊、泰然处之。2.要培养诚实善良心态。荀子说："君子养心莫善于诚，至诚则无它事矣。"各级领导干部一定要以诚为本，以善为本。特别是在对待同志关系上，要多沟通、多勉励、多切磋，以诚实善良出和谐、出友谊、出团结、出实绩，做到真诚相处、宽宏包容、相互关心理解和支持。3.要提倡健康心态。要牢固树立正确的世界观、人生观、价值观，讲操守，重品行，反对拜金主义、享乐主义和极端个人主义，在灯红酒绿的侵蚀影响面前一尘不染，一身正气，时刻检点自己，在人民群众面前树立可亲、可信、可敬的形象，树立为民、务实、清廉的形象。同时，要注意强身健体，在繁重的工作中，要学会忙里偷闲、张驰有度，挤出时间勤奋学习，加强锻炼，强健体魄，滋养精神，始终保持健康向上的生活激情，及时消除心理"压抑"，保持身心健康。4.要鼓励高尚心态。要坚持用积极向上的心态追求人生价值，守德、明德、敬德，追求高尚，不为名利所累、不为金钱所困、不为美色所惑、不为人情所扰、不为困难所阻，时刻坚持用党员先进性标准和要求校正人生坐标，

始终保持干事创业的激情和活力。5.要克服惟利心态。各级领导干部要树立正确的权力观和利益观，"要立心做大事，不要立心做大官"，坚持立党为公，执政为民，牢记宗旨，秉公用权，切实防止掌权而不作为，或乱作为，用手中的权力为人民群众干实事，最大限度地转化成人民群众实实在在的具体利益。在面对社会的变革、物质的引诱时，不惊不惧、不贪不奢，对物质利益始终做到知足常乐、无欲无求，勤勤恳恳做事，堂堂正正做人，把自己的全部精力用在谋划珠海全面协调可持续发展上。

三、率先转型升级、推进加速发展归根结底要增强人民群众幸福感

汪洋书记在省委十届八次全会上明确指出，"转型升级是手段，幸福广东是目的"，"必须把推进发展与增进福祉统一起来，努力实现与发展阶段和水平相适应的幸福"。珠海深刻领会省委全会精神，把增强人民群众幸福感、建设幸福珠海作为率先转型升级、推进加速发展的价值取向和目的依归，更加注重夯实幸福珠海的物质基础，更

珠海斗门水上婚嫁

加注重发展的普惠性,努力促进社会公平正义,满足全市最广大人民群众日益增长的物质和精神需求。

(一)提升物质生活满意度

物质生活条件是构成幸福的最基本、最重要因素。汪洋书记明确要求"夯实物质基础,保证人民群众有更给力的幸福,更长久的幸福"。在珠海发展现阶段,人民群众幸福的主要根源还是收入的增加、物质生活条件的改善。建设幸福珠海,目前最重要的工作还是继续改善人民群众的物质生活条件,提高生活质量。一方面,要以经济发展和增加人民收入来促进幸福。要坚持发展第一要务,加快推动新一轮跨越发展,壮大经济实力,做大可供分享的"蛋糕",为珠海人民过上幸福生活提供坚实的物质基础。实施积极的就业政策,稳定和扩大就业,逐步提高城镇最低工资标准。实施惠民富民工程,改革收入分配制度,逐步提高人民群众收入在国民收入分配中的比重,以及劳动报酬在初次分配中的比例,提高低收入者的收入水平,缩小贫富差距。促进东西部均衡发展,改善珠海西部农村地区的生产生活条件,缩小城乡差距。全面实施中央、省、市稳定物价水平各项措施,保障居民收入水平与经济发展同步增长。另一方面,要以发展社会事业和改善民生福利来促进幸福。认真落实惠民生办实事30项实施方案,加大公共产品供给力度。进一步健全社会保险、社会救助、社会福利、慈善事业相衔接的社会保障体系,努力实现社会保障城乡全覆盖。加强住房保障工作,加快保障性住房项目和华侨农场危房改造进度,稳定房地产市场,改善人民群众的住房条件。大力发展教育事业,促进教育均衡发展,满足人民群众日益增长的教育需求。深化医疗体制改革,继续完善医疗保障体系,加快建设健康城市,从根本上解决"看病贵"问题。通过保障和改善民生,使人民群众的幸福感体现在柴米油盐、寻医问药、居住条件、小孩读书等日常生活中。

(二)提升精神生活满意度

人民群众的幸福感是一种主观感受,不仅体现在物质财富上,更体现在人文和精神这一更高层面的追求上。建设幸福珠海,必须满足人民群众的文化需求,丰富人民群众的精神生活,让人民群众"既富口袋,又富脑袋"。1.要大力发展文化事业,打造公共文化服务平台。增强公共文化产品和服务的供给能力,积极构建覆盖城乡、网络健全、设施完善、运行有效、服务均等的文化服务体系,提高全社会的文化生活质量。推动社会科学、文学艺术、广播影视等各类文化事业发展,努力锻造文化精品。充分发掘珠海的历史人文资源,保护扶持具有珠海特色的

预计2011年动工建设的珠海淇澳红树林湿地公园,将成为珠江三角洲地区面积最大的湿地公园。公园建设时间从2010年至2015年,分两期规划建设,前期为2010年~2012年,后期为2013年~2015年

文化，彰显珠海的文化特色和品格。2.要弘扬昂扬向上的人文精神，提升城市文明水平。加强社会主义核心价值体系建设，大力实施全民素质提升工程，深入开展群众性精神文明创建活动，进一步提升市民文化素质和道德修养，提升社会的文明风尚，增强群众的道德认同感。要以建设"文明城市、礼仪珠海"为目标，全力推进全国文明城市创建工作。通过"创建全国文明城市"这个载体，引导市民更好地遵守文明公约，实现市民道德水平和集体荣誉感的提升。3.要加强人文关怀实践，激发全体市民归属感。发展义工志愿者组织，推进义务植树等公益工作，进一步激发全体市民共建共享意识，在发展中不断促进城市人文精神的创造、升华。促进多元文化大融合，提升城市的凝聚力和向心力。依法保护、发展好人民群众享受文化成果、参与文化活动、开展文化创作等文化权利，让人民群众在物质生活基本满足的前提下享有真正的幸福感。

（三）提升居住环境满意度

环境影响生活，人居环境的改善是建设幸福城市的重要标准。良好的生态环境是珠海的宝贵财富，是提升市民自豪感、归属感、幸福感的重要资源。建设幸福珠海，必须把保护生态环境、建设宜居城乡作为重要载体，以生态建设为依托改善城市人居环境。1.要进一步转变执政理念。着重建立以生态建设为中心的绿色GDP考核评价体系，彻底改变片面追求GDP增长的发展观。要不断提高城市建设管理水平，创新城市发展理念，坚持生态优先原则。做好城建规划，坚持高标准规划、高品位建设、高水平管理，实现城市基础设施由量到质的提升、城市景观由杂到美的提升、环境整治由点到面的提升、建设管理由粗到细的提升，增强城市凝聚力。2.要加快转变经济发展方式。把低碳经济和循环经济作为城市未来发展的战略选择，彻底改变传统的高投入、高消耗、高污染、低效益的粗放型经济增长方式。以"东部大转型、西部大开发"为努力方向，积极推进"三旧改造"和项目建设等工作，大力发展高端服务业、先进制造业和高新技术产业，加快实现东部地区从生产型经济向服务型经济转变、西部地区城市化与工业化协调发展，促进城市和产业转型升级。以建设高栏港循环经济示范园区以及争取设立横琴新区低碳经济示范区和横琴碳排放交易所为契机，鼓励和扶持低碳经济、循环经济，力争在培育发展低碳技术和产业、开发利用风能等低碳能源、建立低碳发展评价指标体系和绩效考核机制等方面实现新突破。3.要加强城市环境综合治理。进一步建立完善环境保护绩效考评制度，提高城市环境建设管理水平，构建城市精细化管理新格局。以开展"城市管理年"为契机，大力实施城市"净、畅、宁、美"专项整治，营造良好的城市环境。全面落实节能减排措施，深入实施建设生态文明行动纲领和"森林珠海"发展规划，加快建设国家生态文明试点城市，积极创建低碳城市。深入推进"绿化珠海、美化家园、幸福城市"景观树种植工程，加快城市绿道和社区绿道建设，保护红

珠海横琴新区与澳门隔河相望，总面积106.46平方公里，是深化粤港澳紧密合作的新平台

树林、水松林、近岸滩涂等自然资源，提高城市绿化美化水平。加紧完善环保基础设施，推动垃圾分类试点工作，深入治理水、大气、噪声和固体废弃物污染。

（四）提升社会和谐满意度

社会和谐稳定是幸福的基础。中国人自古就以"和为贵、谐为美"，"对和谐之美的追求是人类的本能"。社会不安定和谐，人民群众缺乏安全感，必然没有幸福感，建设幸福珠海也就无从谈起。必须把促进社会和谐稳定作为建设幸福珠海的重要内容，增强人民群众的幸福感。1.维护法治公平。要进一步推进依法行政，创新行政执法体制，坚持严格执法、公正执法、文明执法，努力建设法治政府。法治是建设幸福珠海的重要保障，通过加强民主法治，倡导自由平等，实现公平正义，才能有效提升社会幸福感。珠海各级各部门要切实把推进依法行政作为加强自身建设的重要工作，积极探索创新行政执法和社会管理体制，保障社会公平正义，促进和谐稳定。特别是司法和公安、城管等执法部门，要进一步提高执法队伍素质，规范执法行为，提高执法水平，确保"公平、公正、文明"司法执法。2.加强社会治安综合治理。要推进和完善社会治安体系建设，依法严厉打击各类违法犯罪活动，确保群众人身财产安全、社会和谐安定。良好的社会治安与人民群众的幸福感密切相关。通过开展专项整治活动，采取有效措施，确保社会治安不断好转，这样市民的幸福感就会随之提高。因此，要进一步健全社会治安防控网络和打防管控一体化运作机制，强化社会治安综合治理，严密防范、严厉打击各类违法犯罪活动，全力打造珠三角最安全稳定的城市。3.抓好安全生产。要加强安全生产监管，加大重点行业领域隐患排查和整治力度，有效遏制重特大安全事故发生。各级各部门要始终把人民群众的生命安全放在第一位，进一步深化"以人为本，安全发展"理念，突出抓好重点时段、重点区域、重点行业、重点建设项目、重大危险源的监管，建设安全生产信息化监管平台，促进安全生产形势持续稳定好转。4.切实解决涉及最广大人民群众切身利益的突出问题。要进一步完善利益诉求和矛盾调解机制，畅通社情民意诉求表达渠道。切实做好人民群众来信来访工作，引导广大市民按照法定程序来表达自己的诉求，在法律的框架内正确认识和依法行使民主权利。特别是珠海当前正处于大建设、大发展时期，重点工程征地拆迁任务繁重，必须严格按照法律规定推进征地拆迁工作，做足做好沟通和补偿工作，切实保护好人民群众的合法权益。要自觉接受人大、政协和舆论监督，密切留意、大力解决关系群众切身利益的热点、难点问题，切实做到民有所呼，我有所应。

加快转型升级，时不我待；建设幸福珠海，民心所向。珠海将紧密围绕省委十届八次全会的决策部署，努力在转型升级、增强人民群众幸福感方面率先突破、率先见效，争当全省推动科学发展、促进社会和谐的排头兵，以优异成绩向建党90周年献礼！（图文由珠海市政府提供）

珠海口岸

抓机遇 促转型 谋幸福

外籍友人在珠海圆明新园中体验传统文化

体育活动

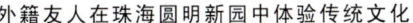

珠海西部城区，水在城中，城在水中

求变创新 踏实奋进
努力建设民富市强幸福佛山

"十一五"期间，佛山市在省委、省政府的正确领导下，坚持以科学发展观为指导，推动产业转型、城市转型和环境再造，走出了一条"调结构、转方式"的科学发展之路。

一、励精图治谋转型，团结奋进大跨越

面对国内外环境的复杂性和重大风险的挑战，佛山市早谋快断，赢得主动，保持经济平稳较快发展，实现率先突围。

（一）经济发展跃上新台阶

2010年地区生产总值、工业总产值、财政收入与"十五"期末相比，全部实现翻番。五年生产总值连跨3个千亿元大关，2010年达到5651亿元；工业总产值达到1.5万亿元，排在全省第二位；来源于佛山的财政总收入1039.96亿元，其中地方一般预算收入305.96亿元。

（二）发展质量实现新突破

经济增速与质量效益同步提高。2010年，纳税千万元以上企业729户，是2005年的2.39倍；五年新增上市企业16家，超过以往时期总和；新增中国驰名商标37件、中国名牌产品25个，参与研制国家及行业标准457个。

（三）生活水平得到新提升

2010年，城镇居民可支配收入2.72万元、农村居民纯收入1.22万元，分别比2005年增长56.4%和61.1%；金融机构本外币存款余额达到8462亿元，其中城乡居民储蓄存款4461亿元，分别比2005年增长116.6%和80.9%。

几载耕耘，赢来了佛山的全面发展和繁荣进步，也让我们探索出一条化危为机、促进经济社会又好又快发展的成功之路。

（一）把产业结构调整作为先导，科学构建现代产业体系

1.实施"三个一批"促进产业结构调整提升。(1)改造提升一批传统产业。运用高新技术、先进适用技术、信息技术和现代管理技术改造提升传统产业，推动产业链条向高附加值的两端延伸。在改造提升中，把节能减排与发展循环经济、低碳经济紧密结合起来，促进传统产业走低碳、清洁、可持续发展道路。(2)培育发展一批新兴产业。依托国家新型工业化产业示范基地及各类工业园区，重点发展光电、新材料、现代服务业。(3)淘汰转移一批落后产能。以"创模"为契机，积极运用节能减排倒逼机制、"双转移"引导机制加快淘汰一批落后产能，实现"腾笼换鸟"。据统计，我市共转移项目到清远、云浮产业园区约560个，投资总额达692.8亿元，转移本地农村劳动力就业约6476人。广东顺德、清远（英德产业特别合作区），有效促进了资源、要素和产业的跨区域流动。关停整治了污

2010年6月9日，中共中央政治局委员、广东省委书记汪洋，省委副书记、省长黄华华，一汽集团总经理徐建一等省、市领导分别代表广东省政府、佛山市政府和一汽集团、大众汽车、一汽大众在仪式上签约并相互握手祝贺

染大、能耗高的陶瓷、水泥、漂染、小铝型材熔铸、玻璃等行业累计1200多家，其中直接关停高能耗、高污染企业649家。2.通过大招商、招大商促进产业结构调整提升。积极用好"国家新型工业化产业示范基地"政策，加大产业招商力度，引进国际水平的龙头大项目，如奇美TFT—LCD、一汽大众、美国旭瑞、彩虹AMO—LED、友邦保险、多尼尔房车、深圳"陆地方舟"等。采用"走出去，请进来"的方式，拓宽招商门路，以中介招商、产业链招商、产业集群招商为主要方向，辅以展会招商、商会招商、以商引商等实质性招商方式，引入世界500强企业48家设立企业90家，国内500强企业99家投资项目167个。3.以科技进步、自主创新为核心推动产业结构调整提升。积极营造有利于品牌、专利、标准产生的政策环境，大力实施品牌、专利、标准战略，每年至少投入10亿元奖励企业自主创新。重点与中科院开展院市合作，现已建成6个专业中心和3个创新平台，开展合作项目313项。加强专业镇技术创新中心的建设、省级研究院的建设和企业工程技术研究开发中心建设，有效推动以企业为主体的自主创新工作。4.以资本运作为手段助推产业结构调整提升。产业与资本的有效结合，是企业做大做强的助推器。近年来，我市大力推进金融业创新发展，实施金融发展三项计划，取得良好效果。全市财政投入的担保基金规模达到3.5亿元，累计为720家中小企业提供融资担保约44.5亿元。股权投资基金约有40余家，注册资本超过50亿。本地产业资本与金融资本有效融合，民营资本投入43亿元参与组建新型金融机构，5家民营企业设立创投公司，全省首家民营金融集团开业。

（二）把城市建设作为突破，竭力增强城市综合竞争实力

坚持"统一规划，分类实施"方针，全力推进东平新城开发建设。各区结合发展实际，调整城市功能区建设，一批特色城区加快建设。全面推进广佛同城化发展，广佛地铁、海怡大桥等建成通车。一批途经我市的高速公路贯通，我市高速公路里程数跃居全省第二。推动城市基础设施向农村延伸，全市城镇化水平达92.36%。将55个镇（街）撤并为33个，620个村（居）撤并为565个，有效促进了空间资源的整合和行政效率的提高。全面铺开"两确权"基础工作，积极推进农村集体财务引入"第三方"管理体制改革，推进农村社区化管理。实施"三旧"改造"532"工程，全市改造项目536个，涉及土地面积5.18万亩，佛山"三旧"改造模式成为全国示范。通过实施公交优先战略，推行公交共同体模式改革，使公交发展水平明显提高，城市公交分担率达到12%。启动"智能交通"建设，大力发展公共自行车系统，市民出行更科学，方式更多样。

（三）把环境建设作为抓手，着力打造宜居宜商城市环境

借力亚运推动环境升级。电力、陶瓷等重点企业基本建有脱硫工程，工业锅炉治理基本完成，大力开展VOC污染治理技术的示范与推广，全市空气环境进一步净化。加强广佛跨界河流、亚运比赛场馆周边河涌整治，消除黑臭现象。汾江河3年整治工程完成，基本实现"江水变清"目标。一批内河涌整治工程基本完成，集中式饮用水水源地水质达标率100%，主要江河水质符合功能区水质标准要求。新增和改造绿地面积332.67万平方米，完成造林面积3.41万亩，区域绿道（省立）全线贯通。2010年2月，佛山正式获得"国家环境保护模范城市"称号

（四）把敢为人先精神作为奋进基石，强力推进体制机制改革

广东省委常委、副省长肖志恒为佛山村民颁发新农保个人账号对账折

广东省副省长刘昆、佛山市市委书记陈云贤等省市领导一起启动中国南方智谷项目

率先实施区大部制改革、镇（街道）简政强镇事权改革，进一步整合政府职能，行政效率和服务效能得到提升。镇（街道）基本完成行政服务中心组建，部分村（居）开建行政服务中心。我市成为省创新行政审批方式试点城市，近年来，共向区下放行政管理事项493项。农村体制改革取得新成效。全市2/3的集体经济组织完成了"两确权"工作，宅基地换房试点、"股权固化到户"改革试点进展顺利，农村集体资产交易平台建设取得突破，农村土地经营权流转中心开始建设。

（五）把民生社会事业改善作为重点，全面提升市民幸福指数

近五年来，财政累计投入民生事业702亿元，占全市一般预算支出的56%。启动"佛山e教育"，率先成为广东推进教育现代化先进区域。基本药物制度开始实施，社区卫生服务站建设完成预定目标，基本形成覆盖城乡的公共卫生网络。新型农村养老保险实现广覆盖，参保覆盖率达91%。开展就业服务活动，促进高校毕业生、就业难人员、农民工等重点群体就业，全市新增就业人员10.43万人，去年城镇登记失业率控制在1.86%，位于全省第二低位。实施基本住房保障制度，累计建设廉租住房和经济适用房5295套。启动农民工积分制入户城镇工作。成功举办12届省运会，协办亚运会。开展多层次、大规模的治安维稳行动和产品质量、农产品、食品药品安全整治，社会安宁祥和。

二、统筹兼顾求突破，乘势而上谱新章

广东省委汪洋书记在省委十届八次会议上要求佛山在广佛同城化、城乡一体化、提升城市品质三方面取得新突破，为广东"加快转型升级、建设幸福广东"做出应有的贡献。结合汪书记的期望，佛山力争在现代制造业、城市转型发展和幸福佛山建设等三个方面领跑广东。

（一）深挖内涵，巧借外力，全力推动现代制造业领跑广东

1．狠抓产业结构调整。实施传统制造业改造提升、新兴产业培植发展"双轮驱动"，力争2015年工业总产值达到3万亿元，成为全省最大的制造业城市。推进国家信息化与工业化融合试验区建设，加快运用信息技术、先进适用技术改造提升优势传统产业，实现传统产业现代制造，重点开发智能家电、智能家居等智能产业和产品。用好国家新型工业化产业示范基地政策，着力引进新兴产业龙头项目。同时力推第三产业加速提效，探索制造业主辅分离。

2．大力招商引资。创新招商引资方式，注重内生增长与嫁接增长、产学研带动与金融带动，针对战略性新兴产业、先进制造业和现代服务业，集中力量引进一批龙头大项目，促进国内外大企业落户佛山，力争"十二五"时期新增世界500强企业20家，利用外资总额达到120亿美元。

3．强化金融、科技、人才支撑作用。促进金融、科技、人才与产业融合发展，让金融、科技成为产业发展的"双翼"，让人才成为产业发展的助推器。大胆创新金融发展，引进培育各类新型金融机构，鼓励民间资本参与金融业发展，争取佛山高新区成为"新三板"试点，积极推动企业上市，力争到2015年上市公司超过80家，打造证券市场"佛山板块"。发挥财政导向作用，引导各类金融机构支持科技研发，进一步密切与中科院、国内外高校的合作，力争每年引进一所知名科研院所与佛山共建产学研合作平台。在全社

2010年3月28日，佛山海峡两岸创意农业城动工仪式举行，这标志着"佛山海峡两岸农业合作实验区"建设正式启动

求变创新 踏实奋进努力建设民富市强幸福佛山

外来工迎春团年饭活动上，时任佛山市市委书记陈云贤给外来工派发新年利市

2010年11月3日，广佛地铁首通段开通典礼在千灯湖站地面举行，广佛同城生活进入地铁时代。

会营造尊重人才的良好氛围，让企业家懂得投资人才比投资设备更重要，引导企业从分享"人口红利"到分享"人才红利"。

4.破解土地、环境容量瓶颈。以"三旧"改造破解土地瓶颈。今年市政府出台1号文件，明确要求禅城区不低于40%、其他区不低于60%的旧厂房、旧物业改造面积，优先用于发展工业和现代服务业。以节能减排提升环境容量。严格环保准入，组织重点行业专业平台，研究开发行业环保技术，推动绿色制造、低碳发展。

（二）抢抓机遇，突出特色，全力推动城市转型发展领跑广东

1.以创建全国文明城市为切入点全面提升城市品质。对照要求，查找不足，实施重点突破、难点攻关，组织开展交通秩序、市容市貌、社会治安、集贸市场、窗口服务等专项整治，确保城市综合环境全面改善，使社会环境、城市管理、人文素质上一个新台阶。2.实施"强中心"战略。坚持"统一规划，分类实施"方针，把东平新城总规划面积划分为核心区、重点控制区、协调区三个层次分类推进、市区联动，促使佛山新城区尽快成型，展现英姿。发挥佛山新城区引领带动作用，联接、促进禅城-桂城、大良-容桂两大中心组团互动发展，形成佛山城市中轴线，彰显现代化大城市风貌。

3.推动广佛同城化发展。全面落实《广佛同城化发展规划》，创新同城化发展的体制机制，进一步提高同城合作效率，率先在产业、交通、通讯、金融、社会事业、公共服务等领域实现同城，2015年基本实现广佛同城化，使广佛都市圈成为珠三角强有力的新经济增长极，示范携领珠三角一体化建设。

4.加快城乡一体化发展。深化统筹城乡综合改革试点工作，实施农村居民收入增长计划，提高农村居民文化素质。建设一批名镇、名村，示范带动宜居城乡发展。深化农村体制改革，完善农村股权分配和流转机制，稳步推进"村改居"工作，改革基层组织管理体制和实施政经分离。建立农村集体资产管理交易平台和农村财务监控系统，以现代信息技术加强农村管理。

（三）以人为本，倾情倾力，全力推动幸福佛山建设领跑广东

1.以推进民生领域智能服务先走一步领跑广东。打造"佛山e教育"品牌，推动信息化与教育相融合，让更多的孩子享受优质教育。发展智能医疗，让人人拥有一个电子化的家庭医生。完善基本药物制度，着力解决市民"看病难、看病贵"问题。从资源整合和信息共享、"一站式"网上服务平台等方面搭建智能交通管理框架。加强智能交通服务体系建设，大力发展低碳智能公交。建设智能文化，发展公益性文化事业，打造"文化民生之城、文化创意之城、文化魅力之城"。

2.加强法治文明城市建设。加强法治政府建设，坚持依法行政，规范行政决策，严格和文明执法，使决策、执行及监督等行政行为纳入法治化轨道。加强村委会规范化、法治化建设，让村民依法有效行使自治权利。全面开展"六五普法"，营造尊重法律、守护法治的良好氛围。发挥人民调解、法律援助、综治信访维稳中心的作用，使各种矛盾纠纷和信访问题均通过法律程序来解决。维护司法公平正义，在全社会树立法律权威。（图文由佛山市政府提供）

科学发展，建设幸福和谐新韶关

韶关位于广东省北部，北界湖南，东邻江西，东南面、南面和西面分别与本省河源、惠州、广州及清远等市接壤。辖浈江区、武江区、曲江区、仁化县、始兴县、翁源县、新丰县和乳源瑶族自治县，代管乐昌市和南雄市，共15个街道办事处、93个镇、1个民族乡。全市土地面积1.85万平方公里。2010年末户籍人口328.1万人，其中非农人口122.05万人。韶关是多民族聚居的地区，全市除汉族外，还有瑶、壮、回、满、蒙、京、苗、白、侗、畲、维吾尔、土家等43个民族。韶关市区面积3468平方公里，常住人口91.5万人。韶关是中国优秀旅游城市、全国双拥模范城、全国卫生城市、国家园林城市、全国金融生态市和生态文明建设试点地区，广东省历史文化名城、文明城市、卫生城市、园林城市和生态发展区，是广东省规划建设的区域性中心城市和韶关都市区的核心城市。

韶关历史悠久、古老文明，是"马坝人"的故乡，石峡文化的发祥地。公元前111年设曲江县，至今有2100多年的城市历史。

韶关山川秀丽，名胜遍布，拥有世界级、国家级景区景点17处，省级及省级以下景区景点100多处，已开发的有20多处，形成"名山、温泉、风情、佛韵"的旅游特色。世界自然遗产、世界地质公园丹霞山，位于仁化县境内，面积290平方公里，是广东省面积最大、景色最美的风景区之一。"禅宗祖庭"南华禅寺有1500多年的历史，六祖慧能曾在此弘扬禅宗佛法长达37年。寺内供奉着六祖慧能的真身，保存着我国历史上第一部佛教经典《六祖坛经》和众多文物，在全国乃至东南亚佛教界都有重要地位。南雄珠玑巷是珠江三角洲居民的发祥地和千百万海外同胞的祖居地。乳源必背瑶寨是海外瑶胞的发祥地。始兴满堂客家大围是广东规模最大的砖瓦结构围楼，被誉为"岭南第一大围"。境内温泉众多，水质好，流量大，是中国地热水资源最丰富地带之一。

韶关区位优越，交通便利。京广铁路、武广高速铁路、京港澳高速公路和在建的韶赣铁路、广乐高速公路以及106国道、323国道、北江航道均经过市区。公路、铁路、航运紧密相连，构成方便快捷的交通网络。

改革开放以来，特别是"十一五"期间，韶关市委、市政府团结带领全市人民认真学习实践科学发展观，战胜了特大自然灾害，有效应对国际金融危机冲击，抢抓机遇加快发展，圆满实现了2010年经济社会发展主要预期目标，为推动经济社会跨越发展打下良好基础。

一、经济持续平稳较快增长、人民生活水平不断提高

2010年全市实现生产总值683.1亿元，比上年增长12.5%，连续5年经济增长率高于全国、全省；比2005年增加346亿元，五年年均增长12.7%，连跨400亿元、500亿元、600亿元三个台

中共中央政治局委员、广东省委书记汪洋宣布新火车站正式使用

2006年7月19日，国务院副总理回良玉（左）在韶关视察7.15灾情 图片来源于《韶关日报》

阶。2010年全市人均生产总值突破2万元、达2.3万元,增长12.1%,年均增长12.2%。来源于韶关的财政总收入143.3亿元,地方财政一般预算收入47.8亿元,分别增长32.4%和17.5%,年均分别增长18.2%和19.1%。年末金融机构本外币各项存款余额907.7亿元,贷款余额376.1亿元,年均分别增长14.2%和17.3%。县域生产总值和地方财政一般预算收入年均分别增长15%和24.2%,呈现加快发展的新局面。

2010年城镇居民人均可支配收入14260元,农村居民人均纯收入6317元,分别增长10.1%和18.3%,五年年均增长10.6%和11.1%。城乡居民储蓄存款余额562.1亿元,增长14.8%,年均增长15.1%。城镇居民恩格尔系数下降到39%。韶关市区居民消费价格指数涨幅为2.9%,低于全国、全省上涨水平。农村居民人均住房面积23.06平方米,市区城镇居民人均住房建筑面积33.8平方米,分别比2005年末增加4.46平方米和6.44平方米。年末市区每百户居民拥有小汽车12辆,比2005年增长11倍;移动电话用户211.4万户、家庭宽带用户21.2万户,分别比2005年增长5倍和4.5倍。

二、投资规模快速扩大、发展后劲明显增强

2010年完成全社会固定资产投资433.7亿元,增长21.7%,五年年均增长25%。五年累计完成投资1460亿元,比"十五"时期增加923亿元。全力推进"十大工程"建设,五年累计完成投资812亿元,建成项目93个,在建项目50个。"十一五"期间,建成高速铁路118公里,高速公路125.3公里,一级公路85.3公里,发电装机容量85.5万千瓦,防洪堤232.7公里,污水处理能力26万吨/日,垃圾处理能力1200吨/日,旅游接待床位8000多张;钢铁、铅锌年生产能力分别达到600万吨和45万吨。

交通枢纽、能源、水利基础设施和现代产业项目建设取得重大成果。交通重点项目五年累计完成投资240多亿元。武广高铁(韶关段)、韶赣高速公路(粤境段)建成通车,京港澳高速公路(韶关南段)扩建全面完成,赣韶铁路(粤境段)、广乐高速公路(韶关段)建设加快推进,新建、改建国省道210.5公里,高等级路面比例大幅提升。500千伏坪B线路工程等一批电网建设与改造工程完成,坪B电厂三期2×30万千瓦机组投产。湾头水利枢纽工程竣工运行,大中型水库除险加固工程基本完成,乐昌峡水利枢纽工程加快建设,全市防灾减灾能力明显提高。东阳光光箔系列产品扩建、丹冶技改一期、乳源氯碱化工基地一期和旭日玩具城二期、曲江至卓飞高线路板厂二期等项目建成投产,韶钢节能减排项目全面推进,比亚迪汽车零部件、东阳光生物制药等项目建设进展顺利。韶关发电厂"上大压小"2×60万千瓦机组项目获得核准,韶关核电等项目前期工作扎实推进。

三、经济发展方式加快转变、生态文明建设取得显著成效

2010年末全市市场主体总数达9.87万户,比2005年末增加3.1万户。全市有26个项目列入省现代产业500强,居全省第6位。三次产业结构由2005年的16.4:42.6:41调整为13.7:42.6:

韶关市三江六岸景色　赖金棠　摄

2007年1月30日 省长黄华华到韶关调研

43.7，先进制造业增加值占工业增加值的比重提高到31.7%，五年高新技术产业产值年均增长20%。2010年全市完成工业增加值252.4亿元，五年年均增长12.9%。钢铁、有色金属、烟草、机械、电力、玩具、制药等七大支柱工业不断发展壮大，实现增加值占规模以上工业的77%。2010年服务业增加值298.4亿元，年均增长14.9%。接待旅游者人数1582万人次，旅游收入106.8亿元，分别增长29%和49.7%，比2005年增长3.1倍和5倍，旅游收入年均增长速度居全省第一位。韶关市被评为中国旅游竞争力百强城市、2008年~2009年度中国最具人气旅游城市、中国精品休闲度假旅游城市和首届广东最受欢迎自驾游目的地，丹霞山成功申报为世界自然遗产，曹溪温泉度假村、广东大峡谷、云门寺佛教文化生态保护区成为国家4A级景区。2010年全市社会消费品零售总额329.8亿元、增长18.8%，比2005年增长1.3倍；商品房销售额比2005年增长4.3倍。民营经济较快发展。2010年民营经济完成增加值322.1亿元，年均增长12.3%；年末全市个体工商户户数比2005年增长51.6%，私营企业户数增长93.4%，注册资本增长1.68倍。

韶关市在全省山区市中率先通过国家科技进步考核，率先创建科技企业创业园（孵化器）。"十一五"期间，全市专利申请量、授权量分别比"十五"期间增长2倍和3倍，连续5年居全省山区市首位。成功创建韶关（省级）高新技术产业开发区。创建省部产学研创新联盟2个，成立博士后科研工作站2个，成立工程技术研究开发中心30家。实施科技项目600多项，获国家科技进步奖1项、省科学技术奖22项。企业科技成果转化率达90%以上。创中国驰名商标1件、中国名牌产品1个，均实现零的突破。至2010年底，全市拥有省著名商标22件，注册商标总数4569件，分别比2005年增加21件和2990件。

韶关市成为全国首批生态文明建设试点地区。2010年末森林覆盖率达71.5%，森林资源数量和质量均居全省首位。五年累计治理水土流失面积30平方公里，建成污水处理厂11个。2010年末县以上城镇生活污水处理率达69.9%。提前一年完成集体林权制度改革，调动了林农发展林业生产、维护林业生态的积极性。2010年全市地表水功能区达标率为92.3%，集中式饮用水水源地水质达标率达100%，空气质量达到国家二级标准。始兴、乳源被省委、省政府授予南岭山地森林生态及生物多样性功能区生态发展试点县称号。乳源南水湖获批建设国家湿地公园。五年完成造林作业面积189.5万亩，关停落后钢铁产能83.3万吨、小火电73.2万千瓦，淘汰落后水泥产能195万吨，建成火电脱硫工程142.5万千瓦。2010年全市万元生产总值能耗下降到1.71吨标煤，五年累计下降20.1%；二氧化硫排放量和化学需氧量累计分别下降24.1%和9.4%，全面完成"十一五"节能减排目标任务

"四、双转移"工作打开新局面、对外开放取得新进展

2010年全市承接产业转移项目440个，合同投资304.4亿元、增长137%，到位资金101.7亿元、增长27.5%。2008年~2010年累计承接产业转移项目1206个，合同投资540.1亿元，到位资金250.8亿元。2010年全市省级产业转移工业园规模以上工业增加值增长37.5%。东莞（韶关）产业园、东莞大岭山（南雄）产业园成功竞得省专业性产业园建设扶持资金，成为区域经济重要增长极。东莞大岭山（南雄）产业园、仁化有色金属循环经济产业基地成为全省首批省

2009年12月9日，韶关市荣获全国卫生城市 童铜韶摄

市共建循环经济产业基地。省市共建粤北现代技工教育基地取得实质性进展。2010年完成农村劳动力技能培训2.84万人、转移就业9.5万人，五年累计分别达12.2万人和39.9万人。有3805名农民工积分入户城镇。在省2009年度农村劳动力技能培训转移就业和产业转移目标责任考核中，韶关市分别居全省第一名和东西北地区首位（全省第三名），连续两年在全省"双转移"考核中荣获"双优"。

2010年全市实际利用外资2.12亿美元、增长12.1%，五年累计8.5亿美元、年均增长14.9%；进出口总额15.7亿美元、增长31.6%，五年累计58.9亿美元、年均增长11.3%；出口总额6.6亿美元、增长13.9%，五年累计27.8亿美元、年均增长14.2%。在全省山区市率先开通铁海联运班列。2010年口岸通关货运量556万吨，五年累计1953万吨、年均增长17.2%。我市与四川宜宾市、西藏林芝地区结为旅游合作友好城市，与澳大利亚宝活市、韩国荣州市结为国际友好城市。

五、"三农"工作扎实推进、扶贫攻坚取得显著成效

2010年农业增加值93.9亿元、增长5.6%，五年年均增长4.4%，高于同期全省平均水平。五年累计除险加固水库409宗，完成农村机电排灌工程189宗，新增节水灌溉面积8.4万亩，维修渠道1198.6公里；整治农田面积36万亩，开发耕地20万亩，连续9年实现耕地占补平衡。农业结构不断优化，粮食连续5年增产，2010年达91.5万吨。创建粤台（韶关）农业合作试验区，推进省市共建粤北农业现代化示范区。优质水稻、优质蔬菜、优质畜禽、特色精品农业等四大产业基地建设成效显著，优质稻、蔬菜、优质畜禽、烟叶、优质鱼、特色水果、竹子等七大主导产业发展壮大，园艺花卉、油茶等产业快速发展。2010年市级以上农业龙头企业达55家，农民专业合作社达497家，分别比2005年增加20家和480家；全市拥有国家地理标志保护产品12个、居全省第一（并列），广东省农业名牌产品10个，无公害农产品、绿色食品、有机食品210个，产地农产品抽检合格率达95%以上。

五年累计完成农村公路硬化4500多公里，农村客运通村率85%；解决35万人饮水安全问题；建成农家书屋694间，农民体育健身工程近1200个；帮助5万户农民改建住房、新建户用沼气池12万个，2010年末全市有63.4%的农户住上楼房或红砖瓦房，17.4万农户用上沼气。乡村"清洁美"工程和"村庄整治"工程深入开展。在全省率先开展扶贫开发"双到"小额贷款贴息工作。2010年落实"双到"工作帮扶资金3.43亿元，实施扶贫项目1071个，贫困村、贫困户的生产生活条件明显改善；355个贫困村的贫困户人均增收688.3元，78383人实现脱贫，占贫困人口的54.4%。

六、城市建设加快推进、城市功能明显增强

2010年，韶关市区建成区面积81.83平方公里，供水、供气、排污、公交等市政基础设施明显改善。五年累计新建、改建市政道路27条共58.2公里，更新公交车223辆，新增公交线路12条，新增绿地面积569.1公顷。2010年末绿地率达43.1%，人均公共绿地面积11.75平方米。五年来，芙蓉新城武广高铁韶关站及站前广场、京

韶关市第二污水处理厂

2007年9月28日，由外商投资7.5亿元的韶关风度国际城市广场举行隆重首期试业仪式，为韶关市区广大市民的日常生活提供了方便

港澳高速公路韶关互通、韶关大道、国道323线市区过境段、宝盖路、黄金村大桥、帽峰大桥等重大基础设施建成使用。韶州公园、芙蓉山国家矿山公园、韶阳楼、城市规划展示厅、韶州公园绿道等建成开放，林桥坑整治一期工程竣工，芙蓉大道、滨江路、东环路等项目开工建设，东堤路百年东街等"三旧"改造项目有序推进。韶关市荣获全国双拥模范城、国家卫生城市、国家园林城市、中国金融生态城市等称号，全面启动全国文明城市创建工作。

七、保障和改善民生、社会文明进步

五年来，韶关人民战胜了超百年一遇的特大洪灾、历史罕见的雨雪冰冻灾害等多次严重自然灾害。全市累计投入救灾专项资金5亿多元，救济灾民289.7万人次，帮助灾民建房29144套。2010年翁源等地"5·6"洪灾全倒户已全部搬进新居。五年累计城镇新增就业26.3万人、城镇失业人员再就业17.7万人，去年城镇登记失业率2.99%。建立被征地农民社会保险、城镇老年居民养老保险和城镇居民基本医疗保险等制度。新型农村养老保险试点范围扩大，新型农村合作医疗基本实现全覆盖。提高城乡低保、企业退休人员基本养老和优抚对象等人员的生活补助标准。五年累计投入低保资金4.3亿元、惠及52.4万人次。医疗救助40.8万人次，救助各类流浪乞讨人员25348人次，办结法律援助案件4318件。建成地质灾害气象预警预报系统、地震监测网络和4个市级地震应急避难场所。五年建成保障性住房2947套，基本解决市区和县城低收入家庭住房困难问题。

2008年在全省东西北地区率先普及高中阶段教育。2009年启动创建广东省教育强市工作。五年累计有20个镇（街）通过省教育强镇督导验收，全市新增校园面积72.3万平方米，建成义务教育规范化学校217所。学前教育、特殊教育和民族教育协调发展，高等教育规模逐步扩大。教育质量和办学水平居全省东西北地区前列。城乡基层医疗卫生服务体系进一步完善，重大疾病得到有效控制，连续五年全市没有发生重大甲、乙类传染病暴发疫情和重大食物中毒事件。医药卫生体制改革稳步推进。全市以街道为单位的社区卫生服务中心实现全覆盖，村卫生站覆盖率达99.4%。全市医院、卫生院床位达11227张，每千人口拥有医院床位3.42张，居全省前列。人口与计划生育工作水平不断提高，成为全国首批人口计生综合改革示范市，人口自然增长率控制在7%以内，低生育水平保持稳定。启动区域文化中心建设，文化事业加快发展。大批文艺精品获国家级或省级奖励，《拜盘王》、《瑶族刺绣》等16个项目入选国家级或省级非物质文化遗产名录。2010年6月29日，抗战时期中共广东省委暨粤北省委机关旧址修复保护项目和北伐战争纪念馆建成开放。仁化县石塘村荣获"中国历史文化名村"称号。韶关市通过了广东省二类城市语言文字工作评估。市区有线数字电视整体转换基本完成。2010年9月14日成功承办广东省第四届少数民族传统体育运动会，韶关市代表团夺得团体总分第一。全民健身运动、竞技体育、体育产业协调发展。2010年11月21日，乳源成功承办第十一届中国瑶族盘王节。

社会主义核心价值体系建设扎实推进，社会和谐文明稳定局面进一步巩固。全市超过70%的社区成功创建"六好"平安和谐社区。全面完成省、市《妇女儿童发展规划（2001-

2010年9月14日下午3时30分，广东省第四届少数民族传统体育运动会在韶关学院体育馆隆重开幕

2010年9月20日，省第四届少数民族传统体育运动会在市区韶关剧院胜利闭幕。

人力资源市场

2010年）》目标任务，妇女儿童教育和健康水平明显提高，保障妇女儿童生存发展的社会环境不断优化。全面完成市、县两级人民来访接待厅和县（市、区）、镇（街）、村（居）三级综治信访维稳中心建设，群众上访和矛盾纠纷逐年减少。应急管理机制进一步完善，突发事件处置能力提高。社会治安状况好转，刑事案件同比前五年下降23.3%。产品质量、食品药品监管和安全生产工作加强。较好地完成第二次全国经济普查和第六次全国人口普查在韶关范围内的普查任务。国防建设、人民防空工作取得新成绩，完成了地面应急指挥中心和机动指挥所建设，提高战时防空能力。民族宗教、对台、外事侨务、港澳、统计、审计、物价、供销、气象、水文、新闻出版、广播电视、无线电管理、档案、史志、残疾人、老龄、移民、红十字会等各项工作都有新的进展。

八、加强民主法制建设、人民群众对政府满意度上升

市政府自觉接受市人大及其常委会的监督，落实人大及其常委会各项决议决定，坚持向人大及其常委会报告工作，主动接受市政协的民主监督，向市政协通报工作情况，支持人大代表和政协委员履行职责。五年共组织实施人大代表议案7件。共办复人大代表建议475件、政协建议案21件、政协委员提案582件和委员来信330件，办复率和办结率均为100%，人大代表、政协委员普遍表示满意或基本满意。大力支持工会、共青团、妇联等人民团体开展工作，加强与各民主党派、工商联和无党派人士的联系。深入推进政府信息和政务、事务、厂务、村（居）务公开。顺利完成市、县两级新一轮政府机构改革，启动南雄省直管县财政改革试点和乳源深化县级行政管理体制改革试点，富县强镇和简政强镇事权改革扎实推进。开展综合行政执法体制改革试点。推进依法行政，加强执法监察，不断规范行政行为，促进依法治市。完成"五五"普法。五年共发布实施市政府规范性文件64个。行政审批事项由594项核减到159项，基本完成市行政审批电子监察系统二期项目建设。市、县两级行政服务中心管理规范，窗口服务群众满意率保持在99%以上。加大廉政监察和效能监察力度，专项整治"小金库"、商业贿赂、涉企涉农乱收费、公路"三乱"和工程建设领域突出问题，有效纠正损害群众利益的不正之风。大力推进机关作风建设，建立健全绩效考评机制。严肃查处一批违纪违法案件。加大人民群众来信来访接待处理工作力度，建立了市、县、镇（街道）三级信访机构，积极办理群众的来信来访事宜。全面开展网络问政，办好市长信箱和"民声热线"，解决了大量关系群众切身利益的热点、难点问题。坚持为民办实事，五年共办理44件。去年承办的十件实事中，除林桥坑二期整治、市中心业余体校和粤北第三人民医院住院大楼因工程较大还在抓紧实施外，其余7件已完成或基本完成。

山区求发展，韶关在前进，社会要和谐，人民盼幸福。回顾"十一五"所取得的成绩，广大人民群众在分享着改革开放带来的成果，面向"十二五"，韶关人民满怀信心，坚定步伐，坚持加快经济发展转型，建设幸福和谐韶关。

韶关的明天会更好，韶关人民的生活会更加幸福！（图文由韶关市社科联提供）

2008年8月，韶关市一中高中部实现整体搬迁。图为新校区

走新型城市化道路
打造广东最优美的生态宜居城市

时任惠州市市长李汝求

城市是人类和经济社会赖以生存的载体，是社会发展水平的综合标志。如何完善城市的自身功能，塑造城市与乡村、与自然环境之间的和谐关系，是目前所有国家、地区和城市共同关注的命题。惠州市地处珠三角经济区，南临南海大亚湾，集山、湖、江、海、泉、瀑、林、岛等自然景观为一体，具有优越的区位优势和得天独厚的自然资源禀赋。近年来，惠州市以科学发展观为指导，充分发挥自身优势，着力提升城市化质量，努力使惠州人民享受到更加美好的生产、生活环境，走出了一条集约高效、功能完善、环境友好、社会和谐、个性鲜明的新型城市化道路。

一、注重城市规划，着力建设生态宜居城市

城市规划是提升城市整体品位、塑造城市良好形象、增强城市综合实力、建设现代宜居城市的科学指引。近年来，惠州市委、市政府以打造广东最优美生态宜居城市为目标，大力实施"南进北拓、东西伸延"颖城市发展战略，不断加大规划编制力度，以城市总体规划和各层次城乡规划和专题研究为指引，全力推进生态宜居城市建设，相继夺得中国优秀旅游城市、国家卫生城市、国家园林城市和国家环保模范城市"四块金牌"票，荣获两项中国人居环境范例奖，全市森林覆盖率提高到59.6%。特别是2009年，惠州以全国地级市总分第一名的成绩，成功摘取"全国文明城市"荣誉称号，表明惠州的城市宜居水平已经提升到一个新的高度。主要是做到了"四个坚持"：

（一）坚持高起点编制规划

目前，惠州已经构建了一套完整的多层次、广覆盖的城乡规划体系、城市规划区控制性详细规划，城乡规划覆盖率达85%。在此基础上，以实施《珠江三角洲地区改革发展规划纲要》为契机，正着力加快与珠三角东岸城市的规划对接，积极融入区域一体化发展进程。参与或组织编制了《深莞惠地区城镇群协调发展规划》、《深莞惠相邻地区基础设施一体化规划》、《深莞惠边界地区规划协调试点研究》等一系列对接规划，进一步提升城乡规划的科学性、系统性、前瞻性和针对性，从规划上推动惠州加快融入区域一体化发展进程，提升城市化水平。

（二）坚持高水平打造城市特色

惠州的城市特色在于现代城市、历史文化、山水生态三条城市发展主轴线。我们针对惠州山水组团式城市的空间发展格局，进一步加强空间整合，促进产业集聚和提升，打造了展现惠州新时代建设风貌的现代城市轴线；针对惠州丰富的历史人文资源，通过资源整合，塑造了展示惠州千年历史画卷的历史文化轴线；针对惠州丰富的山水景观资源，结合绿道网建设，进一步改善城市生态环境，营造了显现惠州优美人居环境的山水生态轴线。

（三）坚持高标准建设基础设施

近年来，惠州把举办2010年第十三届省运会与促进城市发展相结合，投入过百亿元新建改建惠州奥林匹克体育场等一批体育场馆，金山大道、金山大桥、体育西路和潮莞高速惠州段等省运快速通道的建成通车，极大地提升了城市功能。目前，以金山大道为连线，以江北新区的文化艺术中心、会展中心、体育场馆、

走新型城市化道路 打造广东最优美的生态宜居城市

城在水中

惠州会展中心

科技馆、博物馆等现代标志性城市建筑为支点，伸延至南部新城的中心体育场，一条贯通南北的现代化城市主轴线正在形成，惠州日益显示出现代化、高水准的城市建设风貌。下来，我们还将进一步加快启动云山东江大桥建设，加快推进四环路建设、三环路改造、仲恺大道改扩建等工程，全面推进城市主干道延伸和升级。大力推进市民乐园地下商城建设，整合华贸中心、会展中心、文化艺术中心，加快形成珠三角核心商务区。

（四）坚持高质量解决热点、难点问题

针对城市建设快速发展和城乡统筹、老城区改造过程中出现的新问题，如城市地下空间综合利用、城市公建公益设施配套等，提前进行专题研究，不断提升城市化与城市现代化质量。特别是针对低收入家庭"住房难"问题，做好保障性住房规划建设工作，"十一五"期间建成保障性住房5153套。目前，惠州已经制定和实施了住房建设规划与住房建设年度计划，对规划期内廉租房、经济适用房、公共租赁房的年度供应计划和新增用地量作了科学预测和用地安排，今年计划筹建各类保障性住房12580套。

二、注重科学调控，做到节约集约利用土地

土地是十分宝贵的资源和资产，是经济社会可持续发展的先决条件。随着经济社会的快速发展，工业化、城镇化的步伐加快，土地资源的重要地位越来越凸显。大量事实说明，谁掌握了节约集约用地的先机，谁在科学发展的道路上就赢得了主动，经济社会发展的质量和水平就能领先一步。惠州是广东省"节约集约用地试点示范市"，从本地的实际情况出发，重点从四个方面加强了土地利用调控：

（一）切实加强土地管理

结合城市主体功能区规划，修编了新一轮土地利用总体规划，科学配置城乡、区域、产业发展用地，确保重点项目、重点产业、重大工程建设用地需求，促进城乡区域布局优化、产业结构升级转型和经济发展方式转变。完善有形土地市场建设，充分发挥市场在资源配置中的基础性作用，严格实施经营性用地、工业用地招拍挂制度。"十一五"期间，市土地与矿业交易中心以招拍挂方式出让的经营性用地、工业用地使用权有375宗，面积1546公

惠州奥林匹克体育场

123

惠州江北新区

顷。下来，我们将进一步深化土地审批制度改革，建立土地集约利用评价机制，强化对节约集约用地的考核，实现用地指标化、集约化、园区化。

（二）科学盘活土地存量

一方面，向"闲置地"要土地。按照"先易后难、以用为先"的原则，采取盘整、空间置换、调整用途等措施，盘活存量土地，促进节约集约用地，解决产业转移园区用地问题。"十一五"期间共盘整收回土地约11.5万亩，为全市经济社会发展提供了强有力的用地保障。另一方面，向"三旧"改造要土地。按照省委、省政府《关于推进"三旧"改造工作的若干意见》的具体要求，认真研究制定工作方案，进一步挖掘内涵潜力，拓展用地新空间，破解土地资源供需矛盾，实现建设用地"二次开发"和土地资源利用效益的最大化。全市初步确认符合"三旧"改造条件地块共4089宗，拟改造地块总面积8.3万亩。近年来启动了55个具有典型性的"三旧"改造项目，累计节约土地894.5亩，节地率26%。

（三）做好土地增量文章

一方面，通过开发园地山坡地求增量，近年来新增耕地面积5万多亩满足未来十年的耕地占补平衡。另一方面，通过填海求增量。利用惠州223.6公里长的海岸线，立足沿海滩涂多的地理优势，按照海洋功能区划的要求，以保护生态、防潮、防洪为前提，科学合理开展围填海造地工程，保障建设用地需求，减少建设对农用地的占用。

（四）提升土地利用效益

推行土地投资强度、土地产出率、建筑容积率、绿化率、生活配套比例的节约集约用地五大指标体系，积极引导企业树立"立体用地观"，严格按照项目建设用地定额标准和投资强度标准要求，从严控制项目建设用地总量，鼓励建多层厂房。同时，科学合理规划产业布局，大力建设产业转移园区，积极推动"工业进园、生活进区、物流商贸进场"，不断提升土地利用效益。"十一五"期末，我市的GDP每增长1亿元消耗新增建设用地由2006年的13公顷下降至8公顷，实现了《珠江三角洲地区改革发展规划纲要》提出的"每新增亿元地区生产总值所需新增建设用地量下降"的要求，用较少的土地创造更多的GDP。

三、注重提升城市生活质量，不断增强市民幸福感

让市民生活更加美好是城市建设的最终目标。近年来，惠州在推进城市化过程中，围绕加强能源资源节约和生态环境保护，推广低碳技术，发展绿色经济，倡导绿色生活，率先建成资源节约型、环境友好型社会的发展目标，以提升城市生活质量为重点，及时学习和研究城市建设的新经验、新理念，牢固树立"以人为本、生态优先、科技创新、区域一体化"城市建设理念，为科学高效地推进城市发展指明了方向，增强了动力和活力。

（一）坚持以人为本理念

城市的宜居水平，体现在通过优化城市布局、土地利用方式，完善交通通讯等基础网络和公共服务设施，使居民可以方便地获得相关服务。惠州从两个方面提高城建惠民水平，不断为市民提供便捷、舒适的公共设

2010年惠州工业产值突破500亿

施和服务：一方面，大力完善城市设施建设，提升城市功能。建成体育场馆、文化场馆、华贸中心等一批标志性建筑，完善周边配套设施，不断为群众提供更多的文化休闲场所。加强环境绿化工作，加快江北核心区、南部新城、中职新城及市政道路规划建设，鼓励商业和服务业向新的居住区延伸，逐步打造繁华舒适的现代新城。另一方面，统筹推进惠民工程建设，改善群众生活。突出抓好医疗卫生、学校、商贸市场、公交线路、公园绿地的布局和建设。坚持道路修到哪里，园林绿化、公共绿地就跟进到哪里；新城区伸延到哪里，休闲公园就跟进到哪里，建成一片，亮丽一片，确保为居民提供高质量、低成本、便捷的公共设施和公共服务。

（二）坚持生态优先理念

推进生态文明建设是破解资源环境制约、加快发展方式转变的客观要求，是持续改善民生、提高群众生活品质的现实需要。惠州一向高度重视生态文明建设，打造绿色生态惠州，实施了"八三三生态工程"建设，推进休闲绿地、风景林、生态林建设和绿道建设，让市民更好地享受青山绿水，荣获"广东省林业生态市"称号。现在，红花湖环湖绿道、大亚湾绿道全面竣工，省立绿道惠州段已经全线贯通，建成绿道网305公里。同时，积极借鉴和采取各种先进环保技术，加强环境保护，全力推进节能减排，大力发展循环经济和低碳经济，不断提高资源利用效率，降低经济发展的环境成本，努力推动经济发展低碳化。"十一五"期间，淘汰落后水泥产能488万吨、钢铁产能110万吨，关停小火电机组25万千瓦，建成污水处理厂24座，市区生活垃圾无害化处理率达到100%，环保责任考核连续三年名列全省前茅。

（三）坚持科技创新理念

推进城市信息化、数字化，建设创新型城市，是让居民生活更方便、更有效率的最新方式。近年来，惠州大力推进信息技术多领域普及应用，建立了覆盖全市的宽带城域网和广播电视传输网，实现了光纤进入全市所有1150个行政村。建设了电子公文交换平台、一站式网上行政审批服务系统、行政审批电子监察系统等一大批电子政务应用系统，率先在全省建成"网络问政平台"，开通了"惠民在线"论坛，为网民参政议政提

花园式的工业区

永记生态园园景

供直通车服务。构建了覆盖全市重点区域、部位和道路的"视频天网",为加强社会治安管理提供强有力的技术支撑。圆满完成全国数字城市地理空间框架建设试点项目,为政府部门、企事业单位、社区和公众提供高质量、权威的地理信息服务,成为全省首个"全国数字城市建设示范市"。2008年和2010年,我市两次入选"中国城市信息化50强"。同时,大力推进建设省部产学研结合示范市和广东省技术创新工程试点市工作,"十一五"期间累计新增省级以上工程技术研发中心24家、重点实验室3家,建立产学研结合示范基地5个,连续三届蝉联全国科技进步先进市,城市科技创新实力不断提升。

(四)牢固树立区域一体化理念

惠州处在珠三角城市群中,《珠江三角洲地区改革发展规划纲要》的实施,为惠州城市建设带来了巨大的发展机遇和广阔的发展空间。近年来,惠州抓住区位优势,以基础设施建设、产业布局、基本公共服务、环境保护和城乡规划等五个一体化为核心,积极融入珠江口东岸、珠三角一体化。特别是突出抓好交通一体化对接,推进高速公路、城际轨道、铁路、航空、港口立体交通网络建设。惠深沿海高速、潮莞高速惠州段建成通车,高速公路通车里程跃居全省第二。改造国道省道189.3公里、县道232.8公里,边界"断头路"基本打通,新增公路通车里程3642公里。惠大铁路二期建成通车,厦深铁路惠州段、莞惠城际轨道建设顺利推进。惠州港首条国际集装箱航线开通,沿海港口总吞吐能力达9200万吨,是2005年的2.5倍。同时,全力推进世界级石油化工产业基地、国家级电子信息产业基地、粤港澳地区旅游休闲度假基地、现代农业基地、广东省清洁能源生产基地、战略性新兴产业基地和现代服务业基地、全国统筹城乡发展综合改革试验基地等"八大基地"的建设,推动产业优化升级,不断提升惠州在珠三角的城市地位。

建设宜居宜业城市,是时代赋予我们的重大使命。我相信,只要以科学发展观为指导,先行先试,开拓创新,惠州的城市建设一定能够继续实现新的飞跃、新的跨越。

(图文由惠州市政府提供)

惠州宜居宜业魅力日益凸显

惠州西湖美景

走新型城市化道路 打造广东最优美的生态宜居城市

中海壳牌石化项目

惠州港

推进经济社会双转型 构建幸福和谐新东莞

"十一五"期间,东莞坚持以科学发展观为指导,以实施《珠江三角洲地区改革发展规划纲要(2008年~2020年)》为动力,加快推进经济社会双转型,全力以赴克服国际金融危机影响,综合实力实现新跨越,结构调整取得新成效,城市形象实现新提升,体制改革取得新突破,民生福祉跨上新台阶,稳定和谐取得新进步。2010年全市生产总值达4246.25亿元,来源于东莞的财政收入达785.10亿元,全社会固定资产投资1114.98亿元,全市规模以上工业增加值1812.86亿元。全市进出口总额1213.38亿美元,其中进口总额517.40亿美元,出口总额695.98亿美元。城市居民人均可支配收入36350元,农村居民人均纯收入20486元。东莞先后获得全国文明城市、全国社会治安综合治理优秀市、中国制造业名城、中国优秀旅游城市、国家卫生城市、国家园林城市、国家环保模范城市、全国绿化模范城市、国际花园城市、广东省教育强市等荣誉称号,今年8月已顺利通过全国文明城市复评检查。归结起来,"十一五"时期东莞推进科学发展、建设幸福东莞的主要亮点和成效表现在:

一、适时确立并深入实施双转型战略,把握科学发展、幸福东莞的方向

2007年1月,东莞根据国际经济环境、国内政策背景、区域竞争态势和东莞自身经济社会发展情况,审时度势,在市第十二次党代会提出了"建设富强和谐新东莞"的奋斗目标,确立了"推进经济社会双转型"的发展战略,大力推进资源主导型经济转向创新主导型经济,初级城市化社会转向高级城市化社会。双转型战略制定后,我们想方设法破除各种思想观念阻碍,努力凝聚全社会双转型战略的共识。我们大胆解放思想,创造性地提出了"四个不是而是"(调整产业结构不是把外商赶走,而是想获得双赢;不是赶厂赶人,而是要把用人多、耗能大、污染严重的企业的生产环节转移到市外去;不是要一下子把整个人口数量降下来,而是要控制人口的增长势头,提高人口质量;不是政府用行政手段逼企业违心地调整,而是遵循经济规律,采取经济手段、法律手段和一定的行政手段进行引导)和"四个忍得住"(忍得住暂时的阵痛、忍得住暂时速度的放缓、忍得住暂时收入的减少、忍得住社会的非议)的口号,要求各级干部牢固树立结

东莞市粤晖园

"东莞制造"产业支持中心项目开业庆典暨"东莞制造"工展会开幕式　　　　东莞科技馆

构调整优于速度增长的理念,将发展理念、工作方式从经济高潮期的"高歌猛进、大干快上",转变到经济调整期的"稳步发展、理性调整"上来;国际金融危机影响消除后,我们坚持"好了伤疤不忘痛",以新技术新产业知识为重点对干部进行大规模培训,从招商引资、产业发展、科技创新、资源配置、体制机制等十个方面警惕传统意识复发、防止传统发展模式复归,切实把干部群众的思想认识统一到集中精力抓结构调整上来。基层干部群众和企业对产业结构调整的态度从最初的抵触、议论、怀疑、观望,转变为认识到产业结构调整是大势所趋并积极配合、主动推进,形成了全市上下一心、步调一致推进双转型战略的良好局面。

二、加快推进产业结构调整升级,突出科学发展、幸福东莞的核心任务

自2007年1月东莞市第十二次党代会确立实施"推进经济社会双转型、建设富强和谐新东莞"战略以来,尤其是2008年3月中共中央政治局委员、中共广东省委书记汪洋同志视察东莞以来,东莞坚持把推进产业结构调整和产品转型升级作为贯彻落实科学发展观的核心任务,以加工贸易转型升级为重点,以自主创新为动力,以应对国际金融危机冲击为契机,通过思想引导和政策支持相结合、存量提升和增量扩张相结合、就地转型和异地转移相结合,全力以赴调结构,脚踏实地促转型,走出了一条经济转型的新路子,实现了三大产业结构、内外源经济结构、市场结构、企业投资结构、经营模式、加工贸易企业形态等"六个优化",以及人均GDP指标、自主创新能力、节能减排水平"三个提升"。2010年,全市三大产业比例由2005年的1.0:56.5:42.5调整为0.4:51.4:48.2,内、外源经济占GDP比重调整为62.0:38.0,规模以上轻、重工业产值比例调整为47.0:55.4。全市第三产业增加值占GDP比重从2007年的44.1%提高到2010年的48.2%,民营经济增加值占GDP比重从31.9%提高到36.2%,三资企业占外资企业比重从2008年的55.2%上升到2010年的67%,外资企业内销占内外销总额的比重从27.3%提高到30.9%,东莞的外贸依存度从208.1%下降为188.6%。

(一)完善结构调整的政策机制

制定"1+26"产业结构调整政策体系,出台对太阳能光伏等产业核心技术的补贴奖励政策,资助每个省级专业镇3000万元支持其建设产业技术服务平台。出台了"8个10亿元"帮扶企业"过冬"政策,积极应对金融危机。建立"市镇主导开发、市镇村三级分利"的统筹发展模式,实施重大项目奖励、纳税返还等制度。加快村级体制改革试点,探索政务服务、村居自治、股份经营三分离,市财政每年拿出2.4亿元对实力较薄弱的村(居)给予行政管理和公共服务经费补贴。将"科技东莞"工程资金提高到每年20亿元,大力实施"人才东莞"战略和"文化东莞"工程,为推动东莞从要素驱动全面转向创新驱动、人才驱动和文化驱动提供了强有力的战略支撑。

(二)明确结构调整的主攻方向

以扶优扶强、招大引强和培育新兴产业为主攻方向,推出培育扶持现代产业体系"四个三十项目"、商贸流通业"四个十大"项目、民营工业50强、服务业50强、超百亿元企业和一批总部企业等系列举措,兴建了8000多亩的松山湖台湾高科技园,引进了荷兰皇家孚宝、新加坡港务集团、中国电子信息产业集团、中远船务、中粮集团、深圳华为等一大批国内外优质企业。设立5年共80亿元的战略性新兴产

首届中国国际影视动漫版权保护和贸易博览会在东莞会展中心隆重开幕

主要生产世界知名玩具芭比娃娃——东莞市长安镇美泰工厂

业专项资金,重点扶持高端新型电子信息、半导体照明、太阳能光伏、电动汽车四大战略性新兴产业,全市企业和产业的发展层次大大提升。电子信息制造业增加值占规模以上工业增加值比重从37.4%提高到40%以上,高新技术产品产值占工业总产值比重从27.4%提高到30%以上,先进制造业的支柱地位更加巩固。国家级高新技术企业从157家增加到336家。全市拥有中国驰名商标24件、中国名牌产品18个。

(三)搭建结构调整的平台载体

着力搭建政府服务平台,设立了"一站式"服务窗口,由外贸、工商、环保等相关部门派员联合办公,为转型企业办理手续和营业执照等提供"一条龙"服务,市政府在10亿元"加工贸易转型升级专项资金"中划拨一部分,对转型过程中发生的行政性收费、证照工本费等给予全额资助。全市组建了9个公共创新平台、11个行业性技术平台、11个专业镇技术创新平台、2个科技企业孵化器和41家省级以上企业工程中心、36家省级以上企业技术中心和2家省级重点实验室。通过连续举办电博会、动漫展、"台博会"和"外博会",开展莞货北上活动、在全国大中城市举办东莞外贸商品展销周和东莞名特优产品展销会,与沃尔玛、阿里巴巴等共同搭建商贸合作平台和电子商务平台,设立4家厂货直销中心,支持台商成立"大麦客",选取1000家企业进行"一对一"内销辅导,传统产业与创意产业的结合更加紧密,企业拓展国内市场的积极性不断增强。

(四)创造结构调整的东莞模式

把推动加工贸易转型升级作为东莞产业结构调整的重中之重,率先在国内引进港台企业辅导机构,率先在全省推行"内销集中申报",率先在全国建立来料加工企业不停产转三资企业的"无障碍通道",积极推动加工贸易企业转变经营模式、优化企业形态、增加科技含量、提升产品层次、创立自主品牌、拓展国内市场。2008年以来,全市共有2871家来料加工企业成功转型,东莞成为全国加工贸易转型升级试点城市。2008年以来,全市外资企业新增研发中心(机构)239家、地区总部3个,新增拥有自主品牌的加工贸易企业521家,省级企业技术中心从10家增加到43家。全市自主设计经营(ODM)外资企业比重由2007年的23.5%提高到30.3%。全市出口300强企业基本上实现了"设计+生产"的运作模式,ODM生产制造产品出口占全市加工贸易出口超过60%。

三、切实改善民生,共享科学发展、幸福东莞的成果

近年来,我们始终从群众利益出发,以惠民利民便民为根本,以发展民生事业为重点,以基本公共服务均等化为目标,把推进社会建设和社会管理创新作为幸福东莞的重要支撑,以抓经济建设的劲头抓社会建设,以改革创新精神破解社会管理难题,下大力气抓好住房、就业、医疗、交通、社保、文化等重大民生问题,使改革发展成果更好地转化为人民的切身幸福体验。

(一)扎实推进社会建设,不断提高百姓幸福指数

五年来,市财政累计投入453.4亿元用于民生建设,不断提升群众的幸福感,东莞被评为"中国十大最关爱民生的城市"。第一,完善"学有所教"的终身教育体系。市财政教育总投资40多亿元,大力发展民办教育和职业教

育,成功创建"广东省教育强市",全市32个镇全部成为省教育强镇。2010年高考每万户籍人口升大学人数居全省首位。第二,完善"劳有所得"的就业保障体系。实施创业东莞工程,市财政连续五年每年拿出10亿元,推动全民就业创业,重点解决零就业家庭的就业,特别是妥善安置"摩的"司机就业,成功转业率达97%。推广"村民车间",强化技能培训,促进充分就业,2010年城镇登记失业率控制在2%以内。第三,完善"病有所医"的医疗保障体系。率先建立城乡一体的城乡农居民基本医疗保险体系,并于2008年7月在全国率先整合职工和农居民基本医疗保险,建立社会基本医疗保险制度,彻底打破医保的城乡二元分割,开创了东莞社会保障"城乡一张网"的崭新格局。2010年,全市参加基本医疗保险达592.27万人。第四,完善"老有所养"的社会保障体系。率先在全国实行农民养老保险,市镇两级投入27.1亿元推行农(居)民养老保险与职工基本养老保险并轨,初步实现同等缴费,享受同等待遇,建立了覆盖城乡的基本养老保险体系,实现所有城镇从业人员应保尽保。2010年全市参加职工基本养老保险421.84万人。与此同时,率先探索建立覆盖新莞人的社会保险制度,彻底消除新莞人参保障碍,推动社保体系向新莞人全覆盖。2010年参加社会保险的新莞人1860.8万人次,占全市参保总数的79%。此外,我们五年内七次提高医保待遇,建立低保标准自然增长机制,城乡低保线提高到每人每月440元。

(二)加强城市和社会管理,营造创业宜居环境

1. 重力整治治安环境。积极实施"平安东莞工程",共投入达133.6亿元,开展"端窝"、"断腿"、"清源"等系列专项整治活动,突出开展以整治"三小场所"、出租屋、网吧、无证照经营、消防安全、食品安全、建筑安全、非法行医等"八大"专项整治,全力扫除黄赌毒,成功创建全国社会治安综合治理优秀市,市民对社会治安的满意率从2006年的43%大幅度提高到91.27%,在全省乃至全国排到中上以上。2. 大力改善交通环境。大力发展城市轨道交通,优化公交线网,基本建成一环六横六纵三连的高快速路网、四通八达的主干支次路网和便捷顺畅的公交体系。3. 着力优化生态环境。深入实施"碧水、蓝天、绿地、宜居、绿色GDP"五大环境整治工程,投资300亿元建设9个环保专业基地、36项污水处理工程和16项垃圾处理工程,大力整治废水污染、大气污染、固体废弃物污染和噪音污染。城乡生态环境不断优化。狠抓节能降耗减排,全面完成"十一五"节能减排任务。与2007年相比,2010年全市单位GDP能耗降低12%,每万元生产总值耗电下降17.6%,每亿元生产总值消耗土地下降25.5%,每平方公里土地产出生产总值增长34.4%,东莞城市环境质量考核排名从全省第九位上升到第二位。

(三)扩大公共服务覆盖面,推进公共服务均等化

积极构建多层次、惠及本外的公共服务体系,不断满足群众公共服务需求,使产品和财富惠及更多社会成员。市财政贴息帮助欠发达镇获得贷款,拨出2.4亿元对285个欠发达村(社区)实施行政和公共服务费用补贴,实施市内"双到"扶贫,安排定点帮扶资金2700万元。在全市社区建立卫生服务站达1798个,每个行政村(社区)均有1所以上卫生站,市民步行15分钟内可就近获得基本的医疗预防保健

东莞玉兰大剧院

第九届艺术节大地情深——群星奖舞蹈决赛,我市选送的舞蹈《绣》出场表演

2010～2011 篮球-CBA总决赛：广东东莞银行队成功问鼎

新莞人返乡专列

服务。大力实施"文化惠民"工程，以顺利跻身首批"创建国家公共文化服务体系示范区"为动力，全面铺开全国公共文化服务名城建设，加快实现市镇村三级文化设施全覆盖，主城区建成"十分钟文化圈"，镇村建成"二十分钟文化圈"，建成公共图书馆（室）509个、博物馆30座、文化广场511个，形成了较为完善的市、镇、村三级公共文化设施网络体系。

（四）推进新莞人融入城市社会，共建共享幸福家园

市委市政府将"外来工"称谓改称为"新莞人"，并坚持每年突出为新莞人办好建廉租公寓、成立新莞人服务管理局、提供政府资助性就业培训和岗位培训、创办新莞人子女学校、放宽新莞人入户政策、保障新莞人合法权益、扩大新莞人社保覆盖面、鼓励新莞人参与东莞社会事务管理等十件实事，通过实实在在的措施，推进新莞人共建共享幸福家园。近年来，市财政累计投入68亿元，采取积分制等方式推进新莞人子女就读公办中小学。截止2010年，我市公办中小学接受义务教育的新莞人子女12.6万人，新莞人子女在我市接受义务教育52.9万人。积极推进优秀新莞人评选入户和积分入户，从2010年起全面实施新莞人积分制入户并实现积分入户常态化。2010年共有10854名新莞人取得积分制入户资格。成立37个新型社区解决新莞人人才入户难的问题，使他们在东莞找到"归宿"。大幅提供工资待遇，从2003年450元调整到2011年的1100元。大力加强社会保险服务，全面推进新莞人参加工伤保险，全市新莞人参加社会保险近1600万人次。大力实施"新莞人培训工程"，投入6000万元在32个镇（街）同时启动新莞人"岗前素质培训"和"技能提升培训"，目前共组织45万新莞人参加岗前素质培训。

四、坚持改革创新，完善科学发展、幸福东莞的机制保障

东莞坚持把深化改革作为转型发展的有效动力，加快推进重点领域和关键环节的改革，进一步建立健全经济管理体制、行政管理体制、城市管理体制和基层管理体制，不断形成更具活力、更加开放、更富效率、更有利于科学发展的体制机制。

（一）完善科学发展绩效考核评价体系

根据省有关规定，研究制定了《东莞市镇（街道）党政领导班子和领导干部落实科学发展观评价指标体系及考核评价试行办法》，注重经济、社会、文化、公共管理的全面考核，注重"以人为本"和"见物又见人"，注重结构、效益综合考核，注重社会发展评价，注重群众参与，注重考核运用，切实把贯彻科学发展观的目标和要求转化为可考核的客观标准，形成凭科学发展观和正确政绩观选人用人的正确导向。

（二）完善镇村管理体制

以实施"简政强镇"战略为主线，率先在全省推行以下放事权、扩大财权、改革人事权三项内容为核心的分权制度改革，赋予简政强镇改革镇街县级管理权限，将各市职能部门在镇域内的542项行政审批许可和处罚权，委托授权给各镇政府直接行使，形成"权力下移、服务外移、监督上移、权责利对等"的格局。2009年在石龙、塘厦两镇进行试点改革，2010年在11个中心镇和3个市属园区全面铺开。以理顺基层组织职能为重点，探索破除现有集"基层自治、经济发展、公共服务"于一体的村级管理体制，通过试点设立政务服务中心，剥离原来各村（社区）承担的政府行政管理职能，解决村（社区）"行政化"问题，逐步建立"两级统筹发展，三级管理服务"的现代社会管理体制。目前，厚街、黄江两镇村级体制改革试点工作稳步推进中。

（三）推进深莞惠一体化发展

认真贯彻落实《珠江三角洲地区改革发展规划纲要（2008年～2020年）》，协同深莞惠三市建立了三市联系会议制度、政府工作协调机制、10个专责小组协调推进机制，加强在工作机制、规划定位、基础设施、产业发展、生态环保、社会管理等六个方面的对接。已先后召开了5次党政主要领导联席会议，签署了《推进珠江口东岸地区紧密合作框架协议》等13个文件，确定并加快推进25项近期重点合作事项。签署深莞惠经贸合作协议，打造经济一体化先行区。穗莞深城轨、莞惠城轨开工建设，莞惠高速建成通车，开通8条跨界公交班线，共同整治石马河、观澜河、潼湖流域污染等。

当然，在取得一定成绩的同时，工作中还存在一些问题和不足，主要表现在：经济增长方式转变步伐不够快，经济增长依靠资本投入、资源、能源消耗的格局未能根本改变；科技创新能力不够强，企业科技投入偏低、缺乏核心技术、缺乏自主品牌的问题依然突出；城乡、区域、经济社会发展不够平衡，尤其是区域发展不协调的问题比较突出；城乡居民收入实际增速与经济增长不同步，困难群体脱贫任务仍比较艰巨，等等。

对这些问题，我们将在今后的工作中认真加以解决。

科学发展是解决转型问题的金钥匙。"十二五"时期，是东莞乘势而上、加快转型的战略机遇期和关键突破期。市委提出了"加快转型升级、建设幸福东莞"的奋斗目标。这个目标，是经济社会双转型战略的深化和延续。未来五年，我们要围绕"加快转型升级、建设幸福东莞"的目标，以科学发展为主题，以转变发展方式为主线，以推进产业结构调整为重点，以增进民生幸福为依归，朝着推动科学发展、促进社会和谐的方向阔步前行。为此，我们要始终坚持先行先试、转型发展，调整结构、创新发展，节能减排、绿色发展，统筹协调、和谐发展，以人为本、惠民发展，扩大开放、合作发展；努力做到产业转型、经济素质双升级，科技创新、体制创新双突破，宜居环境、绿色发展双结合，文化名城、市民素质双促进，区域发展、城乡统筹双协调，民生幸福、社会和谐双增强。我们相信，只要全市上下团结一致，奋力拼搏，转型发展必将加快实现，幸福东莞就在我们面前。（图文由中共东莞市委、东莞市人民政府提供）

新莞人集体婚礼

加快转型发展　建设幸福侨乡

江门市认真贯彻落实中央、广东省的决策部署,以实施《规划纲要》为主轴,以加快转变经济发展方式为主线,围绕"科学发展、先行先试"这个核心,实施"三边"(沿江边、沿铁路和高速公路边、沿海边)发展战略,大力推进经济、社会、文化、生态建设,各项工作取得了新进展,为实现"四年大发展"目标打下了坚实的基础。2010年,全市生产总值比上年增长14.3%,增幅位居珠三角第三,地方财政一般预算收入突破100亿元。我市在全省珠三角《规划纲要》、推进转型升级考核中得分居珠三角九市第一名。

一、加快先进制造业重点发展区建设,大力推进产业转型升级

按照汪洋书记的指示精神,江门市以左接广佛、右联珠中为重点大力推进"双转移",在推进跨区域产业合作上实现新突破。近年来,通过引进龙头企业和全产业链,有望形成轨道交通、核电装备和LED三大千亿元战略新兴产业。计划投资40亿元、年产值达100亿元的南车项目正式动工建设,计划于今年底前出车,并带动16家配套企业落户;总投资超过1400亿元的台山核电加快建设,带动省清洁能源(核电)装备产业园成功落户,预计可吸引核电装备企业直接投资400亿元;在江门高新区专门规划建设4平方公里的LED产业核心园区,出台了在全省乃至全国扶持力度最大的促进LED产业发展政策,签订LED项目合同协议超40个,投资总额超200亿元,引进220台MOCVD设备。新能源汽车产业得以加快发展,来自佛山顺德、全省目前在建的最大的"双转移"项目——富华重工汽车配件项目计划投资55亿元,可拉动形成超200亿元的产业链规模。江门产业转移园(开平翠山湖园区、恩平米仓园区)在短短一年多时间内平地而起,目前累计引进项目123个,投资249亿元,已建成项目18个。特别是开平翠山湖园区,与顺德达成了以园中园模式合作共建的协议,计

2010年10月25日常务副省长朱小丹到鹤山市鹤城镇五星村调研　图片来源于"中国鹤山政府门户网"

划用地规模约1万亩,首期开发约3500亩。采取BT方式加快江顺大桥、西环路快速干道等路桥建设,推进市、区共建江门市先进制造业江沙示范园,主动加强与广佛都市圈的对接。

二、瞄准产业制高点,大力提升自主创新能力

2010年,江门高新区晋升为国家级高新技术开发区,实现工业总产值达240.5亿元,同比增长25.2%。建成国家摩托车及配件质量监督检验中心,获批成立国家半导体光电产品检测重点实验室、国家机械装备检测重点实验室和3个省级检测站。新增5家省级企业技术中心,共建有2家省级工业研究院、150家省市级企业工程技术研发中心。评选出50名市管专家和拔尖人才,对首届"江门侨乡杰出专家奖"获得者给予了50万元奖励,市财政将对创新科研团队给予最高5000万元的专项工作经费,对院士级专家发放100万元工作经费和住房补贴。实施六大传统产业转型升级计划,涌现出真明丽电子、李锦记食品、信达化纤、佳铁精密机械、彩艳芳纶等一批传统产业转型升级典型。其中真明丽经验得到中央政治局常委、全国政协主席贾庆林的肯定;李锦记成为继大长江之后的超百亿元企业,去年产值达104.66亿元,税收达12.486亿元。全市通过技改新增销售收入199.2亿元、税收12.7亿元。通过推广循环经济发展模式,推动造纸、纺织等传统优

加快转型发展　建设幸福侨乡

大长江摩托车生产车间

服务大厅

2010年1月18日，总投资约4亿元，江海区的"一号工程"胜利南路的胜利南路建设工作正式启动。加速江海区中心CBD的形成。副市长钟军（左二）、江海区委书记梁美贤（左三）、区长梁许赞（左一）出席启动仪式

2010年12月28日，总投资30亿元的中国（江门）国际绿色光源博览交易中心及连海北路项目征地拆迁工作全面铺开，建成后预计年交易额将超过1000亿元

势产业走节约集约生产之路。全市现有国家级高新技术企业79家、省市级民营科技企业450家，认定高新技术产品460个，4家企业入选省自主创新"100强"，6家企业入选省级创新型企业，认定"江门市自主创新产品"41个。推动60多所高等院校、100多名专家教授参与产学研合作，建立各类产学研基地100多个，引进108名高学历、高职务、高水平的省部科技特派员，全市在研的产学研结合项目500多项。

三、坚持交通先行，着眼长远保一体化大局

深化与"广佛肇"、"珠中江"经济圈的对接，投入8000多万元同步实施市域年票制和珠中江年票互认，促成了珠中江在全省率先实现年票互认；在潮连收费站先行对佛山车辆打破区域局限免费通行，主动承接珠中江圈外先发地区的辐射；境内高速公路全部实现电子联网收费；成为全省首批公交一卡通互认城市之一。此外，广珠城际江门段、江肇高速如期建成通车，广珠铁路、佛开高速扩建、江番及江珠北延线高速加快建设；江番及江珠北延线高速公路创下省内同类项目前期工作完成速度之最。重大项目规划储备取得新成果，《江门市综合交通一体化规划》全面展开，共有9个项目列入珠三角公路水路交通一体化规划。

四、深化江港澳合作，提升区域开放水平和综合竞争力

与香港四大商会、香港贸发局、澳门贸易投资促进局等分别签署合作协议，建立了战略伙伴关系。与香港工业总会等商会和机构合作共建具有国际先进水平的环保电镀示范园。积极推进江珠高速公路与港珠澳大桥珠海连接线连接工程的前期工作，通过江珠高速与港珠澳大桥直接对接，加强与港澳的紧密联系。与

南车开工

开平市依利安达电子有限公司生产车间

港澳加强物流、旅游、通关、教育、医疗等方面的合作交流，开通了由香港直达江门的游客专线班车和"江门-澳门"旅游直通车，推进"世界文化遗产两日游"；启动了澳门-江门虚拟化机场，促进了两地空港物流发展；配合开展了"单一窗口"通关模式可行性研究工作，大力推广跨关区"属地申报，口岸验放"、"水运转关"等通关模式。

五、突出宣扬侨乡文化，加快发展特色产业

江门市以全省首个世界文化遗产——开平碉楼与村落为龙头，大力策划旅游业大发展，联合澳门开通了我国首条跨境的世界文化遗产旅游直通车，特别是创国内票房纪录的《让子弹飞》掀起了新一轮的碉楼游热潮，全市旅游业发展取得可喜进步。2010年，全市实现旅游总收入120.1亿元，同比增长15.46%；接待游客2327.88万人次，同比增长10.89%；在建、建成、改建、扩建和签约旅游项目总投资达102.42亿元。江门是国家级印刷产业基地，年产值超25亿元的鹤山雅图仕公司是全国规模最大的印刷企业，目前全市拥有各类印刷企业1300多家，涵盖出版物印刷、纸箱包装印刷、塑料包装印刷等，年工业总产值达60亿元，从业人员约5.5万人。同时，大力发展动漫产业。推动动漫企业、学校与央视联姻，合作制作动漫作品和共建动漫教育培训基地，梓晴动漫有限公司成为2010年度广东唯一的地级市国家级动漫企业。缤果动漫创作中心及周边产品研发中心项目列入广东省现代产业500强项目。缤果文化有限公司与央视动漫有限公司合作制作二维动画片《魔力缤果》321集，

江门火炬高新技术创业中心大楼

并将在中央台播出。全市漫画原创社团30多个，直接或间接从事动漫创作的人才3000多人，拥有"缤果"、"蔡李佛"两个全国知名的原创动漫品牌。

六、统筹城乡发展，建设生态宜居城市

以实现生产发展、生活富裕与生态优美为目标，积极实施环境优市战略和"青山、碧水、蓝天、绿地"工程，创建宜居城乡工作绩效考核跻身全省前五名，其中公众满意度位居全省第二。滨江新区启动区开发建设全面铺开，新区道路交通、水利等基础设施以及天沙河及人工水系景观规划建设加快推进。城市功能不断完善，建成了逸豪酒店、中环广场等城市综合体。建设了星光公园、白水带体育公园、北新区市政广场、迎宾路新市民广场等公园和广场。"三旧"改造投入15.3亿元，城中村、旧厂区等面貌发生根本性改观，城市道路大功率绿色（半导体）光源路灯照明改造、旧街区道路维修改造基本完成。中心镇总体规划覆盖率达100%，村庄规划覆盖率达40%。农村"五改"工程完成年度计划，农民生活环境进一步优化。近年来共完成农村公路硬底化1660公里，受益群众达70万人。建成省立绿道286.4公里，实现与佛山、珠海、中山的无缝对接，超额完成省下达的266公里的建设任务，建设进度和水平均居珠三角前列。在主城区长达28公里的绿道上兴建了园林建筑小品景点4处，种植乔灌木5万多棵，地被植物6万多平方米，亮丽的绿化景观受到了省领导的高度评价。在城市中心区已建成圭峰山、白水带、大西坑等三处大型风景区，总面积约80平方公里。全市大气环境质量维持在国家二级标准，市区空气质量日报优良率98%，城市水域功能区和饮用水源水质达标率100%。森林覆盖率42.2%，建成区绿化覆盖率达40.75%，人均公园绿地面积达11平方米。

七、以创建全国文明城市为抓手，提升市民幸福感

江门市把创建全国文明城市作为提高城市管理水平和市民幸福指数的重要抓手，切实保障和改善民生。2010年，全市城镇居民人均可支配收入21153元，增长11.3%；农村居民人均纯收入8589元，增长14%，创近14年新高。在全国城市公共文明指数测评中，江门市得分位列第18位。中央政治局委员、中宣部部长刘云山充分肯定了江门市的创文工作，指出："江门市创文经验非常宝贵，有些可在全国进行推广"。据广东省情调查研究中心公布的《广东省居民个人生活状况与主观幸福感调查报告》显示，江门居民幸福感指数在全省排名第二。（图文由江门市政府提供）

江门市星光公园

坚持科学发展　　建设幸福阳江

阳江市位于广东省西南沿海，紧邻珠三角地区，东接江门，北靠云浮，西联茂名，南临南海。全市陆地面积7955平方公里，海域面积1.23万平方公里，户籍人口280多万，是中国十大最具幸福感城市、中国优秀旅游城市、中国刀剪之都、中国温泉之乡和中国风筝之乡。近年来，阳江市深入贯彻落实科学发展观，以打造全省"双转移"示范基地、沿海临港工业基地、中国刀剪产业基地、国际休闲旅游度假胜地、环珠三角现代农业基地和广东宜居创业滨海新城、建设成为三次产业协调发展的新型工业化城市为目标，坚持发展与转变并举、经济与民生并重、开发与保护并进，加快转变经济发展方式，致力促进社会和谐，圆满完成"十一五"规划各项目标任务，初步走出了一条符合阳江实际的科学发展、幸福追赶之路。

一、坚持发展与转变并举，为建设幸福阳江奠定坚实的物质基础

近年来，阳江市以招商引资为突破口，以重大项目建设为主要抓手，抢抓机遇，狠抓发展，着力构建现代产业体系，推动全市经济实现进位赶超、大步跨越。2010年，全市生产总值达到640亿元，比2006年翻了一番多；地方财政一般预算收入达到26.8亿元，比2006年增长157.7%；全社会固定资产投资总额达到329.2亿元，比2006年增长221.2%；实际吸收外商直接投资突破2亿美元，比2006年增长98.1%；三大产业比例由2006年的28.0∶37.9∶34.1调整为2010年的21.8∶42.0∶36.2，现代产业体系建设成效显著，三次产业协调发展。"十一五"期间，阳江以"好马"加"快马"的姿态出现，在加快科学发展的征程中，夯实了加快幸福追赶的经济基础。

（一）着力做优农业，环珠三角现代农业基地雏形显现

深入推进农业现代化示范区、标准农田建设，大力发展集约化、规模化、效益化农业，特色作物年种植面积达290万亩，南药、蚕桑、花卉等主导产品和优势产业产值占农业总产值比重80%以上。充分利用海洋资源优势，大力发展海洋捕捞业，推进深水网箱养殖基地建设，突出发展海产品精深加工，现代渔业发展水平稳步提升，2010年渔业总产值90.5亿元，水产品出口值4.63亿美元，分别比2006年增长42.3%和242.96%。

（二）着力做强工业，工业经济迅猛发展

根据阳江欠发达主要是工业不发达的实际，市委市政府把发展工业摆在经济工作重中之重的位置，大力实施重大项目带动战略，狠抓招商引资和"双转移"工作，以大招商引进大项目、培育大产业、推动大发展，引进了广青镍合金、世纪青山镍合金、国华电力煤电一

中共中央政治局委员、广东省委书记汪洋视察阳江农村基层工作

一年一度的阳江刀博盛会

体化、万事达水产品等一批产业链条长、集聚能力强的大项目。加快产业转移园区建设。与珠三角地区共建了4个产业转移工业园，其中广州（阳江）产业转移园先后被评为省示范性产业转移园、省食品药品专业性园区和省产业转移园重点园区，园区经济规模不断壮大。同时，五金刀剪、食品加工、建材机电、纺织服装、医药化工、家具编织等传统优势工业也不断加快转型发展步伐。

（三）着力做旺旅游，第三产业实现繁荣发展

以打造国际休闲旅游度假胜地为目标，加大开发力度，加强资源保护，完善功能配套建设，扎实推动旅游转型升级。"南海I号"成功整体打捞出水，广东海上丝绸之路博物馆开馆运营，海陵岛入选国家海洋公园，十里银滩旅游综合开发等一批重点旅游项目加快建设。深入开展广东省旅游综合改革示范市建设，创建为中国温泉之乡，先后获得"中国最佳生态旅游城市"、"中国最佳休闲城市"、"国际王牌旅游目的地城市"等称号。同时，商贸物流、金融保险等现代服务业快速发展，大型连锁经营店、仓储式商场、超市等商业网点逐渐增多，社会消费日益畅旺。

二、坚持经济与民生并重，大大增强了广大群众的幸福感

阳江始终把解决好群众最关心、最直接、最现实的利益问题摆在突出位置，财政支出向民生社会事业倾斜，每年用于民生的财政支出占地方财政一般预算收入56%以上，围绕群众关心的热点难点问题，扎扎实

时任广东省省长黄华华考察阳江市高级技工学校

实办好一批民生实事，让广大人民群众安居乐业，共享发展成果。在2011年1月《CCTV经济生活大调查》中，阳江市作为我省唯一的城市入选中国十大最具幸福感城市。

（一）优先发展教育事业

在政府财力有限的情况下，大手笔投入资金，完善教育基础建设，近年来共投入20多亿元新建、迁建、扩建高中阶段学校27所，新增学位5万多个，其中去年投资6亿多元新建市一中和市一职中，全市高中阶段教育毛入学率由2005年的45.8%跃升到2010年的93.1%，提前完成了省下达的任务目标，位居粤东西北地区前列。

（二）努力提高医疗水平

医疗卫生信息化走在前列，在全省创新卫生数字化建设，建成区域卫生信息化平台，实现医疗、社保"一卡通"。深化医药卫生体制5项改革，建立全市基本药物制度，进一步完善基本医疗保障，加快公立医院改革试点，启动基层医疗卫生机构综合配套改革。全面启动9项基本公共卫生服务项目，进一步加大基层

正在建设中的阳江核电站

四通八达的阳江交通建设

科学发展　幸福广东
Scientific Development Happiness Guangdong

阳江市区新貌

医疗服务体系项目建设力度，切实解决"看病难"、"看病贵"问题。全面推进医疗卫生基础设施建设，投资2亿元的市中医院新院和8000多万元的市公共卫生医院即将建成投入使用。

（三）逐步完善社会保障体系

积极实施"南粤春暖行动"、"高校毕业生就业服务月"等公共就业服务专项活动，为城乡劳动者提供及时有效的政策咨询、就业服务，千方百计稳定和扩大就业，2010年城镇新增就业4.37万人，城镇登记失业率控制在2.9%以下。健全覆盖城乡的社会保障网，城镇基本医疗保险参保率达90%以上，新农合参保率从2005年的4.5%上升到2010年的99.8%以上，达到全省先进水平，惠及农村人口182万。符合条件的城乡贫困人口8万人实现应保尽保。

扎实推进扶贫开发"双到"工作。举全社会之力做好扶贫开发工作，着力落实扶贫开发工作的领导责任、帮扶单位责任、帮扶干部责任、社会扶贫责任、基层组织责任和贫困户自我发展责任，对后进地区和单位有针对性地开展"单兵教练"，推动形成"比学赶超"的良好工作局面。2010年共投入2.83亿元，170条贫困村3881户贫困户人均纯收入超过2500元，脱贫率为58.5%，在全省扶贫开发"双到"工作考核中获得第四名。首届和第二届"广东扶贫济困日"活动筹措资金1.73亿元。2011年上半年全市投入帮扶资金1.4亿元，帮扶发展村集体项目166个。

三、坚持开发与保护并进，为实现持续发展提供有力保障

良好的生态环境是阳江最宝贵的财富和资源，也是最大的后发优势。阳江始终坚持绿色崛起，坚持在保护中发展、在发展中保护、经济效益与生态效益相统一的原则，决不走"先污染、后治理"的路子。

（一）深入推进宜居城市建设

把创建省园林城市作为宜居城乡建设的重要抓手，加大城市开发力度，东风二、三路高标准改造完成，"一河两岸"改造和城南新区建设加快推进，城市配套功能进一步健全，市区建成区面积达43.5平方公里。开展市区公园改造，启动城镇绿道网建设试点，深入开展城市综合治理，市容市貌进一步改观，城市更加绿化美化亮化，城市形象和品位得到新提升。开展"宜居城镇"、"宜居村庄"试点，组织编制镇、村规划，全部行政村和部分自然村公路已实现硬底化，农村公路网基本形成，农村交通条件有效改善，农村环境整治效果明显，涌现出一批生态型、文明型、致富型示范村。

（二）着力打造新能源基地

依托滨海优势，大力发展核电、风电等清洁能源项目，已逐步成为广东重要的能源基

阳江市龙头企业之一：广东喜之郎集团公司

地处阳江闸坡的广东省海上丝绸之路博物馆

秀丽无比的漠阳山水

地。国内目前在建的最大核电项目阳江核电站1、2、3号机组已全面开工建设，首台机组计划于2013年建成投入商业运营，6台机组将于2017年全部建成，年上网电量可达450亿千瓦时。广东华厦阳西电厂1-2号机组已建成投产。至2010年，阳江已有华润风电、海陵风电、东平风电和新洲风电四个风电场项目获得省发改委核准，合计发电机组达215台，总装机容量达22.3万千瓦，其中阳西华润风电项目首台风车已于2010年9月16日开始并网发电。首个浪能发电项目已经进入样机调试阶段。

（三）大力实施治污保洁工程

加快环保基础设施建设，城市污水处理率达54.5%。在招商引资和产业转移工作中，认真执行国家产业政策和环保法规，严格控制"两高一资"和"产能过剩"项目，近年来否决了20多个投资总额达100多亿元的不符合环保要求的项目。坚决淘汰落后产能，关停一批高能耗、高污染企业，二氧化硫排放量、化学需氧量排放量均控制在省下达指标内。全市环境空气质量365天均为优良，达到国家一级标准。五大入海排污口水质达一类标准，全省领先；漠阳江水环境质量总体达国家Ⅱ类标准，饮用水源水质达标率100%。

四、坚持打防并抓，维护社会安全稳定

阳江把维护社会治安作为建设和谐社会的前提，重拳打击黑恶势力，严惩违法犯罪，全力做好信访维稳，取得了良好效果。

（一）集中力量侦破一批涉恶涉黑案件

2006年以来，全市共打掉黑社会组织8个、恶势力团伙24个。特别是在2007年11月一锅端掉了以许建强、林国钦为首的黑社会性质组织，有效解决了阳江涉黑涉恶问题。2008年、2009年，全市刑事案件分别比上年下降32.7%、10.8%。

（二）严厉打击"双抢"犯罪

组建了一支由350名巡警、600名辅警、2000名联防队员、3000名保安员组成的联防队伍，全市"双抢"案件由2005年平均每天接报警26.5宗下降到现在日均不到2宗，荣获"平安城市"和"中国社会治安综合治理模范城市"称号，人民群众对阳江治安的满意度达到97%。

（三）全力做好信访维稳工作

注重发挥信访工作联系群众的桥梁纽带作用，努力为群众排忧解难。坚持每月开展县（市、区）领导干部接访群众，努力在源头上解决信访问题。整合有关资源，进一步完善基层三级信访调处网络，定期做好矛盾纠纷排查化解工作，妥善处理各类群体事件。进一步强化安全生产监管，全市没有发生重大安全事故。

当前，全市上下正信心满怀，朝着"十二五"规划描绘的宏伟蓝图，以加快发展中转变方式、实现幸福追赶为核心，积极实施绿色崛起、幸福追赶，强力补工业之短，着力推进城镇化，大力加强社会建设，致力改善民生，加快三次产业协调发展，不断增强经济综合实力，全面开创阳江科学发展新局面。（图文由阳江市社科联提供）

加快"四化"进程　建设幸福清远

过去的"十一五"时期，是我市发展进程中极不平凡的五年。五年来，我市在党中央、国务院和省委、省政府的正确领导下，深入贯彻落实科学发展观，紧紧围绕建设"绿色经济强市、岭南宜居名城、华南休闲之都"的战略定位，大力推进工业园区化、农业产业化、城镇特色化和管理人性化，经济社会实现了跨越式发展，经济增长速度连续7年全省第一，全面超额完成"十一五"规划确定的各项目标任务，由昔日贫穷落后的"寒极"嬗变为全省工业十强市、全省财政十强市、全国综合实力百强市、全国综合增长竞争力十强市，创造了欠发达地区经济跨越发展的奇迹，走出了一条符合科学发展观要求、实现转型发展的新路子。

近年来，我市先后被授予中国优秀旅游城市、中国宜居城市、中国最具创新力城市、中国最具海外影响力明星市、中国十大最具发展潜力城市、中国十大特色经济魅力之都、中国十大绿色生态城市等称号。

2010年2月9日，中共中央政治局委员、广东省委书记汪洋在连南大古拗村与瑶族小学生交流

一、狠抓第一要务，经济综合实力显著提升

狠抓发展第一要务，大力发展工业经济，全力加快重点项目建设，做大做强城市服务业，千方百计帮扶企业扩大出口，经济发展速度明显加快，连续七年领跑全省，经济实力显著增强，成为全省经济发展最快、

"十个一批"工程--新人医新风貌

最具发展活力的地区之一。

2010年，我市完成GDP1112.5亿元，增长20.8%，经济总量进入"千亿元俱乐部"行列；人均GDP2.89万元（折合4378美元），增长18.3%；完成规模工业总产值3082.2亿元，增长52.2%；完成地方财政一般预算收入72.8亿元，增长45.5%。2010年与2005年相比，GDP增长1.9倍，年均增长24%；地方财政一般预算收入增长4.5倍，年均增长40.6%；规模以上工业增加值增长5.5倍，年均增长45.6%；固定资产投资增长3.4倍，年均增长34.5%。经济总量在全省21个地级以上市的排名大幅提升。

2005年到2010年，我市GDP从第15位上升到第12位，地方财政一般预算收入从第15位上升到第10位，规模以上工业增加值从第13位上升到第9位，固定资产投资从8位上升到第5位。

二、加快结构调整，经济发展方式转变卓有成效

按照"淘汰、改造、引进、创新"的思路，加大经济结构调整力度，推动产业转型升级。

第一，坚决淘汰落后产能，"十一五"时期，全市共淘汰小水泥、小钢铁等高耗能、高污染、低效益企业230多家，涉及产值100多亿元，圆满完成省定任务。

第二，加大用先进适用技术改造传统产业力度，"十一五"时期，全市共投入更新改造资金428.3亿元，是"十五"时期的4.2倍。如水泥企业由传统的立窑改为

2011年3月31日，省长黄华华到清远华侨工业园调研

先进的干法旋窑，大型水泥企业普遍推行余热发电，陶瓷企业由传统的烧煤、烧油改为烧天然气，较好地解决了能耗高、污染大的问题，促进了产业优化升级。

第三，积极引进一批技术含量高、产业链条长、带动能力强的企业进驻我市，调整我市产业结构。2006年以来，全市共引进项目2933个，计划总投资3834.99亿元，累计实际投入998.06亿元。目前，全市共建成广东省级产业转移园3个，其中省专业性产业转移园区1个，省产业集群升级示范区2个，初步形成了铜业、陶瓷、水泥、制冷、电子化工等产业集群。

第四，积极鼓励和推动自主创新，引导和支持企业加快产业升级，提升我市产业的核心竞争力。组建省级工程技术研究开发中心4家、市级工程技术研究开发中心6家、省级农业科技创新中心2家，创建2个省中小企业创新产业化示范基地，2个企业荣获"中国最具自主创新能力企业"称号。全市共有国家高新技术企业29家，经省科技厅认定的高

陶瓷企业生产线

工业园区

连南瑶族耍歌堂

清远鸡

新技术产品46个，省级民营科技企业44家。大力实施品牌带动战略，2个商标荣获"中国驰名商标"，12个地方特色产品获得国家地理标志产品保护，数量居全省之首。

三、注重城乡统筹，区域协调发展呈现新面貌

大力实施区域协调发展战略，加大对北部地区和民族地区的扶持力度。五年来，全市各地都实现了两位数以上的增长，佛冈县、英德市、清新县包揽全省山区综合发展力前三名。

加快城镇基础设施建设，不断完善城镇功能，有效增强城镇综合承载能力和辐射带动能力。"十一五"时期，我市完成基础设施建设投资800多亿元，其中交通设施投资370多亿元，建成了清连高速、广清高速清远段、京港澳高速清远段、武广高铁清远段、凤城大桥、北江大桥姐妹桥等一批重大交通项目，在全省山区市中率先实现县（市）到镇通等级公路。启动并积极推进"十个一批"重点城建工程，城镇基础设施水平明显提升。市区建成区面积扩大到56.8平方公里，是2005年的1.6倍，"湖城"清远初现雏形。

深入实施"城乡清洁工程"、"三边"（山边、路边、水边）环境整治工程、"五城同创"（创建全国文明城市、全国卫生城市、全国双拥模范城、国家园林城市、国家环保模范城市）活动，市容市貌持续改善。扎实推进"八十村示范、千村整治"、5个新农村建设示范片和佛冈县共建新农村先行试验区建设，大力开展村容村貌整治，农村人居环境进一步改善。

四、切实关注民生，社会各项事业全面进步

始终把保障和改善民生作为工作的出发点和落脚点，扎实推进社会各项事业，让全市人民更加普遍、更加充分地享受改革发展的成果。加大财政对民生的投入力度，"十一五"时期，共投入改善民生资金211.3亿元，其中2010年达到62.69亿元，增长21.4%。人民生活水平不断提高，2010年，全市在岗职工年均工资31217元，市区城镇居民人均可支配收入15768元，农村居民人均纯收入6386元，分别比2005年增长70.4%、69.1%和76.4%。

社会保障体系基本覆盖城乡，全市参加新型农村合作医疗312.5万人，参合率达到98.4%。以建设广东省文化强市为目标，加强公共文化服务体系建设，文化场馆等基础设施不断完善，打造了连州国际摄影年展、英德英石文化节、阳山四驱越野车节、连南瑶族文化艺术节等一批知名文化品牌。

教育事业突飞猛进，2010年全市高中阶段教育毛入学率达到93.08%，提前一年实现"普高"目标。清城区成功创建为全省非珠三角地区第一个教育强区、佛冈县成功创建为全省第一个教育强县。

完善公共卫生体系，改善城乡医疗卫生设施。从2007年起连续五年，市财政共安排1.5亿元专项资金用于卫生设施建设。扎实推进扶贫开发"双到"工作，努力探索扶贫开发新模式，在全省率先召开"双到"工作动员大

会，率先制定"双到"工作实施方案，率先开通"双到"工作信息网，率先推进扶贫互助金试点，率先实施高寒山区移民搬迁，16.2万贫困人口成功脱贫，769个村（其中235个省级贫困村）集体经济收入达到3万元以上。大力推进农村饮水安全工程建设，116万人的饮水不安全问题全部解决，提前3年完成省下达的任务。深入推进平安清远建设，社会大局保持和谐稳定。

五、加强党的建设，党的核心领导作用明显增强

以提高科学执政能力和领导水平为核心，狠抓各级领导班子和干部队伍建设，为清远科学发展提供了坚强保障。深入开展保持共产党员先进性教育、解放思想学习讨论、学习实践科学发展观、创先争优、争创"五个一流"（一流的领导班子、一流的干部队伍、一流的工作业绩、一流的工作作风、一流的干部形象）等活动，干部队伍的凝聚力、战斗力明显增强。

抓好学习型党组织建设，认真落实市委理论中心组学习制度，加强干部教育培训，创建了组工干部学习论坛，成功举办了"中国清远福地文化论坛"、"第十届中国经济论坛"等有广泛影响的活动，开阔了干部视野，提高了干部队伍的理论水平和能力素质。

坚持正确的用人导向，严格执行《干部选拔任用条例》，大力提拔使用贯彻落实科学发展观坚决有力又有实绩的干部，一大批德才兼备、实绩突出、群众公认的干部脱颖而出。加强和改进党对人大、政协工作的领导，充分发挥了党委总揽全局、协调各方的领导核心作用。

加快行政体制改革，有效整合行政资源，乡镇撤并率达44%，村委会撤并率达29%。全面完成第四轮行政审批事项清理工作，市直单位行政审批事项减少至156项，在全省五个山区市中精减幅度最大，保留审批事项最少。

加强党风廉政建设，坚持标本兼治、综合治理、惩防并举、重在预防的方针，深入开展"廉风和畅"教育行动，形成具有清远特色的教育长效机制。启动"三清园"（清馨园、清正园、清和园）廉政文化基地建设，营造"山水清、风气清"的清远特色廉政文化氛围。抓好政风行风评议，在全省地级市中首个实行电视与电台并机同步直播热线节目。

"十二五"时期是我市加快转变经济发展方式、全面提升科学发展水平的关键时期。我市将深入贯彻落实科学发展观，牢牢把握科学发展主题，抓住加快转变经济发展方式主线，围绕"加快四化进程，建设幸福清远"核心，在更高层次上推进工业园区化、农业产业化、城镇特色化、管理人性化进程，努力推动经济高速增长，加快转变经济发展方式，推进城乡协调发展，不断提高民生幸福水平，促进全市各项工作迈上新台阶，努力将清远打造成为"广东省区域协调发展示范区、环珠三角高端产业成长新区、华南休闲宜居名城和大广州卫星城"，继续当好高速增长的排头兵和又好又快发展的示范市，为我省"加快转型升级、建设幸福广东"作出新的更大贡献！（图文由中共清远市委、清远市人民政府提供）

黄沙渔业基地

横跨清远的高速铁路

科学发展　幸福广东
Scientific Development Happiness Guangdong

福利彩票与您携手共建幸福广东

广东作为中国改革开放的前沿，随着经济的快速发展，广东的社会福利和社会公益慈善事业得到很大发展，福利院、敬老院的房子变新了，环境变靓了，福利院里的老人、孤儿得到了更好地照顾，在这些变化中，福利彩票公益金发挥了重要作用。"十一五"期间广东福利彩票事业的辉煌成就就是一个最鲜活的证明。

"十一五"期间，广东福利彩票发行系统坚持福利彩票"扶老、助残、救孤、济困、赈灾"的发行宗旨和"公平、公正、公开"的发行原则，坚持"安全运行，健康发展"的工作方针和"寓募于乐、多人少买"的购彩理念，以科学发展观为指导，以创新求发展，以规范管理保安全，实现了福利彩票事业发展的新跨越。"十一五"期间，全省共销售福利彩票366亿元，占我省福利彩票发行23年来总量609亿元的60%，筹集福利彩票公益金117亿元，代缴中奖个人所得税11亿多元。特别是2010年，广东福利彩票销量突破113.55亿元，筹集福利彩票公益金35亿元，为中国福利彩票事业率先掀开了单省销量突破百亿的崭新一页，为此，2010年12月民政部为广东省福利彩票发行中心记集体一等功。

"十一五"期间，福利彩票公益金除上缴中央外，全省已累计资助兴办各类福利和公益慈善项目2万多个，其中用于残疾人事业的资金就达到10多亿元，为推动社会福利、社会救助、优待抚恤和社会保障事业发展，保障困难群众基本权益，构建和谐社会做出了重要贡献。另外，广东福利彩票还安排2万多人就业。

广东省福利彩票发行中心还安排福利彩票专项资金资助社会弱势群体。开展了

2010年广东福利彩票销量突破100亿元大关，成为全国第一个年销量超百亿的省份，民政部为广东省福利彩票发行中心记集体一等功。图为民政部副部长窦玉沛为广东省福利彩票发行中心颁发集体一等功奖牌。

福利彩票与您携手共建幸福广东

"福彩爱心助学子——帮扶生活困难大学生"资助金发放现场。

2009年，广东省福利彩票发行中心安排200万元，支持"广东省救助先天性心脏病患者"行动，资助全省低保、贫困家庭18岁以下先天性心脏病患者进行手术治疗。

"福彩爱心助学子—帮扶生活困难大学生"行动，共投入2400万元资助了广东省4800名生活困难大学生。安排200万元支持"广东省救助先天性心脏病患者"行动，资助全省低保、贫困家庭18岁以下先天性心脏病患者进行手术治疗。四川汶川5.12大地震后，全省福利彩票系统以各种形式向灾区捐款超过400万元，并按照民政部、财政部要求，从2008年7月1日起至2010年12月31日开展筹集"福彩赈灾公益金"的专项彩票销售活动。另外，广东省福利彩票发行中心还于2008年10月组织540名彩民代表开展"四川爱心游"活动，以实际行动支持四川地震灾区重建，并深入震中汶川映秀镇开展慰问。2010年先后为玉树地震灾区和因"凡亚比"台风受灾的茂名、阳江市捐款捐物，其中省福利彩票发行中心捐款350万元。

2010年，广东福利彩票加强了公益资助的力度，开展了"扶贫济困专项募集"福利彩票销售活动，筹集了扶贫济困资金1559万元；开展了"广东福利彩票关爱贫困孤儿大行公益行动"，省福彩中心捐款500万元，资助5000名生活困难孤儿。开展"广东大学生福彩公益奖"活动，安排资金260万元与团省委、省学联共同举办了广东大学生"福彩公益奖"活动，引导大学生深入基层、服务社会，开展扶老助残、救孤济困等公益活动，在全省高校中评选出从事公益活动的340个团队和100名个人给予资金资助。举办"七彩梦、飞起来"广东首届留守少年儿童"福彩夏令营"。安排全省百名优秀留守少年儿童体验亚运、快乐成长、学习提升，推动营造关爱农民工和留守少年儿童的社会氛围，促进社会和谐。广州、汕头、韶关、汕尾、东莞、中山、江门、肇庆等利用福利彩票资金开展了资助生活困难学生行动。

广东福利彩票不断探索公益活动模式，形成了以助老、救灾、助学、扶贫等为核心的具有社会影响力的系列资助活动。2010年4月荣获民政部颁发的2009年度"中华慈善奖"特别奖，是中华慈善奖特别奖的唯一获奖单位，也是全国获中华慈善奖的唯一一家彩票机构；11月，荣获第七届"公益事业与彩票产业"国际学术研讨会颁发的2010年中国"公益彩票 爱心使者"公益精神奖。

"十二五"期间，广东省福利彩票发行系统将把福彩文化建设作为工作重点，按照民政部、中国福利彩票发行管理中心的要求，巩固发展以"公益、慈善、健康、快乐、创新"为主题的福彩文化，弘扬福彩公益理念，营造健康文明的市场环境。同时，广东福利彩票继续坚持"安全运行、健康发展"方针，强化规章制度、人才队伍、营销体系、技术系统、品牌形象、基础设施等重点项目建设，继续发挥优势，巩固成果，破解难题，深化改革，健康发展，努力扩大发行，为建设幸福广东做出新贡献。（图文由广东省福利彩票发行中心提供）

科学发展 幸福广东
Scientific Development Happiness Guangdong

大灾大难面前，广东福彩系统积极为灾区奉献爱心。图为2010年4月，广东省福利彩票发行中心为玉树地震灾区捐款100万元。

2010年，广东省福利彩票发行中心为首个广东省扶贫济困日捐款2000万元。

广州市老人院，福利彩票公益金资助项目。

广东福利彩票在为老服务方面做出了积极贡献。图为2010年10月，广东省福利彩票发行中心与广东省老龄办联合举办迎亚运省直单位万名老人登山活动。

"七彩梦 飞起来"——广东首届留守少年儿童"福彩夏令营"，邀请全省100名优秀留守少年儿童参加。图为夏令营交流分享会现场，省委副书记朱明国出席。

福利彩票与您携手共建幸福广东

结合广东市场需求，创新彩票游戏。2010年，开发了"羊城八景"和"虎门销烟"两款具有广东特色的"刮刮乐"即开型福利彩票，受到广大彩民的喜爱。图为2010年5月，"刮刮乐"即开型福利彩票"羊城八景"在广州首卖现场，中福彩中心、省民政厅、广州市政府领导出席。

广东大学生"福彩公益奖"2010年表彰及2011年启动仪式。副省长雷于蓝、团省委书记陈东、省民政厅副厅长骆招群等领导出席颁奖仪式。

广东工程职业技术学院

广东工程职业技术学院是经广东省人民政府批准、国家教育部备案的公立普通高校,其前身是创办于1958年10月的广东省成人科技大学。学院面向湖南、江西、新疆等19个省市招生,现有在校生9056人(普高7933人,成高1123人)。办学五十余年来,共培养了六万多名专业技术人才,在社会上享有较好的声誉。

学院党委书记刘文清博士在学院50周年庆典大会上致欢迎辞

学院坐落花城广州市,现有渔沙坦校区,下塘西继续教育学院,东莞、中山、佛山和珠海继续教育学院的四个校外教学部。主校区渔沙坦校区占地655亩,景色优美。学院拥有现代化的实验室和实训室,配备了价值3300万元的高性能教学仪器设备和实训设备,图书馆藏书46万册。

学院办学层次为专科层次高职教育,以工为主,文、经、管、艺术兼顾。现有计算机信息系、机电工程系、建筑工程系、管理工程系、外语系、财经系、设计与艺术系、人文社科系、思想政治理论教学部、体育部、继续教育学院11个院系(部),开设了机电一体化技术、数控技术、电梯工程技术、汽车运用技术、建筑工程技术、室内设计技术、计算机多媒体技术、物流管理、商务英语、文秘等46个专业及专业方向。

学院风景图——图书馆大楼

聘请暨南大学原校长、中国工程院院士刘人怀同志为名誉院长仪式

学院与世界500强企业之一迅达（中国）电梯有限公司校企合作签约仪式

学院拥有一支年龄结构合理的专任教师队伍和一支长期稳定的高职称、高技能兼职教师队伍，现有专任教师343人，兼职教师257人。学院还注重加强与在粤工作院士、各省级学会的联系，聘请暨南大学原校长、中国工程院院士刘人怀为名誉院长，扩大了办学影响，提高了办学水平。

学院十分注重学生动手实操能力的培养，在校内建设专业实训基地的同时，还大力与专业相关的知名企业合作共建校外实训基地188个。2007年，学院与世界500强企业之一瑞士迅达电梯公司合作建立了电梯工程技术校内实训基地，开创了电梯行业校企合作先例，在社会上产生很大影响。

学院积极推行高职"双证书"制度，大力推进继续教育培训和考证，提高学生的综合竞争力。目前学院是广东省指定的公务员和专业技术人员计算机专业知识培训及考核点、职称英语培训点、全国计算机、公共英语等级考试培训点和考点、机械行业职业技能鉴定电梯广州站（点）、中国秘书岗位资格证书培训点和考点，还是广东省科协干部培训中心。其中国家机械行业职业技能鉴定广州站，是全国首批首个校内电梯行业鉴定站，中国高等教育学会秘书专业委员会培训考证站，是华南地区唯一站点。近四年学生就业率均在98.7%以上。

学院办学五十年来一直受到各级领导的殷切关怀。全国人大副委员长韩启德亲自到学院视察，充分肯定了学院的办学方向和成绩，为学院题写"坚持特色、人才强校"。中共中央委员、国务院发展研究中心主任、党组书记张玉台，中共中央委员、中国科协党组书记、常务副主席邓楠等领导都莅临学院视察。

乾坤朗润，海阔天空。工程职院犹如一只腾飞的凤凰，正鼓翼凌云，披荆斩棘，奋勇前行。学院全体师生饱含激情、同心同德、与时俱进，力争打造一所特色品牌职业院校，为广东的现代化建设做出更大的贡献。（图文由广东工程职业技工学院提供）

学院全国"舍己救人优秀大学生"刘旭先进事迹报告会

学院校园规划设计鸟瞰图

积极发挥保险主渠道作用
努力为建设幸福广东保驾护航

中国人民财产保险股份有限公司广东省分公司是中国人民财产保险股份有限公司（简称"人保财险"，下同）在广东省（不含深圳市，下同）的派出机构。2010年，保费收入历史性突破100亿元，达到106.4亿元，成为广东非寿险市场首个保费规模过百亿的保险机构；累计承担保险金额6.83万亿元，支付赔款49.62亿元。

作为国有控股的省级保险机构和广东非寿险市场最大的经营主体，人保财险广东省分公司认真贯彻落实2008年广东省政府与中国人保签订的战略合作协议，以服务广东经济社会发展为己任，全力支持我省加快转型升级建设幸福广东，先后荣获广东省政府颁发的2008年和2010年"金融创新奖"。

一、服务广东经济转型升级，为广东重大项目建设提供风险保障

近年来，人保财险广东省分公司围绕省委、省政府实施"新十项工程"等战略部署，充分发挥人员、网络、技术和品牌等优势，全力为重大项目建设提供全面的保险保障和高效的保险服务。

1. 成立专业化服务团队，全面了解客户需求和项目特点，为各类工程项目建设量身定做专业的承保方案。

2. 凭借多年积累的承保理赔经验，依托完善的风险管理机制和较强的技术力量，为工程项目投资和建设单位提供特色化的风险管理支持。比如承保前的风险评估和风险改进建议、台风洪水等灾害的预警通知和防范措施提醒、异常气候的风险警示、出险后的

2008年3月，中国人保集团与广东省政府签署战略合作协议。

积极发挥保险主渠道作用 努力为建设幸福广东保驾护航

省公司成功主承保港珠澳大桥主体工程保险项目，省公司总经理郭文革出席港珠澳大桥主体工程保险项目签约

2008年，与佛山市三水区签署农业小额贷款保证保险协议

事故分析与整改建议等，帮助被保险人改进风险管理措施、完善风险管理体系。

3.针对工程项目资金投入大、地域分布广的特点，制定实施个性化、便捷化的理赔服务方案。比如，根据项目特点配备相应的理赔专家，确保理赔服务的专业性；为每个项目确定具体的理赔服务团队，从日常驻点工作人员、项目经办团队、项目服务负责人一一落实到位；发挥网点分布广优势，提供第一现场服务梯队与专业理赔梯队相结合的理赔服务制度，确保事故发生后理赔人员及时到位；提供理赔快速审批流程，确保赔款迅速到位，保障工程项目顺利进行。

2010年，人保财险广东省分公司承保的保险金额超50亿元的重点工程项目就有15个。其中，首席承保港珠澳大桥主体工程项目建筑工程一切险及第三者责任险保险，合同投保金额达人民币278亿元，创我国迄今单个工程保险合同金额之最。

二、围绕广东加快推进农业发展方式转变，积极开展"三农"保险

作为国有控股保险公司，人保财险广东省分公司始终把贯彻落实国家和省支农惠农政策作为一项政治任务，积极发挥在农网建设方面的优势，不断加强产品、服务、人员"三下乡"工作，坚持开展"三农"保险。以农业保险为例。2003年~2010年，累计承担保险金额263.14亿元，在全省非寿险行业中的占比为89.31%；累计支付赔款3.59亿元，在行业中的占比为98.36%。

1.认真做好政策性能繁母猪保险工作。2007年独家承办广东省政策性能繁母猪保险以来，截至2010年底，累计承保能繁母猪592.6万头，提供保险保障59.3亿元，保费收入3.61亿元，支付赔款2.87亿元。

2.积极推进广东省政策性农房保险。2009年，人保财险广东省分公司与广东省政府签订《广东省政策性农村住房保险协议》，在全省范围内启动政策性农房保险工作。截至2010年底，累计承保农房1029万户，承保率达90.6%；承担保险金额1064亿元。面对2010年5·7特大暴雨以及9月"凡亚比"超强台风等给我省部分农房造成的损失，人保财险广东省分公司坚持"快查勘，准定损，早赔付"，积极履行保险责任，帮助受灾农户重建家园，累计支付赔款6500多万元，使广大农户切身感受到了政策性农房保险的好处，得到了政府及社会各界的高度赞赏。

3.在全国首创"政银保"农业小额贷款保证保险产品，探索破解农户贷款难题。该项目2009年7月在佛山市三水区启动以来，至2010年底，已帮助656户农民或农业企业获得贷款8796.4万多元，促进了当地农业的发展，受到当地农户的欢迎，得到省政府、广东保监局的肯定以及《经济日报》等媒体的关注。

4.配合开展政策性水稻种植保险工作。2009年，人保财险广东省分公司率先在佛山市三水区开展政策性水稻种植保险试点，2010年累计承保水稻53.52万亩，承担保险金额1.99亿元，支付赔款74.4万元。同时，认真落实中央林业工作会议和中央一号文件精神，结合我省集体林权制度改革，积极配合政府开展政策性林业保险试点。

5.为农村务工人员提供意外伤害保险保

障。比如，近年来，人保财险广东省分公司积极推行建筑施工人员团体意外伤害保险。2005-2010年，该项业务累计承保件数超过31000件，保险金额超过1125亿元，赔偿金额超过5850万元，受益人次超过4600人。同时，还专门开发了务工人员团体意外伤害保险产品，保险责任涵盖意外身故残疾烧伤、意外伤害门急诊医疗、意外住院、意外住院津贴等，为务工人员提供了较为全面的意外伤害保险保障。

此外，人保财险广东省分公司还积极落实省委、省政府"规划到户、责任到人"扶贫开发工作的要求和部署，承担了全省44个贫困村1559户贫困户的定点帮扶任务。

三、服务社会医疗保障体系建设，积极开办城镇职工和城镇居民补充医疗保险

2003年以来，人保财险广东省分公司先后在全省多个地区试点开办城镇职工补充医疗保险业务，2007年开始进行城镇居民补充医疗保险试点，产生了良好的社会效益。

2010年，人保财险广东省分公司在佛山、湛江、汕尾、阳江、清远、潮州、云浮、顺德等8个地市开办了城镇职工、城镇居民和公务员补充医疗保险，为280多万人提供了5500多亿元的保险保障。其中，中标承保了佛山市（五区）2010-2013年度城镇职工基本医疗补充保险项目，每年为佛山市180万城镇职工提供超过3600亿元的保险保障。每位参保人平均每年仅需缴纳62.4元，即可获得最高20万元的保险保障。

四、实施服务领先战略，提升理赔服务能力和水平，积极维护被保险人的合法权益

人保财险广东省分公司始终把提升理赔效率和服务质量作为重中之重，明确提出打造业内第一服务品牌的目标，持续加强理赔专业能力建设，努力提升客户服务水平。根

2010年12月，人保财险广东省分公司保费收入成功跨越百亿元台阶，成为广东财险行业第一家年保费收入超百亿元的经营单位，总公司降彩石副总裁向省公司负责人郭文革颁发百亿军团奖牌

积极发挥保险主渠道作用 努力为建设幸福广东保驾护航

据2009年广东省省情调研中心的调查，人保财险位居保险业服务满意度第一。

1. 扎实开展客户节活动。每年精心筹备客户节内容，通过95518服务专线、上门拜访、现场咨询以及举办开放日活动等多种形式，进行客户大回访，广泛收集意见建议，不断改进服务品质。其中，2010年累计回访客户119.6万人次，受到广大客户的欢迎。

2. 持续提升车险理赔速度。2009年，开展"车险理赔服务年"活动，聘请外部力量，跟踪调查服务状况和客户满意度。全年车险案件处理率110.99%，同比上升22.3个百分点；理赔无忧实现率同比上升2.7个百分点；当期案件平均理赔周期同比缩短4.99天。2010年，开展"车险理赔、快速无忧"活动，推出"车险理赔四项服务承诺"，全年服务承诺实现率达85.2%。

车险理赔专业能力在抗击2010年5·7暴雨水灾损失中经受住了严峻考验。人保财险广东省分公司共接到5·7暴雨水灾车险报案3900多宗，支付赔款7173万元。5月7日当天，即对轻度水浸的1132辆受损车救援定损完毕并陆续向客户支付赔款。到5月9日，除仍滞留在尚未退水的地下停车场里的车辆外，基本完成受损报案车辆的查勘救援工作，总体进入定损和赔付阶段。为尽快合理地确定水浸车的受损情况，人保财险广东省分公司在业内率先制定了水浸车定损标准，对浸泡时间较长的没顶车辆，按推定全损处理赔偿。同时，简化水浸车索赔流程，安排充裕资金准备兑现赔款。广州市政府、广东保监局和社会各界对此予以充分肯定。南方日报、广州日报、南方都市报等媒体给予了及时关注和积极评价。

3. 全力以赴做好亚运保险保障工作。积极跟进亚运会VIK和非VIK保险项目，逐项落实后续服务工作。专门设立可提供中、英、日、韩、阿拉伯5种语言服务的95518亚运专线。组织成立理赔、客服、综合保障执行小组和主协办城市分公司服务团队。与亚组委联合建立中国人保亚运保险服务指挥中心，联合开展39场系列测试赛和5场专项测试赛实战演练，不断完善服务保障方案。圆满完成亚运火炬传递保险保障工作。高标准开展赛时保险服务，

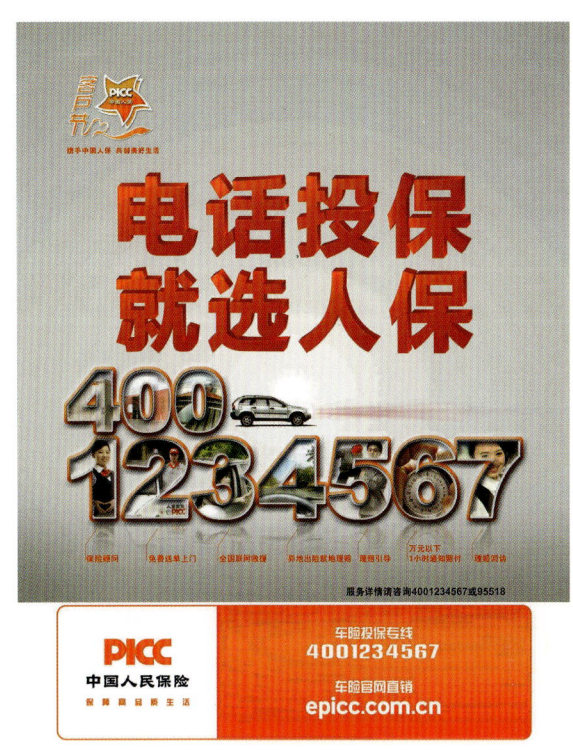

人保财险为广大客户提供价格省、服务多、理赔快的电销渠道。

快速处理700多宗涉亚赔案，实现"零投诉"目标，得到保监会、省委省政府、保监局、亚组委和上级公司领导的高度肯定，收到40多个亚运场馆发来的感谢信。

"十二五"时期是我省加快转变经济发展方式攻坚克难的关键时期。保险业可以而且应该大有可为。人保财险广东省分公司将紧紧围绕省委、省政府工作部署，进一步加强改革创新，进一步提升综合实力，充分发挥保险机制的独特功能和国有控股保险公司的主渠道作用，认真落实强农惠农等改善民生的政策措施，努力为我省加快转型升级、建设幸福广东提供更好的保险保障和保险服务。（图文由人保财险广东省分公司提供）

鸟类天堂，绿色家园——南沙湿地游览区

南沙湿地游览区位于广州最南端，地处珠江入海口西岸，总面积近一万亩，素有"广州之肾"美誉，是珠三角地区保存较为完整、保护较为有力、生态较为良好的河口湿地，具有保持水源、净化水质、蓄洪防旱、调节气候和维护生物多样性等重要生态功能。南沙湿地种植大量珍稀红树林，每年吸引着近10万只候鸟在这里觅食、栖息、繁衍，其中有国家I级保护鸟类东方白鹳，II级保护鸟类黑翅长脚鹬、小青脚鹬、黑脸琵鹭、白琵鹭、鸳鸯等，是广州乃至珠三角难得一见的"鸟类天堂"。

南沙湿地游览区坚持"生态优先"的宗旨，始终秉承生态保护，科学开发的发展理念，以国际化高标准进行总体规划科学有序地进行项目建设，逐步开发形成包括核心保护区、综合游览区、科普展览区、农业观光园区、休闲游憩绿道等集生态观光、科普教育、文化影视、休闲度假配套综合一体的滨海湿地特色生态旅游风景区，呈现自然生态、科普教育和休闲旅游和谐发展的良好景象。

南沙湿地游览区一期为游客提供多种休闲游憩设施，其中乘坐游览船可观赏红树林、芦苇荡、莲花池、鸟类繁殖区和鸟类觅食区等水上景区，乘坐观光车、骑自行车或步行可游览榕荫绿道、海景长廊、原野步行区等陆地景区。其中有荷塘景观栈桥，长约300米，是一座九曲木栈桥，游客可在桥上观荷赏锦鲤，拍摄荷莲、候鸟等；有数万条锦鲤在水中欢腾雀跃。穿过约2公里的榕荫大道便是湿地海景园，这里有一座高达20多米的观景塔，游客可以到塔顶上眺望一片繁忙的南沙港区和宁静的南沙湿地，零距离感受人与自然和谐的境意，尽情享受南沙湿地

中共中央政治局委员、广东省委书记汪洋视察湿地

鸟类天堂，绿色家园——南沙湿地游览区

的自然风光和美好景色。游客身处湿地生态环境当中，在感受自然生态的美好同时，充分享受现代工业文明和生态文明的成果。

南沙湿地游览区二期湿地布局上采用"外环内岛"、"大小面结合林岛"等方式，构筑丰富的湿地空间，为不同的物种提供多样性的生态环境，成为各种鱼类以及鸟类繁衍、栖息的场所和迁徙通道。两期湿地通过一座五孔景观桥握手相连，桥下船只可自由通行。新建有800米的步行栈道和3.4公里的绿道，以及具有湿地特色的"孔桥夕照"、"浅滩荷影"、"红树长廊"、"湿地漫步"、"湿地烟雨"、"红海映波"及"鹊桥相会"等景点。乘船游览，观鸟看景，让人陶醉。

南沙湿地游览区经过精耕细作，优化管理，科学发展，已营造了一个环境优美、舒适、温馨、幸福的旅游环境，形成了"碧波荡漾、绿树成荫、荷花飘香、万鸟齐飞"的人与自然和谐相处的美景，游客的游览幸福感不断提高，成为珠三角节假日旅游的热点，2010年被省林业局、省旅游局评定为"广东省森林生态旅游示范基地"，2011年成功入选"羊城新八景"之一。（图文由广东省南沙围垦开发公司提供）

南沙湿地掠影

鸟类天堂，绿色家园——南沙湿地游览区

中共中央政治局委员、广东省委书记汪洋,时任广东省省长黄华华亲切接见与会参事(图片由广东省人民政府参事室提供)

时任广东省委副书记、省长黄华华发表重要讲话（图片由广东省人民政府参事室提供）

广东省委副书记、纪委书记朱明国同志在2010年省政府参事决策咨询会上发表重要讲话（图片由广东省人民政府参事室提供）

十三行文化资源的保护与开发
——广东十三行遗址调研报告

广东省人民政府参事
华南理工大学教授 谭元亨

一

广东是一个海洋文化大省,十三行是广东海洋文化的一个出色的表现,是海上丝绸之路史上的华彩乐章。十三行的文章做好了对建设广东海洋文化大省、推动海洋经济发展具有深远的意义。历史上,启用大改革家王安石的宋神宗就一再称道广东"笼海商得法",而宋代则是中国历史上科学最发达、社会最富裕的时代。宋神宗所称广东"笼海商得法",主要是鉴于宋统一岭南之际,知晓前南汉国在发展海上贸易政策上有不少可取之处,当时南汉国把外商视为上宾,在国宴上盛情款待,与后来的清代严禁官员与外商接触成鲜明的对比。而在唐代,中山路南至珠江一带,均是外国商人居住的蕃坊,北至飞鹅岭,南至光塔(珠江边),均有外商留下的建筑遗址,广州的外国人,竟达20万之众,比今天的不会少。可以说,唐宋两朝在对外开放上,胸无芥蒂,广纳百川,这些历史上的盛举,与十三行前前后后的生存状况,都密切相关。封建末世,元、明、清各朝的"禁海"行为,扭曲了中国近代史的发展,但十三行不仅沿袭了唐、宋的海商法,使之成为中国最早的经济贸易特区,而且,更成为大航海时代先进科学与先进文化进入中国的可贵通道,成为中国民商的主要发源地,十三行行商,不仅为中国的外贸,更为引进先进的思想文化、抗御外来侵略作出了卓越贡献,并成为中国最早的跨国公司或财团。十三行兴盛之际,中国的GDP高达全世界的32.9%,比今日的超级大国美国在世界上所占的百分比还高。

因此,如何从历史变革上拓展十三行研究的视野,仍大有文章可做。

从文化上看,十三行亦有出色的表现。十三行行商是有名的儒商,他们在诗文上不仅不逊色于同时代的文人墨客,而且还在文化产业上出类拔萃,潘家的"海山仙馆"是大规模的文博园林,伍家的刻书业亦无人可比,而陶瓷输出更对西方的艺术及时尚的革命产生过重大的影响。他们不仅为保护中国传统文化做出了杰出的贡献,同样为推动中西文化交流出了大力,到瑞典斯德哥尔摩参观诺贝乐奖颁奖大厅,人们都少不了介绍其巨大的落地窗帘是来自中国的丝绸。更重要的是,他们为改变传统的"仕农工商"观念身体力行,道光年间(1820年左右)的民谚"潘卢伍叶,谭左徐杨,龙凤虎豹,江淮河汉"就表现出了南中国已不再"重农轻商"。而美国至柯立芝总统(1923年)确立其"以商立国"的国策("American business is business")却是在其100年之后。遗憾的是,传统的惰力在中国未免太强,时至今日,我们的传统观念仍很严重,而商业的诚信仍须进一步确立。观念的改变,毕竟是最根本的。因此,如何在文化上重新认识十三行商,拓展我们视野,真正了解十三行行商在历史夹缝中的挣扎、奋斗,还需下更大的功夫。

由于中国传统文化"仕农工商"的观念,商居末位,在尚存的史志上,商不入史志,甚至连谱牒上都没有商人的记载,如潘家、伍家族谱皆如此。卢家曾经努力,一度争得了在族中"木主"的位置,结果引起一场惊动了皇帝的风波,还是被逐了出来。道光"八大家"——潘卢伍叶谭左徐杨,除潘是从福建迁来,入籍番禺,其余均为南海、顺德、中山、新会籍的行商,然而,县志、族谱均未列入,仅余民间传说。与此相反,在国外有关明清两朝的通商史上，却有大量记载，只是大都未能引进与翻译。如果缺乏行商的深入调研，对当年广东乃至中国外贸产生的历史文化、经营观念上便把握不住。而目前"八大家"中，仅潘、左（即梁经国）两大家还有较详尽史料外，其余大都为空白。因此，有必要分别在南海、顺德、中山、江门等地进一步深入调研，至少可以"南海籍十三行商"这样以地域范围着手组织相应的课题，发动学者与当地文博部门相结合，才有可能拿出有份量的论文与专著来。

当然，大量的史料尚须从外引进，先期可考虑在港澳台有关大学进行调查，据了解这些大学里相关的外文资料不少，而后，欧美方面也有大量文物资料须发掘，现拥有的相关线索已不少。

可以说，从史料搜集发掘有三个层面可进行：

1．近处三邑（南番顺），中山、五邑的调研。

2．中外港、澳、台有关大学及文物部门的史料搜集与发掘。

3．欧美相关的史料。

港、澳与欧美同十三行的关系不言而喻，而台湾，除《广东十三行考》的作者梁嘉彬后为台教授外，十三行的前史，与荷兰侵台、郑氏父子建立的金厦海贸帝国，亦密切相关，而目前研究仍很薄弱。

二

十三行文化有着极其鲜明与独特的色彩，从而在与之相关的区域内留有众多的景观。可以说，这些景观，是十三行文化的鲜活、具象的载体。长期以来，被湮没、被摧毁的已不少，若再不保护与修复，有可能不复存在。对这些景点，如果不加以整合并揭示其文化内涵，亦会失去其关注及本来的价值。目前，无论是荔湾区的十三行圈，还是市里的环白鹅潭经济区，都或多或少忽略与文化的关联。其实，十三行文化景区，不仅在荔湾、珠海，同时在越秀、黄埔等区，须予以统一与协调。其中的重中之重，当在十三行夷馆、海山仙馆、南华西街行商居住区、海幢寺、花地、黄埔村等。

1．十三行夷馆

即外商、洋行驻广州办事处，具外国领事馆属性。其遗址位于今人民南路以西、十三行路以南，今文化公园所在地。园内部分隙地为当年夷馆间的靖远街、同文街遗址。园内汉城景区为当年夷馆前的美国花园遗址。

2007年瑞典国"哥德堡"号访穗前夕，广州市文化局曾答应在文化公园设立标志性纪念物，但至今没有下文。

文化公园宜改设为十三行文化广场，类似今人民公园为开放的、大众的、四通八达的、园林化似的文化广场。现有有关风景建筑可变身为十三行历史文化博物馆。

2．海山仙馆

潘仕成私家花园，兼作官府外交活动场所；素有"南粤之冠"美称的大型古典园林，遗址位于今荔枝湖公园东南部。潘家居住区早已无法考证，海山仙馆遗址却可以得到清晰的论证。虽说当年"宏规巨构"的湖山园林大背景早已丧失，但中观或微观的历史环境尚存。如采取务"虚"与务"实"相结合的手法，在遗址范围内重构"仙馆"遗韵，追寻当年"独擅台榭水石之胜者"，还是有条件获得相当良好效果的。而当时大量的诗文、书画，亦可重新搜寻、复制，在此集中；同时，亦可以将伍家的刻书业等，在此展示。从而整合整个十三行的文化资源。

3．南华西街行商居住区,潘家祠堂、潘家大院、伍家小姐楼

位于海珠区南华西街龙武里社区，是中国行商首富、行商首领潘、卢、伍、叶、谭等的开基聚族居住及公共活动的建筑群落式大屋遗址、遗存。如果说商馆主要从事的是商业活动的话，中国行商的居住地倒是更多从事文化活动的地方。行商对中国传统文化的传承与传播发挥了不可抹煞的作用。

潘家大院等建筑及其环境尚有恢复的可能性。潘家祠堂可办成一个规模相当大的行商家居文化博物馆。伍家小姐楼及其院落可辟为一个袖珍式的文化景点。扩大到该居民小区，可形成一个闹市中的园林式的历史景区。

4．海幢寺、花地

在监护下定期安排外商外出商馆休闲活动的地方。有历史文化素材可发掘，但现在已不为人所知，仅是一个公园而已。恢复海幢寺，带动周边商业服务旅游街发展，形成一个较大规模的休闲文化场所。

5．黄埔村及"左垣家塾"

黄埔村为十三行外港，这里有当年的码

头、店铺、墓碑、官家住宅及花园、税馆、买办馆、搬运馆、古祠堂、古民居等以及设在珠江对岸的海关，应当与整个十三行景观的文化整合起来。"左垣家塾"是十三行行商梁经国的遗产，具有直接的文物纪念性质。宜整体规划开发，配合广交会发展旅游产业。

三

作为十三行外贸上具有历史价值的各类文化"节点"，还有很多，其中关系密切的，可以即时整合的，经调研，至少可有：

1. 十三行路

可谓十三行夷馆的一条参照坐标轴。无论该路东段两侧建筑物怎样变化，清代始兴的"十三行路"—"中英街"—清末民初的"十三行街"—建国后的"十三行路"，地基遗址并没有变。

此地商业气氛浓厚，建议调整现有产业结构，开辟为旅游步行街，出售当年外销商品和外销画。街道东西两端各立一座中西合璧式的入口牌坊，以壮景观。

2. 十三行历史文化街区

十三行路以北、浆拦路以南、人民路以西、康王路以东所围合的街区，是当年十三行拉动发展最快的城区，其中还设有"公行"等商务机构。虽几经大火，现遗存的建筑毕竟是距离十三行时期最近的实物客体，此乃广州名城保护至今极其稀罕的一块历史街区。这里街巷空间变化多趣，"行"字号的商铺很多，也是一种非物质性的文化遗产。对此街区进行整体式保护，实现限时段的步行化商业街管理，经营旅游特色商品，营造地方风土氛围，改善居住条件，提高旅游观赏效果。

3. 西堤码头、近代海关

码头可令人上溯当年帆船贸易时代，海关可叫人联想十三行时期的西关海关机构、设在长洲岛上的海关、鸦片战争之后的海关等。人民桥头"小海"遗迹，是当年"洋船争出""向二洋"的起锚点。

4. 漱珠桥、环珠桥

位于海珠区今南华西街，是当年行商出资建造的两座造型优美的公共桥梁，并得到国外报刊的介绍。现在的遗址，可作历史地标标志，标志物也是一种景观。

5. 琶洲塔

西人称"中途塔"。或为外商船舶中途停泊之处，又称十三行外港。现留有周边空地，拟建"琶洲公园"，但不知考虑十三行之景观内涵否？西边会展区高楼应考虑与古塔取得呼应关系。

6. 从珠江口到广州的系列炮台

行商潘仕成捐资买炮、买兵舰，亲自仿制水雷，参加反租界斗争，表现十分出色。潘仕成西关府第附近就有一座西关炮台，并发生过战事。炮台的保护研究已引起人们的关注。

7. 洲头嘴

现珠江白鹅潭南边的一块公园用地。建议营造有纪念性意义的公共园林绿地，不宜在此（水边）建高楼大厦（大白鹅潭规划有许多所谓"广州浦东"的方案）。保留好珠江、自然、水岸、历史文化。

8. 西村窑

为供应大量瓷器出口，曾在此直接建窑起火烧瓷。后为洋务派与民国的工业区，工业遗产较多，也有保护价值。目前正面临用地性质、产业结构的调整、置换，悠久的历史文化遗存有被铲除的危险。建议针对西村工业区作综合性的规划，让更多的文化遗产得到保护利用。

四

综上所述，谨建言：

1. 尽快召开有关十三行的研讨会，集中文化、商贸、旅游、规划、建筑等方面的专家，尤其是省港澳三地专家的意见，一旦条件成熟，进一步召开国际性的研讨会，既可深化研究，又可加大宣传力度，擦亮这块文化名牌。

2. 整合十三行的文化旅游资源。当前，广州旅游拿得出手的"月亮"太少，而十三行这么一个具有国际影响的品牌一旦打响，当不弱于其他景点，所以应尽快加以整合，环白鹅潭十三行景观务须在广州市府统筹下，由荔湾、海珠两区通力合作，方可事半功倍。

3. 依据现有的相关资料，编纂一部《十三行图史》是可以办到的，这不仅可以为日后时机成熟再完成《十三行史》打好基础，还可对当前整合文化资源、统筹城市规划大有裨益，并为旅游、宣传作依据，尤其是作为广东外贸的一大名片打出去，在接待国际政要及经济企业的重要人物时所用。

科技成果产业化的高效能转换机构
——台湾工业技术研究院的调研报告

全 国 政 协 委 员
广东省人民政府参事 毛蕴诗
中山大学管理学院教授

科研机构如何在提供公共技术服务的同时促进科技成果产业化；官产学研如何有效地结合；政府在科技资源的配置和推动科技成果产业化中的作用何在？2008年底我随国家教育部的课题组到台湾工业技术研究院(简称台湾工研院或工研院)进行了调研。本调研报告介绍了台湾工研院的成效与运作特点，提出了相关建议。

一、台湾工研究院推动企业升级与高科技产业的发展

台湾工业技术研究院1973年由政府出资设立，属民办官助非营利科研机构。工研院致力于将政府技术开发规划、企业及市场需求紧密联系在一起，开展前瞻性、关键性、共通性技术研发，并将技术转移给产业界，推动台湾产业由技术"追随者"升级为技术"创新者"。

2007年工研院的总收入为177.41亿新台币，其中产业服务收入为89.96亿新台币，占总收入的50.7%；科技专案项目收入为84.54亿新台币，约占总收入的57.7%。其主要作用体现在：

1. 从事具有经济价值的基础研究活动，为企业提供技术服务。2005年，工研院为26358家企业提供工业技术服务项目49558个，为851家企业提供技术转移服务663项；申请专利2149件，获准专利2005件；接受1275家企业外界委托项目1188项。

2. 沟通研发活动上下游的桥梁，向企业转移创新成果，促进创新成果产业化。工研院创业育成中心迄今已创造了140家新企业，每年平均在驻企业约50家。2006年，台湾工研院获得美国企业育成协会(NBIA)颁发的"年度最佳育成中心"荣誉，创下NBIA创会20年亚洲机构获奖先例。工研院还积极为社会各界输送产业人才，截止2005年底，工研院累计向外转移人才18490人，其中，到企业界工作15209人，学术界1718人，进修891人，政府机构672人。

此外，工研院还为政府政策提供决策参考与支持；充当台湾与全球重要机构科技交流与合作的重要窗口，为台湾中小企业的成长和高新技术产业的发展做出了突出贡献。

二、台湾工研院运作模式与运作特点

台湾工研院现拥有行政部门、业务推广部门和13个研究机构，员工5826人，其中，研发人员4907人，占员工总数84.2%。业务推广部门主要包括技术转移与服务中心、企研处、国际业务中心、行销传播处。研究机构主要包括连结中心(包括创意中心、纳米中心、产业经济与趋势研究中心(IEK)、量测中心和服务与科技应用中心)，基础研究所(包括生医所、能环所、材化所、机械所、资通所、电光所)和核心科技中心(包括显示科技中心、晶片中心、太阳光电中心、药材中心和辨识中心)。

1. 立法设立、政府支持、企业化运作共同支撑工研院的发展。按照《工业技术研究院设置条例》，工研院作为民办官助的非营利科研机构，由政府出资创立。30年以来，工研院经费逐渐从最初纯粹依赖政府投入转变为以合约经营为主；政府输血、自身造血。台湾工研院发展分为3个阶段。第一阶

段（1973年至1979年），经费全部来自于政府；政府通过捐助章程和组织条例对工研院实施监督，保证科技计划的执行与经费的有效使用。第二阶段（1980年至1992年），通过承接政府"专案计划"，开展基础性、应用性研究；逐步建立知识产权转移机制，完善产业服务，明确其协助企业技术开发和政府政策咨询重要地位。第三阶段稳步发展时期（即1993年至今），强化产业服务1：1量化指标，即承接公共部门项目的经费相当于面向产业服务的项目经费。工研院各单位基本上都是独立的营运中心，自负盈亏，对政府的依赖不断减少。

2.一体化连结中心提供强大的跨领域整合价值能力。工研院通过连结中心与产业界密切互动，共同完成跨学界、跨产业、跨地区的价值整合。创意中心源源不断的提供独特创意，营造多元化研发环境；纳米中心建成世界级的共同实验室，开展大规模跨领域研发，最大化资源运用；IEK通过网络平台打造一流的产业智囊库，为客户提供产业研究、政策研究、前瞻趋势、创新服务等咨询服务；量测中心、服务与科技应用中心通过跨领域、跨专长的合作，创造衍生价值，帮助企业寻找合作机会和商机，形成新的服务事业及服务产业集群。

3.构建基于开放实验室的开放研究与"全资源服务"系统。工研院拥有开放实验室。企业或自然人拥有专利和专有技术后，准备进行再研究或应用开发，可提出开发计划，经核准后即可进入实验室。并可利用开放实验室的设备，与实验室的研究人员共同开发研究。开放实验室建立了从研发、产品开发，至新创企业、产业发展的一条龙运作体系；为委托方提供包括技术授权、委托研究、企业合作、市场、战略、组织分析、资金来源寻找、法律问题解决、信息、通讯、空间设施、实验设备等"全资源服务"。研发成果将按照双方投入情况以及研究上的力量投入，双方协定占有相应比例。

4.专业化的创业育成中心提供有效的孵化机制。工研院育成中心为孵化企业提供完善的网络资源、大型会议室、开放实验室、技术支援设备等硬件设施，以及图书服务与资料检索、信息与咨询、技术合作与战略规划等软件服务。通过整合创业投资基金、大学院校及政府部门企业中介辅导体系等资源，形成具有商务服务、管理训练、资金扶持、技术支持等多项功能的整体服务中心，促进孵化企业的快速起步和成长。进驻工研院育成中心的有通讯、电子、医药、IC设计、光电、材料等企业。现已培育出群联电子、骏亿电子、旺玖科技等许多杰出的上市"股王"公司和捷泰科技、台湾微型影像、金丽科技、瀚霖科技、康奈科技等一批成功企业。

5.成立衍生公司，通过有效的知识产权转移制度，培育大型企业。所谓衍生公司是指工研院员工随同原组织所拥有的科技成果，一齐脱离原组织成立独立自主的全新公司，以继续推动技术创新与研究成果的商品化，而工研院通过技术授权或技术作价参股衍生公司的方式回收投资成本。20世纪70年代中后期，工研院电子所将美国集成电路技术引进台湾，建立了自己实验工厂，对技术进行改良，在成熟技术和熟练工程师、管理人员的基础上实施整厂技术转移，建立了台湾第一家民营集成电路生产企业——联华电子公司。工研院先后衍生出台积电、台湾光罩、亿威等近百家高科技企业。新竹科学园区的高科技企业，一半是从工研院转移技术衍生成立，即由工研院员工投资创建的。"衍生企业群"已成为带动台湾新兴高科技产业发展的先导力量。

6.知识产权管理制度与灵活的人才流动机制，"台湾总经理制造机"。台湾工研院素有"台湾总经理制造机"之称，其技术向企业转移及产业化和衍生企业群和大企业的成功培育有赖于工研院建立的一套规范的知识产权管理制度。《台湾工研院智慧财产管理及运用纲要》规定了员工职务发明、创作、营业秘密等，以及委托或接受委托研发技术时知识产权归属与使用约定，还规定了工研院的知识授权使用,等等。工研院拥有宽松的人才流动机制鼓励技术研发人员向企业转移或辞职创办科技型企业。工研院年平均人员流动率高达15%，新竹科学园区近4千人是由工研院出去的，到2002年，光电所离职到企业创业的人员已有25位CEO。

7.与高校、其他科研院所紧密合作，发挥协同作用。工研院与新竹科技工业园、台湾"清华大学"、"中央研究院"等结成联盟，发挥协同作用。在新竹科技工业园造就了举世闻名的半导体产业。工研院在美国、欧洲、俄罗斯及日本设有公司及办事处，与众多海外研发组织结成策略联盟，以专利交互授权、共建研发与技术转移平台等形式提升整体研发实力，通过合作把外界的研究能力带进工研院。

三、启示与建议

与台湾工研院机构设置、作用与机制相比，内地科研机构分散、学科单一，产学研脱节、资源浪费严重；缺乏像台湾工研院这样跨多重学科领域、综合性强、贴近市场、为企业提供综合技术服务的科研机构；更缺少与台湾工研院类似的促进科研成果产业化的有效载体和制度。现在，国内部分地区正在筹划建立区域（省级）公共技术创新平台，现结合有关情况提出以下建议。

1. 建立区域公共技术创新平台，为中小企业提供服务，推进企业升级发展。通过平台的建立积聚政府、产业、企业、科研机构的力量，为企业特别是中小企业，OEM企业的发展提供良好的技术支持和综合服务；为技术升级和创业创造条件。

2. 强化区域公共技术创新平台的科技成果产业化功能。在平台内建立孵化器，为孵化企业提供开放实验室、中试基地等硬件设施；建立示范工厂，实现整体技术转移。同时也为孵化企业提供技术支持和智力服务，在科技成果转化过程中发挥更大的作用。

3. 区域公共技术创新平台应突出跨越多重专业、多重技术领域的特点，定位于产品研发与创新、过程创新、组织创新和提供综合性服务。这样使之能首先跨领域、跨专业地合作，创造衍生价值；并区别于科学院、工程院等传统科研机构，在更高层次、更大范围系统推动创新，为企业提供综合性服务。

4. 区域公共技术创新平台建设初期应由政府主导，逐步引入企业化运作。一方面发挥政府在资源配置中的作用，通过对重大科研项目支持，突破一批有共性关键性技术；另一方面，有助于科研机构更加贴近市场，服务于企业。

5. 建立宽松的人才流动机制和有效的知识产权转移制度。需要界定科研机构、发明人、创业者的相关产权和利益，明确科技成果转化相关方在科技成果转化中的作用和权益，正确处理知识产权授权、转让，完善知识财产的授权计价与技术转移计价。同时，修改、制定相关政策鼓励科技人员带着技术辞职创办科技型企业或向企业流动。

将"西关文化"打造成建设文化强省的一个文化经典品牌

——关于广州"西关文化"的调研

中山大学教授
广东省珠江文化研究会会长　黄伟宗

最近省委、省政府提出建设文化强省的奋斗目标，这是在前些年提出建设文化大省目标的重大发展。建设文化强省，就要打造出多种多样的强大文化品牌，尤其是需要既有地域文化经典意义、又有国际影响力、并具有"文化引领"作用的文化品牌。在我省众多的名地名城文化中，笔者认为广州市荔湾区的"西关文化"，是很有打造成为这样的经典文化品牌的潜质和基础的。其实，从中共中央政治局委员、广东省委书记汪洋同志于2008年春天视察广州市荔湾区时，指出要重视并弘扬西关大屋的深厚岭南历史文化，并随后在云浮市视察时，又提出要该市建设成为富庶文明的"广东大西关"的目标可见，省领导早已发现并重视西关文化所具有的这种潜质和基础，并且有将其打造成建设文化强省的一个文化经典品牌的意向了。为贯彻省领导指示和响应建设文化强省号召，现根据笔者对广东文化和西关文化的多年研究和考察所得，提交调研报告如下。

一、西关文化的内涵及其深厚文化意义

古广州（番禺）城的西部地带，通称"西关"，以其在古城西部关口（即今"西门口"）之外而得名，地域范围主要是今荔湾区。因其地域的自然地理与人文历史的独特及优势，使其在广州市、在广东省、在珠江流域（含岭南）、在中国、以至在东南亚和世界的文化格局中，都具有不同层次的特殊地位和典型意义，其具体内涵和意义，分别体现于下列以文化实体或载体为标志的文化因素或特质中：

（一）以"荔枝湾"为标志而体现的百越文化、水乡文化的内涵和意义

广州市的西关地带，又称荔枝湾，是因其地域是珠江河畔的一道河湾，并盛产荔枝而得名，自古以"一湾春水绿，两岸荔枝红"的水乡景色而著名于世。此地原是城外郊野，河汊纵横，江海淼淼，适宜水上居民生息。所以，在远古时代即有被称为"水上民族"的岭南土著——百越族中的南越族人在此栖息。自秦代建城以后，西关成为名副其实的郊外水乡，大量水上居民、蛋家、渔民在此依水谋生；同时，西关又是广州与内河、海外交通枢纽，造成这里又是历代水上运输和商贾世家的地盘，至今仍存的第十甫、十八甫和第一津等地名中的"甫"和"津"，乃码头、渡口遗存的文化实证。所以，荔枝湾的地名和实体，标志并体现着西关文化，具有标志岭南土著的百越（南越）文化之根，并典型体现广州和广东特色的水乡文化（含水上居民、蛋家、船家、商家等文化）的内涵和意义。近年西方有新发现，称百越族系水上民族，原属东南亚一带海岛的海上民族，并称这族群乃人类原始人种（另有一说是人类原始非洲）；近年西方还有现代水文化论者称，地球原是一片海洋，人类及世上一切动物，皆诞生于海水孕育的细胞，海水渐减而出现陆地，从海上诞生的人类及部分动植物才在陆地上生存，在陆地生存也始终离不开水，所以，所有人聚居的地方都必定有江河湖泊，并多以水而定名、定界、定文化，从而确立水决定人的生命、生存、生产、生活和意识的水文化理论。由此，西关文化也因其具有百越文化之根和岭南水乡文化特质，而具有与人类原始东南亚海上民族和世界水文化体系连根对接的内涵和意义。

（二）以"西来初地"为标志而体现的海上丝绸之路文化、珠江文化、海洋文化的内涵和意义

"西来初地"是西关古代一个口岸的地名。源于南北朝时代，印度佛教禅宗和尚达摩，从海上丝绸之路来到中国，在此登陆上岸。达摩传入的禅宗后来在中国有很大发展，后人即在其登岸处立"西来初地"石碑纪念，从此作为这口岸之地名。原口岸遗碑现仍存西关上九路。这地名及遗碑，标志着西关原是广州和广东的一个古代海上丝绸之路港口，连接着通往世界各国的海上丝绸之路文化。这个口岸，还意味着古代的西关是一个河海连通的古港，是珠江连通南海的珠江三角洲中的一个河海交通枢纽，是体现珠江文化的江海一体特质，并具有特强海洋性和领潮性文化渊源的标志所在。因为珠江三角洲（含广州）本来是南海中一片毗邻陆地的海底地层，海水逐渐退缩而形成海陆联体、河网纵横的三角洲，成为珠江的出海口，即通称的"门"（如虎门、崖门、磨刀门等），达八个之多。所以，珠江的最大特色是江海一体，珠江流域的文化与其他大江大河（如黄河、长江）文化最大不同之处，就在于与世界海洋文化有直接的共体共脉的特质和关系。由此，西关文化也就具有体现海上丝绸之路文化、珠江文化，并连接世界海洋文化的内涵和意义。

（三）以"十三行"为标志而体现的商贸文化、亚太交流文化、海外华人华侨文化的内涵和意义

汪洋书记前些时候，对关于广州十三行遗址恢复问题的两份《省政府参事建议》，在一个月内先后作出两次重要批示，可见高度重视，这不是偶然的。广州在明代已是中国重要的对外通商口岸，西关现仍存的"怀远驿"地名及其遗址，就是供当时外国商人前来暂住的地方。清初开始，西关的"十三行"地带的对外贸易更是繁荣。因为"十三行"是清初受官方委托而全权掌管对外贸易的商业集团，是当时中国六大商帮（含晋帮、徽帮、浙帮、苏帮、闽帮）中最强的粤帮主要代表，其在西关的管辖地带，从乾隆年间开始，是中国对外进出口的唯一口岸，直到道光年间鸦片战争失败，迫使清朝开放"五口通商"才结束，垄断全国进出口贸易持续两百多年之久，是清代中国最大外贸集团和"中国出口商品交易会"。所以，建国后五十年代在广州创办中国出口商品交易会，改革开放在广东"先走一步"，是有历史渊源的。据中山大学著名历史学家黄启臣教授在《明清广东商人》一书中提供的史料，清代西关十三行在世界有贸易关系并建有粤商侨民会馆的国家和地区有：日本、马来西亚、新加坡、毛里求斯、菲律宾、美国、泰国、加拿大、秘鲁、古巴、墨西哥等。此外，有贸易关系但一时尚未建粤商侨民会馆的国家和地区更多，如缅甸、柬埔寨、澳大利亚、俄罗斯、葡萄牙、西班牙等。从这些史料可见，十三行与这些国家和地区不仅有商贸关系，同时有文化交流关系；而这些国家和地区，又主要是亚洲太平洋地区，意味着十三行主要从事亚洲太平洋区域的贸易和文化交流；而其在各国建立粤商侨民会馆，也可谓世界华人华侨文化之缘起。所以，十三行标志并体现着西关文化具有商贸文化、亚太交流文化、世界华人华侨文化的内涵和意义。

（四）以华林寺、光孝寺为代表而体现的禅宗文化、六祖文化和宗教文化的内涵和意义

印度达摩和尚当年在西来初地登岸后，曾在现仍存的华林寺地带短期停留并传教，后来才在此正式建寺。达摩从广州北上，至河南嵩山少林寺正式设坛弘法，被尊为中国禅宗始祖，故西关的华林寺则可谓印度佛教禅宗教派进入中国的登陆圣地，具有拉开中国禅宗文化序幕的意义。位于西门口附近的光孝寺，是广州历史最早、又是佛、道、儒三教共尊的寺院，并是六祖惠能正式剃度出家之地，在中国禅宗文化和六祖文化史上，具有转折性的里程碑意义。此外，天主教、基督教、伊斯兰教等也都在西关地带有种种遗存或旧址。所以，西关文化具有较早较多的宗教文化内涵，是佛教禅宗文化始发地和六祖文化转折地，并具有中国传统三教合一、中西宗教和睦共处的典型意义。

（五）以陈家祠为标志而体现的书院文化、姓氏文化、儒家文化、广府文化、岭南文化的内涵和意义

位于广州中山七路的陈家祠，是一座具有丰富文化内涵的书院旧址。始建于清代中叶，原是陈氏家族的书院，原是陈氏宗祠，并是供本族子弟读书及赶考攻读的书院，是传统书院文化、姓氏文化、儒家文化的历史载体。书院建筑是典型岭南广府文化风格，

屋顶及梁柱全是以广瓷装饰；院内历代多有岭南民间工艺陈设，著名的"广瓷"、"广彩"、"广雕"、"广绣"均在此露其峥嵘；尤有深意的是西汉初年，汉文帝派专使陆贾南来劝南越王赵佗归汉，曾在这地带小住，以候迎送。陆贾的使命是促使岭南与中原统一，促使汉文化与岭南土著百越文化的融合。从而此地又有南北文化融合而发祥广府文化的意义。前些年在此立有陆贾南来的纪念塑像，标志着这一重要的文化内涵与渊源。所以，陈家祠可谓书院文化、姓氏文化、儒家文化、广府文化和岭南文化在西关文化中的综合缩影。

（六）以锦纶会馆、器皿行为标志而体现的丝绸文化、衣饰文化、金玉文化、银铜文化的内涵和意义

位于西关上九路的锦纶会馆，是清末建筑，是中国首位创办民族资本缫丝工厂的企业家陈启源的纪念地，标志并体现着西关是岭南丝绸经济与文化的中心，是丝绸工商业和文化的基地。中国古代的特产是丝绸，出口商品主要是丝绸，衣饰领先是丝绸，"广绸"、"广绣"的产销中心在西关，丝绸文化和衣饰文化中心也在西关。由于商业发达，经济繁荣，传统和现代的古玩、玉器、金器等饰物文化、金玉文化，也以西关为中心或领潮之地。可以说西关是中外丝绸、衣饰、金玉文化的交汇中心。

（七）以茶楼、艇仔粥、中药行为标志并体现的茶文化、饮食文化、中成药文化，以及中西结合的饮食、医药文化的内涵和意义

广州人有上茶楼喝茶吃饭的传统，著名的茶楼多在西关，如陶陶居、泮溪、莲香楼都是百年老店，所以，茶文化、饮食文化的中心在西关。在食品中，著名的艇仔粥尤有水乡特色，它是船民在小艇上以刚从河中捞起的鱼虾做粥而得名，现捞现煮，新鲜可口。茶楼的饮食品味，也是以清淡新鲜、小型多样为主，俗称"一盅两件"的饮茶"点心"款式，即是典型体现。其实，广东人饮茶款式与西方人喝咖啡相似，请人喝茶吃饭主要是会朋友、谈生意，也与西方人餐馆会客类同，从而可以说饮茶饭局是一种中西合成文化。西关又是广东中成药的生产和销售中心，何济公、梁培基等老牌药厂皆在西关，故可称中成药文化中心。中成药是将中药材制成膏、丹、丸、散，是中国传统制法，也有吸取西药技术之处，这也是西关文化善于吸取消化外来文化的一种体现，可谓中西结合、以中为主的饮食、医药文化。

（八）以西关大屋、骑楼、古巷为标志而体现的宅居文化、街市文化、古巷文化、海洋性气候的善居文化的内涵和意义

汪洋书记在视察西关时，对西关大屋的岭南文化特色与内涵十分赞赏，随后提出广州市要建设成为"首善之区"的奋斗目标。这是很有眼光的真知灼见。西关大屋与北京的四合院、广东的客家围屋等民居建筑的最大不同，在于不是封闭式的，而是贯通式的，即：每座总体上是前后二进或三进建筑，每进之间是天井，每进中间都是宽敞的客厅，两翼是住房或书房；头进的大门有三重：1.扇门，又称脚门，仅大门一半高度，日常关闭，上为通风，下为屏风；2.趟栊，用园木等距离排列构成，既防盗而又通风；3.厚木大板门，通常夜间才关闭。所以，整体是通风建筑，适宜南方海洋性的炎热气候。尤显这种气候特色的是骑楼式的街市建筑格局，即：每个商店铺面之上，都有延伸覆盖的楼层，谓之骑楼；楼上每层可住人或贮物，楼下为人行道，通街骑楼相连，使商店防晒防雨，又方便顾客进出流动，是典型的适应海洋性气候的商贸街市建筑，西关的上下九路、第十甫、恩宁路即是这种街市文化格局的典型体现。广州的城市街道结构，大体是"大道"（或"路"）、"街"、"巷"三个层次。最小的"巷"，相当于北京的胡同，上海的里弄，是城市的最基层，是社会结构的细胞。小巷的建筑结构，也很有海洋性气候特色：每条巷的路面，大都由青石板块砌成，龟背形，下雨时雨水很快分流，暑天则石板很快散热，同过去广州人爱穿的木屐功能一样。过去西关人穿木屐特有风韵，走在青石板小巷里的情景和响声，充满着南国情调的动人交响乐。欧阳山的长篇小说《三家巷》生动地描写了这情景，也较好地描写了广州和西关的宅居文化、街市文化、古巷文化、海洋性气候的善居文化。

（九）以花市、花地、粤剧、"西关小姐"为标志而体现的风俗文化、风情文化、艺术文化、时尚文化的内涵和意义

每年广州的除夕花市风俗，加之散文大师秦牧的名作《花城》的美化和影响，使广

州在羊城、穗城之外，又增加一个"花城"的美称。这标志着广州的风俗文化，是历史悠久而又尤有春意的。这也充分体现于西关文化中。尤值一提的是在西关，有个乡村地名叫"花地"，因历代以种花为生而得名，这也是广州人爱花的标志。广州人不仅除夕花市，而且一年四季都有插花、送花、种花传统，可谓广州特有的一种风情文化。现仍存西关的"八和会馆"遗址，是粤剧戏班集社之地，标志着这著名的"南国红豆"也是西关文化的重要内涵。粤剧缘起于珠三角水乡的"红船班"，是因其多以乘座红色大船到各水乡演出而得的俗称。当年西关也属水乡，故其也属西关艺术文化之列。另有语言学家称：粤语的代表是广州话，广州话的标准音是"西关小姐"音。这说法的语音学依据不详，美学依据则是以貌取音之理。古语云："人美言亦美"。言，包括语和音。其实，"西关小姐"的出名，主要不在于语雅音美，而在于其素质和气质，即既有传统文化素质，又有西方文化气质，这也是西关特具海洋文化优势造就的，是西关文化特具海洋性、领潮性、共时性的体现，可谓与时俱进的时尚文化，这也是西关文化尤有中西文化结合特色的一个体现。

（十）以沙面、六二三路、"刑场上的婚礼"为标志而体现的现代民主文化、红色文化、名人文化的内涵和意义

沙面是西关南面珠江河畔的一个小岛，从清末开始成为外国租界地和领事地；岛对岸的河边，称为沙基。1924年发生广州与香港工人联合举行的著名省港大罢工，旗帜鲜明地反对帝国主义，是中国民主革命的重大事件。同年6月23日，在广州举行示威游行。当游行队伍经过沙基时，住在沙面的帝国主义军队竟然开枪射杀游行群众，致多人死伤，历史上称之"沙基惨案"。由此，建国后将沙基易名为"六二三路"，以资纪念。所以，沙面、沙基、六二三路，既记录着帝国主义对我国的侵略罪行，又记录着革命先烈以鲜血写下的英雄历史和民主文化。紧接省港大革命之后的广州起义，更揭开了广州在中国共产党领导下的红色革命史页。在这场光辉的浴血斗争中，西关儿女周文雍、陈铁军，在反动派屠刀下举行的"刑场婚礼"，以革命的英雄行为谱写了一曲动人的浪漫乐章。这曲史诗，既是西关文化具有红色文化内涵的标志，又是西关的名人文化多有西方文化色彩的一个体现。除周文雍、陈铁军之外，西关还涌现许多文化名人，如中国铁路之父詹天佑，新学先驱邓家仁、邓家让兄弟，孙中山的得力助手陈少白，开创中西医结合先河的"发冷丸"首创者梁培基，著名妇产科专家梁毅文等，都有留洋的经历或引入西方文化、进行中西结合的业绩，由此也可见西关文化大都有西方现代文化色彩。

从上可见，西关文化是一种博大精深的经典文化。它作为一定地域的文化，其内涵是全面、多样、丰富、系统、领先的，是全省许多文化名地名城所望尘莫及的；从其文化意义而言，它在不同层次上都具有代表意义，尤其是相当集中而典型地体现了珠江文化（含岭南）的特质，即：海洋性、领潮性、多元性、包容性、开放性、商贸性、务实性、平民性，是珠江文化（含岭南文化）最具代表性的地域文化。所以，它完全具有打造为建设文化强省的地域文化经典品牌的潜质和基础，应当以最大的智力、人力、财力、物力去进行打造。

二、如何打造西关文化并发挥其"文化引领"作用

（一）经典化

将上列十项标志性的文化实体或载体，作为标志西关文化的经典去进行打造。一方面是硬件打造，原已打造的上下九步行街，以及现正进行扩建的陈家祠广场，即属此类。此外，还应增加十三行或西关文化博览园等经典文化实体的建设，并应将上列十项标志性文化实体或载体，都重新予以经典化的打造；另一方面是软件打造，即要媒体和出版物，都将西关文化及其标志性文化实体经典化，尤其是在各种广告和电视剧制作中，使之能有如上海的"十里洋场"外滩、北京的王府井那样的名气，具有标志广州文化的经典意义。当前应当利用正在进行筹备硬件建设的时机，大抓舆论宣传，利用拆迁、征名、征求民意等方式，向群众普及西关文化的内涵和意义，家喻户晓才有知名度，才有经典性，才有文化引领作用。

（二）视像化

用大力气进行西关文化的电视片和现代

高科技影像城制作。1.将过去的经典名作视像化,即将欧阳山的长篇小说《三家巷》、黄谷柳的长篇小说《虾球传》(有关蛋家章节)、陈残云的《香飘四季》(有关西关茶楼章节)、秦牧的散文《花城》(有关花市、花地篇章)制作为电视剧或主题影像园(城);2.将新人新作改编为电视片,如梁凤莲的《西关小姐》,祝春亭和辛磊的《大清商埠》;3.大搞以西关文化为题材的动画片或动漫城;四是发动音乐界以西关文化为主题谱写歌曲,作为影视的主题歌或流行音乐传唱。

(三) 理论化

虽然西关文化早有名气,但对其理论研究甚少,对其概念、内涵、意义、影响都乏研究。应当设立专项课题,组织专人深入研究,举办各种层次(市、省、全国、国际)专题论坛、出版专著或系列丛书,为其立论,特别是加强对其如何在建设文化强省中发挥引领作用的研究。同时要将现有的西关文化系列化,即将各种历史遗存,进行认真清查盘点,无论物质文化遗产或非物质文化遗产,都进行系列化、系统化的整理,既作保护和研究之用,又作产业开发和旅游开发之用,从而对西关文化进行系统的、理论的升华。

(四) 产业化

上述十项文化内涵,皆可分别作为文化产业,尤其是作为文化创意产业,分别策划,做出规划,作为文化投资项目,招标经营,政府资助。同时,又将这些文化产业带动其他产业的发展,发挥"文化引领"作用。

(五) 民俗化

前些年佛山以"走通济桥"为每年元宵节的风俗,开始只几千人参与,去年增至数万人,今年剧增至十七万人。佛山通济桥建于明代,与西关的"通福桥"(又名五眼桥)相通,是当时广州至佛山必经之路。现倡导广佛同城化,大可以将"走通济"与"走通福"连通,以填补广州元宵节无风俗活动的空白,又可以民俗活动促进同城化。此外,广州历代民俗活动中,春节后的初七"人日"是郊游日,近已淡化了,应予恢复推广。还应将"西关小姐"的评选进一步提高质量和声誉,使之权威化、民俗化。文化活动民俗化,才有群众参与,才是群众文化。

(六) 扩大化

汪洋书记要求云浮市建设成为富庶文明的"广东大西关",我看实则是要求西关文化向云浮市转移。由此,我上月提交的《转变发展方式,建设"广东大西关"——创议在广州市荔湾区(老西关)与云浮市郁南县(新西关)之间错位跨越合作》参事建议,受到汪洋书记的重视和批示,现两地正在密切合作行动中。这些行动本身,就是将西关文化扩大化的行动,实质上也即是西关文化的深化和文化软实力的强化,同时也意味着开创了经济与文化"双转移"的先河,势必在全省具有"文化引领"作用,必会有力促进实现将"西关文化"打造成建设文化大省的经典文化品牌的目标。

关于促进我省产业结构调整和升级的几点具体建议

全 国 政 协 委 员
广东省人民政府参事 毛蕴诗
中山大学管理学院教授

一、施行主动追随战略，替代跨国公司产品，实现产业升级

实施主动追随战略市场风险小，产品附加值高。我国许多行业经过多年的发展，技术积累，已经具有实施这一战略的条件。我省在承接国际产业转移的同时，应利用后发优势，施行主动追随战略，替代跨国公司产品，有助于实现产品价值的提升和推动产业升级。其替代跨国公司产品的市场路径是：从在国内替代其进口产品——替代其子公司在国内生产产品——到海外市场替代其产品。

我省珠江钢铁公司针对进出口市场需求，从生产普碳薄板开始，逐步替代国外产品。选择进入集装箱板市场后，珠钢更是以日本新日铁和韩国浦项为目标，通过提高产品质量，提高薄规格比例，扩大市场的占有率，蚕食原来几乎被日本新日铁和韩国浦项垄断的集装箱板市场，到后期甚至于基本取代日本和韩国成为国内集装箱板第一大生产企业。

深圳吉光公司从事高压高品质铝电解电容器的研制、开发和生产。从成立之初，吉光公司就对所从事产业的先进项目进行搜索，选定了替代的产品和标杆企业。通过引进设备、生产线，模仿学习日本企业的技术和管理，吉光公司在开发替代进口的产品，形成规模，占有较大的国内市场之后，又向国外市场扩展，先到发展中国家替代跨国公司产品，后到新兴发展国家（韩国）替代跨国公司产品，再到发达国家（欧美、日本等）替代跨国公司产品。

二、推动企业从OEM到ODM再到OBM，或者直接从OEM到OBM的升级

OEM企业要想实现自身的转型升级，比较可行的办法就是通过持续的学习和创新形成自身的核心技术和研发能力，并立足国内外两个市场，在此基础上培育自主的国内品牌甚至是全球品牌。具体来讲，在开展OEM业务时，通过对生产过程的学习，有意识地进行技术积累；同时通过反求工程，对引进的设备、工艺进行摸索、探求、仿制和改进，形成自己的设计和初步研发能力之后，逐渐过渡到ODM，向产业链的上游扩展。随着企业实力的进一步增加，企业可以向OBM发展，实现从OEM到ODM到OBM的演进。

顺德东菱凯琴是"珠三角"小家电行业的"贴牌巨人"。由于东菱凯琴出口销售额占主导，对于国外市场，东菱的路径选择为"OEM→ODM"；对于国内市场，东菱的路径为天生OBM；而对于整个市场而言，则为"OEM→ODM→OBM"。深圳佳士科技在国外市场，走的是"OEM→ODM→OBM"升级之路；而在2003年启动国内市场时就只用自主品牌。其OEM业务2003年占100%，到2007年其OBM业务达到了70%，实现了"漂亮的转身"。

而台湾许多企业则由过去勤奋廉价的代工模式转化为为客户提供智能化、多元化的创新服务模式。如全球排名第一的芯片代工企业台积电，过去多年一直在生产环节周围布局，已拥有整合设计、生产及服务的能力，甚至已延伸到标准制定阶段，非常近似英特尔IDM（整合器件制造商）模式的雏形。

此外，有较强实力的OEM企业还可以反向收购外国公司，再把它的产品放到国内来生

产，承续原有的销售网络和分销渠道。如我国万向集团、台湾台升家具、台积电的升级与国际化之路多采取OEM反向收购的方式。

三、推进产业融合升级，积极培养新兴产业

自上世纪90年代以来，数字化技术、通信技术和互联网的迅速发展，以及与之相关的技术融合，使诸多行业之间的边界正在由清晰趋向模糊，推动电子、电信、文娱、传媒、金融、零售、物流、旅游、酒店等行业之间相互渗透和融合。产业融合导致全球形成了大规模并购、重组的浪潮，同时促进了资源配置、整合方式等发生结构性变化，许多新的业态应运而生，形成新的经济增长点。为了顺应产业交叉融合的发展趋势，一些发达国家纷纷调整经济政策和产业政策。如在"3C融合（即计算机、通信和消费电子产品的融合）"的基础上，加上内容元素，以满足未来人们在不同时间、地点、设备来实现计算、沟通和娱乐的需要。又如，现代物流业的发展是以卫星定位和信息传输为支撑的多个交通部门的融合。特别值得注意的是，文化产业与其他经济产业的融合，共同带动了经济发展。深圳以文博会为依托，"创意产业之父"约翰·霍金斯落户设计之都创意产业园，怡景动漫基地的原创动漫打入日本市场。深圳文化产业园区计划打造全国的"文化产业博览交易中心"、"动漫游戏开发中心"、"文化产品生产制作中心"和"区域文化市场消费中心"，培育一批企业示范基地、专业性基地、孵化基地、交易基地和教学培训基地，形成特色鲜明的文化产业格局，成为深圳文化头号品牌，也促使深圳产业实现从高科技产业延伸到文化产业的"漂亮升级"。

借鉴国内外产业融合推动现代产业体系建设的成功经验，建议清理和废止立足部门利益或地方利益的"法规"、"政策"。对原有的审批流程实施大刀阔斧的改革，以开放、公平、公正的政策促进产业的融合和发展。深化垄断行业的改革，进行包括适当放松管制，使之有利于产业融合的改革。促进各类行业之间的渗透与融合，延伸传统产品和服务，形成新服务、新业务、新产业等现代产业。

四、加强创新链的薄弱环节，促进科技成果产业化

目前，我省科研机构分散，学科单一，并缺乏使科研成果产业化的有效载体和制度。因此，应尽快建立起一整套促进成果转化的高效能机制：1.建立区域公共技术创新平台，成为沟通研发活动上下游的桥梁，不断向企业转移创新成果，促进创新成果产业化。2.强化区域公共技术创新平台的科技成果产业化功能。3.建立宽松的人才流动机制和有效的知识产权转移制度等。

政府要为中小企业提供优良服务，推动企业升级发展。可在现有基础上策划并实施一系列推动中小企业创业成长与升级项目，以建立有利于中小企业升级发展的良好环境与长效机制，着力加强对中小企业的扶持、服务与指导的范围与力度。

五、通过培育大型支柱企业，形成衍生产业群

开发区和科学园区作为企业的创新载体，要为企业提供良好的投资设厂环境、技术开发、资本市场和高效的专业化的中介服务等。我省开发区和科学园区数目不少，但是园区内企业规模大多为中小型。因此，要加快我省开发区和科学园区的产业升级，需要进一步明确园区定位，进行园区的调整与转型；鼓励园区企业向产业链高附加值环节延伸；通过扶持园区内大型支柱企业的迅速成长，催生一批世界级的大公司，从而培育出大型支柱企业，形成衍生产业群。

六、从产业集群向创新集群转变，推动产业升级

近年来，广东省以"专业镇"为主要形式的产业集群发展迅速。2000年，广东在全国率先开展"专业镇技术创新试点"工作，逐步成立了一批富有浓郁地方特色的产业集

群技术开发研究机构和创新平台。其中，中山"中国小家电专业镇"东凤镇就是成功的范例之一。又如，珠江东岸形成了全国规模最大的电子信息产业集群，珠江西岸形成了以家电产品为主导的产业集群，还建立"华南家电研究院"、"关东生物技术研究院"、"佛山陶瓷研究院"等富有浓郁地方特色的产业集群技术开发研究机构和创新平台。这些措施大大推动了产业集群向创新集群转变与产业升级。

不过，目前我省众多产业集群仍存在技术水平不高、创新能力差、公共服务缺乏等问题。针对这些问题，政府应进一步实施创新带动升级战略，在产业集群升级示范区建设的基础上，加快推进全省范围产业集群向创新集群的转变。对一些制约集群发展的共性技术难题立项及资助，并鼓励科技企业、创新中介机构和教育机构加入到产业集群网络中，推动产业升级。

七、以跨地域并购促进企业做强做大，带动产业升级

美国经济学家、诺贝尔经济学奖得主斯蒂格勒认为，现代大公司的形成无一不是通过兼并实现的。并购重组是企业成长的永恒主题。《十大产业调整和振兴规划》及《珠江三角洲地区改革发展规划纲要》的实施，也必将进一步促使广东企业加快并购重组的步伐，进而向世界性的企业发展。

2009年5月，广汽集团并购湖南的长丰集团，成功实行战略重组，成为我国颁布实施"汽车产业调整"、"汽车产业振兴规划"和"鼓励兼并重组"以来的第一起重大重组项目，也是跨省产业重组的典型范例。通过重组，广汽获得了生产基地和SUV平台，补齐产品短板，也找到了长丰汽车作为资本市场的突破口，打破广汽资本运作的闷局；而长丰拿到发展所需的资金和后续产品，广汽数年来通过合资企业积累的经验，也将有助于长丰在汽车制造与销售上的改革。从地域来看，两省毗邻，互补性强，对地方经济有很大好处。

我省要进一步发展，要立足国内、国外两个市场，有选择地开展国际并购和战略合作，推进兼并重组。通过跨地域和海外并购，一方面，淘汰落后企业，促进产业结构升级，推进我省经济顺利转型和可持续发展；另一方面，加快提升大型企业竞争力，促进企业做大做强，集中培育发展龙头企业，带动相关产业的发展，加快构建现代产业体系。

广东省政府参事室（文史馆）专题调研组

铸造文化板块，打造广东文化经典50强

中山大学教授
广东省珠江文化研究会会长　黄伟宗

广东省人民政府参事
中山大学教授　司徒尚纪
广东省珠江文化研究会副会长

一、建设文化强省必须铸造文化经典板块

多年来，广东一直致力于文化强省的建设，在各级党委、政府、广大人民群众、学者和各级文化单位的共同努力下，取得了非凡的成绩。大量文物古迹被不断挖掘出土，古代文化也得以再现。其中，不少被确定为级别不一的物质或非物质文化遗产，并成为省、市、县的文化品牌。随着改革开放的深入发展，许多新的文化品牌，还将层出不穷地涌现。这些古今文化品牌的出现，是我省宝贵的精神财富，见证了我省改革开放的巨大成功，可喜可贺。但笔者认为，在建设文化强省进入更高的发展阶段，文化品牌建设亦应当转入以打造高、精、尖为目标的时期。具体而言，就是将现有的文化品牌进行有机整合，强强联手，铸造一批具有中心枢纽性质的拳头品牌，作为文化经典板块推出。

从某种意义上说，每个水域、地域、社会群体、实体或行业，都是一个文化板块。因其各自特定的人文地理条件而形成的自身文化意识和传统，有自身独特的思维方式和行为方式，也因此而使各自的文化有不同的形态、特质、特色，尤其是水域或地域之间。因历史的积淀和发展条件不同，造成文化积累与发展的差异、各自的文化实体与遗存参差不齐、高低有别、多寡不均、良莠不分的现象。由此也造成文化的影响力、引领力、软实力的程度差异和特性不同。当文化作为一种精神力和产业链而进行打造建设的时候，物色一些文化基础较厚、底蕴较深的地域或行业，打造成具有中心枢纽性质的文化经典板块，是有文化战略意义的。

具有中心枢纽性质的文化经典板块，应当具备下列条件：1.已有多项文化品牌；2.在多项文化品牌中有领衔性的首选品牌；3.已有品牌各有特色而又共同构成有机整体；四是其品牌含有古今内蕴和"再生"或开发价值；五是在总体上初步形成独特形态并有相当知名度。

以这些条件评选出经典性的文化板块，作为广东文化经典50强隆重推出，作为标志性的领衔文化标杆，既是文化强省的重要标志，又是建设文化强省的重大举措。此外，以评促建，既可通过评选而促进其建设打造，又可通过评选活动，提高全民的文化素质和品牌意识，是建设文化强省战略性、根本性的举措。

二、广东文化经典50强候选名单

（1）广州市：越秀文化、西关文化、天河文化、海沙文化

（2）佛山市：禅城文化、南海文化、顺德文化、陶都文化

（3）江门市：侨乡文化；侨圩文化、新会文化、鹤雁文化

（4）韶关市：南雄文化、曲江文化、乳源文化、丹霞文化

（5）肇庆市：广信文化、端州文化、龙母文化、金燕文化

（6）东莞市：魅力文化、客侨文化、现代商居文化

(7) 云浮市：南江文化、六祖文化、云石文化
(8) 清远市：飞霞文化、瑶山文化、连阳文化
(9) 湛江市：雷州文化、南珠文化、红土文化
(10) 潮州市：韩潮文化、瓷都文化
(11) 惠州市：东江文化、罗浮山文化
(12) 汕头市：红头船文化、南澳文化
(13) 河源市：龙源文化
(14) 茂名市：鉴江文化
(15) 梅州市：客都文化
(16) 揭阳市：榕城文化
(17) 汕尾市：海陆丰文化
(18) 阳江市：港岛文化
(19) 珠海市：珠海文化
(20) 中山市：香山文化
(21) 深圳市：特区文化
(22) 省丝绸集团：广丝文化
(23) 省教育厅、省团委：校园文化
(24) 省科技厅、省科协：科技文化

三、打造方案刍议

1、由省委宣传部牵头，组成由有关领导和专家组成的"广东省文化经典50强建设委员会"（简称"文化经典建委"），全面负责组织评选和打造工作；

2、评选工作主要在网上进行，具体网站和评选细则，由省"文化经典建委"确定；

3、评选出的文化经典板块，由省拨发奖励性专项建设经费，具体数额由有关部门审定；

4、获拨经费的板块，必须专款专用，并提供一定比率的配套资金。

提出具体打造方案，经省"文化经典建委"批准后，在其指导和监督下进行打造，保证按质按量按时完成打造任务。

广东省人民政府参事室

关于佛山市落实CEPA先行先试政策
推进港佛现代服务业合作发展的调研

广东省人民政府参事
暨南大学教授　　冯邦彦

根据《珠江三角洲改革发展规划纲要（2008年～2020年）》关于"深化落实内地与港澳更紧密经贸关系安排（CEPA）力度、做好对港澳的先行先试工作"的要求，2010年3月至6月间，广东省人民政府参事室经济组组成调研小组，在省政府参事室主任周义同志的率领下，就佛山作为国家商务部的"落实CEPA示范城市"和广东省政府的"广东落实先行先试政策措施重点市"如何深化佛港现代服务业合作发展问题，进行了深入的调研。调研小组先后走访了广东省港澳办、佛山市政府及相关部门，包括市发展和改革局、市外经贸局、市金融局，以及南海区政府、南海广东金融高新技术服务区等机构，并进行了深入的研究。现将调研情况和研究结果汇报如下：

一、佛山在CEPA先行先试方面取得的成效

2008年9月11日，国家商务部选择佛山市、上海市浦东新区和珠海作为首批"落实CEPA示范城市(区)"，同月，广东省政府也把佛山市列为5个CEPA在广东先行先试的试点城市之一。其后，国家发改委颁布《珠江三角洲地区改革发展规划纲要（2008年～2020年）》，对粤港澳三地的合作赋予了新的内涵。为抓住与港澳合作的新机遇，促进经济平稳较快发展和经济增长方式的转变，一年多来，佛山市委、市政府采取了一系列积极措施，将金融服务业、现代物流业、会展业、商务服务业、科技服务业等5大领域作为推进与香港合作的重点，有效推动了佛山与香港之间的现代服务业合作发展。取得的成效主要有：

（一）加强了与香港特区在经贸发展和CEPA先行先试方面的合作和联系，签署了一批合作协议

8月26日，由佛山市政府与香港特区政府商务及经济发展局、香港贸易发展局共同主办，并得到香港中华总商会、香港中华厂商联合会、香港工业总会、香港总商会、香港中国企业协会全力支持的"佛山-香港CEPA合作交流会"在香港举行。这是佛山和香港政府层面共同举行的最大规模的CEPA交流会，得到香港业界的热烈响应，原定300人的会场，有400多名香港金融、商贸、会展、法律、财会等现代服务业领域的香港客商代表参加了会议。在合作交流会上，佛港双方共签订了13个合作项目。佛山市副市长李子甫向香港客商推介《CEPA补充协议六》的最新商机及佛山为香港投资者提供的支持和服务，提出佛山希望从科技业、先进制造业、现代服务业、社会事务等4个方面共23项与香港进行合作对接，共创商机。

2009年8月26日，佛山市经济贸易局与香港生产力促进局在香港举办的"佛山-香港CEPA合作交流会"上，签署了《佛山市经济贸易局与香港生产力促进局合作备忘录》，决定双方在新材料、会展、物流业等领域加强合作。其后，在9月26日佛山市政府与香港商务及经济发展局共同主办的"佛山-香港CEPA合作交流会"及11月25日由国家商务部主办的"内地与港澳利用CEPA加强商业领域合作论坛"上，佛山与香港在CEPA商机、会展、金融服务、法律、会计等方面的合作取得了突破，佛山市政府及相关部门分别与香港贸发局、香港生产力促进局、香港大律师公会等机构签订了贸易投资合作备忘录、促进产业优化升级转型合作备忘录等一批合作协议，细化CEPA框架下的合作内容，积极引导香港业界充分利用CEPA，加强佛港之间的经贸交流与合作。双方签署的合作（项目）协议达60个，外资金额达104亿美元，为佛山市落实CEPA示范产生抢得

关于佛山市落实CEPA先行先试政策 推进港佛现代服务业合作发展的调研

先机。

（二）引进、落实了一批香港服务企业的发展项目，推进佛港在现代服务业方面的合作发展

佛山市以项目合作为纽带，积极推进佛港现代服务业合作。经过一年多的发展，佛山在金融业、科技服务业、创意设计、法律服务、医疗门诊、粤港电子签名证书互认试点应用等方面，引进、落实了一批发展项目，并取得了良好进展。

在金融业，佛山引进了汇丰集团的环球客户服务中心，引进了美亚保险、新鸿基金融集团在南海广东金融高新技术服务区投资金融后台服务项目。根据《CEPA补充协议六》关于香港银行在粤分行可建立"异地支行"的规定，佛山成功率先引进了汇丰、恒生、东亚、永亨等4家港资银行在佛山开设支行。佛山并积极推动本地民营企业赴香港上市，继碧桂园、兴发铝业之后，2010年志高空调也成功在香港上市。

在科技应用方面，佛山与香港成功实现对接。其中，广东中显科技项目是香港科研成果在佛山实现产业化的典范，该项目应用香港科技大学的最新研发成果，首期投资5亿港元，建设多条TFT AMOLED显示屏生产线，计划年产5000万块全彩OLED显示屏，填补了我国在新一代先进平板显示核心技术方面的空白。佛山与香港合作建成无线射频识别（RFID）佛山基地演示中心，联合推动RFID产业化发展。佛港还共同建立中国工业设计服务平台，近30家港资创意企业落户佛山市创意学院园区。此外，顺德工业设计基地还与香港理工大学开展合作，建设工业设计培训服务平台和中国工业设计（广东）研究生院。佛山电子口岸有限公司与香港贸易通电子贸易公司合作，解决两地CA互认的法律问题。

佛山与香港还在其他服务业领域展开广泛合作。在商业领域，百佳、7-11、周大福、大家乐、佳宁娜、新世界万怡酒店、财神酒店等一批香港知名品牌进驻佛山；在会计服务领域，毕马威在佛山设立地级市首个分支机构；在城市"三旧"改造领域，由香港瑞安集团投资的东华里改造项目——佛山岭南天地正紧锣密鼓地推进；在教育领域，香港专业进修学院在佛山设立内地首家分校；在医疗门诊领域，广东首家港资个体门诊所在佛山设立；香港大型医疗机构康健国际控股有限公司计划在佛山开设4间门诊部。在政府、商界的合力推动下，佛港现代服务业合作呈现"遍地开花"的局面。

（三）加快了香港对佛山服务业的投资发展，使现代服务业成为佛山经济持续发展的重要支撑和新增长点

在CEPA制度平台下，佛山加快了对香港现代服务业投资的引进工作，增强香港投资佛山的信心。2008年，港商在佛山投资第三产业实际利用外资4.66亿美元，同比增长155%。2009年，尽管受到国际金融危机的冲击和影响，港商在佛山投资第三产业实际外资仍达到7.2亿美元，同比增长54.5%。这些数据，从一个侧面说明落实CEPA、深化与港澳合作，对佛山应对国际金融危机、促进产业转型和经济增长方式转变的重要意义。在CEPA的推动下，金融服务业、现代物流业、创意产业、会展业等生产性服务业已成为佛山经济持续发展的重要支撑和新增长点。

二、佛山在实施CEPA先行先试的主要经验和启示

一年多来，佛山在实施CEPA先行先试方面取得了卓越成效，探索出宝贵经验，对于广东全省乃至全国都具有有益的启示。根据我们的调研，这些经验和启示主要是：

（一）国家、省、市各级领导高度重视，主要领导亲自抓落实，各部门协同推动，使全市形成实施、落实CEPA的浓厚氛围

佛山作为国家"CEPA示范城市"和广东省"CEPA先行先试试点城市"，受到国家和省政府的高度重视。2009年11月，国家商务部和广东省政府在佛山联合主办"全国商务系统落实CEPA示范城市现场工作会"，以帮助内地商务系统主管部门更好地了解和掌握CEPA，充分发挥CEPA的示范效应，提高对CEPA重要性的认识。

佛山市委、市政府更是把落实CEPA示范城市作为政府的重要工作任务。在2009年1月和7月分别召开的两次佛山市委全会上，均把落实CEPA示范城市作为重要内容，把"抓住佛山成为商务部首批'落实CEPA示范城市'的机遇，以项目为纽带，积极推进与港澳在金融服务、现代物流、电子商务、会展、科技等方面合作"，列为2009年市政府重要工作目标，逐月跟踪进度。原佛山市委书记林元和、现市委书记、市长陈云贤先后10多次对佛山市落实CEPA示范城市工作方案和工作进度进行指导和批示，督促落实CEPA工作的进度。林元和书记先后会见由香港特区政府政务司司长唐英年等香港高层率领的4批香港政商界代表团访问，陈云贤市长也多次率团赴香港拜会香港政府高层，参加落实CEPA及服务业先行先试政策宣讲会，商定佛港合作的内容和工作措施。

领导的高度重视使各级政府自觉提高对CEPA重要性的认识，加大对CEPA宣传、推介的力度，从而在全市范围内形成了实施、落实CEPA浓厚氛围。正如副市长李子甫在落实CEPA示范城市工作会议上所指出："CEPA落实是一个系统工程，牵涉的部门非常多，各部门、各区一把手一定要重视，不然工作就难以有成效。"

（二）建立落实CEPA示范城市和CEPA先行先试的工作机制，明确目标，完善配套，推动对接

为了推动CEPA先行先试，2009年11月，佛山市委、市政府制定出台《落实CEPA示范城市工作方案》，作为指导全市落实CEPA工作的纲领性文件，并成立了由佛山市市长陈云贤、副市长李子甫任组长的落实CEPA工作领导小组和协调小组。其后，佛山市政府相继出台《落实CEPA示范城市十大重点工作任务》和《佛港合作4方面23项重点内容任务分解》等一系列操作性文件，把佛港合作重点任务分解到39个职能部门，并提出具体时间和进度要求。市政府形成每两个月召开一次市联席会议的工作机制，汇报和检查各项工作的落实情况。

佛山市还根据自身的战略定位、发展需求和香港的实际情况，结合CEPA5、CEPA6等先行先试的政策措施，制定以提升佛山现代服务业水平为目标、以加强与香港的金融服务业、现代物流业、会展业、商务服务业、科技服务业等5大领域合作作为重点的行动纲领。将佛港双方加强合作的内容细化为科技业、先进制造业、现代服务业和社会事务业等4个方面共23项，并提出相应的政策措施。例如，在金融业，佛山市政府加大对南海广东金融高新技术服务区的软硬环境投入，提出优惠政策，为进入高新区的香港金融后台服务机构提供资金补助，办公场所补贴、税收优惠等政策支持。在工业设计及创意产业方面，佛山设立工业设计与创意产业发展专项资金。佛山还出台专项政策支持港商投资重点领域，对新材料、会展业、物流业项目均有市级经济科技发展专项资金予以支持。

佛山市政府积极推动佛山与香港各个层次的合作对接，建立了政府高层互访机制、对口机构联系机制、职能部门互动机制、行业协会及商会合作机制等四大沟通机制。佛山市政府中，作为本地落实CEPA的各牵头部门，充分发挥CEPA联络员制度的作用，制订本地区落实CEPA工作方案，积极搭建平台，分行业、分领域组织内地与港澳企业在CEPA框架下进行对口交流。

（三）建立CEPA项目审批的绿色通道，提供一站式投资咨询和审批服务，简化审批程序

针对CEPA实施中存在的"大门开了小门未开"的问题，佛山以积极的态度开"小门"。佛山深知降低门槛，简化审批是地方政府对香港业界投资的最大优惠和支援。为此，佛山市不仅建立了佛港CEPA合作的保障体制，还开辟CEPA审批咨询专门窗口，为CEPA港澳服务业项目审批提供绿色通道，简化审批程序，缩短初审和审批时间等，加快审批制度改革。2009年8月，顺德区CEPA咨询服务中心成立，成为佛山市内首个区级CEPA咨询服务中心。佛山市还编印服务业开放在广东先行先试政策法规指引和各事项的申报指南，以方便港澳服务提供者查询。佛山还出台了一系列鼓励港澳现代服务业投资发展的扶持政策，对港澳现代服务提供者在政府服务、市场准入、人才培训、项目规划、配套设施等方面予以支持。

（四）加强对CEPA开放内容的研究，充分利用CEPA的优惠条件，根据本地实际情况争取CEPA先行先试

为了落实CEPA示范城市工作，佛山根据本身的实际情况和比较优势，重视对CEPA开放条文的深入研究，以便充分利用CEPA的优惠条件，推动佛港服务业合作发展。佛山市积极向国家商务部争取政策支持，各区、市直CEPA成员单位在商业流通、放宽审批权限、金融外包服务、电子签名互认、社会服务、检测认证、税收优惠等方面都提出相关政策意见及建议。例如，佛山市政府及金融办，根据佛山毗邻广州，难以吸引香港金融机构到佛山开分行的实际情况，向省和中央有关部门提出实施香港银行业实行"异地经营"的建议，结果在CEPA先行先试制度平台下，成功引进香港银行到佛山开设支行。

（五）佛港现代服务业的合作发展，是建立在两地经济联系密切、比较优势互补的坚实基础上的

佛港两地在现代服务业方面的合作发展，不是偶然的。佛山与香港的关系源远流长。佛山现有港资企业3200多家，这为佛港CEPA合作奠定了雄厚基础。另外，香港以服务业为主，服务业占本地生产总值超过90%；而佛山制造业比重大，接近65%，两地经济具有互补共赢的坚实基础。

三、佛山在CEPA先行先试方面存在的主要问题

在国家商务部、省委省政府的大力支持和指导下，佛山积极开展落实CEPA示范城市工作

关于佛山市落实CEPA先行先试政策 推进港佛现代服务业合作发展的调研

和CEPA先行先试工作，取得了积极的成果。不过，根据我们的调查，当前佛山在实施CEPA先行先试方面仍然存在一些不容忽视、有待进一步解决的问题。这些问题主要是：

（一）CEPA项目审批门槛仍有待进一步降低，特别是在支持佛山民营企业赴港上市方面

佛山作为国家CEPA示范城市，仍然存在"大门已开而小门未开"的情况。例如，作为佛山与香港合作的重点领域金融服务业，其中重要内容之一就是推动佛山企业赴港上市融资。根据佛山金融办的计划，佛山市力争到2010年，本地企业上市数量达到60家，打造证券市场的"佛山板块"。

《珠江三角洲地区改革发展规划纲要（2008-2020年）》明确提出："支持珠江三角洲地区企业到香港上市融资。"佛山是民营经济的大市，过去几年在推动本地民营企业赴香港上市方面取得了一定的成绩。然而，2006年9月8日，由国家商务部、国务院国有资产监督管理委员会等六部委联合颁布的《外国投资者并购境内企业暂行规定》（〔2006〕10号令，下称10号文），规定要求境内企业在境外设立特殊目的公司，应向商务部申请办理核准手续，且为在有效期内完成境外上市，则境内公司股权结构恢复到股权并购前的状态。该政策实施以来，佛山大量中小民营企业受10号文的影响，其境外上市工作实质上已处于停滞状态。

（二）佛山市未被纳入国家人民币跨境结算试点城市，影响了佛山地区跨境人民币结算试点业务的发展

2009年4月，为了应对国际金融危机并推动人民币国际化，国务院批准上海、广州、深圳、珠海、东莞等5个城市作为全国首批开展跨境贸易人民币结算试点城市，自2009年7月7日起正式启动相关业务。佛山虽然未被列入国家人民币跨境结算试点城市，但是经过努力，市辖区内各企业获准参与跨境贸易人民币结算试点。自2009年8月中旬办理首笔跨境贸易人民币业务以来，佛山市跨境人民币结算业务发展迅速，截至2010年5月10日，佛山市累计办理业务737笔，在全省（含试点城市）排名第一，结算总金额累计达65.57亿元，位居深圳之后列全省第二位。佛山试点企业发生的跨境贸易人民币结算业务的境外企业99%以上来自香港地区。2010年4月7日，经国家外汇管理局批准，佛山美的集团有限公司通过中国银行香港分行向境外放款2000万元人民币，成为全国首笔资本项下人民币境外放款业务。

长期以来，佛山是全国对外贸易的重要地区，2009年佛山市外贸进出口总值达383.39亿美元，佛山与香港的进出口贸易额为50.4亿美元，占全市进出口总额的13.1%。佛港贸易量很大，资金往来频繁，如果佛山能被列入国家人民币跨境结算试点城市，使企业能够享受出口核销的优惠政策，将有力推动佛港两地的进出口业务发展和经贸合作。

（三）佛山南海的广东金融高新技术服务区的建设仍有待进一步加强

位于佛山市南海区千灯湖畔的广东金融高新技术服务区，占地面积6.5平方公里，于2007年7月由广东省政府授牌成立，是广东建设金融强省战略的七大基础性平台之一。根据《珠江三角洲地区改革发展规划纲要（2008年~2020年）》的精神，广东金融高新技术服务区定位为"辐射亚太地区的现代金融产业后援服务基地"。因此，从发展趋势看，广东金融高新技术服务区很有可能成为香港的"都柏林"、"新泽西"，承接香港金融后台机构和金融外包机构，为香港国际金融中心提高强大的后援支持。根据广东金融高新技术服务区的发展计划，该区将于2012年，引进国内外金融后台服务机构和服务外包机构100家，使金融后台服务产业初具规模。

根据我们的调查，广东金融高新技术服务区经过几年的建设，虽然已经取得一定的成效，但是，离预定的发展目标仍有较大差距。当前，广东金融高新技术服务区发展存在的问题主要有几点：其一，高新区的管理体制 有待进一步理顺。目前，高新区由佛山市南海区政府的相关部门暂管，没有固定的人员编制，没有建立高层次的管理委员会，这严重制约了高新区的发展。其二，尽管广东省已多次发文支持高新区的发展，但至今为止，仍然没有正式出台专项支持高新区的政策文件，使得高新区在实际运作中存在不少政策层面的困难，缺乏有力的政策支持。

四、推动佛山在CEPA先行先试方面的政策建议

目前，中国与东盟的自由贸易区协定已正式启动，CEPA必将在更广的范围、更深的层次发挥作用，佛山深入落实CEPA，前景广阔。为了进一步推动佛山在CEPA先行先试方面探索经验，推动佛港现代服务业的发展，特提出以下政策性建议：

（一）支持佛山企业赴港上市豁免六部委10号文的规定，推动广东民营企业到香港上市融资发展

佛山作为广东珠三角地区制造业主要基地

之一，长期以来国有企业所占比重小，优质民营企业众多，全市产值超过1亿元人民币的企业超过2000家，可以说，经过多年的发展，已经形成一支完整的企业上市团队。自2004年以来，在佛港双方的共同努力下，已有5家民营企业成功在香港上市。

目前，由于受到六部委10号文的影响，佛山民企赴港上市实际已停滞不前。为进一步推动佛港两地在CEPA框架下先行先试，加强两地现代服务业合作发展，建议省向中央争取佛山企业赴港上市部分豁免10号文的相关规定，或在佛山进行试点，由国家商务部等六部委提出试点企业的筛选标准，在CEPA框架下，试点企业赴港上市暂不受10号文规定限制或部分条件豁免，或明确审批流程，简化手续，为符合条件而又有意赴港上市的企业开辟绿色通道。

（二）争取中央支持，将佛山纳入下一批跨境贸易人民币结算试点城市，推动佛山出口贸易的进一步发展

近年来，佛山市的外贸出口规模和出口企业稳定增长，外贸出口总值在珠三角地区的9市中排列第四，与第一批试点城市相比，外贸出口额处于同一量级。2004年至2008年，佛山有出口实绩的企业数量从约200家逐年增加至3014家，发展迅速。同时，佛山有较强的外汇基础国际收支和银行结售汇均保持经常账户、资本与金融账户"双顺差"局面。2008年，佛山市国际收支约274.66亿美元，支出95.44亿美元，顺差179.21亿美元。其中，经常账户顺差163.56亿美元，资本与金融账户顺差15.65亿美元。因此，从各方面条件看，佛山已具备成为跨境贸易人民币结算试点城市的条件，建议省政府支持佛山向中央有关部门争取成为下一批跨境贸易人民币结算试点城市。

（三）从政策层面加大对广东金融高新技术服务区的建设力度，争取将金融高新区定位为"粤港澳金融合作试验区"

建立广东金融高新技术服务区建设的领导联席会议制度。由省政府召集，省政府领导，省金融办、发改、财政、外经、信产、港澳办、人行、银监、证监、保监、佛山市等部门负责人参加，定期召开会议，协调解决高新区发展建设难题。

建立高层次的独立管理委员会，给予足够的人员编制，以加强对高新区的规划建设和管理。

出台扶持金融高新区发展的专项政策文件。从战略定位、财税政策、产业政策、人才保障、环境优化等各个方面给予政策支持，加快金融高新区建设，加大对港资金融机构进入的扶持力度。

将金融高新区列为"粤港澳金融合作试验区"，并写入CEPA补充协议，从国家层面明确金融高新区在粤港澳金融合作中的战略地位，积极引导香港各类金融后台机构及金融服务外包机构进入，构建粤港澳金融创新与后台支撑体系，形成新时期粤港服务业"前店后厂"合作的新模式。

将金融高新区列为"广东省金融服务外包产业示范区"。参照20个中国服务外包示范城市享受示范城市所得税、营业税、人员培训等优惠政策，引导服务外包企业在金融高新区聚集发展，打造广东金融服外包高地，为申报国家级金融服务外包示范区做准备。

（四）支持佛山争取成为国家级服务外包（金融）业务基地

支持佛山市向国家申请成为国家级服务外包（金融）业务基地，探索发行佛山中小企业集合债券，设立广东（佛山）先进制造业产业投资基金，在佛山开展小额贷款专门机构和村镇银行的试点工作，并支援佛山市企业到香港上市融资等措施支援金融创新的发展。

调研组人员：
领队：周羲　广东省人民政府参事室（文史馆）主任（馆长）、党组书记
成员：周裕新　广东省人民政府参事、华南理工大学教授
何问陶　广东省人民政府参事、暨南大学教授
吴厚德　广东省人民政府参事、广东商学院教授
冯邦彦　广东省人民政府参事、暨南大学教授
于正林　广东省人民政府参事、广东工业大学教授
陈婉玲　广东省人民政府参事、中山大学教授
王铁强　广东省人民政府参事室参事业务处副调研员。

广东省人民政府参事室

促进我省劳动密集型产业转型升级的建议
——台湾自行车产业整体转型升级经验借鉴

全 国 政 协 委 员
广东省人民政府参事 毛蕴诗
中山大学管理学院教授

一、问题的提出

劳动密集型产业转型升级的价值空间有多大？一组数据显示，差价可以达到3~6倍。台湾自行车产业就是一个范例。2009年，台湾自行车出口平均单价是大陆的6倍，是台湾自己10年前的3倍。而大陆的自行车产业大而不强，基本上停留在过去的水平。

台湾的传统产业在大陆经济开放后陆续外移。台湾中部地区制鞋业、电扇、五金零件等劳动密集、附加价值低的产业几乎是整个产业连根拔起外移。台湾自行车产业也有近百家转移到大陆。大陆自1991年起自行车外销数量首度超过台湾，2000年起外销量与出口值更是双双超越台湾。21世纪初台湾自行车产业外销量与出口值频频衰退，一度出现"产业空洞化"现象。据台湾经济研究院的自行车产业调查，台湾自行车企业80%认为："同业恶性削价竞争"，73.3%认为"频受倾销控诉之苦"。在此背景下，2003年台湾自行车第一大厂商——巨大机械（下称"巨大"）却采取另类的战略思维，联合主要竞争对手——"美利达"（第二大厂商）与供应商等组成——"A-Team"（战略联盟群体），重新定位台湾的自行车产业不仅是"质"的改变更是"价值"的提升；在竞争与合作的框架下，构建紧密的协同演进的关系。台湾学者指出，"A-Team"是台湾自行车产业应对大陆的低价竞争，而切割出来的高级自行车中心，旨在"根留台湾"，提升整体竞争力，创造差异化优势；可视为台湾的蓝海策略。

本建议探讨台湾自行车产业整体转型升级的经验，并对广东省劳动密级型产业转型升级提出建议。（所谓整体转型升级，是指产业集群内的主要成员企业实现了转型升级，从而带动了整个产业的转型升级。）

二、两岸自行车产业的绩效差异

中国大陆和台湾均是全球自行车市场的重要产销地。台湾自行车的发展经过了两次重大调整与转型，自2003年"A-Team"成立以来带动台湾自行车产业整体转型升级取得了极其显著的成效。两岸自行车产业的绩效差异体现在以下几点：

（一）近10年来台湾自行车出口平均单价年均增幅达11.7%，其平均单价是大陆的6倍

如图1和表1所示，台湾自行车平均单价在1990年代后期一直是大陆的两倍；但是近10年来台湾的平均单价大多以10%~20%的增幅不断上涨，2009年达290.54美元。该平均单价是大陆的6倍，是台湾自己10年前的3倍。而大陆方面，其平均单价变化平缓，从1995年到2009年以来平均单价一直低于50美元，仅为台湾平均单价的1/6，产品附加值一直处于低位徘徊。

（二）大陆的自行车产业大而不强，年出口量是台湾的10倍，而出口总值仅为台湾的2倍

尽管大陆自行车出口数量近10年有大幅度的增长，2008年达5662万辆，是台湾的10倍。但是出口的增加更多是以价格下降为代价的。

图1 1995年~2009年中国大陆与台湾自行车出口平均单价对比

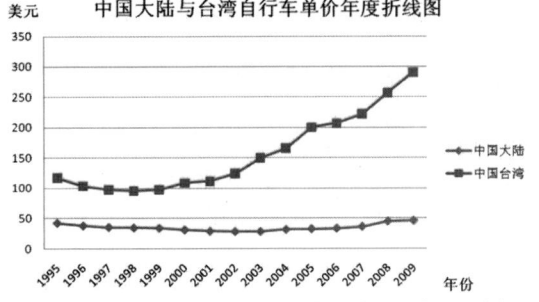

（资料来源：根据中经网统计数据库、台湾"经济部国贸局"、台湾区自行车输出业同业公会整理。）

如表1所示，2000～2002三年出口价格都出现下降。2001年～2002年陆自行车出口数量增加1000万辆，但价格却下降了7.3%(仅28美元)。从2000年到2009年，台湾年均出口数量仅为大陆1/10，但年均出口总值已达大陆的一半。

表1　2000年～2009年中国大陆与台湾自行车出口情况对比表

年份	中国大陆				中国台湾			
	出口总值(千美元)	出口数量(千辆)	平均单价(美元)	单价逐年增幅	出口总值(千美元)	出口数量(千辆)	平均单价(美元)	单价逐年增幅
2000	1,021,497	32870	31.08	-9.05%	821,365	7534.3	109.02	11.60%
2001	994,987	34540	28.81	-7.30%	536,190	4796.15	111.8	2.55%
2002	1,279,700	45580	28.08	-2.54%	523,835	4219.04	124.16	11.06%
2003	1,432,978	50460	28.40	1.15%	582,973	3882.84	150.14	20.92%
2004	1,640,531	51750	31.70	11.63%	720,746	4348.04	165.76	10.40%
2005	1,749,836	53580	32.66	3.02%	918,720	4594.99	199.94	20.62%
2006	1,885,021	56010	33.66	3.05%	839,412	4062.74	206.61	3.34%
2007	2,167,894	59260	36.58	8.70%	1,054,521	4751.97	221.91	7.41%

（资料来源：根据中经网统计数据库、台湾"经济部国贸局"、台湾区自行车输出业同业公会整理。）

（三）台湾自行车目前已成功地在全球占据高端、高附加值市场，而大陆则主要为发展中国家市场

台湾自行车产业拥有世界知名品牌，瞄准欧美等高端市场。台湾第一大自行车厂商"巨大"原本以OEM为主，并同时自创品牌。现在其自有品牌"捷安特"已成为在欧洲市场的三大品牌之一。"巨大"全球销售网络分布50余个国家和地区，共有1万个经销服务点，是全球自行车产业中，企业组织网分布最广、最绵密的公司之一。台湾第二大自行车厂商"美利达"自有品牌"Merida"（美利达），2002年以入股方式，投资美国自行车第一品牌Specialized；另外又并购德国品牌Centurion；其产品以中高级车种为主，主要外销欧（60%）美（30%）市场，台湾与大陆市场占10%。

台湾第三大自行车厂商"爱地雅"（未加入A-Team）以OEM为主，2003年以自有品牌"Fuji（富士）"扩展美国与亚洲市场。

而大陆自行车出口最多的凤凰品牌虽遍布国外市场，但大多只在印度尼西亚、坦桑尼亚、加纳和阿联酋等发展中国家。其产品附加值低，定位还停留在低端的交通工具，以小轮车为主，档次参差不齐，主要通过超市销售，缺乏标准化终端门面。

三、台湾自行车产业整体转型升级的经验总结

（一）产业重新定位，结合产业转移，形成两岸分工产销模式

台湾自行车产业的转型成功是基于他们对自行车商品在"后工业社会"、"休闲社会"大背景下的商品特性、功能以及消费特性的重新认识和深刻理解。结合产业向大陆转移的背景，将台湾定位于生产中高价位车种，致力于自动化生产与研究开发，而将大陆定位于生产中低价位车种为主。台湾三大自行车厂商均有在大陆设厂。在两岸分工产销模式下，明确的自主创新、高品质、高端市场、高附加值的定位使台湾自行车摆脱与大陆的低价竞争，而处于全球高级自行车供应的领先地位。整体上看，台湾自行车产业出口以成车为主，成车与零组件出口各占台湾自行车产业出口总值的70%与30%。成车出口地区主要为英国、荷兰、德国、比利时、瑞典、丹麦等欧洲（2007年占总出口量73.23%）和北美市场（占总出口量14.3%），由此带动的零组件产值逐年提高。

（二）研发新材料与新工艺，实现产品与技术的跨越升级

台湾自行车厂商集中力量在新材料和新工艺上的"技术跨越"，积极自行研发设计与生产关键零部件。其成车厂商直接与国外买者接触，引进了美国模块化技术与日本供应链模式，学习消化吸收先进的知识。1983年至今，台湾自行车材料从钢管发展到钛合金、镁合金，甚至碳纤合金，重量由原来的30公斤降低到目前的7公斤；制造技术从铜焊发展到氩焊、一体成形到无氧化电弧焊接，实现了轻量化，同时保持刚性、韧性和强度的水准。

（三）发展自有品牌的同时注重品牌并购，获取新市场机会与新技术

台湾"巨大"与"美利达"均有自有品牌。后来"美利达"并购了美国自行车第一品牌Specialized48%股权和德国品牌Centurion，使其将后端研发交给美利达。并购使美利达只用较低的成本和较短的时间就获得发达国家的许多市场机会和先进技术，其订单掌握度、生产安排效率及欧美高档车市场占有率大幅提高。现在"美利达"自有品牌销售收入高达90%以上。

（四）OEM/ODM、OEM/OBM混合并存协同发展，沿着价值链升级

台湾自行车企业利用OEM积累的国外企业先进经验和生产技术，普遍同步由OEM向ODM及OBM转型升级。台湾第一大自行车厂商"巨大"原本以OEM为主，借由为美国Schwinn公司ODM，打造自身设计与市场销售能力。后来由于Schwinn订单转移，"巨大"开始创建自有品牌，OEM与OBM并行发展。现在，巨大自有品牌销售收入比重为70%，而ODM客户均为全球知名品牌。"A-Team"成员中，OEM/ODM并存厂商比例达58.3%，OEM/OBM并存厂商比例达29.2%。非A-Team厂商"爱地雅"也于2003年开始发展自有品牌"Fuji（富士）"。

（五）通过A-Team战略联盟群体，在新的竞争与合作的框架下实现协同发展

2003年成立的"A-Team"仅有22家成员企业，在台湾343家自行车厂商中只是少数，但其销售收入占比却达六至七成。对比表明，A-Team厂商的绩效明显优于非A-Team成员。例如，A-Team厂商在2006年出口平均单价约为350美元，而"美利达"出口平均单价为412美元，大大高于行业平均单价210美元。另外，A-Team成员中有95.2%是以自有品牌销售，而行业水平是55.46%。说明"A-Team"有效推动了产业整体升级。

1. 形成大企业带动小企业、中心厂带动卫星厂的"中心卫星体系"。"A-Team"是一种组织创新，它不同于一般的行业协会，是一种新的网络型联盟。如图2所示，集群内两大企业"巨大"和"美利达"以"A-Team"为载体，与零部件厂商形成中心卫星体系。卫星厂商由于订单稳定，解决了产品行销的问题，能够完全致力于专业性生产，并借助中心厂商的协助与合约要求提高生产力。而中心厂商则集中力量于检验、装配、研究发展及拓展市场等工作。这样，相互的整合活动，带动了整个产业向高技术、高附加值升级和发展。

图2 A-Team的"双中心卫星体系"

2. 高度的互动学习机制。"A-Team"有明确的愿景，在成立之初就定位为学习型组织。A-Team打破了竞争对手不该彼此交换信息的旧模式，降低了企业在产业内的交易成本和信息不对称。通过高度的互动学习机制，横向促进成员紧密交流，纵向共建产业链并加强合作，从而确保各方优先共享先进经验和提高信任程度。联盟内频繁的活动及由此产生的组织学习使零部件厂商在产品开发初期参与研发活动；各个厂商研发力量集合起来，同步工程缩短产品上市时间，联盟内部知识的消化能力变得更强大和快速。

3、三阶段协同发展战略。表2所示为"A-Team"的三阶段战略。"A-Team"使身处于一个供应链体系中相互竞争的企业之间形成了协同管理、协同研发创新、协同销售的模式。"A-Team"规定优先供应成员间具竞争力的产品，鼓励成员创新设计和参与特殊车种的合作开发，协助作业流程改善，提供辅导与培训，参与各种自行车会展，还与工研院合作建设信息平台。"A-Team"为成员企业提供了良好的技术开发和服务环境，实现成车厂商及零部件厂商的协同发展。

表2 A-Team三阶段协同发展战略

阶段	第一阶段	第二阶段	第三阶段
战略	协同管理	协同研发	协同销售
做法	1. 辅导成员内部作业管理合理化 2. 辅导成员内部资料电子化 3. 辅导成员资料管理系统化 4. 制定信息交换策略与标准	1. 辅导成员间资讯交换电子化与自动化 2. 辅导成员间系统作业管理系统化 3. 与工研院合作建置A-Team信息交换平台	1. 推动A-Team信息交换平台 2. 建置A-Team专用服务中心 3. 与国际客户系统

（资料来源：台湾科学工艺博物馆 2007年）

由于"A-Team"成功的示范效应，台湾其它产业也效仿成立类似组织。例如，工具机械产业成立了"M-Team"、扣件产业成立了"S-Team"，手工具产业成立了"T-Team"。另外，欧美自行车大厂（意大利的COLNAGO、美国的TREK、SPECIALIZED）也作为观察员加入"A-Team"。

（六）经济部门的政策与措施

台湾自行车产业发展升级的政策与措施主要由经济部主导。其所属的技术处、工业局、贸易局、行政院国科会等各自负责基础技术和研发、商业化运作、市场拓展到产学研合作等方面的工作。同时，经济部门在自行车产业及骑车配套公共设施上的政策性措施到位，在社会新风气的营造、国民自行车运动的提倡以及健康文化的宣传上起到了积极的普及和推动作用。

四、启示与建议

（一）广东省劳动密集型产业有很大升级空间

我省劳动密集型产业所占经济比重不小，实现转型升级对于转变发展方式意义重大。调研表明，台湾的纺织服装业也实现了整体升级。广东省内劳动密集型企业也有不少转型升级的案例。例如，东莞的龙昌玩具公司与哈一代玩具公司都在技术和品牌方面提升了产品的附加值。台湾自行车产业与欧美知名品牌还有大的差距，而大陆自行车产业与台湾差距更大。差距大就意味着有巨大的升值空间。总体来看，广东省劳动密集型产业升值的范围和幅度都有很大空间。广东省劳动密集型产业与台湾自行车产业有着相近的产业转型升级背景，完全有可能实现企业、产业的转型升级。

（二）梳理传统劳动密集型产业，重新认识其新特点、新需求、开发新产品

传统劳动密集型产业、产品之间情况差别很大。当前鼓励低碳节能、绿色经济、健康休闲等观念和政策的变化，赋予传统劳动密集型产业转化为时尚产业的新特点、新需求。针对不同产业的特点，制定不同的升级目标和战略，开发新技术、新产品。

（三）结合产业转移，重新进行产业定位

2008年广东省开始实施"双转移"战略，建立了若干个"产业转移园区"。这为在全省形成合理产业布局，为提升产业价值，为高端产业发展创造了空间。为此，可以结合地区之间产业转移与产业重新定位，在转移中实现转型升级。

（四）引进与研发新技术、新材料，实现产品、技术升级

许多劳动密集型产业可以通过与先进技术结合而升级。为此，要加大研发和应用新材料、新技术的力度，增加产品技术含量，改变出口产品结构。同时，应该加大研发团队建设，提高研发资金的投入，提高技术创新能力。

（五）加快OEM/ODM、OEM/OBM混合并存协同发展，注重品牌并购

实践证明OEM/ODM、OEM/OBM混合并存协同发展是行之有效的路径。特别要注意利用巨大的国内市场培育自主品牌；另一方面也可以实施品牌并购，在较短的时间内，获取著名品牌，获取技术信息、海外市场渠道和市场机会。

（六）打破同行禁忌，建立A-Team式战略联盟群体，打造"中心卫星体系"，在竞争与合作的框架下实现协同发展

根据产业特点，将中小企业纳入大企业的"中心卫星体系"，培育并发挥大企业的聚合和辐射作用。中心厂商和中小辅助厂商分工配合，相辅相成。建立联盟成员之间竞争与合作关系下的学习机制，实现协同效应。

（七）加大政府推动企业、产业升级的力度

政府在围绕以上方面促进劳动密集型产业转型升级方面可以有很大作为。应明确主导部门和相关部门推动产业转型升级的责任，在建立产业市场规范制度和创造良好市场环境方面发挥作用。

广东省人民政府参事室

关于广东率先构建生态共建共享机制的调研与建议

广东省政府参事室特约研究员
广东省社会科学院副院长　李新家

一、构建生态共建共享机制的重大意义

国家和广东省正在积极推进主体功能区规划的制定和实施。粤东西北地区大部分县市被确定为生态发展区，从地理分布来看，主要包括北江、东江、韩江和鉴江上游片区共26个县（市），西江流域片区的2个县以及海岛型片区的南澳县。这些地区大多为上游地区，珠三角则多为下游地区。如何落实生态发展区的主体功能，下游地区和上游地区如何在生态发展中共同发挥作用，都迫切需要率先探索生态共建共享机制。

生态共建共享机制是指激励和引导生态发展区域和其他区域的企业、社会组织和个人共同维护和建设生态系统，共享生态成果的制度和措施，其中包括生态补偿机制。目前财政转移支付中的一部分、下游地区对上游的某些支持可以看成是生态补偿机制的具体内容。但是生态共建共享机制可以包括更加丰富的内容，它强调按照市场经济等价交换的原则，引导和促进不同区域的经济主体共同建设生态系统，共享生态效益，包括生态效益转化的经济效益。这种内容比较系统的生态共建共享机制整体上还没有建立起来。

广东率先探索和构建生态共建共享机制的重大意义可以从三个方面来认识。1.建立生态共建共享机制，是促进区域协调发展的必然要求。近几年，广东大力推进产业转移，为区域协调发展奠定了较好的基础，但是实现区域协调发展的任务还非常艰巨，必须把后发地区承接产业转移和建设本地生态产业有机结合起来，使后发地区走出一条生态发展道路。2.构建生态共建共享机制是转变经济发展方式的迫切需要。3.主体功能区规划的实施迫切需要建立生态共建共享机制。同时我省整体经济实力较强，为先行探索生态共建共享机制提供了物质基础。

二、目前广东生态发展区域及相关地区生态建设方面的若干问题

今年上半年，笔者先后到南雄、阳山、连州、连南、连山、英德、河源源城区、东源、龙川、和平、云浮等地调查，参加有关评审会议，了解和研究了兴宁、平远、蕉岭、和平、龙川、乐昌、南雄、仁化、始兴、乳源等县生态建设情况。了解到有关问题如下：

（一）生态发展区建设和发展的任务极其繁重

生态发展区建设的主线是通过生态建设，为社会提供生态产品，实现生态经济效益，尽快缩小与发达地区的差距。具体任务包括：让群众享受到大致均等的基本公共服务；生态和环境价值得到合理回报；对以往人为或自然灾害（如2008年冬天的冰冻灾害对森林的破坏很大）造成的生态破坏进行修复；退耕还林；农田水利基础设施建设；自然文化遗产的保护。环境保护方面，还包括污染物的控制，环境基础设施的建设与监管，环境安全与应急管理机制建设等。

（二）对生态发展的认识不准确

在被确定为生态发展区的市、县，少数干部和群众认为这样一种安排实质是限制其发展，使他们失去发展机会，即使有资源也难以开发利用。在下游地区，有的则认为对上游地区的支持是无偿的，认为是一种经济负担。有的同志没有考虑生态产业也是可以

成为园区发展的重要产业，没有考虑到工业建设和生态建设是可以结合起来的。

（三）欠发达地区普遍反映难以应对资金配套问题

在解决民生问题，公路交通建设、农、林、水项目以及教育等各个方面，包括生态公益林的护养等，上级财政给予一定支持的同时，通常都会要求下级财政提供相应比例的配套资金。这对财政困难的欠发达地区往往产生较大压力，或者导致有关政策落实不了，使地方政府欠了群众的债无法偿还。或者有些建设项目只好放弃，甚至都不提出申请，因为项目越多，需要配套的资金越多。有的同志反映农业招商引资难，农业龙头企业少，县级财政薄弱，无法落实项目配套资金，导致有些农业项目无法申报，并影响到一些项目的实施，使实施项目达不到预期建设的标准和效果。同样，公路建设配套资金不到位也引发了不少问题。有些县、市还认为激励性财政转移支付政策对落后地区不利，若当地财政增长速度达不到一定要求，则激励性转移支付得不到，其结果是富者愈富，穷者愈穷，地区差距进一步扩大。

（四）生态建设投入太少，投入渠道单一

对于生态公益林补偿偏低反映较多。省认定的生态公益林，省财政给予的补贴1998年确定的标准是，每亩每年2.5元，2000年至2002年，增加到4元，2003年至2007年，增加到8元，从2009年开始，规定每年递增2元。今年达到12元。这些对公益林护养的补助经费中约80%给养护林场或林业户，20%作为管理费。如果与物价水平联系起来考虑，这样的补助水平实际增长很少，不足以调动林农护养森林的积极性，也不足以制止违规砍伐林木。根据龙川县水源涵养林建设项目，在东江、韩江沿岸、水库周边种植涵养水分能力强的乡土阔叶树种，每亩需要投资约600元（包三年幼林抚育）。

生态公益林建设同样要求市、县财政配套，但由于市县财政困难，往往难以落实。由于生态公益林补偿金偏低，部分林农强烈要求退出生态公益林，甚至上访至市、省，导致生态公益林管理难度越来越大。同时，群众也反映对生态公益林的不同林地林种应有不同的补偿价格，因为不同林地产生的生态效益是有区别的。

水利建设、水土保持等各方面投入同样严重短缺。在现有体制下，这些投入不能获得应有回报。比如保护了水源，为下游提供了清洁水，但所得补偿极低。

（五）破坏生态的现象未能得到有效制止

有些地方，或者开采矿石、沙石，或者建设其他项目，破坏生态和环境，没有修复。有些地区还有过去多年遗留下来的这类问题未得到解决。有些破坏环境的企业或个人已经离开或者破产，环境修复的任务留给了当地。"未批先用"、无证开采矿产资源或"以采代探"等违法违规现象仍然存在。有些企业和个人破坏森林，没有得到有效制止和查处。有些严重污染环境的企业和工程还在偷偷建设。

（六）产业园区建设模式单一，通常没有与生态建设结合起来

根据2009年下半年广东省经济贸易委员会制定和出台的《广东省产业转移区域布局总体规划》，32个产业转移工业园原来规划承接的产业以及对未来产业发展的调整引导中，都没有提出包括建设以现代农业和林业及其产品加工深加工为主导产业的产业园区。实际上，生态发展区也没有积极去探索建设真正意义上的生态产业园区。尽管在山区建设的工业园区都很重视要通过环境评估，但是，形成什么样的主导产业，怎样把园区建设与生态建设结合起来，使这些园区的产业真正符合生态产业的要求，认识和办法都不多。还有一些利用当地资源的产业，看起来比较适合，实际上发展起来以后，必定要破坏资源和环境。

（七）交通基础设施建设滞后。发展生态旅游业等是生态地区重要选择，但交通基础设施是较为普遍的重要制约因素

和平县反映公路交通方面的问题，1.公路网结构不合理。主要交通干线有三条都是南北走向，东西走向的干线只有一条。2.公路运输站场不足，设施落后。整个和平县没有货运站场和货物存储中心。3.交通工程建设自筹配套资金通常难以解决。当前县道公路建设造价每公里需要120多万元，上级补助每公里45万元，资金缺口近三分之二；自然村村道硬底化建设每公里造价需25-30万元，省每公里补助15万元，缺口一半以上。当地财政困难，自然村人口少，经济发展相对落后，集资能力有限，导致欠账资金多。

连山县交通局反映，公路建设方面的主要问题，1.公路养护经费严重不足。该县地

养公路642.9公里，市每年切块包干经费60万元，市没有按照清市交\[2008\]117号文的规定划拨养护资金，其中乡道缺配套资金3000元/公里，村道500元/公里。2.公路建设资金严重短缺。认为上级补助标准偏低，地方配套资金不到位。据统计，通建制村硬底化改造项目，县财政欠配套资金678万元；县道沥青路面改造欠配套资金183万元；县城上吉大桥欠配套资金20万元；福堂新寨大桥欠配套资金30万元；2004年~2007年通建制村硬底化项目镇村欠配套资金181.27万元。累计县镇村欠配套资金达1092.27万元。所以，该县交通局要求取消地方配套资金。

连南县交通局反映，由于地方配套资金无法落实，为节约成本，有些项目降低了技术标准，导致有些路段基本无法通客运车辆；地方政府和交通部门背上了沉重的工程债务包袱；还时常发生因拖欠工程款而引起的民工上访和拦路问题。

连州市公路交通建设方面也存在类似的情况和问题。

（八）生态效益没有转化为经济效益，财政收入来源单一

在环境保护与生态建设方面的各种项目，有些投入的产出不能直接转化为当前和当地的经济效益，有些投入其产出是可以转化为当前经济效益的，但是后者也没有充分实现其价值，导致这些地区财政收入结构不合理，增长后劲不足。

阳山地税收入主要来源于电力、建筑业和房地产业，2008年以来，这三个行业的税收收入在总收入中的比重超过55%。

根据连山县国税局资料2009年全县国税系统共组织税收收入4135万元，电力行业入库税款2477万元，一直是该县主要税源之一。连山县经贸局的同志认为电网建设不配套，成为了该县经济发展的瓶颈。目前，该县有水电站250多座，装机容量过13万千瓦时，由于输变电站建设跟不上电力发展要求，导致每年丰水期，只能输送出发电量的70%。2009年电力行业入库税款比2008年下降29.53%。

连南县财政收入的增长主要靠投资和消耗土地资源拉动，除支柱财源小水电以外，矿产品、房地产成为主要增收来源。

连州市反映了类似情况：该市财政以电力为单一支柱。而且生产生活用电还得不到充分保证。该市输配电建设严重滞后于电源建设，城乡配电网建设滞后于主网建设，负荷中心受端电网建设滞后于送端电网建设。电能生产与分配分开后，电网建设速度虽有加快，但相当长时间存在有电输不出的现象。部分乡镇地区由于缺乏中小电源支持，加上部分地区中低压电网薄弱，容易导致大面积停电。

（九）对不同地区实行分类考核的机制尚未健全

对欠发达地区，包括生态发展区的考核没有体现出和其他地区的区别。有些方面和其他地区按同样标准考核和竞争，使生态发展区域总是处于劣势。

三、构建生态共建共享机制的建议

生态共建共享机制，不仅要重视财政转移支付，而且要特别重视生态发展区内外各地、社会各界对生态建设的投入。不是简单的下游补偿甚至无偿支持上游，而是上下游不仅都可以得到生态效益，也可以得到经济效益，允许下游在共建项目中获得一定的经济利益。上游和国家的生态损失可以得到补偿，下游也可以收回经济成本，在经济价值和生态价值上形成一种合理的等价交换。探索生态共建共享机制，可以考虑从如下具体方面采取措施：

（一）转变观念，提高认识

生态发展区不是不能、也不是不要发展经济，关键是用什么样的方式发展经济，通过什么产业发展经济。所以，要解决生态发展区域如何发展经济的认识问题。

生态发展区要以发展生态产业作为经济发展的基础。要从"发展工业还是发展生态的选择很痛苦也很无奈"的状态下摆脱出来，把发展生态和与生态关联的特色产业结合起来。

要确定生态产业的内涵与具体行业，指导生态产业的发展。现在各地在发展产业园区时，或者承接产业转移时，一般对环境保护的要求都比较严格。但是，仅仅要求入园项目通过环境评估，即使将来它们对环境的污染不会超标，即使它们对环境的影响不会超出环境承受能力，实际上它们对环境和生态建设还是有影响，也没有直接的生态效益，这些园区产业的发展不会改善当地的生态环境，它们算不上是生态产业。所以需要对生态产业做出科学的明确规定。产出主要

是生态产品的行业属于生态产业。生态产品是森林、干净的水资源、空气质量的改进、生物多样性保护、无公害农副业产品等。生态建设与保护项目主要包括自然保护区和森林公园、水资源涵养保护及生态修复、生物多样性保护、生态旅游、湿地保护、以及可能形成生态效益的其他项目。生态产业的发展不仅不会破坏生态环境和资源，而且会改善环境，会保护资源，扩大可再生资源的再生能力和条件。

要进一步明确购买生态产品的主体。现在生态发展区域普遍要求尽快建立生态补偿机制，加大财政转移支付力度。从财政转移支付的角度看，政府是购买生态产品的主体之一。但是，财政购买了生态产品之后，并不总是均等地由公众享用。比如，财政为干净的水资源而支付，但享受这些水资源的只是一部分公民。财政为洁净的空气而支付森林养护费，但有些企业则把空气给污染了。所以仅仅由财政转移支付来解决生态补偿问题不仅不可能，而且也不符合市场经济发展的要求。因此要让生态产品的使用者支付成本，建立生态共建共享机制就是让生态产品的享用者购买生态产品的一种办法。

（二）把产业转移和生态地区生态产业的发展有机结合起来

现在建设的产业园区一般都是工业园区。在生态发展区建设工业园区，应该把承接产业转移与发展当地生态产业结合起来，转出地区要把产业转移与投资生态地区生态产业结合起来。

要创新产业园区模式，建设生态产业园。一般的工业园区大概都不能认为是生态产业园，除非它们出产的是生态产品。因此要开拓产业园区建设的新模式，探索以林业、农业为基础的，以林业、农业资源开发和加工、深加工为主的新型生态产业体系，建设具有三次产业相结合特征的新型产业园区。比如通过加强和规范农村土地管理制度，培育和发展农村土地承包经营权流转市场，支持发展多种形式的适度规模经营，从而推进农村产业结构调整，发展特色、优质、高效农产品产业带，建设现代农业产业园区。以这种综合性的产业园区为龙头，构建适合各地实际情况的现代生态产业体系。在生态产业园区内，要积极促进农业、林业向三次产业综合发展，扩展生态产业链。要打造以农业和林业为基础的生态产业品牌，比如发展绿色有机食品的产业品牌，林业和农业观光旅游品牌等。把自然文化遗产的保护与文化产业的发展，公共文化服务的普及有机结合起来，也可以发展起新的产业和业态。连州的地下河、岳家军故垒、古村落、燕喜亭、流杯亭等，连南的千年瑶寨，龙川的赵陀历史文化名城，河源等地的客家文化，龙川枫树坝生态保护区与生态走廊，和平的客家民居都可以作为开发文化旅游的基础资源。

（三）采取多种途径开发生态共建共享项目，多渠道增加对生态地区的投入

努力拓展上下游共建的生态项目，加大生态建设招商引资力度。鼓励下游地区和企业在上游投资培育和护养生态公益林或水源涵养林，上下游共同治理水土流失，下游地区到上游修建和维护水库。鼓励下游地区乃至世界各地政府部门、组织和机构到上游生态地区举办生态文化活动和会议等，比如鼓励下游地区定期到上游举办生态文化教育节，扩大生态宣传。采用发展希望小学一样的方式和力度，鼓励社会各界和社会贤达在上游生态地区建设自然博物馆、生态科技馆、生态博物馆，动植物标本馆、动物园、植物园等。积极探索扩大林权交易。鼓励海外华侨与社会贤达封山造林，允许其冠名，成效显著的甚至可以树碑立传。倡导建立林业大学或者生态大学，通过政府投资，吸引民间资本以及与现有高校共建的方式，增加生态地区教育投入，发展具有生态地区特点，符合当地需要的教育事业，培养为本地生态建设服务的新型劳动者。倡导生态医学，发展民族地区医药产业，与生态旅游业相结合，建立森林医院和疗养院，改善生态地区医疗服务条件。还可以吸引社会资金加大对自然保护区的扶持力度。

"十二五"期间，要引导生态发展区域增加设计各种生态建设项目，并支持其立项和实施。

（四）积极发展碳汇林，在省内开展碳排放交易试点

当前国内有少数碳汇林发展的例子，通常是把碳排放权卖给国外企业。根据国家林业局通知，2007年，中国绿色碳基金资助150万元，在龙川县营造200公顷碳汇林。广东可以率先探索在省内进行碳排放交易。这不仅有利于生态保护，而且可以减轻省内企业的减排压力，对于支持省内企业的发展具有重要意义。

（五）加强生态发展区不同县市之间的区域合作

生态发展区的区域经济合作不能只考虑和珠江三角洲地区的合作，要重视与周边地区的合作。在相邻县、市都是生态发展区的情况下，既要重视各地错位发展，又要共同探讨相同产业发展的经验和途径。上级政府要推动相邻市、县的区域合作，加强这些地区合作与发展的统筹协调。

（六）强化生态修复机制

建立和完善各类企业和工程项目生态成本计算和考核机制，每年对其生态成本和环境成本进行考评。企业和工程项目建设单位必须承担生态和环境成本，或以货币交还生态成本，或直接完成生态补偿与修复。强化矿山、采沙采石、道路修建等工程建设造成的水土流失和各种生态破坏的修复机制。

（七）探索建立促进生态共建共享的制度和政策体系

1.制定发展生态产业的政策措施和行为规范，鼓励资源使用地区与企业在上游共同发展生态产业。对所有生态产业项目都必须收回生态成本，返还于生态修复与建设，探索征收生态税，或提高生态资源价格，或采用收入分成等方式实现共建共享。比如对生态旅游做出规范，规定旅游业收入必须有一定比例用回生态建设。2.改变简单租地卖地的做法，改变上游地区竞相压低地价以吸引产业转移的做法，制定生态用地政策，用于发展生态产业。或者生态地区直接以用地入股发展生态产业。3.积极探索资源价格改革，调整包括水、木材等在内的资源价格。4.探索构建生态建设效益评价体系，开展区域生态建设效益评估，按照广东省主体功能区绩效评价体系，对生态发展区重点考核和评价提供农产品能力和提供生态产品能力，并以此作为财政转移支付的依据之一。五是把生态共建共享机制与扶贫机制结合起来。

（八）实施流域生态共建共享示范区试点

在生态发展区域和下游地区，分别选取一定的地区先行探索生态共建共享的具体做法，取得经验，逐步推广。

关于促进扩大居民消费需求的对策建议

广东省人民政府参事
广东商学院教授 吴厚德

一、居民消费需求严重滞后于经济发展水平

十七届五中全会通过的关于"十二五"规划的建议于2011年10月28日正式公布，全会指出，扩大内需成为我国未来五年的第一要务，扩大消费需求则是扩大内需的战略重点。

长期以来，我国居民的消费需求严重滞后于GDP和经济发展水平。据最新全国总工会进行的一项职工收入调查结果显示，有23.4%的职工5年来未增加工资，这意味着在中国经济增长最快的5年，这些职工的收入和快速增长的经济完全脱节，是很不正常的。当前，收入分配领域中存在的主要症结：1.在国民收入的大"蛋糕"中，政府和居民的分配失衡。近10年我国的财政收入年均增幅约在20%，但居民收入从未突破两位数。2.居民收入的增长速度和经济增长速度背离。2000年，居民收入占GDP比重为65.5%，接近2/3，而到2007年，这一数字为57.5%，下降了8%，也就是说，一年下降了1个百分点，再辅之以不时出现的通货膨胀，居民购买力严重下降。如今，居民支出负担沉重，消费需求萎缩至最低的36%。相比外国，根据资料显示，美国居民收入占国民财富比例最高时达76%，法国72%，韩国58%，而我国居民收入实际为负增长。3.收入分配越来越集中在少数阶层和特殊利益集团手里。在各地GDP增长的同时，人民的幸福感却越来越低，由此社会不断出现很多突发事件，一些危险的信号频频发生，严重影响了社会安定。

在2010年10月31日的中国"十二五"改革国际论坛上，清华大学有教授称：中国社会当前实际上已经形成了一个巨大的吸收财富的"黑洞"，把社会发展成果相当的一部分吸收进去了，老百姓分得的是有限的一部分。接着他指出"国民一年创造的财富，政府拿了三分之一，另有三分之一不知道哪里去了，只剩下三分之一用于规范性分配"（11月1日《中国企业家》网站）。现在看来，原因可能是多方面的，著名经济学家吴敬琏近日称，是腐败和垄断拉大了贫富差距。

二、扩大居民消费需求的建议

十七届五中全会提出今后五年经济社会发展的五大主要目标，其中一个主要目标是"城乡居民收入普遍较快增加。努力实现居民收入增长和经济发展同步，中等收入群体持续扩大，贫困人口显著减少，人民生活质量和水平不断提高。"这是一个振奋人心的佳音。显而易见，只有居民的收入水平与经济发展同步，才能提高居民的消费需求，促进扩大内需。要扩大内需，必须着力破解制约扩大内需的体制机制障碍，加快形成消费、投资、出口"三者"协调拉动经济增长新局面。为此，建议如下：

（一）建立居民最为关心的刚性量化指标

1.职工的工资增长率。扩大内需，就是鼓励居民多花钱多消费，以刺激供给的增加。但是，居民的钱从哪里来？主要来自工资收入。职工的工资大体可分为三类，（1）企业职工工资收入，（2）公务员工资收入，（3）事业单位职工的工资收入。其中，企业职工的工资收入主要来自企业内部的初次分配。初次分配注重效率，但也要注重公平。10多年来企业职工在初次分配中呈下降趋势，职工工资占GDP的比重，由最高时1980年的17%，下降到2007年的11%，往后未能得到真正解决。职工工资增长率要强化，其含义在于工资要与GDP、CPI的增长挂钩。如何挂钩，可以量化，求出一个增加值，然后进行相关核算求得。公务员与事业单位职工工资收入，前者属二次分配，后者既有二次分配，又有与本单位收益状

况挂钩。二次收入分配主要是解决市场不能解决和无法解决的、满足社会公共需要的产品和服务，是在全社会范围内进行分配，如社会保障、义务教育、生态环境保护、公共基础设施、国家与社会安全等涉及国计民生的产品与服务的供给问题。二次分配是以公共财政、以税收杠杆的形式来进行分配的。涉及"两者"共性的主要体现在"个税"上。问题在于，现阶段很多高收入阶层作为最大的纳税主体，却只占个税总收入的30%左右，而作为广大工薪的中等收入阶层则是"个税"的纳税主体。这种"劫贫"的个税政策，对当前扩大内需是十分不利的。因此，个税必须改革，改革的原则应与经济增长挂钩，"水涨船高"，提高个税起征点，以人为本，反映纳税人的综合收入和真实的纳税能力，体现公平税负，合理负担。在此基础上进行税负设计，量化核算。

必须建立职工工资增长率调节机制，遵循的原则：（1）居民收入跟经济增长挂钩；（2）劳动所得与企业效益挂钩；（3）工资与GDP和CPI挂钩；四是改变财政收入和企业利润增速远快于城乡居民收入增速的现状。

2. 就业率。就业是民生之本，只有充分就业才能普遍扩大居民消费需求，发达国家把"充分就业"作为经济发展四大要素中的第一要素。当前，我国就业形势相当严峻，主要表现以下三个方面：

（1）失业率高和新增劳动力数量大。中国社科院于2008年12月16日发布的《社会蓝皮书》中指出，中国城镇失业率达到9.4%，超过国际警戒线7%，比政府公布的城镇登记失业率4%高出一倍多。同时，我国城乡平均每年有近2000万新成长的劳动力需要就业，压力很大。（2）我国目前农村劳动力约有4.9亿，其中有1.79亿的农村剩余劳动力。（3）劳动者文化素质低。2009年底就职的劳动者中无专业技术或职业资格证的比例将近95%，初级技工以上的劳动者的比例还不到6%，大专以上的劳动者的比例在30%左右。根据对600家企业的抽样调查，目前在岗职工初中以下的比例占39.77%，高中技工学历比例占41.2%。再从广州市各人才市场统计数据来看，前来求职的劳动者97%没有一技之长，大专及以上学历的求职者只占16.7%，而大专以下的学历占81.28%。因此，劳动者的知识结构和技能素质低下，与广东省产业结构升级和优化很不匹配，这反映出就业结构与产业结构存在严重失衡。

如何解决这一失衡？建议如下：

第一，应该将充分就业作为政府的施政目标，形成积极的促进就业政策，并将就业增长纳入各级政府政绩考核内容。

第二，重点应从短期"输血"功能的体制，转向长期"造血"功能，从"授人以鱼"转为"授人以渔"的制度建设。

第三，建立财政对就业投入的长效机制。明确和细化就业投入的相关规定，实行就业预算科目单列，并加强监督执行，提高财政就业投入的稳定性和可预见性。

第四，加大促进农村劳动力技能培训力度。加强农村中专和大专水平的职业教育，有针对性地开设符合本地区产业结构调整的专业和培训项目，重点是职业道德、职业技能、就业和创业能力的培训，真正为实现农村新增劳动力转移提供服务平台。培训经费可由地方政府、企业和劳动者"三者"承担，视各地经济发展状况不同而定，一般贫困地区以地方政府出资为主，企业和劳动者承担一部分，特别困难的劳动者应予免费培训。

第五，可以优先发展吸纳劳动力强的，对就业起带动作用的中小企业和个体企业。因为这些中小企业是提高就业率的有效途径。改革开放以来，中小企业为城镇提供了75%左右的就业机会，全部新增就业80%以上。在发达国家，65-80%的从业者在中小企业就业。因此，政府应放宽中小企业、民营企业和个体企业的注册、市场准入等管制，并相应解决这些企业的融资困难的问题。

3. 教育、养老、住房供给满意度。据中国社会科学院的调查显示：子女教育费用、养老、住房排在居民总消费的前三位，是民生的三大件。占世界人口20%的中国的人口消费额，仅占全球消费总额的3%左右，与国情很不相称。解决问题的途径是，将经济增长的成果，返还为民生的福利。在消费、投资和出口这"三者"中，一般情况下，消费约占60%，但多年来，我国投资规模大、速度快、超过需求，显得过热；我国经济主要依赖出口，顺差增速惊人，外汇储备排行世界首位，屡遭美欧等发达国家的挤压，强迫人民币升值，人为设置贸易壁垒。投资与出口迅猛发展，严重降低了消费需求比重，"三者"发展很不协调。

解决的途径必须严格控制投资规模，调整投资结构，把更多的资金投放到民生急需的建设项目去，比如加大保障性安居工程建设力度，增加中低收入居民住房供给，合理引导住房需求。改变我国长期依赖出口贸易为主，忽视内需的政策。广东是全国外贸依存度最高的省份之一，2007年全国的外贸依存度为58%，广东高达156.2%，出口对广东经济贡献率在77%以上。2008年的金融危机，使广东出口严重受阻，依赖出口拉动经济增长路子越来越窄。广东应该在稳定外需市场的基础上，充分挖掘内需潜力，把以出口为导向的经济增长方式转移到"内外并举，扩大内需为主"方面来，把更多的财力投放到教育、养老保障、医疗事业、住房建设上去，增加社会保障性投入，提高社会保障水平，这是促进扩大内需的治本之计。

（二）要以"人民满意"作为考核干部的唯一指标

十七届五中全会公报未提及有关GDP增速的量性需求，这是中国社会转型的重大信号。中国社会转型的核心是什么？就是建立一个人民满意的社会。这意味着对于各级地方政府的最终评价就在于"人民满意不满意"，以GDP为主要甚至是唯一考核指标的时代过去了。

如果我们喝的是污染的水，吸入的是污染的空气，吃的是污染的食品，身体健康遭到了严重的摧残，我们挣的那么多的钱，拥有那么多的财富，又有什么意义呢？多年来，为了增速GDP，不少地方出现了对资源的掠夺与毁灭式的开发，简直是一种"断了子孙饭碗"的极端作法，影响了全民族的可持续发展。

实践告诉我们，在考核干部政绩上不能以GDP为主，那种"GDP呈两位数的发展，而我们人均收入始终低于经济增长速度的时代"应该成为历史的陈迹。因为GDP不能代表真实经济实力，GDP并没有扣除因发展经济、给自然环境带来的污染，以及资源的浪费所造成的损失。在广东，从土地储备看，广东GDP每增加100亿元，就要耗用约61100亩耕地，按此速度下去，要实现2020年GDP比2000年翻两番的目标，广东将无地可用。如果将环境因素考虑在内，我国的GDP可能是负增长。

一个社会的稳定与发展不能仅看GDP，我们必须严格规范GDP核算，改革GDP核算和数据发布制度，着力对事关国计民生的行业建立科学有效的数据评估方法，全面提高数据质量。

要改变干部考核指标，要以和谐发展、稳定发展、公平发展为目标，可以增加与量化约束性指标，比如，有关资源节约型、环境友好型社会构建的指标，包括单位GDP能源消耗、二氧化硫和含氧化合物的排放量、污染物的排放量、绿化率、森林覆盖率等，以此敦促地方政府促进经济向良性社会转变。

（三）努力实现从"国富"到"民富"的转变

总体而言，在我国国民收入这块"蛋糕"的分配上，仍然是政府分得多，老百姓分得少，而且政府所分"蛋糕"的一部分，并没有很好"用之于民"，而是用于政府行政支出上。以2006年为例，我国政府的行政管理支出占财政支出的比重高达18.73%，而同期日本是2.38%，英国为4.19%，韩国为5.06%，法国为6.5%，加拿大为7.4%，美国最高，也只有9.9%。据经济学家调查研究，寻租腐败，地下经济腐败，税收流失性腐败，公共投资与公共支出性腐败所造成的各类经济损失平均每年约占GDP的13.29%至16.8%，相当于全国职工工资总和，这是一笔惊人的财富。也就是说，很大一块"蛋糕"是以腐败、灰色收入的方式流进了个人的腰包，而这是不会被统计成政府收入或老百姓收入的，这又从另一方面挤占了居民消费需求份额。

发展经济的终极目标，就是让人民能过好日子，这就要增加居民收入，提高居民消费需求，要藏富于民，实现从"国富"到"民富"的转变。如何转变？一要严惩腐败，二要打破垄断，三要加强监督，四要优化投资结构。

收入差距过大，贫富悬殊，消费需要不足，内需不振的问题，是因为体制和法制不完善，监督不力造成的。这个问题要通过改革来解决。

要打破行政权力的过度垄断，必须转变政府职能，政府的主要职能应是为市场主体创造公平竞争的环境，为居民提供更好更多公共服务和公共产品。

政府要推行"阳光政策"，让权力在阳光下运行。政府要认真考虑减轻企业和老百姓的税负，关注民生，为民理财，而最触动人民群众利益的事是对企业和老百姓实行优惠的税收政策，努力增加企业和老百姓的收入，这既是对降低政府运行成本，减轻人民负担，加快建立公共财政的自我加压，也是还利于民的重要举措。

建立"浪费问责制"，必须以立法形式，推行国家行政干部节约责任审计制度，让国家机关工作人员在公务消费时像花自己的钱那样心疼，从而做到精打细算，为国家节约资金，这实质上为人民增加福利，也是让利于民的一种做法。

文化引领的思想解放还应大力加强

广东省人民政府参事
南方日报社高级记者　王培楠
南方报业集团原副总编

为贯彻落实省委十届七次全会精神，全面推进《广东省建设文化强省规划纲要（2011年～2020年）的实施，根据省委、省政府分管领导的指示要求，省人民政府参事室（文史研究馆）组织参事、馆员进行大型调研活动。本调研组是由室馆主要负责同志带队，于2011年10月先后到广州、佛山两市与省委宣传部展开调研。

调研组在调研中发现，各地在领会文化强省深刻内涵上还有不少差距，主要表现为"三重三轻倾向"。1.在文化引领上，重"硬"轻"软"（重视看得见的具体事务硬指标，轻视思想解放、提高人的素质等"软任务"）；2.在文化产业上，重"虚"轻"实"（重视一些只有虚名的时髦产业，挂了很漂亮名字的"产业园"，但却没有实现这些产业的条件与措施。相反，对一些符合当地实际的文化产业却冷落在一边）；3.在文化普惠上，重"面"轻"点"（重视一般化的、面上的文化建设，而对未来全局有实验意义的"点"，未能下工夫去经营，因而失去典型指导的主动权）。

为此，调研组选择三个对全局具有典型意义的事项，提出几点建议：

（1）以"三龙齐舞"（流动图书馆、流动博物馆、流动演出网）为突破口，建立我省的"城乡文化大通道"。

我省创造性地把"大物流"概念运用于文化建设当中，初步建立起覆盖我省大部分地区的流动图书馆、流动博物馆、流动演出网。中共中央政治局委员、中宣部部长刘云山称此为"三龙齐舞"，是"一个很好的创举"。该项事业赢得了2007年国家文化系统创新最高奖中唯一的特等奖，近年又有了新的发展。

"三龙齐舞"在珠三角还有更多的创新发展。《人民日报》2011年11月在《关注图书馆生存状况》系列报道中，特别报道了深圳打造"通借通还"、"无处不在"的图书服务网络。目前，深圳已经建立了626个农民图书馆、社区图书馆，在12个工业区为外来工建起"青工书屋"，2008年率先实现每1.5万人拥有一个社区图书馆的目标，成为国内图书馆密度最大的城市。这种以中心城市图书馆为龙头，把图书流通终端延伸至街道、社区，从而形成一个庞大图书阅读网的做法，在我省已经有了很好的开端。如佛山市已投入800万元，在市、区、镇的图书馆实行了"通借通还"，每年的流通量已将近100万册。尤其是一些特殊的图书，如与佛山产业有关的陶瓷、建筑、设计等书籍，因价格昂贵，基层图书馆没有实力购买，"通借通还"就很受老百姓欢迎。佛山市委宣传部的同志提出，如果再有800万元，"通借通还"的图书大物流就可以基本完善，从而发挥更大的作用。有形的"流动图书馆"如果与"数字图书馆"结合起来，让图书最大范围的流动起来，在我省的中心城市建立起中心图书馆与区、街道、社区密切联系的阅读网，实行"通还通借"，在全省广大地区建立起市、县、镇的流通图书馆，这对于提高广东公民的文化素质意义极为深远，在全国也是一大创举，值得有关部门深入调研后，制定切实可行的措施，进一步完善，从而打造出广东一块最亮丽的'文化名片'。

（2）以"珠江两岸文化创意产业圈"、"粤东西北特色文化产业园"为总领，完善提高我省文化产业的总体布局。

目前，广东文化产业规模总量位居全国前列，从2003年至2008年，广东文化产业增加值连续六年名列各省市首位，占全国的比重超过1/4。据广东省统计局提供的数据，2008年我省文化产业增加值为2091亿元，比上年增长12.7%，高出当年我省GDP增长率2.6个百分点，文化产业增加值占GDP比重达6.1%，高出全国平均一半以上。2009年实现文化增加值2151.32亿元，占GDP比重5.4%，年增长速度6.0%。

文化产业是文化强省的重要载体，也是我省的一个重要产业门类和国民经济新的增长点。当前，尤其值得重视的是文化新兴产业如何迅速形成强大的产业集群，并通过龙头企业的带动，来推动整个产业的发展。以动漫产业为例，2008年全省实现动漫产业产值为115亿元，占全国的23%，初步形成了集研发、生产、销售"一条龙"的产业群；网络游戏方面，目前广东网络游戏年收入约占全国的1/3，其中拥有自主知识产权游戏的收入占全国的1/2；全省共有动漫企业950家，占全国近20%。广东还是全国电子游艺游戏设备最大的生产基地，自主研发制造的电子游艺游戏设备占全国总量的60%，其中广州番禺出口的电子游艺游戏设备，占全球大型游艺机市场份额已接近20%。

调研组认为，广东目前最应该做的事情是：①迅速掌握国内外动漫产业的最新发展动态。②对我省动漫产业的布局与与发展战略提出确实可行的规划，尊重市场规律。③对我省已经涌现的动漫龙头企业，给予足够的重视并给以政策扶持。为此，调研组建议：

由省委分管领导牵头，由省委宣传部、省委政策研究室、省发改委、科技厅、文化厅等部门抽调力量组成调研组，围绕我省如何建立"珠江两岸文化创意产业圈"和"粤东西北特色文化产业园"进行深入调研。汪洋书记在省委传达学习党的十七届五中全会精神时指出："要加强调查研究，使我省'十二五'重大决策更具有针对性和指导性。"如何完善提高我省的文化产业布局，将是其中一项重要内容。

（3）更加重视文化引领的思想解放。

思想解放是引领广东科学发展的文化灵魂。在贯彻落实省委十届七次全会精神时，有些地区深刻认识省委的精神，紧紧抓住这条主线，发动干部群众再来一次思想解放，推进当地的改革开放。如佛山的南海明确提出用文化为南海注入灵魂、以文化来统领南海的发展。

南海这片土地盛产奇思异想的人物。一代宗师黄飞鸿、闯荡江湖的叶问、把中国闹得天翻地覆的康有为、研制出中国第一台照相机的的邹伯奇、开启了中国近代纺织工业先河的陈启沅。在现代中国，南海人物依然星光灿烂：何香凝、马万祺、杜维明、曾荫权、陈香梅……正因为如此，南海已经不仅仅是一个地理概念，而且已经成为一个文化概念。更不要说改革开放30年，南海人所创造的辉煌业绩，更被冠以"南海模式"，让世界也听到了南海的威风虎啸。历史证明，经济发展背后，文化一直是它最重要的精神支撑。从历史到今天，文化从来都是南海最昂扬的主题和基调，但提出以文化来统领发展、以文化来赢得未来，这在南海历史上还是第一次。

为此，调研组建议，以评选"'十一五'思想解放十大案例"为文化强省的突破口，推动我省"布局十二五谋求科学发展新突破"。该项评选，可走官方路线或民间路线。如走官方路线，可由省委宣传部、省委政策研究室、省发改委为总牵头单位；如走民间路线，可由省的主要新闻媒体联合做主办单位。通过评选的广泛发动，让各地涌现的一批典型走到前台，以榜样的力量，进一步推动我省文化引领的思想解放实践，为"布局十二五谋求科学发展新突破"做好充分的舆论准备。

当前我省新型农村合作医疗制度存在的主要问题及对策

广东省人民政府参事 刘家琛

近期,为了解我省新型农村合作医疗制度的实施情况及存在的主要问题,我先后到省卫生厅以及乐昌市、云浮市云城区、新兴县等地的新农合相关职能管理部门和多家乡镇卫生院进行了实地调研。现将调研情况作如下汇报:

一、当前我省实施新农合的基本现状

新农合是当前农村中受益面最广、实施效果最明显的民生工程。我省从2002年开始在全省农村分阶段逐步推行并实施了新型农村合作医疗制度,到2010年9月止,全省乡镇、行政村覆盖率均达到100%,参合人口达到3883.2万人(不包括已与城镇居民医保合并,新农合管理职能划归社保部门的珠海、佛山、东莞、中山、惠州、湛江市),参合率为99.2%,在9年时间里,取得了巨大的成就,基本实现了农村居民人人享有新农合保障的目标,从而成为最近几年里农村工作中成效最显著、农民最欢迎的制度。不仅如此,该项政策实施所产生的制度效益并不仅限于农民,也在很大程度上使基层政府威信得到提高,基层卫生院焕发新活力,可谓是"政府得民心、农民得实惠、医院得发展"的民生、民心工程。

(一)新农合资金筹集和使用状况良好,资金使用高效优质

新型农村合作医疗制度面对的是全省5000多万的农民兄弟姐妹,需要覆盖的人群多、问题复杂、政策性强,同时,需要筹措的资金量也大。为尽可能减轻农民负担,政府各级财政每年都加大了财政投入。统计数据显示,从2002年到2010年,全省新农合共筹集资金267.0亿元,其中,中央、省以及地方财政筹集191.1亿元,占71.6%;农民缴费(包括集体补助部分)72.3亿元,占27.1%;其他收入3.6亿元,占1.3%。农民只承担全部资金的四分之一,有效地减轻了农民的负担。

新农合资金得到充分运用。在从2002年到2010年9月,全省新农合补偿金额达211.5亿元,其中,住院补偿1095.6万人次,金额195.7亿元,门诊补助5058.6万人次,补偿金额8.9亿元,其他补偿金6.9亿元。如果考虑到在2010年剩下的三个月支付的补偿金的话,则在从2002年到2010年的9年时间里,新农合的补偿金支付率为92%左右。这表明,新农合资金使用基本上得到高效运用,对于有效缓解广大农民看病难、看病贵等问题起到了重要的作用。

(二)参合农民家庭负担明显减轻,因病致贫返贫致残大幅下降

2002年开始实施的新农合,最初参合农民住院费用补偿比例为30%,补偿封顶线为500元—1000元,而到了2010年,在乡镇卫生院、县级医院以及县外医院住院费用补偿比例已经分别提升到70%、60%和45%以上,住院补偿封顶线提升到6万元以上,并且将原来只是大病统筹住院才补偿的政策,扩大和完善到门诊也有一定的补偿;同时,对五保户实行零起付线、住院补偿比例提高10个百分点政策;新生婴幼儿免缴费,随母享受当年新农合保障待遇等。上述政策设计科学、实效、针对性强,在很大程度上改变了过去农民小病扛、大病熬的局面,而且还具有极其显著的反贫困效应。有研究表明,在实施新农合政策后,我省的贫困发生率至少减少了30%以上,因病致残发生率至少减少40%以上。

（三）新农合提高了基层党委和政府的威信，挽救了大量乡镇基层卫生院

新农合推行的显著效果在农民中起到了最直接、最富宣传力的效应，提高和改善了基层党委和政府在群众中的威信，增强了广大农民对党和政府的信任。同时，由于新农合独有的安全、便利、高效、及时和惠民等特点和优越性，极大地激活和释放了农民的医疗需求，使定点医疗机构，特别是处于基层的乡镇卫生院的工作量快速增长。这不仅在很大程度上遏制了乡镇卫生院人才流失严重等问题，而且让不少卫生院有所积累，增添了新设备，改善了医护环境。可以说，新农合的优良制度效应不仅覆盖于农民，也广泛地散布于全社会，安定了民心，稳定了社会。

（四）新农合的即时结算和支付体系，明显优于其他医疗保障体制

新农合与城镇居民医疗保障制度相比而言，新农合能够实现农民在出院之时就及时进行自费部分和统筹补偿部分的分割结算，能有效避免和化解由于农民垫付统筹补偿部分费用而导致的医疗需求的强力压制。效果明显，反映出乎意料的优良。

二、当前新农合存在的主要问题

（一）在所谓"城乡统筹"的名义下，出现冲击现行新农合管理体制现象

自2002年以来，我省新农合的主管部门主要是当地卫生部门，运行高效稳定，可持续性强，每年资金略有结余，预计到2010年底我省农合资金结余约20余亿元。这种状况既能使资金有效利用，同时也能有效防范资金的穿底风险。但最近几年，在珠江三角洲大部分地区和部分东西两翼及粤北山区出现了将新农合管理职能移转社保部门，并将其与城镇居民医保合并的趋势。我们认为，这种在统筹城乡名义下的"改革"举措需要极其谨慎。毕竟城乡差距不是短期里能得到根本性改变的，将两者合并实际上是"弱弱联合"，最终结果可能是"双输"。城乡医保的合并应该是城乡差距消失的结果，而不是相反，不应成为城乡统筹的借口。

我们不赞成城乡医保合并的实证调研依据还在于，目前城镇居民医保个人缴费较高，保障水平相对较低，城镇居民参保意愿不强。在新农合刚刚在农村站稳脚跟，赢得广大农民信赖情况下，仓促将两者合并，将新农合纳入所谓社保部门管理，总体上是弊大于利。最终结果可能是，不仅未能将城镇居民医保的窘迫处境改善出来，相反还极大可能将新农合拖下水去。我们在乐昌市人民医院的调研中发现，城镇居民医保的报销比例低于新农合报销比例，在2008年至今的时段里，前者比后者要低高达15个百分点左右的平均水平；并且我们还发现，无论是人均医疗费用还是人均报销费用的绝对数，新农合都比城镇居民的要高。这充分说明，新农合显著刺激起了广大农民的医疗消费需求。强行将两者合并，最后可能是得不偿失。（见下表）

乐昌市人民医院城镇居民医保与新农合医疗费用及报销情况对比表

年度	类型	人均医疗费用	人均报销费用	报销比例
2008.8 — 2008.12	城镇居民	3017.91	1129.58	37.43%
	农民	4135.05	1793.09	43.36%
2009.1 — 2009.12	城镇居民	3183.16	1306.20	41.03%
	农民	3954.78	2268.42	57.36%
2010.1 — 2010.10	城镇居民	3866.31	1704.36	44.08%
	农民	4343.63	2605.82	60.00%
2008.8 — 2010.10	城镇居民	3450.86	1451.63	42.07%
	农民	4152.73	2389.08	57.53%

资料来源：根据乐昌市人民医院新农合系统统计及提供的相关数据整理计算得来。在计算中，为了反映城镇居民和农民在医疗消费中实际承担的费用水平，我们并不按照城镇居民医保和新农合惯例，而是将起付线纳入计算范围以内，以真实反映两者的实际负担水平。

（二）新农合效果明显，但缴费水平继续提高所导致基层的财政投入压力越来越大

2009年我省的市县级财政对新农合的基本补助标准是每人25元，这对于较为富裕的珠江三角洲来说不算什么，但对其他较为贫困的地区来说压力较大。个别地方政府甚至要靠借款来完成配套补助资金。根据规定，2010年我省各个市县财政的补助标准需要达到每人36元，较为贫困的地方政府反映困难较大。据揭阳市反映，根据2010年的标准，新农合配套资金将占全市财政收入的6.5%，

市县财政负担较大。

（三）许多地方的新农合经办机构人员编制未落实，工作经费捉襟见肘

目前大多数县新农合经办机构编制标准是，每10万～15万人配备6个编制，每增加10万人增加一个编制，新增编制封顶12个。这与实际工作需要相差较远，带来的局面往往是，每个乡镇只有一名编制经办人员，要面对至少三四万人的服务对象，工作量过大。虽然省编办曾经针对新农合编制下发了有关文件加强经办机构建设，但目前除韶关、梅州、河源的部分县市落实了编制外，其他地区均未落实，导致管理队伍不稳定，管理人员严重短缺。

同时，新农合的工作经费也严重不足。根据规定，每一名新农合参保人员，财政拨付一元工作经费，但这远远不够应付目前实际工作开展的需要。新农合强调资金的即时结算和支付，以减少农民因垫付款项负担而有病不去就医的窘境，以及从加强信息化管理确保资金运行安全需要出发，因此，需要购置电脑以及相关网络使用等办公设施。而这些开支对于一些贫困地区来说，是一笔不小的费用，一些基层难以负担。

三、对策及建议

（一）稳定现行新农合的管理体制，在进一步稳定、完善和提高的基础上谋求新农合的创新发展

虽然广东是一个较发达和较富裕的省份，但贫富差距和城乡差距依然很大。在城乡差距没有得到根本性扭转之前，全省大多数地区（除了城市化程度极高的部分珠三角地区）宜保持现行卫生部门作为新农合主管部门的管理体制，特别是在一些欠发达地区，还必须进一步加强卫生部门的此项职能。这不仅有利于刚刚建立且广受农民欢迎的该项制度的稳定，而且也有利于监管的及时性，保障资金运转的高效、安全。

（二）区别对待欠发达和富裕地区的财政投入比例

目前中央以及省、市、县对新农合都有不同比例的财政投入，但由于各个地方财力不同，在一些欠发达地区的市县，特别是县级财政投入方面，已经感到力不从心。建议争取更多的中央投入，同时加大省级财政对欠发达地区的投入，根据欠发达地区财力大小以及参保农民数量多少的实际情况，分三个档次进行投入。

（三）进一步完善和落实新农合经办机构人员和工作经费

新农合能否得到进一步的完善和提高有赖于稳定且高素质的工作人员队伍。建议各级政府提高经办人员数量，对于一些关键岗位和重要部门的人员给予编制上的优先倾斜。建议每三万参保人员配备二至三名工作人员，其中至少一名编制工作人员。同时，建议将工作经费从每一名参保人员拨付一元工作经费，提高到每一名参保人员拨付三元工作经费的标准。

（四）加强和完善资金监管体制

虽然目前新农合由于封闭运行而出现资金漏洞的情况较少，但监管工作仍然重大，我们仍需防范于未然。建议省人大或省政府对新农合相关监管问题做专题调研，从省级层面制定相应的地方法规和政策，从立法上给予监管的制度性完善。

（五）加强信息化平台建设，进一步完善和提高监管、支付和结算体系的安全性和及时性

建议各级地方政府加大新农合的财政投入，加强各级信息平台软件、硬件建设，全面在各级新农合管理部门、经办机构、定点医疗机构建立电脑网络联接，把网上在线审核结算、实时监控和信息汇总整合为一体，切实提高结算安全性和方便广大农民。

认真学习和领会国家"十二五"规划纲要精神
补充和完善广东"十二五"规划纲要

广东省人民政府参事
暨南大学教授　何问陶

国家"十二五"规划纲要已全文向社会公布,在认真学习和领会其精神的基础上,将它和省"十二五"规划纲要对照分析,提出补充和完善广东"十二五"规划纲要的建议,供编制者参考(按国家《规划纲要》顺序表述)。

一、《规划纲要》的战略性、前瞻性、宏观性、政策性和可实施性

国家《规划纲要》充分估计到我国发展的外部环境更趋复杂,要以更广阔的视野、冷静观察、把握将在全球经济分工中的新定位,2011年以来的国际形势变幻充分证明了这一判断。在指导思想方面提出了"发展主题"、"发展方式的主攻方向"、"发展方式的重要支撑"、"发展方式的根本出发点和落脚点"、"发展方式的重要着力点"以及"发展方式的强大动力",并在总纲中将政策导向单列一章,以示其重要性。《规划纲要》指出"预期性指标和产业发展、结构调整等任务,主要依靠市场主体的自主行为实现",政府主要是"创造良好的政策环境、体制环境和法治环境","减少政府对微观经济活动的干预",同时也明确"约束性指标和公共服务领域的任务,是政府对人民群众的承诺","主要通过政府运用公共资源全力完成"。《规划纲要》涵盖了经济社会各个方面,处处体现以发展为主题,以改革创新为动力,全文篇幅虽庞大,但文字简练规范,论述精深,读起来耳目一新。这些都是省编制规划时要认真借鉴的。

二、完善农村发展体制机制

"在依法自愿有偿和加强服务基础上完善土地承包经营权流转市场",这样既可适度规模经营,增加农民财产性收入,又可增加资本市场创新品种。"农村存款主要用于农业农村",这就需要主要服务于"三农"的金融机构来完成。前两年,国家鼓励发展村镇银行等微型金融机构,但其规模和覆盖面毕竟有限,《规划纲要》提出"深化农村信用社改革,鼓励有条件的地区以县为单位建立社区银行",这既为农村信用社改革指引了方向,又扩大了县级地方金融机构力量,更直接服务"三农"。"扩大县域发展自主权,稳步推进扩权强县改革试点",这是增强县域经济发展活力的有力制度支撑。

三、转型升级 提高产业核心竞争力

《规划纲要》指出,"主要利用进口资源的重大项目,优先在沿海地区布局",广东应依托国家重点工程,"打造一批具有国际竞争力的先进制造业基地"。在国家层面"战略性新兴产业增加值占国内生产总值比重达8%左右",从广东现有基础和发展前景出发,广东可占到12%左右较合理。根据"重点在东部沿海和中部部分地区发展核电"的原则,广东应重视发展核电,但应汲取日本地震教训,不要把核电站建在地震带上。把珠江三角洲大城市群城际交通网络建设、广东海洋经济发展试点提高到国家层面加以重视。

四、营造环境 推动服务业发展

《规划纲要》提出"优化服务业发展布局,推动特大城市形成以服务经济为主的产业结构",广东可率先对广州、深圳等服务业发达的城市作这方面的规划。在生产性服务业发展中,还应突出通过粤、港、澳、台合作"规范提升商务服务业";在生活服务业中,应重视"鼓励发展家庭服务业",使服务业本身得

以均衡有序发展，并满足日益变化的社会需求。

五、促进区域协调发展

在国家"积极支持东部地区率先发展"政策指引下，珠江三角洲应率先实现包括香港、澳门在内的区域经济一体化发展，形成更具国际竞争力的城市群，并向东西两翼和粤北辐射。"把有条件的中心镇发展成中小城市"。"实施主体功能区战略"，"在强化对各类地区提供基本公共服务、增强可持续发展能力等方面评价基础上，按照不同区域的主体功能定位，实行差别化的评价考核"，不搞"一刀切"。对于生态补偿，除财政转移支付外，应完善生态和资源性产品及环境污染等价格形成机制，"积极探索市场化生态补偿机制"。

六、加强和创新社会管理

加强和创新社会管理是"十二五"期间一项重要工作，《规划纲要》对此高度重视，用了四章十二节篇幅来全面表述，整体内容都值得省里参考借鉴。另省的规划中"建立社会管理主体多元化的新格局"提法欠妥，是否可改为社会管理模式多元化。

七、加快教育改革发展 推动文化大发展大繁荣

《规划纲要》对教育改革提出了"按照优先发展、育人为本、改革创新、促进公平、提高质量的要求，推动教育事业科学发展，提高教育现代化水平"，并承诺2012年财政性教育经费支出占国内生产总值比例达到4%。广东的规划中也应给出一个合理数据，以增强民众对广东教育发展的信心。文化的发展应紧紧围绕"建设社会主义核心价值体系"展开，"大力推进哲学社会科学创新体系建设、实施哲学社会科学创新工程，繁荣发展哲学社会科学"应引起高度重视。

八、深化合作 建设中华民族共同家园

《规划纲要》把内地与港、澳、台合作放在一个篇章内来表述，无论从情感上、还是从事件的归类上都很恰当，也很贴切，建议广东的纲要也把它们调为一个篇章内表述。

内地与港澳台合作是国家战略层面的大事，更是广东经济社会发展和"十二五"规划的特点与优势，要以一种国际视野来规划。在珠江三角洲与港澳经济一体化的基础上，建设现代服务业发达、具有国际影响力和竞争力的世界级城市群、优质生活圈。金融合作应是合作的重点，这是香港的优势和强项，也是全国金融中心和金融圈布局的需要。

"建设以香港金融体系为龙头，珠江三角洲城市资源和服务为支撑的金融合作区域"、"巩固和提升香港国际金融中心地位"、"增强金融中心的全球影响力"。在这个金融区内广州、深圳、佛山、珠海从金融功能优势出发定位自己的金融发展重心，避免恶性竞争。整合香港、广东旅游资源，建设澳门世界旅游休闲中心。对台合作，粤东地区应主动融入海峡西岸经济区，共建经贸合作紧密区。"支持大陆台资企业转型升级"，"支持台商投资相对集中地区经济发展"。

另外，在广东"十二五"规划中，关于泛珠江三角洲经济合作一章，建议调整到第七篇中表述，现有的第十四篇专门规划国际间的开放合作，这样显得比较顺畅合理。

建立健全信用制度 加强创新社会管理
——"郁南模式"的实践与启示

广东省人民政府参事
暨南大学教授 何问陶

郁南县是一个典型的粤西山区农业县，长期以来资金匮缺成为制约经济社会发展的"瓶颈"。2009年以来，郁南县在云浮市农村改革发展试验区建设中，以信用制度建设为抓手，深化农村金融体制改革，并将金融体制改革的实践经验扩展到加强和创新社会管理层面，取得了"促民生、促发展、促民风、促党建、促稳定"的初步成效。他们所创建的"郁南模式"也得到了省、市领导，社会各界以及广大群众的充分肯定和一致认可，其经验值得总结、宣传和推广。

一、"郁南模式"及其初步成效

（一）"郁南模式"及其特点

经过认真调查研究，分析思考，多方求证，我们将"郁南模式"简单表述为：以村镇、社区、县域信用制度构筑为基础，深化农村金融体制改革为突破口，保障和改善民生为根本导向，公民思想道德建设和切身经济利益有机结合，推进农村经济发展和优化政府公共服务相结合，加强和创新社会管理，建设诚信郁南，幸福郁南。郁南的创新主要是建立三项机制：建立县征信中心、创建勿坦模式信用村、创建金融扶贫。这三项机制既是金融机制，又是社会管理机制，既是中小企业、农户、贫困户的激励机制，又是法治、政策、道德的约束机制。这个模式以诚信文化为社会主义核心价值观的精神支柱和科学管理指针，充分考虑群众切身利益，从农户做起，村镇社区做起，有坚实广泛的群众基础，符合当前县域经济社会发展的现实状况，并取得了阶段性成效，经得起实践和时间检验。

（二）"郁南模式"促经济稳步发展，金融生态良性循环

"郁南模式"经过两年的探索实践，经济金融发展成效显著。2010年全县地区生产总值58.84亿元，增长13%；税收收入3.28亿元，增长21.03%；地方财政一般预算收入2.49亿元，增长24.95%；固定资产投资增长31.1%；招商引资58亿元，同比增长283%；农民人均纯收入同比增长10.2%。

良好的金融生态环境促进了金融存、贷款的增加和效益提升。2010年全县储蓄存款同比增加9.5亿元，是试点前9年平均数的3.5倍；贷款余额同比增加6.5亿元，是试点前9年平均数的6.5倍。农户贷款覆盖率达到28%。全县金融存贷比从试点时的36.71%，提高到47.6%。金融机构不良贷款率在2009年下降9.1个百分点基础上再下降4.7个百分点，金融机构利润在2009年增长80.36%的基础上又增长65%。

（三）"郁南模式"促农村扶贫开发创新路

"中小企业贷款难，农户贷款更难，贫困户贷款不可能"是当前全国金融信贷市场中普遍的现象，目前在全国范围只有小部分地区小范围内对贫困户发放贷款进行尝试。郁南县借助社会捐助、金融和市场的力量，不用花费政府财政一分钱，就建立起一种促进县域经济与金融、扶贫开发良性互动的发展机制。在郁南县所有有劳动能力的贫困户（共4497户）整体授信5000万元，每户贫困家庭只需每月付5元利息就可以贷一万元，这种扶贫做法全国首创，这是一种最廉价、最高效、最深刻的农村改革，是"规划到户、责任到人"扶贫开发的新举措。金融扶贫初步解决贫困户发展生产的第一桶金问题，2010年全县有44.27%的贫困户实现脱贫。

建立健全信用制度　加强创新社会管理

（四）"郁南模式"促党建、转民风、创新社会管理机制

一种好的制度不仅推动物质文明建设，同时也促进精神文明提升，试点两年来郁南的党风、民风、社会管理，也起了积极变化。以最早试点的勿坦村为例，以前青年人怕受约束，怕承担社会义务不愿入党，2009年试点以来全村已有14名优秀青年申请入党，是前十年申请人数的总和。多位村民主动归还了已经拖欠农信社十多年的6笔共4.7万元的贷款。全县4497户贫困户签署了"不赌博，种沙糖桔不用违禁药，养猪不用瘦肉精"的诚信誓言。2009年全县信访总量同比下降35%，2010年再下降42%，犯罪率下降到3.5人次/万人，大大降低了社会管理成本。"讲信用为荣，不讲信用为耻"在郁南已蔚然成风，并成为郁南经济社会科学的、可持续发展的宝贵财富、无形资产。

二、"郁南模式"在社会实践中形成与创新

（一）党委统筹领导、政府组织协调、社会各方参与，科学合理的制度建设，公开透明的评价体系，公平公正的激励约束机制

一种社会管理模式要得以有效运作，需要在制度和机制上科学设计，郁南提出了"市场能够解决的，政府积极服务；市场难以解决的，政府主动统筹；市场不能解决的，政府勇于承担"的理念，并在实践中摸索出了一套成功的经验。

党委统筹领导，政府组织协调，社会各方参与，共建共享信息服务平台。信用制度的建设首先需要搭建一个能有效聚散全社会信用信息的网络或平台。目前我国信用信息平台的现状是，人民银行作为中央银行设有覆盖全国的征信系统，但其主要收集和提供银行信用信息。而社会管理的其他信用信息则分散在公检法，税务工商，国土安监，水、电、通讯等单位部门，在全国县级均没有建立征信中心，信息资源严重分割，全社会陷入了信用信息资源十分短缺和大量闲置并存的矛盾困境。郁南县率先突破了这一"信息瓶颈"，党委以权威姿态统筹领导，政府积极组织协调，在人民银行征信系统的基础上整合全社会信用信息资源，将法院、公安、税务、国土、安监、工商、质监、劳保、环保、供水、供电、卫生、药监、计生等14个部门的非银行信息并入县征信中心，组建起全方位覆盖、全社会服务的全国首个县域征信中心，为信用制度建设打造了一个"一站式"服务技术平台，解决了信息不对称下的逆向选择难题。

信用评级指标体系是信用制度的核心，更要科学的精心设计，在考核信用户，信用村的指标体系中，除家庭人口、劳动力状况、经营方向、经济收入、贷还款记录等硬指标外，还附加了社会评价指标、政治面貌、计划生育、响应征兵、子女教育等激励型加分指标和违反社会治安，违反计生政策及曾有不良信用记录等约束型扣分指标，有些关键性指标甚至可以成为一票否决的依据。指标体系由群众充分讨论认可，评议结果张榜公布，接受群众监督，这种"从群众中来,到群众中去"的做法使其能持之以恒。

为使信用评级既具高度权威性，又具广泛代表性，郁南结合中国农村目前居住和管理现状，村级信用评级并没有请、也请不起社会上相对独立的第三方中介机构来承担，而是从实际出发，成立了由镇政府、村委会、农信社、村民等代表组成的18人评级小组来负责共同评级，大家同镇同村，知根知底、不仅信息准确，而且约束力强,充分体现了中国广大农村"熟人社会"信用评级的特色和优势。

（二）党委、政府、各级领导率先垂范，构建文明社会核心诚信，权威诚信，广大群众积极参与，构建社会个体诚信、基础诚信

诚信是一种社会道德，一种传统文化，一种核心价值观的体现。广大人民群众讲诚信固然重要，但执政党和政府，以及各级领导讲诚信却更具权威性、公信力、感召力，当一个村成为"信用村"，一个镇成为"信用镇"，一个县成为"信用县"时，各级党委和政府及其领导自然就成为诚信的代表和标志。郁南县委和政府庄严地向全县人民发出了"诚信郁南，从我做起"的誓言和"幸福郁南、共建共享"的目标,各级领导以及15841名党员带头公开向社会作诚信宣誓和承诺，得到社会普遍赞赏和认可。县纪委的"诚信清风伴我行，和谐社会共缔造"，县直工委的"诚实守信我先行,履职尽责为人民"，县委统战部的"诚实守信，凝聚人心，汇聚力量"，县建设银行的"诚则通达，信则久远"，县中旅社的"天道酬勤，商道酬信"，

203

连滩中学、实验学校的"诚以修身,信以立世","诚以育人,信以导行",普通农民的"诚实守信,团结邻里,互帮互助"都很具代表性和说服力。

(三)充分发挥宣传教育,媒体舆论的特殊功能,使诚信文化深入人心,诚信行为遍及社会,形成"诚信是金"的良好社会氛围

诚信作为文明标志,行为准则不仅需要历史的积淀和传承,更需要坚持不懈的宣传教育,引导教化。郁南以"诚信文化"建设为切入点,全面实施"信用进医院,信用进企业,信用进学校,信用进三农,信用进商户"的诚信工程建设。在县城兴建了230米长的诚信文化长廊,在西江边以诚信为主线绘制了2公里长的大西关西江主题壁画,在大王山国家森林公园建设了1.5公里长的诚信大道,在宜居村、信用村规划兴建诚信广场,用生动活泼,图文并茂的形式宣传诚信,郁南的街道、公园、社区、公共场所处处可见诚信口号标语,全社会形成一个大的诚信氛围,守信失信是非分明,荣誉耻辱奖惩有据。诚信在郁南成为每个公民自觉的行为规范。

郁南还非常重视媒体的传播和教育作用,近年来,中央电视台、人民网、经济日报、金融时报、南方日报等中央和地方媒体都先后走进郁南、宣传郁南,媒体级别之高,报道之频,影响之广,在县级单位是少见的。这不仅在全国、全省范围内提高了郁南的知名度,也为郁南的诚信教育提供了好教材。

(四)将信用制度建设以及社会微观主体的诚信教育与社会管理有机结合,探索新形势下加强创新社会管理新路径

随着我国社会主义市场经济深化发展,各种社会矛盾及不和谐因素增多,这对社会管理体制、机制建立提出了新需求,新挑战,新期盼,郁南从最基层做起,进行了有益探索。(1)在信用制度设计中考虑社会管理元素,激发村民建设和谐社会、幸福家园的主动性、积极性,并为村民自治、民主管理奠定了良好的社会基础。在信用指标体系中,社会管理项目分值就占了1/4,对于评为"优秀"、"较好"、"一般"、"较差"四个等级的农户分别给予不同的授信额度,对于合格的农户联保,还可增加授信额度,对于达到信用村标准的村,贷款利率还可优惠,所有这些使村民不仅关心自己一家一户,还主动帮助邻里,团结街坊,乡风文明,村容整洁,软实力提升。(2)充分利用现代网络技术和信息资源进行社会管理。郁南县征信中心现已征集到全县8959家企业、个体户以及11万户农户较为全面的银行与非银行信用信息,初步实现县内7家金融机构与工商、质监及勿坦村首批10个单位的征信数据互联互通、共建共享,先进科技与社会管理结合大大节约了社会管理成本,提高了工作效率。(3)探索社会管理模式扁平化。我国改革开放以来,经济市场化程度大大提高,而社会管理体制改革却跟不上社会结构的转型,垂直管理模式,使矛盾层层上升、放大,直接影响社会稳定和谐,而郁南的经验是把管理重心下移扁平化到基层,从村镇社区做起,矛盾化解在萌芽状况,排除在基层社区,夯实了全社会安定团结基础。

(五)先行试点,稳步推进、求真务实,普惠民生

任何一个新生事物,其产生、发展、成熟、推广都有一个客观过程,人为催生,强行拉大是经不起历史考验的,郁南人深知这一道理,当勿坦信用村建设成功以后,上级领导来了,各种媒体来了,兄弟单位来了,不少人建议郁南将"勿坦模式"一次性在全镇、甚至全县铺开,搞个"满堂红",在荣誉面前,郁南人保持清醒头脑,不骄不躁,坚持边实践、边总结、边推广、分步实施、成熟一个建成一个。他们从实际出发,提出了在2011年内完成全县1万户农户完整非银行信用信息数据采集和从2011年起力争用三年时间将全县60%的行政村建设成信用村的目标,下一步工作重心还将争取在加强和创新社会管理方面有新突破,使全县人民真正感觉到郁南在幸福中变化,在变化中幸福。面对当前浮躁的社会现实,他们这种求真务实的作风更加值得崇敬和倡导。

三、"郁南模式"需要在实践中不断破解难题优化完善

"郁南模式"试点两年以来,成效明显,但实践中也反映出一些普遍性问题,需要进一步统筹安排、优化完善。

(一)信用制度和信贷机制的建设和运用是一项全社会系统工程,需要在更高层次更大范围内来统筹协调、有序推进

郁南在前期建设中反映出的问题具有普

遍性、代表性：第一，完全靠县级力量建设征信中心和信用制度无论是财力、物力，还是技术力量都缺乏，如果不是一个县委、县政府高度重视，是很难成事的。第二，由于体制上的分割和其他原因无论是信息的广泛征集，还是信息的充分利用都存在障碍，难以全面掌控被征集人的信息。第三，信息的征集、使用、安全，保密等要件缺乏相应的法律法规支撑，影响其社会公信力、权威性和社会参与的积极性。第四，由于郁南信用建设不断完善，金融机构受益于信用环境改善，经营利润大幅提升，其参与信用建设热情高涨，但也有个别垂直管理部门由于对试点认识不足，参与改革试点的积极性不够高。第五，从发展的眼光看，互联网将成为现代社会管理和社会互动不可或缺的技术平台，政府应超前统筹规划网络建设和规范网络管理。

（二）"郁南模式"虽然在农村基层社会管理中取得成效，但要推广到城市还应更加深入思考，精心设计

与农村相比，城市的社会情况要复杂得多。第一，城市人口多，流动性大，社会结构变化快，人际交往少，如何使管理体制更加简约式、扁平化、工作重心下沉到社区。第二，管理体制层级设计变化后，各级之间的权、责、利如何科学界定、维护、监督和考核。在经济社会发展水平不同，社会结构有别的情况下，如何结合自身实际设计方案。第三，城市利益主体多元化、甚至个性化的情况下，如何寻求一种共同的、根本的利益来驱动改革、优化管理、改善民生、稳定社会。

（三）在改革创新的过程中，党和政府的积极性与群众的主观能动性结合才有持续的推动力

与经济体制改革相比，社会管理更加注重对人的管理和服务，也就是说人的主体作用要得到更加充分的发挥。郁南目前的改革主要还是党和政府在主导推动，这在改革前期很有必要，但要使改革有坚实的群众基础和持续推动力，最终还是靠人民群众发挥主人翁精神，主动参与到经济改革和社会管理创新活动中来，自己的事情自己来办。第一，如何在县、镇、村基层培育和发展群众组织，使其在自律基础上主动承担相关的社会管理责任；第二，如何在县、镇、村建立起经常性、常态化的社工制度，义工制度，同时合理解决相关编制和经费问题；第三，随着社会主义市场经济体制改革深化发展，如何将新社会阶层吸收到社会中来，发挥他们的特殊作用。

四、"郁南模式"意义深远，值得认真总结，宣传推广

（一）"郁南模式"意义深远

"郁南模式"创建以来不仅在广东引起高度重视，而且在全国形成很大反响，中央电视台、人民网、经济日报、金融时报都分别作了报道就是很好的说明，其深远意义可以用几位领导和媒体的评价来证实。

2011年1月16日至17日汪洋书记在云浮调研农村改革时强调：建设幸福广东，必须顺应农民群众过上美好生活的新期待，扎实推进农村综合改革和制度创新，切实促进农民脱贫致富和持续增收，不断激发农村发展活力。汪书记还指出：在当前农业现代化的过程中，农民最需要用钱，但农民借钱又是最难的。郁南县进行农户信用状况等级评定、构建农村信用体系，使农民能够通过简单便捷的手续获得小额贷款。更重要的是，信用评级机制在解决了农民生产致富难题的同时，大大增强了基层党组织的凝聚力，促使农民重视信用、珍惜信用，营造了积极向上，民风淳朴的好氛围。

2011年3月30日在郁南县农村金融综合改革经验推广会上，省金融办主任周高雄指出：学习推广郁南经验始终都要解放思想，从当地的实际出发，找准突破口，动员一切积极力量共同攻坚克难，闯出具有当地特色的金融服务"三农"的发展新路。在同一个会上，人民银行广州分行副行长徐诺金指出：郁南的成效不仅仅体现在其促进经济、改善民生的经济价值上，更多的，是体现在其净化农村社会风气、使农村风貌焕然一新的社会管理层面的特殊价值。深刻挖掘金融工作、特别是农村征信工作的社会功能，对于我国新农村建设以及和谐社会的发展具有深远意义。

2010年9月11日，在中央电视台新闻调查栏目组在采访郁南金融扶贫实施情况时认为：金融扶贫两万元的贷款规定了一种义务，也重新界定了做人的本分，当贫困户心悦诚服的接受这三个看上去并不苛刻的条款的时候（不赌博、种沙糖桔不用违禁药、养猪不用瘦肉精），由资本所派生出的信用，

也就成为了市场经济和社会道德的基石，透过一个个签名，看到的是贫困户对资本的承诺，但是孕育信用产生的力量，并不全来自于资本，它真真正正的来源是制度。

（二）建议继续认真总结，广泛宣传，稳步推进"郁南模式"

"郁南模式"从我国农村基层现实出发，在农村金融体制改革和农村社会管理体制、机制上作了有益探索，取得成效，在社会上引起普遍反响，这对广东也是一种创新和贡献，应加以重视。在县级征信中心的建设上，实现了全社会统筹，共建共享，这在全国都有典型意义，而且经验也相对成熟。建议广东省率先在县级推广，各县建立起自己的征信中心，再扩展到市，争取在"十二五"末期全省建立起覆盖全社会信息的征信中心。在"信用村"、特别是信用评级指标体系的设计和运用上经验也比较成熟，可以在村、镇推广，当然各地还可结合自身的实际情况补充、修改、完善。将思想道德建设、优秀文化传承，信用制度与机制设计有机结合并运用到农村基层社会管理的经验也值得学习推广。此外，金融扶贫的做法也很成功，很有特色。

（三）建议继续支持郁南县作为我省农村金融体制改革试验区、农村综合改革试验区、农村社会管理改革与创新试验区

郁南是一个典型的山区农业县，其GDP和财政收入与发达地区比也许是微不足道的，但郁南县各级党委政府艰苦奋斗，勇于创新的精神是难能可贵的。"郁南模式"不仅闯出了一条农村金融体制改革、金融扶贫、农村基层社会管理的新路，而且在制度安排、机制设计上为我省、甚至全国作出了有益的贡献。建议省里继续支持郁南在农村金融体制改革、农村综合改革、农村社会管理与创新试点，并在政策上给予指导和倾斜，在资金上给予支持和奖励，巩固和推广创新成果。

（四）广东应该也完全可能在加强和创新社会管理中作出新贡献

广东是一个经济大省，又是一个人口大省，为适应社会结构发生的变化，早在2008年已开始对加强和创新社会管理试点实践，广州、深圳、珠海等地都创造了许多有益经验，就全国范围的意义来看，广东可着重总结几个方面的创新。第一，流动人口及社会治安的管理、应急管理。第二，借鉴香港、新加坡的经验并与香港合作建立常态化的社工制度、义工制度。第三，社会管理模式扁平化，建立健全基层社会管理和服务体系。第四，有序健康地发展非公有制经济组织，行业中介组织，社会管理组织，使他们成为社会管理的重要力量。此外，也要注意，广东省内经济发展水平不同，社会结构差异大，社会管理模式不能搞大一统，可分为珠三角、东西两翼、山区几大类型分别试点，根据区域特色和现状，创新适合自己的管理模式。

调研组人员：
组　长：
余庆安　广东省人民政府参事室（文史研究馆）副主任（副馆长）
成　员：
梁桂全　广东省人民政府参事、广东省社会科学院院长、研究员
何问陶　广东省人民政府参事、暨南大学教授
冯邦彦　广东省人民政府参事、暨南大学教授
陈婉玲　广东省人民政府参事、中山大学教授
黄莹莹　广东省人民政府参事室参事业务处副主任科员

加强社会管理基层干部群众有"三盼"

广东省人民政府参事
南方日报社高级记者 王培楠
南方报业集团原副总编

按传统的统计口径，我省人均GDP折合接近7000美元，已达到中等发达国家水平。未来的经济发展，即使是按年增6%到8%的速度，也是朝人均GDP一万美元的目标靠近。经济转型的压力在增加，社会转型更是矛盾交织、冲突频生。正是在这样的大背景下，加上国际复杂政治因素的影响，如何加强和创新社会管理，提高社会管理科学化水平，就成为摆在执政党面前的一项重大战略任务。近期，以胡锦涛同志为总书记的党中央对此进行了重大部署，广东省正在组织调研贯彻落实。根据省有关领导的要求，近期省政府参事室领导亲自率领参事、馆员，分别组成多个调研小组，到省直有关部门与各有关地市进行了一次深入广泛的调查。我参加了相关的调研活动，感到收获很大。关于加强和创新社会管理，基层干部群众有"三盼"。

一、盼加强和创新社会管理，要勇于理论创新，对改革方向作出清晰指引

社会管理有人类社会共同的规律，也有中国具体的国情。在当今中国急速转型的复杂时期，要借鉴世界社会管理的先进经验，更要改革创新，创建具有中国特色社会主义社会管理制度。只要符合国家的宪法与大局，广东就要大胆先行先试，不要对某些目前说不清楚的所谓理论问题争论不休。改革与创新，依然是加强社会管理的重大主题。

在调研中，我发现对城镇居委会的性质，有不同的理解与认定，甚至在某些主管的省直部门内部，争论激烈，很不统一。一种意见认为，社区居委会是在党领导下的社区居民实行自我管理、自我教育、自我服务、自我监督的群众性自治组织。当前最重要的是减轻居委会的负担，将各种不应该由居委会承担的任务剔除出去。另一种意见认为，居委会还是基层政府的组成部分，目前还承担着大量依法完成或依法协助完成的各项任务。政府应该投入足够的人力、物力，强化居委会的执行力。不要以为，这些争论仅仅是对《中华人民共和国城市居民委员会组织法》的理解不同而造成的认识偏差，这更深刻地反映了现实与立法之间的矛盾与滞后。从调研中发现，理想化的设计与现实有着很大的反差，在现阶段，计划生育、维稳、治安等各种检查评比以及当地一些大型活动等，依然将负担压在居委会头上。因此，如何在现行法律的框架之中，创造性地完善居委会制度，如何依法处理好居委会应该承担的职责，以及如何处理好居委会与政府相关部门及其与各种社会组织的关系等等，就成为我们必须正确处理的问题。必须意识到，如何正确处理这各种关系必将深刻地影响到加强与创新社会管理的改革路径，而改革路径的选择往往关系到最终目标的成败。

我认为，我国国情的最特别之处就是现行的户籍管理制度，即将城镇人口与农村人口分别划分在城镇居委会与农村村委会的管辖之下，这是最基本的社会管理制度，由此，也就决定了"两委"必须承担基层政府的部分职能。这些问题如果不能取得共识，如何界定政府与社会组织的"到位"、"越位"问题？只会争论不休而影响执行力。在加强和创新社会管理的路径指引上，当前要特别注意处理好"三热三轻"的辨证关系：1.热衷于理想化的社会管理"顶层设计"，轻视解决复杂现实矛盾的现阶段目标；2.热衷于救急解决现阶段的维稳任务，轻视提高社会管理的科学化水平；3.热衷于社会管理

的门面建设，轻视社会管理的智慧建设，尤其是队伍的培养。

二、盼加强和创新社会管理，在关键部门、关键环节取得重大突破

中国的改革开放是"摸着石头过河的"，"不管黑猫白猫，抓到老鼠就是好猫。"我以为在加强和创新社会管理的实践中，这些指导方针依然没有过时，依然有着强大的生命力。因此，广东在加强和创新社会管理的实践中，当前最重要的就是要在关键部门、关键环节取得重大突破。

对此，我建议，广东在加强和创新社会管理实践中，要特别注意强化"三大基础工程"，即投入足够的人力、财力，加强城镇居委会、农村村委会与"外来工子弟学校"的建设。

在我国，现阶段的社会人员构成基本是三大块：1.城里人（城镇户口）；2.乡下人（农村户口）；3.进城务工者（农民工）。因此，当我们超越具体行业、具体工种来谈这三大块的社会管理时，一定要找到相应的管理载体。无疑，城市的居委会与农村的村委会，是最为基层的管理机构。为什么要加上一个"外来工子弟学校"？是因为我们在现实的调研中发现，处于"候鸟"状态的农民工，最为关心的核心问题就是他们的子女教育。而"外来工子弟学校"则是维系他们稳定的载体。

在本次调研中，我们在清远市清城区石角镇灵洲村了解到，截至2010年底，该村有农户633户，总人口2814人，其中劳动力1953人，但外来工却有一万多人。村里有一间外来工子弟学校，从小学到初中，有一千多学生。学校是民办的，每学年一个学生的学费要一千多元，享受不到国家规定的义务教育福利。但即使这样，外来工也是盼望有这样的学校为他们提供服务。从该村有一万多外来工，这几年都没有发生过什么恶性治安事件的效果看，外来工子弟学校对农民工的稳定，起到了重要作用。

对外来工子女在广东不能重复享受义务教育的问题，笔者认为有必要给予慎重对待。从地方财力来看，广东对东西两翼与山区的负担相当重，广东不敢轻易为外来工子女开义务教育的口子是有道理的。但在当今中国具体的国情下，要求外省务工者将户籍地的义务教育权利转移到广东来，也是难以做到的。在这种情况下，广东仍然应该有所作为，即从战略大局出发，给民办外来工子弟学校给予更多的政策优惠与扶持。仍以清远市清城区石角镇为例，该镇现在每年上交税金有4亿元，但分回到镇里的只有一千多万元，这当中有着外来工的重要贡献。这典型的例子告诉我们，如何让改革开放成果为全民所共享，的确是一篇大文章。如何加大财力支持建设和谐平安社区，事关一个地区的和谐发展，很有必要从长计议。

我省2010年GDP已达到4.5万亿元，已达到中等发达国家水平，经济上的丰硕成果应该为城乡居民受益，同时为推进基层社会管理体制改革提供坚实的基础。

目前，我省的社区工作经费得到基本保障，但离现实的需求还有很大的差距。省委、省政府在《关于全面推进平安和谐社区建设的意见》中提出，珠江三角洲地区每年不低于20万元，其他地区不低于10万元的标准。据省民政厅调查，目前珠三角社区大大超过了20万元标准，一些地市达到了34万元。但粤东西北许多地区，每年每个社区10万元包干经费尚未落实，社区工作经费不足，人员待遇偏低。农村社区建设尚未引起普遍重视，仅靠少量省级福彩公益金给予资助。目前全省仍有400多个城市社区"两委"办公用房不足80平方米，城乡社区公益性服务场所和设施不尽完善，特别是老年服务设施和青少年活动设施严重不足。区域性社区信息化建设滞后与部门间重复开发系统的现象并存，造成了信息资源难以共享。正是基于以上状况的判断，我认为，广东社会管理应对"三大基础工程"（加强城镇居委会、农村村委会与"外来工子弟学校"建设）做出新的规划，制订新的扶持标准。标准的制订应该实事求是，但一经制定，就必须严格要求，强制执行。在广州市新招一个交通协管员，每月工资就有2600元。但一名合格的居委会领导呢？其工作的强度与复杂性，则远远高于一个交通协管员。当然，所在地区生活水平不同，其工资标准不可能定得太高。但要求当地居委会工资待遇能够与其职责相匹配，是完全应该的。省里应鼓励有能力的城市，制订相应的工资标准。

我们必须明白，基石稳则天下安。广东

的社会管理如果能首先从"三大基础工程"取得突破，就是一个伟大的创举。广东的"十件民生实事"受到广泛赞誉，加强社会管理，能否也选择几件影响全局的"实事"，集中力量，办出特色，办出效果。

三、盼省里能够出台一个具有操作性的暂行规定

基层干部群众有一个强烈的要求，省里组织一个简练高效的协调机构，对政府与各种社会组织的关系，进行一次具有操作意义的界定，并制订相应的暂行规定。及时总结广东各地已经创造出的成功经验，搞好社会管理综合配套工程。

从广东试点地市看，加强城市居委会与农村村委会建设，群众已经创造出许多好的经验，如政府社会管理中心逐步下移；合理界定政府部门和社区居委会职能分工。将社区居委会现行承担的各项工作，划分为"社区居委会依法完成"、"社区居委会依法协助完成"、"街道（镇）、职能部门依法完成"和"实行政府购买或委托管理"四类。清理和废止与社区居委会签订的行政责任书，改为"委托管理"或"购买服务"协议书等等。

但是，以上改革措施在贯彻落实时，往往会流于形式而走样变型。因为某些基层政府不肯放权让利，职能转变尚未真正到位。比如，"实行政府购买或委托管理"要政府有关部门拿钱出来，执行起来难度很大。如此的结果，就是各级各部门将大量的工作任务转嫁给社区居委会，造成责权不统一。当前最为迫切的是省里有关部门对如上涉及的问题，进行认真的梳理，由于涉及各有关部门的利益，省民政厅显然是有心无力，很有必要从省委、省政府层面，组成专题领导小组，进行认真的调研。比如，今后哪些工作可以通过居委会依法完成或协助完成，哪些是可以委托管理或购买服务。细节将确定成败，否则，空泛的原则，将容易导致规定变成一纸空文。因此，对"实行政府购买或委托管理"等，省里应制订一个过渡性的暂行规定。如果对此取得突破，将是加强和创新社会管理的一大创举。

关于在社会管理上诉求、治理、协商的三点思考

广东省人民政府参事
广东省文艺批评家协会名誉主席　黄树森
中山大学客座教授

人类发展战略具有系统性、长远性准则。在历经以经济增长为核心的第一发展之后，进入到第二阶段的综合发展和可持续发展，许多国家的经济增长并没使大多数民众生活有显著改变，相反出现了高增长下的分配不公、两极分化、社会腐败、生态破坏等"有增长无发展"、"无发展增长"的困境。1990年联合国提出"以人类发展"的第三阶段发展理论，认为人类发展涵盖了人类能力（健康、教育和技能等）的形成，以及服务于休闲、社会文化等事务的积极参与。

我国与世界上其他同类型国家相比，国情不同，但也存在一些共同性问题，即高增长带来了财富，也派生出众多社会问题，而这些社会问题背后，对于文化上的价值认同和信念取向，尤为关切和紧要。转型应包括经济形态上的转型，社会管理上的转型和心理思维上的转型。凯恩斯就说过：经济学在本质上是伦理学，是关于道德的学问。单一的、跛足的转型，难以发展，需要调整，需要补偏救弊，从而实现经济、文化、社会三位一体发展。当前社会矛盾纠集、社会冲突剧增、社会心理扭曲等社会问题的出现，大都与我们只关注了第一个转型，而忽略第二、第三个转型有关。

因此，社会管理、社会建设在观念层面和制度设计上，有几组关系需要梳理辨析，以求谋取科学的发展。

一、在社会诉求上，"少一点堵禁，多一些疏导"

对于怨气、闷气、苦气、不平之气，不能总是"理想很丰满，现实很骨感"，要创新管道，疏而通之。改革发展进入"深水区"，社会矛盾是多头纠缠。如果迷恋堵禁，而在社会沟通疏导上匮乏创新，就会导致社会小矛盾集中成大矛盾，甚至转变为恶性矛盾。民间有"受了重伤咽了怨气，灭了彷徨"就有可能"撞了南墙"。堵禁，是"文革"、是计划经济年代留下的封闭式、强制性、封建性思维，曾被当作是致胜的"全能"武器。举一个典型的例子，改革开放之前，我们对"深港边防"，采取的就是围堵严禁，对"逃港"者一律视为敌人，重兵把守，严禁越境，抓回来后要拘留改造；对"香港电视"，不加分析地严禁，不许收看，动用消防车拿下鱼骨天线；对言论，要求"舆论一律"，因言即可获罪。到了改革开放前夕，邓小平同志总结广东问题时说：看来最大问题是"政策问题，政策不对头是关键，这是全国性的问题"。邓小平同志在诸多社会力量各自利益的碰撞中，从国家层面顺应国家、民族和社会群体的正面或反面的"历史愿望"和"历史诉求"，作出改革开放的历史选择，大饥荒、大逃港、大堵禁带来了大开放，直接促成改革开放决策。堵禁的结果，刺激好奇、刺激叛逆、口中传道、暗中流通，于是愈禁越烈，一如火上加油，造就了另一种声势。可见重兵把守、政治边防、强力弹压，并非万能之策。饥饿的人，1960年～1970年逃港人数在60万以上，追溯到1950年20年中达百万之众，这个数字在我们的公安档案和出版物表述中，大都含混其词，上述数字是一位广东作家集二十年心血写了一部《大逃港》的数十万字报告文学，按照香港实际人数，减去香港人口自然增长率1.7%，其余便是"非正常增长人数"，所计算出来的数字。

堵禁是一种封闭心态，一种权力痴迷，一种封建的惯性思维，"正如小心保存密封棺木的木乃伊，一接触到空气，便必然要解体一样"、"与外界空气隔绝曾是保存旧中国的首要条件"。马克思为《纽约论坛报》社论写下的这段话，像魅力不减的哲学。三十年前广东

的这笔深刻历史教训和宝贵遗产，值得深深记取。

近几年，在社会治理和社会管理上，缺少法律依据的随心所欲的简单的行政"堵禁"之风，有沉渣泛起的现象，"少一点禁令，多一些沟通"，"少一点堵禁、多一点疏导"的民众呼声日高。我们应该崇尚沟通疏导，没有违法犯罪，任何行为都应当允许；涉嫌即是敌人的看法，本身就是对法律的亵渎。平等、公平、正义是现代核心价值观，是社会管理的底线。这是一种"仁"，"天下为仁"，以"仁"德化天下，维系人际关系，达到社会和谐，这才是安定维稳之道。

二、在社会治理上，"少一些运动式、多一些常规式"

不要急于赶路，要象印弟安人说的"别走太快，等一等灵魂"。而不要头痛医头，脚疼医脚。不要只习惯于急功近利、大兵团作战，而忽略了长期性、科学性、渐进式的制度建设。当前社会思潮中存在价值观判断上边界模糊现象，包括意识形态、科学技术、社会科学、文学艺术、教育、传媒等方面，盛行追求物质享受和个体至上，盛行纯粹以金钱、权力作为衡量人生存在价值的观念，因而痴迷权位，追逐金钱，你虞我诈，杀人越货，乘势而起，什么都敢干。鲁迅先生在他那个时代即断言"黄金黑铁、断不足以兴国家"（《全集》第一卷P73），这应该引起我们的深思。以往是连年政治运动，个性人性受到压制。进入新时期，人性之恶、个人之恶，集中突破底线。须知光靠经济、科学技术兴不了国家。

人的能力的形成和运用，人的生死乃至事业，所依托的环境需要有一个以人为本、为民谋福的氛围。这个氛围，没有一件是可以朝发夕至，立竿见影的；人的发展、人的素养提升是没有"速成班"、"快餐馆"的，需要长期培养、浸润，需要人性开发与制度保障。汕头经济特区扩大到全市范围后，总结了前期发展经验，先制定一个发展总体规划，同时推进两个法规：《汕头市行政程序规定》、《汕头市濠江区行政体制综合改革方案》。发展上有宏图大略，制度上循序渐进，带来一股清新之风。社会管理先从制度设计开始，这是很好的思路和做法，如汕头濠江区组建"社会建设部"，用法规形式规定：分步实行政府预算公开，2012年全面施行所有部门预算上网公开，此事值得关注。

三、在社会协商上，"少一点'从上到下'，多一点'从下到上'"

推行耻感教育，（羞耻心是捍卫人的尊严的基础），预防心理失衡而带来的经济失调和社会失态。当下，仇富仇权、笑贫笑弱，难以共识，而长期以来我们习惯于"从上到下"，协而不商，习惯于强势压人，推诿塞责。首先，许多矛盾集中于基层。汕头金平区炮台街的负责人要签订五花八门的二十多种责任书及监督保证，不堪重负，连最高检察院的判决也要负责。清远市反映，食品安全，几乎旁及政府党委所有部门，条块混战，管理难以施展。此外，政府有关部门不愿松绑，职责不明，痴恋行政姿态而不顾担当服务角色，职能转移和委托失掉了权力和利益的依托，便实行"三不"："不放心、不放手、不放权"，即使松绑了的，也形同虚设，形式主义猖獗，而往往忽略"从下向上"的听取民意。再者，中间沟通薄弱，作为政府和基层的"防火墙"的中间层行业行当社会组织，发展不快，功能不健全，数量不足，质量不高。省民政厅有许多带有创新意义的做法，因为条块掣肘，下面做起来很艰难。汕头市装饰行业协会2009年获"中国社会组织五A行业协会"证书，该会制度健全，运转得力，团结一大批从业者，但至今从未获得任何政府职能和工作事项的转移和委托，在对行业准入审核、标准制定、资源认定、职称评定等事项上，无法发挥行业协会的重要作用。中间"防火墙"难以成势、成形、成阵，是当前社会纠集多、矛盾多、动乱多的原因之一。

"从上到下"对行政管理、政令通畅是有利的，但不能忽视了"从下到上"，有了"从下到上"，则能将基层和民众的要求诉达于政府决策层，将"从上到下"与"从下到上"结合起来，应该说是加强和创新社会管理的有效途径。

社会管理创新要注重调整社会结构

全 国 人 大 代 表
广东省人民政府参事　孔令人
台盟广东省委原副主委

根据在调研中了解到的我省在社会管理方面存在的理念有些偏狭、体制有些僵化、方法有些陈旧、社会成本过高等问题，就"加强和创新社会管理"提出以下建议。

一、以软实力和巧实力结合，实现社会管理创新

社会管理的基本手段是社会规范体系，既包括社会制度设计、法律、法规、政策等硬规范，也包括文化、道德、价值等软规范。随着经济社会发展，软规范在社会管理中的地位和作用将越来越突出。因此，在社会管理中灵巧运用软规范，"软硬兼施"将会事半功倍。

在新的历史时期，党领导全国人民，与时俱进，构建了中国特色社会主义核心价值体系，这就是我们的"软实力"，它是增强中华民族的凝聚力、中国社会和谐力的重要法宝。因此，在社会管理的各个层次，特别在基层，我们不但要加强硬实力的建设，还要加强注重软实力的建设和培育。并在不同的情况下，灵巧地采用"软硬兼施"的实力，将以法治理和以德治理有机地结合起来，德法兼用，努力化解社会矛盾、降低社会管理成本。要善于运用"软方法"理顺情绪，培养健康心态，倾听群众呼声，反映群众意愿，提高群众认识，凝聚群众力量。软方法强调积极引导、柔性协调、正面劝解、真诚交流，达到心与心的对话。

二、基层及社区的社会管理创新是一切社会管理创新的出发点和落脚点，扶正社会心态是工作的重点

社会管理作为一种服务、协调、组织、监控的过程和活动，内在地蕴含了刚性管理和柔性管理相结合的要求。除了监控是以刚性管理外，服务、协调、组织都是以柔性管理为主。柔性管理可包括以下几个方面：1.加大对保障和改善民生的各方面投入；2.进一步加强和完善思想道德建设，增强全社会的法制意识，增强社会诚信；3.突出社会服务，就是在服务中实施管理，在管理中体现服务，通过强化服务提高社会管理的实效。

随着社会结构的深刻变动，各类深层次矛盾和问题浮出水面，一部分公众产生了心理失衡。主要表现为：1.心理焦虑，包括对社会环境变动的焦虑，对个人发展和收入的焦虑，对社会安全及生活保障的焦虑等；2.情绪受挫，包括工作挫折、生活挫折、社会挫折等引起的不良情绪；3.不公平感，主要是在与别人的比较中觉得自己受到不公平的待遇。这些心理失衡问题容易使人对社会产生失望、怀疑和抵触情绪。

要心理疏导架起通往社会和谐的心路之桥。在社会结构深刻变动、改革不断深入的进程中，诱发人们心理失衡、失调的因素有所增多，特别需要培育自尊自信、理性平和、多元包容的社会心态。心理疏解把群众情绪作为第一信号，把群众需求作为第一重点，把群众幸福作为第一追求，帮助人们减轻工作和生活压力，以内心和谐带动社会和谐，这对于加强社会管理，防止突发事件有着重要的现实意义。

在这里还想特别指出的是：基层社会管理应尽力去实现为每个家庭提供个性化服务。家庭是社会的最基本元素，是社会结构中的一个细胞。每个家庭都有一本难念的经，家庭稳定是家庭成员的幸福之源，基层社会组织及其管理者应根据"自我管理、自我教育、自我服务"的规定，灵巧地综合利用软、硬件资源，调动本社区民众主动参与的积极性，组织起各类群众喜闻乐见的社会、文化、科普、普法等活动，让生活在同

一社区的民众在参加相应的活动中彼此相知、相助，打破"差序格局"的藩篱，在社区工作者的指导帮助下，为每一个需要帮助的个人或家庭提供个性化的服务。

三、加强社会领域立法，在法制建设中先行先试

要妥善处理、解决社会管理中出现的问题，必须大力加强制度建设，重点就是法制建设，制度化的关键就是法制化。

由于社会领域立法往往直接涉及利益关系调整，使得立法过程中在形成共识方面往往会遇到较大困难，既得利益者与争取利益者之间的利益协调给立法工作带来新的挑战。广东地处改革发展的前沿，各类社会矛盾和问题更早凸显，我们应牢牢把握新形势下的历史机遇，以先行先试的胆略和勇气，加强社会领域的立法，当好排头兵。

党的十六届六中全会通过的《中共中央关于构建社会主义和谐社会若干重大问题的决定》以及十七大报告第八部分"加快推进改善民生为重点的社会建设"为我们做好社会领域的立法工作指出了目标和任务，其目标就是，贯彻落实科学发展观，坚持以人为本，推进和谐社会建设，切实保障和改善民生。其任务就是：教育、劳动就业、收入分配、社会保障、医疗卫生、社会管理。为此，应在以下几个方面加强立法：1.健全社会保障的法律法规：逐步建立社会保险、社会福利和慈善事业相衔接的覆盖城乡居民的社会保障体系。2.发展社会事业的法律法规，按照统筹经济社会协调发展的要求，提高公共服务的能力和水平。3.保障群众基本生活方面的法律法规，即基本的"衣、食、住、行"。4.完善对特殊群体合法权益保护的法律法规，"老、幼、妇、残"、农民工等。五是规范社会组织的法律法规。六是加强社会管理的法律法规。

四、以战略眼光审视人口老龄化挑战，加快推进我省社会养老事业发展

我省自1996年起就已开始步入老龄化社会，老年人口正以每年超过3%的速度递增。有关部门预测，至2015年底，我省老年人口将达1288万人，占全省户籍总人口的13.64%，同时，80岁以上老年人口将达184万人，这也是我省的基本省情。因此，以战略眼光审视我省人口老龄化挑战，加快推进社会养老事业发展，已成为我省各级党委、政府"加强和创新社会管理"关注的重点之一。

1.构筑老龄战略体系。构筑老龄战略对策体系，关系到经济、政治、文化和社会生活诸多方面。我省人口老龄化正在加速发展，在本世纪内一直保持高比例的态势，应加快进行战略谋划、长远规划、统筹计划，通过科学论证，搞好顶层设计，制定好老龄事业发展的政策法规，做好各项制度设计之间的衔接。考虑经济承载力、社会承受力，避免制度间交叉重叠，避免从制度上造成城乡、结构、区域失衡，尽快形成适度集中、有序组合、相互衔接的老龄战略对策体系。

2.发展老龄服务体系。先要理清老龄服务事业、产业的关系，区分政府、市场和社会的主体使用，即"政府的归政府、市场的归市场、社会的归社会"，坚持"党政主导、社会参与、全民关怀"的工作方针，按市场经济的要求，构建职业服务、专业运作、协调发展、充满活力的长效发展机制，满足老年人多层次、多样化的服务需求。要充分利用政策扶持的引导作用，大力发展社区服务，培育服务组织，鼓励连锁经营、规模发展，逐步建立标准化、专业化、集约化的服务系统。

3.完善老年经济供养体系。保障老年人生命、生活质量，加快建立和完善由国家、社会、家庭和个人相结合的多支柱的老年经济供养体系。围绕"广覆盖、保基本、多层次、可持续"的目标，加快推进城乡居民社会保障体系、新型农村养老保险体系；探索解决无收入老年人的社会保障问题并扩大到低收入老年人群体；可探索、关注"以房养老"、"土地养老"、"信托养老"等新型养老方式，总结经验、权衡利弊之后制定政策。

4.建设老年健康支持体系。注重高龄老人的生理、心理健康是应对人口老龄化的重要措施，要大力倡导"健康老龄化"理念，完善医疗保险制度，发展老年医疗卫生公共医疗服务体系，加快研究探索"老年护理保险"，加快建设老年医疗服务设施，提高老年疾病预防和治疗技术，发展老年文化教育

事业，丰富老年精神文化生活，为老年人参与社会、奉献社会开辟更多途径。

5.打造老年宜居环境体系。城乡居住环境与老年人生活需求相适应，是老年人身体健康、生理健康和心理健康的重要条件。要以人为本，关注老年人的特殊需要，将宜居环境建设纳入城市总体规划，重视无障碍设施建设，打造安全、便捷的居民生活圈。

6.完善老龄工作体系。各职能部门要根据工作分工的重点主动担当、有效协作、有预见地开展工作。探索建立新型老年社会管理体制机制，加强宣传和引导，强化全民关怀老年人的思想观念，加强老年人的社会保护，维护好和实现好老年人的合法权益。

7.坚持"六个结合"推进居家养老服务。所谓居家养老，就是指政府和社会力量依托社区为居家的老年人提供生活照料、家政服务、康复护理和精神慰藉等方面服务的一种服务形式。实现"老有所养、老有所医、老有所教、老有所学、老有所为、老有所乐"，是党和政府关注老年事业健康发展所提出来的目标和任务。建议政府在以下"六个结合"上下功夫。（1）坚持家庭养老和社会养老相结合，积极支持社会养老功能，提高家庭养老的幸福指数，是满足老年人精神需求的、社会管理成本最低的养老方式。（2）坚持政府主导和社会兴办相结合，统筹发展老年福利和老龄产业，建立居家养老服务长效机制。（3）坚持完善设施与整合资源相结合，以保障老年人基本生活为重点，加快基本养老服务体系建设。（4）坚持有效监管和与专业化服务相结合，搭建老年服务信息管理平台，推动居家养老服务标准化、规范化、集约化发展。（5）坚持为老服务与老有所为相结合，发挥老年群体的积极作用，使之成为居家养老服务的重要力量。（6）坚持发展老龄事业与弘扬敬老美德相结合，营造良好的社会氛围，促进居家养老服务深入开展。

我省流动人口管理服务及其折射的社会建设问题

广东省人民政府参事
暨南大学教授　何问陶

社会管理的核心是对人的管理和服务，自然，一个地区人口总量、结构、流动迁徙状况就成为这里社会管理服务的最重要依据之一。第六次全国人口普查（以下简称"六普"）统计数据显示，广东已是全国人口最多、流动人口最集中的省份，如何加强和创新流动人口管理服务不仅对广东有现实意义，而且对全国也有启发示范作用。更重要的是，透过流动人口所折射的社会经济问题的剖析，将为我们制定长期人口政策和加强社会管理提供重要参考。

一、人口基数大、流动人口多、结构欠合理已成为广东社会管理服务最大省情之一

（一）广东是全国人口增速最快、人口最多的省份

"六普"统计数据显示，到2010年11月1日，广东常住人口已达1.043亿，占全国的7.78%，从2007年开始，广东总人口已超过河南、山东居全国第一位。与"五普"相比，10年间共增加了1788万人，增幅为20.69%，年平均增幅为1.90%，分别比全国高出14.85和1.33个百分点。如果以普查时点登记数计，广东人口总量还要大。比如，统计表明，广州常住人口为1270.08万，而普查时点登记数则为1525万，大约多出255万。

广东经济发达，GDP在全国排第一位，并已超过台湾地区和新加坡，但因人口基数大，人均GDP反而低于北京、上海、天津、浙江和江苏等省市，排在全国第6位，而人均资源环境排名就更靠后了。

（二）广东是全国流动人口最多的省份

"六普"统计数据显示，到2010年11月1日，广东流动人口已达3667万，占全省常住人口的35.16%，占全国流动人口总数的14.03%。与"五普"相比，10年间，流动人口增加了1137万，增幅达44.94%，年平均增幅达5%，分别高于全省常住人口增幅和年平均增幅的24.24和3.1个百分点。在一些重点城市情况更突出，比如广州常住人口为1270.08万，其中流动人口达713万，所占比重达46.75%，东莞则更典型，常住人口为822万，其中户籍人口180万，流动人口达642万，流动人口已是户籍人口的3.6倍，如果以普查时点计算，流动人口超过户籍人口的4倍。可见在广东、尤其是珠三角地区流动人口管理服务是多么重要又是多么艰巨。

（三）流动人口数量大，广东人口结构呈现出许多新特点

（1）人口性别比偏高。"六普"统计数据显示，广东常住人口中，男性为5440万，占52.15%；女性为4991万，占47.85%，总人口性别比为109.00，10年间上升了5.18个百分点，而同期，全国总人口性别比呈下降趋势，为105.20，广东要高出全国3.80个百分点。流动人口由于男性比例大，其人口性别比还要高出许多，由此可能引发出许多社会问题，增加了社会管理难度。

（2）年龄构成"两头低、中间高"。"六普"统计数据显示，广东常住人口中，0-14岁人口为176万，占16.89%；15-64岁人口为7965万，占76.36%；65岁以上人口为704万，占6.75%。由于流动人口多在劳动力年龄段，因此这部分人比例较高，说明广东劳动力总体供应充沛，但也要注意到这部分人流动性也大，用工单位应有预案准备，同时，在社会管理服务中重视这部分人的需求。还应看到，由于15岁~64岁年龄段人数多，权数大，拉低了65岁以上人口比重，掩盖了人口老龄化状况。

（3）每10万人口中，大学生所占比重低于全国水平。"六普"统计数据显示，广东每10万常住人口中大学生数为8214名，比全国平均水平少716人，反映出广东目前产业层次较

低，以劳动密集型为主，大量外来劳动力文化程度在中学水平，基本能解决用工需求了，这一方面说明广东要提高整体人口的教育水平和文化素质任重道远；另一方面也说明，产业结构的提升是教育文化素质提升的重要推手。

（4）城镇化率大大高于全国水平。"六普"统计数据显示，广东居住在城镇的人口为6902.8万，占66.18%；居住在乡村的人口为3527.5万，占33.82%，依居住地计算的城镇化率比全国平均水平的49.68%高出16.50个百分点。在全省人口中，珠三角九市就占了54%，这里的城镇化率还要高于全省。这一比率的迅速拉高不完全是经济发展循序渐进的必然结果，它更多的是产业结构变化导致流动人口集中在城镇所造成。这种"伪城市化"现象加剧了"城市病"恶化，基本服务均等化压力特别大。

二、努力改进和优化流动人口管理服务广东已做了大量工作

（一）转变管理观念

广东流动人口集中，除广东经济发展需要大量外来工外，广东的人文环境，社会氛围对外来工有吸引力也是重要因素之一。在"包容性发展"、"幸福广东共建共享"理念指导下，广东对流动人口进一步提出了从维护农民工切身利益出发，提升农民工幸福指数的新思路，开创农民工工作新局面。为此，省委、省政府提出，坚持促进农民工就业与优化人力资源配置结合，努力夯实农民工创造幸福生活的基础；坚持农民工技能素质与助推产业转型升级结合，努力增强农民工谋求幸福的能力；坚持维护农民工合法权益与构建和谐劳动关系结合，努力强化农民工稳定幸福的保障；坚持加强基础能力建设与推进基本公共服务均等化结合，努力营造农民工共享幸福的环境。将管理与服务有机结合，是社会文明进步的充分体现。

（二）理顺管理体制

流动人口管理涉及人多、面广，流动性大，情况错综复杂，管理体制更需精心设计，广东多年来一直在摸索，不断科学规范。以广州为例，原来流动人口主要由公安机关一家管，重心放在公共治安，淡化了其他管理。2003年以后，改变了单一抓流动人口治安的管理模式，建立了"党委领导、政府牵头、各家参与、统一管理"的模式，构建了"横向到边、纵向到底"的四级管理服务体制（市、区、街、社区）。并按照每150-180套出租房配1名管理员的标准，组建了一支1.3万人的流动人口出租屋管理员队伍，深入基层，掌握第一手资料。实践证明，从出租屋最基层抓起，社区、街道、区、市层层有承接协同管理的模式是行之有效的。

（三）创新管理机制

流动人口管理方面，信息是第一重要的工具，在广州市按照"统一开发、统一标准、联合共建、数据共享"的原则，搭建起了跨部门的流动人员信息管理平台，四级联网，大大提高了管理效能，节约了社会管理成本。广东还实行了流动人员居住证"一证通"制度，将其视为"准身份证"、"准户口证"来受理，以广州为例，现已有612.4万流动人口办了居住证，占流动人口总数的86%。为了提高流动人口办证的自觉性、积极性，不少地方将其与流动人口享受的权益直接挂钩，比如凭证享受职业培训、公共就业、社会保险、子女入学、领取相关补贴等。随着人口的流动频繁，居住地与户口脱节的情况会越来越多，这种"居住证"管理办法可能会成为全国流动人口管理的有效方式之一。

（四）优化服务环境

为了增强流动人口的归属感、幸福感，在流动人口多的城市大多推行了入户"积分制"办法，符合条件的流动人口可申请入户广东，成为"新广东人"，享受和原居民同等的权益。各市还积极创造条件，让流动人口子女享受义务教育，或对在民办学校就读的子女给予费用补助。在医疗保险方面，只要按规定缴纳费用的，都可以享受同等待遇。在就业方面，许多市专门为流动人员举办培训班，召开专场招聘会，提供法律援助。在流动人口集中的企业单位，帮助建立工会或外来工自治组织，从组织角度维护职工利益。在居住环境方面，督促出租屋整治，消除安全隐患，保持清洁卫生，在有条件的地方建立"流动人员之家"、"外来工公寓"等，不断改善流动人口居住环境。

不可否认，近年来广东为流动人口管理服务改善和优化做了大量的工作，也有成效，但是3667万流动人口（超过加拿大等许多国家全国人口数）及其子女、甚至老人，实在是一个沉重的压力，可能倾广东全力也很难实现流动人口与户籍人口享受同等权益。这需要我们以更大智慧，从制度、结构、发展方式等更深层次思考寻找破解之法。

三、广东人口多、资源环境和公共服务相对短缺直接制约着流动人口管理服务的改善和优化

（一）人口、资源环境、公共服务与社会管理

人是社会财富的创造者，又是社会财富的消费者，人民生活从温饱到小康，再到和谐幸福的不断追求是社会经济发展和进步的必然体现，与此同时，对资源环境、公共服务需求在数量和质量上越来越高。一个社会在一定的经济发展阶段能为居民提供的有效服务，不仅取决于制度安排、管理水平等主观因素，更要受制于资源环境等客观因素，也就是说一个地区、一个城市容纳的人口和吸纳的新移民数量是有限度的。广东的城镇化率，特别是珠三角城市化率已大大高于全国平均水平，在广州、深圳这些特大城市，居民抱怨生活在混凝土"森林"中，塞车已成家常便饭，房价和租金不断攀升，孩子入学越来越困难，这些"城市病"已使社会不堪重负，可以说人口容量已达极限。客观分析，广东流动人口管理服务反映出的问题已不全是管理问题，或者说不是仅靠优化管理就能解决的问题。凡事都有两面性，不能以一种矛盾掩盖或忽视另一种矛盾。况且，流动人口的特征就是流动性大，其公共服务难以掌控，今天出现短缺，明天可能有余，于是可能造成社会资源的浪费。流动人口的管理服务应作为一个系统工程长远规划。

（二）广东人口与资源环境

土地是人们赖以生存的最基本的生活资料和生产资料，广东常住人口1.043亿，占全国的7.78%，可是土地面积仅17.97万平方公里，占全国的1.9%，人均土地面积不到全国人均土地面积的1/4。这一数量不要说与俄罗斯、加拿大、美国这些土地大国比，就是周边的四川、广西、湖南等省，其土地面积分别占全国的5.1%、2.5%和2.2%，也超过了广东省，而这些省份不仅绝对人口比广东少，而且这些年人口呈净流出趋势，广东的土地资源压力可见一斑。珠三角九市又占了全省人口的54%，土地资源严重短缺，已到无地可用境地。

再看水资源，广东虽然河网密集、降水充沛，但人均用水资源量（不包括过境水）仅为2100立方米，低于全国人均水平，是世界人均水资源量的1/4，特别是在珠三角等经济发达地区用水需求大，蓄水能力不足，因咸潮、污染等问题造成水质性缺水严重。广东虽然资源短缺却又是一个能源消费大省，2010年全省规模以上能源消费总量14416.02万吨标准煤，同比增长8.8%；全社会用电量4060.13亿度，同比增长12.5%，珠三角一些用电大市比内地一些省份全省的用电量还要多，而广东的能源大部分靠外省供给，制约性大。今年全国性"电荒"已提前到来，拉闸限电可能会成一种常态。与耗能量相对的环境污染程度也高，2010年，全省化学需氧量（COD）排放量85.83万吨，二氧化硫（SO2）排放量105.06万吨。随着国家资源税、生态补偿和碳排放量收费制度的推行，资源消费、环境污染是要实实在在付出经济代价的，自然也会拉高生产成本。

（三）广东人口与社会公共服务

广东省《十二五》规划纲要提出，建立健全公共财政对民生社会事业投入的稳定增长机制，大幅提高社会福利和公共服务供给水平，大力推进基本公共服务均等化，在2011年《政府工作报告》中又承诺要为群众办"十件民生实事"，这些当然包括惠及几千万流动人口。单是住房、教育、医疗、交通、社保等主要生活资料的供给压力就特别大，或者说很难实现均等化，其中既有资源匮缺的制约，也有财力不足的影响。在住房方面，流动人口3667万，若一户以3口人计算，1000多万户人需要基本住房；在教育方面，如果每户有1个孩子要在广东入学，需要增加各类学位1000多万个；在交通服务方面，每年春运数以亿计的人口往返，成为广东一道特殊"风景线"，平时上下班，公交、地铁拥堵成了家常便饭，广东省统计资料显示，2010年全省铁路、公路、水运、民航等客运量高达491547.68万人的天文数字，同样，医疗卫生、社会保险等公共服务也需要大幅度增加供给，政府实在是难以承受。虽然广东是一个税收大省，但在现行财政制度下，广东自己可支配的财力是有限的，况且义务教育，基本医疗卫生服务等经费都是按户籍拨付的，这个缺口不应由一个省来填补。公共服务均等化是一个大方向，但制度改革，政策配套也应跟进才行。

四、广东流动人口管理服务应标本兼治，根本出路在于科学发展促进经济发展方式转变

（一）创新流动人口管理服务机制

从经济总量、经济结构、经济发展惯性来看，广东社会发展相当长时间内都需要大量流动人口来支撑，流动人口管理服务是一个长期的系统工程，需要不断改进和创新。第一，提高流动人口的认同感、归属感，调动他们自我管理、自我服务的主动性、积极性。在流动人口分散的社区，可安排他们的代表参加社区管理领导小组，在流动人口集中的社区可单独成立流动人口协调管理机构，健全流动人口党、团、工会、妇女组织，充分发挥其自治作用。第二，根据流动人口"家庭式"、"家族式"、"家乡式"特点，充分利用亲情、友情化解矛盾，增强团结，也可与流动人口原居住地驻粤机构协同管理，做好工作。第三，考虑到新生代农民工文化程度提高、思想活跃，维权意识强，改变现状意愿高的特点，尽量满足他们在教育、科技、文化、体育、娱乐等方面的多元化需求，形成健康向上氛围。

（二）科学制定人口规划，控制总量、优化结构，促进广东从人口大省向人才大省转变

科学的人口规划不仅关系到当前、更影响到社会经济的长期可持续发展。第一，根据经济规模、经济社会结构以及发展的需要，广东在"十二五"期间保持1亿人口比较合适，也就是说在总量上呈现零增长，这一方面靠人口自然更替来完成，另一方面靠流动人口的进出来调节。第二，在大学生人数、科技人员人数、高级职称人数等所占比重方面至少要与全国持平，最好能高于全国水平，为此不仅要加大引进人才的力度，而且在入户"积分制"方面要提高学历和职称的权数。第三，加强对流动人员上岗、在岗、转岗的职业技术培训，支持他们考取各类专业证书和学历证书，提高他们的素质和技能。

（三）转变经济发展方式，形成劳动力市场对人口流动的"倒逼"机制

从广东的经济规模和劳动力人口总量关系分析可以看出，广东的总体产业层次仍处于制造业低端，以劳动密集型为主，GDP的技术含量不高，低于上海、北京、江苏、浙江、安徽。第一，广东要加快转变经济发展方式的步伐，实现从"人口红利"到"智力红利"、"创新红利"的转变，正如汪洋书记指出的要"拼智慧、拼知识、不拼汗水"。随着产业层次的提高，对劳动力素质要求也必然提高，通过劳动力市场的"倒逼"机制控制流动人口数量，提高流动人口素质。第二，为产业转型作好技术储备和资本储备。产业转型需要技术支持，这是大家都懂的道理，而高新技术产业同时又是资本密集型产业，为此广东应重视金融，大力发展资本市场。第三，继续实施"双转移"，大力推进中小城镇发展，合理分流流动人口。广东的产业和劳动力主要集中在珠三角，东西两翼、特别是山区经济并不发达，在产业结构调整过程中，有条件的应首先安排在省内转移，同时发展小城镇，以调整人口分布失衡。第四，充分发挥民营企业在吸纳和管理流动人口中的积极作用。

（四）改革现行财税体制，尽量做到财力与事权相匹配

广东是一个税收大省，但广东在财政支出，特别是基本建设、公共服务方面仍感力不从心，要全面满足流动人口公共服务均等化要求，资金缺口大，其重要的原因之一是现行财税体制不尽合理，1994年以来实行的分税制度确有改革的必要。第一，或者适当调整中央税和地方税税种的划分原则，或者适当调整两税在中央和地方的分成比例，财力适当向地方倾斜，尽量考虑到财力与事权相匹配。第二，目前中央财政提供的一些教育卫生医疗等公共服务经费是按户籍办理，但现在人口流动性大，建议此类人头经费能随人口转移，对应实际支出。第三，允许地方政府依法有序定向发行地方政府债券，满足市政建设和公共产品投资需要。

（五）广东既在大量引进流动人口，又有部分青壮年劳动力闲置，甚至被边缘化，应在社会管理服务中加以重视

改革开放以来，广东经济发展速度快，大家都忙于奔小康，部分家庭忽视了对孩子的持续教育和培养，致使部分青少年早早辍学，到处游荡，被社会边缘化。有的人甚至沾染了吸毒、赌博、嫖娼等不良习气，他们自己不劳动，还要社会来供养。这部分人人数虽不多，但社会影响消极。由于他们主要活动在社区，因此社区管理与服务应把这一特殊人群作专项安排，通过心理辅导、社工帮助、群众教育等工作措施，激励这一部分人热爱劳动、热爱生活，做一个积极向上、奋发有为的青年。

关于创新农村社会管理体制的建议

广东省人民政府参事
广东省委党校副校长 教授   陈鸿宇

农业是第一产业，农民是最大群体，农村是最基层社区，密切联系农民群众、提高农村居民的基本公共服务水平，发展农业农村经济，切实解决农民增收难、农村维稳难这两个关键问题，是新形势下加强农村社会管理的重要内容，也是创新农村社会管理体制的突破口和着力点。

一、我省农村社会管理体制亟待创新

2008年以来，我省按照统筹城乡协调发展的要求，大力推进"双转移"、"以城带乡"、"扶贫双到"、"新农合"等重大举措，农村的社会事业持续发展，成果显著。在调研中我们也发现，与广大农村居民的新期待相比，与区域中心城市和珠江三角洲等发达地区相比，我省农村的社会建设和社会管理体制还存在一些问题，主要表现在：

第一，一些地方的党委、政府对加强农村社会管理的重要性和紧迫性认识不足，农村基层党组织在农村社会管理中的政治核心作用有所弱化。由于一些市县的领导，或多或少存在着"重城区、轻农村"、"重市民、轻农民"、"重硬件、轻软件"的倾向，城区里容易被看见的、见效快的公共项目（如休闲绿地、广场、歌剧院等文化设施）发展很快，与农民和农村发展密切相关的管理和服务，因为见效慢，需要做艰苦细致工作，因而显得供给不足。过去把社会建设和社会管理重点放在城市是无可非议的，随着工业化、城镇化的不断推进，现在情况已经发生了很大变化，社会矛盾比较多地集中在农村，如征地、拆迁以及农村居民的就业、医疗、教育等民生问题，农村已成为社会管理最薄弱的环节，亟待着力加强。

第二，由于缺乏必要的物质基础和财力保障，许多乡镇政府和村委会、居委会没有能力为农村居民提供必要的公共服务，村民、居民自治组织因而未能很好地能发挥其在农村社会管理中的主体功能和组织功能。财政投入不足，致使加强农村社会管理的物质基础比较薄弱。尽管近几年省和各市县加大了财政支农力度，其增幅还是赶不上财政收入的增幅。在新增的财政支农资金中，用于农业基础设施、农贸市场的投入确实有所增长，直接用于农民和农村的乡村基础设施、医疗、教育、养老、住房等最基本的公共服务却供给不足。正如胡锦涛总书记所指出的："社会管理要搞好，必须加快推进以保障和改善民生为重点的社会建设，把保障和改善民生作为加快转变经济发展方式的根本出发点和落脚点。"可以这样认识：为农村居民提供最好的服务就是最好的农村社会管理，农村居民老百姓有工作、有收入、有基本的教育和医疗保障、能安居乐业，有效的农村社会管理才能落到实处。

第三，农村的其它社会组织发育比较迟缓，农村居民基本上处于无组织状态，难以对农村公共事务进行自我管理、自我服务和自我发展。由于一些地方的管理理念还跟不上时代的发展，面对农村社会矛盾易发多发的现实，仍然守着旧理念，以"官对民"、"上对下"的心态来对待社会管理和社会矛盾。仍然习惯于由上而下单靠政府主导，或者自上而下地大包大揽农村社会服务，或者撒手不管，放任自流。不懂得整合农村和乡镇的各种执政资源和社会资源，有序地发展多样化群众性社团组织，使其在发展农村集体经济、调解农村矛盾、化解民事纠纷、土地流转、计划生育、维护社区稳定等方面，具有自我管理、自我服务、自我发展能力，成为农村社会管理的重要力量。

第四，适应新形势下农村社会管理的服务型乡镇政府尚未真正建立。由于现行的党委、政府的考核目标和工作目标，也由于经费匮乏，许多乡镇政府还是习惯于通过招商引资、想方设法维持乡镇政府周转，而在主动为农村提供基本公共服务，进而完善农村社会管理方面，是"心有余而力不足"。有些乡镇政府对农村居民实际的公共服务需求了解不充分、不准确，没能始终将"农民增收"和"农村稳定"作为乡镇政府的社会管理工作目标；习惯于上传下达，按上级要求"一刀切"或"刮风式"地做农村工作，政府职能也因而少有转变，工作重心和工作方式未能转变，也影响了乡镇行政效能的提高。

二、几点政策建议

（一）建议省委、省政府在适当时候组织对我省农村社会管理现状的调研，确立重心向下，夯实基础，将加强农村社会管理作为全省加强社会管理工作的重点，将创新农村社会管理与加强农村党建、加强农村基层政权建设相结合作为基本思路

为此，建议组织全省的市、县（区）、乡镇三级的党委政府的主要领导，开展加强农村社会管理的培训和研讨，对行之有效的经验和做法加以肯定和推广。郁南县面向农村基层创建"诚信社会体系"建设，是在创新社会管理方面值得推荐的一个好经验。建议对全省农村社会管理和社会服务工作的薄弱处进行梳理排序，以统一认识，凝聚力量，明确目标。

（二）建议将进一步改善农村基本公共服务，作为推进全省农村社会管理体制转型，建设幸福广东的重点

（1）建议成立全省"农村民生工程"的统筹协调领导机构。建议省政府建立"农村民生工程"的专门决策咨询委员会，组织专家、群众代表和省政府有关部门，对"十二五"期间统筹改善全省农村基本公共服务的目标体系、指导思想、财力保障、机制创新，进行顶层设计和具体测算，为省委、省政府的决策提供依据。（2）将改善农村基本公共服务的水平和农村居民对民生改善的满意度，列入"建设幸福广东指标框架体系"，与城区公共服务发展水平分开考核评价，并赋予较高的权重。（3）创新农村社会管理的财力保障机制，争取在"十二五"末期实现广东农村和农村居民基本公共需求的全省统筹。建议调整现行的财政体制，进一步统筹省、市、县三级财力，通过制度性安排，形成以城补乡、以珠三角补偿东西北的长效机制。协调好大中城市和农村乡镇之间的社会事业发展水平，把乡村基础设施、医疗、教育、养老、住房、文体场馆等我省农村最基本的公共服务作为工作重点和投入重点，确保用于农村民生的投入增幅高于本级GDP和财政收入的增幅。（4）对农村"纯公共产品"和"软产品"的供给，设立一定的达标"门槛"，以克服农村公共服务"半商品化"、"硬件化"、"城区化"的倾向。（5）出台鼓励社会力量参与农村社会服务的政策，培育多元的农村公共服务供给主体，进一步加强农村社会管理和社会建设工作。

（三）加快创新乡镇社会管理体制的步伐，建设服务型的乡镇政府

首先必须明确乡镇政府转型的基本目标，如果能实现以县（区）为基本单元的主体功能区规划及其补偿机制，乡镇政府的主要职能就不再是GDP总量增长，而是努力促进农村居民的实际收入的增加，努力保持乡镇和农村社区的和谐稳定，努力保护农村地带的生态、资源环境。这就要求通过整合乡镇的执政资源和管理资源，按照服务型政府的基本要求，变革现行的乡镇管理体制。在调研中，我们觉得云安县以"大部制"为理念，整合乡镇职能部门和站所资源，推动乡镇机构改革的做法值得进一步完善并借鉴推广。乡镇一级可以通过设立"两办两中心"来转变政府职能，统筹社会管理和统揽社会服务。一是设立党政办公室解决协调全镇社会管理的重大问题，主要负责组织建设、党的建设、组织协调、中心工作等职责，由镇委书记主管。二是设立"宜居城乡服务办公室"，整合镇司法所、信访、派出所、规划、环保等部门，主要解决农村社区的综治稳定和居住环境等社会建设问题，由镇委副书记主管。三是设立社会事务服务中心，主要负责行政服务、社会保障、合作医疗、基础设施建设与管理，负责联系和整合本乡镇各类民间社团组织。四是设立乡镇农业发展服务中心，通过整合乡镇各涉农站、所，建立农情研判服务、土地流转服务和农村劳动力服务三个分中心，重点解决农业增效、农民增收和劳动力转移问题，由镇长牵头统筹。与"两办两中心"相适应，同步创新乡镇财力保障机制，乡镇一级的公共服务支出和办公费用，由县财政统一承担，乡镇不再直接从事招商引资活动，也不再考核GDP总量的增长速度。

（四）努力整合农村的社会管理资源，构建新型的农村社区管理和服务网络

一方面，要把人力、财力、物力更多投到农村基层社区，使农村基层党组织和村委会、居委会的中心工作，切实转到为农村居民提供看得见、摸得着的"贴身服务"上来，使之真正成为连接乡镇政府服务和管理职能与农村居民自治职能的平台，以改变原有的被"虚化"、被"弱化"的形象。另一方面，近年来省内外许多地方已经创造了不少加强农村社会管理、维护农村稳定的好经验。如通过基层党员的带头作用，并借助农村各类社团，大力发展维稳、治安防范、农业培训、产业化服务、文化、慈善等群众的"自组织"，把党建工作渗透其中，形成一张覆盖农村社会管理和社会建设的"大网"，以便更加广泛地联系广大农村居民，使处于"分散"状态下的农民重新组织起来，实现自我管理、自我服务、自我发展的目标。

创新社会管理应重在人性化和社会化

广东省政府文史研究馆馆员
广州市社科联主席　顾涧清

当前，我国的社会经济成分、组织形式、就业方式、利益格局和分配方式日趋复杂多样，社会管理环境从静态封闭走向动态开放，社会管理对象从"单位人"转为"社会人"、进而转为"社区人"，社会管理领域还要从现实社会延至虚拟社会，现有的社会管理体制正在面临着重大的变化与挑战。广东要善于抢抓这种变革带来的机遇，继续传承"敢为天下先"的文化基因，积极探索加强社会建设和创新社会管理的新路子，不断创造具有广东特色的新鲜经验。

三年前，汪洋书记就批示要求广州、深圳、珠海在加强和创新社会管理方面先行先试，探索经验。《珠江三角洲地区改革发展规划纲要》也赋予珠江三角洲地区"完善社会管理制度，创新社会管理方式"的使命和任务。怎样才能为加强社会建设、创新社会管理提供更强有力的政策支撑？我认为前提就是要定位好政府的功能角色，当务之急就是建立现代意义上的有限政府和服务型政府，实现社会管理从"政府本位"向"社会本位"转型。如同市场不是万灵的一样，政府也不是万能的，政府要从以往的"政府独揽"转变为"多方参与"，通过公共服务的一系列改革和创新，寓社会管理于公共服务之中，使政府的社会管理体制从以行政管制为主转变到以公共服务为主，通过纠正市场固有的以钱为本的趋势向以人为本的社会转变，并通过逐步建立和完善社会管理主体的多元化，来推进以人为本的社会建设以及社会管理的人性化和社会化。

社会管理的本质是对人的管理和服务，没有社会公共服务，也就没有社会管理。要从人民群众最关心、最直接、最现实的利益问题入手，把人本理念贯穿于社会管理创新的全过程，通过切实推动社会管理的人性化和社会化，积极解决与人民群众利益密切相关的就业、就医、就学、交通、治安等民生问题，最大限度维护人民群众的根本利益，最大限度减少社会改革中的利益调整障碍，最大限度地激发社会主体的活力。当群众的幸福感有了极大提高，才能使群众自觉接受社会管理，主动配合社会管理，并积极参与社会管理。在强化管理和执法监察的具体工作上，要适度提升社会宽容度，而不要动不动就说要打赢一场什么严管的"仗"，而是学会和善于"和风细雨"地做好群众工作，社会管理的人性化也可以理解为从"心"开始，即社会管理者要在自己的心灵深处树立群众至上、服务为先的理念。

面对当前多元多变的社会结构，"人(流动人口)、屋(出租屋)、车(机动车)、场(重点场所)、网(互联网)、会(社会组织)"等社会管理要素纷繁复杂，各种新情况、新问题层出不穷，在创新社会管理工作中更应注重人性化和社会化。在社会管理过程中充分注意人性的要素，如积极开掘"社区人"的潜能，把关心、支持和参与社区服务管理当作一种习惯、一种乐趣，成为社区生活的一个有机部分，从而完成从"单位人"变成"社会人"再变成"社区人"的一个提升，社区建设的良性循环也就开始形成了，社区就真正成为大家生活的共同体，社区和谐以至社会和谐就有了更加坚实的基础。

在创新社会管理的进程中，还要深入推进多方参与、共同治理、社会协同、公众参与的社会化管理模式，充分发挥党委在社会管理体制中总揽全局、协调各方的领导核心作用，把党的政治优势、组织优势转化为管理优势和服务优势，在积极动员和组织人民群众与社会各方依法理性有序参与社会管理和公共服务的同时，也要营造一个良好的服务消费环境。当什么服务都是免费的时候，也很容易失去其自身的服务价值，而当我们提高了群众的服务消费能力，社会管理的各项工作就有了良好的群众基础，反过来又会更有力地保障社会管理社会化工作的顺利开展。有了人民群众的广泛积极参与，广东社会建设和管理新路的积极探索也就一定能取得成功。

针对当前社会管理与公共服务中存在的政

府职能界定不清、运行体制低效、方式手段滞后等问题。现提出以下对策建议：

（一）通过重新定位，明确政府在社会管理与公共服务上的职能

政府在履行经济调节、市场监管等职能外，应更加注重社会建设、社会管理等职能，要坚持以人为本，人性化地统筹协调各方利益，把职能的重点放在不断扩大就业、完善社保体系、强化卫生服务等领域。如在食品监管方面，除了改革现有15个部门都管的体制，关键还在于建立日常化、无缝衔接的治理机制，同时更需要发动全社会参与，鼓励普通公民、民间组织都参与进来，切实赋予他们举报和监督的权力。如可开展"全民设计创意活动"，不仅增加就业岗位，而且还可以通过转型升级推动未来经济活动的增值空间，让全社会的创造活力竞相迸发；再如可广泛吸纳国内外公共智库的建议，制定"关于借鉴国际先进公共管理经验，推进社会改革先行先试的意见"等一系列相关政策文件，通过强化宏观调控，弱化微观干预，简化程序，降低成本，力争在广东率先建立起一个公开、公平、公正有中国特色的充满活力的现代公共服务体制。

（二）敢于先行先试，创新社会管理与公共服务的体制机制

建立一个合理有效的社会管理体制，首先，需要建立一个有政府、市场以及其他社会主体共同参与的科学决策机制。一方面必须尊重公众所拥有的法定权力，拓宽公众参与的渠道和途径，另一方面要注意发挥社会组织特别是社会科学界的学会、研究会在科学决策中的作用。其次，建设社会管理的"安全网"。不仅要加强社会救助体系建设，还要健全社会保险、社会福利和慈善事业相衔接的社保体系，加快推动社保体系的社会化、法制化、信息化进程等。再次，构建有效的公共救助机制，以真正建立"城乡特殊困难群众、农民工、外来工"的社会公共救助体系，切实帮助他们解决看病、住房、子女上学等困难。在公共服务供给体制的创新中，不仅要建立多元主体的公共服务供给机制，而且也要引入适当的市场竞争机制，以保持这一领域的活力。另外，还可建立健全社会运行的监测与预警机制以及社会管理、公共服务绩效管理的评估机制。

（三）加大扶持力度，积极推动社会组织的健康有序发展

当前，社会组织的发展仍然面临许多困难，一些管理社会组织的法规仍然落后于新的形势，如对社会组织实行政府业务主管部门和民政部门双重管理，使得大量的社会组织由于没有业务主管单位而不能登记，这类实际上存在的社会组织远比已经合法登记的社会组织要多得多，如果登记的门槛高、条件多，人家就登记难或者不登记，这就容易出现管理上的空白；再如一些社会组织由于民办性质，得不到非营利公益事业单位税收等方面的政策支持，相当多的社会组织存在经费、人才、管理方面的困难。因此，要进一步简化社会组织登记手续，注意发挥"枢纽型"社会组织在社会组织管理、发展、服务中的重要作用，社会组织管理将逐步实现政社分开、管办分离，大部分行政部门只行使行业指导职责，原则上不再作为社会组织业务主管单位，逐步实现与社会组织在人、财、物等方面彻底分开；而授权人民团体等"枢纽型"社会组织作为业务主管单位，对同性质、同类别、同领域的社会组织进行分类管理。同时，政府依法推动具体事务性工作转由符合资格条件的社会组织承接，通过购买社会基本公共服务、社会公益服务、社区便民服务、社会管理服务、社会建设决策研究及信息咨询服务，不断向社会组织输入必要的资金。

（四）进行流程再造，改进社会管理与公共服务的方式方法

按照精简、统一、效能的原则和决策、执行、监督相协调的要求，完善机构设置，理顺职能分工，理顺社会管理中的条块关系，通过分权与授权减少管理层次，确保"决策、执行、监督"有效分离与制衡。建议成立更具有权威性的相应的社会建设和管理工作领导机构，以整个社会的需求为起点，重新设计社会管理和公共服务的作业过程。通过政府内部资源的整合，推动部门间的协调与合作，增强部门联合应急的反应能力，降低行政成本，提高公共服务绩效。通过运用先进的电子信息系统，优化各种服务供给流程。通过合同出租、承包、委托经营等形式，把生产的任务转移给社会。如在公共服务的外部流程方面，严格规范审批时限，主动提供代办各种登记手续，积极推行一个"窗口"对外、"一站式"办理和"一条龙"服务。并积极创造条件，采取延时服务、预约服务、上门服务等便民措施，真正做到寓管理于服务之中。

中共中央政治局委员、广东省委书记汪洋同志向省政府参事室（文史馆）党组书记、主任（馆长）周義同志亲切询问参事、文史工作情况（图片由广东省人民政府参事室提供）

引领转型升级 建设幸福唐家
——珠海高新区近五年经济社会发展综述

从2006年实行"区（珠海高新区）镇（唐家湾镇）合一"体制调整以来，珠海高新区以贯彻落实科学发展观主线，以加快转变发展方式为主题，以"引领转型升级，建设幸福唐家"为主旋律，围绕产业建新城，围绕企业创环境，经济社会实现了跨越式发展。

一、加快转型升级，打造"4+2"产业格局

经济规模明显壮大。坚持发展是第一要务，积极应对金融危机，实现了经济规模明显壮大。五年来，珠海高新区（一区四园）地区生产总值年均增长9%，规模以上工业总产值年均增长12%，规模以上工业增加值年均增长11%。珠海高新区主园区（唐家湾地区）生产总值年均增长18.3%；规模以上工业总产值年均增长9.5%，2007年首次突破百亿元大关；规模以上工业增加值年均增长20.2%；财政一般预算收入年均增长107.8%。2010年，主园区地区生产总值、规模以上工业总产值和财政一般预算收入分别为65.39亿元、143.5亿元和6.3亿元，与2006年相比分别增长了1.95倍、1.44倍和18.7倍，其他各项主要经济指标增速较快，经济总量逐年壮大。主园区2009年获得全市园区产业发展考核综合成绩排名第一。

（一）招商水平明显提升

出台了《珠海珠海高新区（唐家湾地区）投资项目指导意见》等文件，不断完善招商引资配套政策。创新招商引资方式，积极开展驻点招商、以商引商、信息选商等招商选资活动，举办或参加上海、北京等招商推介会，引进了多玩、掌媒等一批"用工少、用地少，有研发、有品牌，高科技、高效益"产业项目，实现了"金山做大，巨人归来"战略构想。五年来，全区共引进外资项目127个，实际吸收外商直接投资累计3.49亿美元；引进内资项目145个，实际引进内资金额累计13.4亿元。与此同时，还储备了一批爆发性强、成长潜力大的软件和集成电路设计、移动互联网、电子商务、新能源、先进制造等在谈项目。主园区引进内资注册资本金、实际利用外资两项指标多年荣获全市年度考核一等奖。

（二）产业集聚明显加速

大力推进以港湾大道为轴的金鼎工业带、淇澳唐家文化创意产业带、创新海岸战略性新兴产业带的发展，以及国家软件和集成电路设计产业基地、广东省产业升级示范基地、互联网产业基地、智能电网产业基地、总部经济基地的建设，"一轴三带五基地"产业空间布局已初步形成。大力推动了软件与集成电路设计、互联网、智能电网、空间信息应用等电子信息产业中四个细分产业，以及新材料、高端制造两个特色产业加快发展，"4+2"现代产业格局趋形已现，以金山、炬力、远光为代表的软件和集成电路设计产业，以魅族、鼎利为代表的通讯设备、计算机和电子信息产业，以长园电力、万力达为代表的医药器械和生物医药企业，以德豪润达、双喜电气为代表的智能小家电企业，以兴业新能源、粤科京华为代表的新能源、新材料产业集群初步形成。目前，全区企业总数、

规模以上企业、高新技术企业企业分别增至1500家、160家、45家。2010年，珠海高新区被省政府授予"软件与集成电路设计战略性新兴产业基地"、"软件集群升级示范区"称号。

（三）发展后劲明显增强

出台了促进产业发展、推动自主创新、引进创新型人才、加强科技金融管理等政策措施，设立了高新技术创业投资引导基金、科技型中小企业技术创新资金、中小企业"成长之翼"债权融资平台、珠海红杉资本股权投资中心等科技金融平台，培育和扶持一批企业做大做强，有力推动企业规模不断壮大。截至2010年底，以上三大融资平台让企业直接受益超过1亿元。欧比特、世纪鼎利、可利电气、宝莱特4家企业先后上市，上市企业总数增至11家，占目前全市26家的42.3%。远光软件、共创电力、世纪鼎利入选2010年度国家规划布局内重点软件企业名单。世纪鼎利、赛纳科技、健帆生物、远光软件4家企业荣登《福布斯》2011中国潜力200强企业榜，其中世纪鼎利和赛纳科技分别排名第三和第四，健帆生物和远光软件连续两年上榜，企业总数全国排名第七。多玩游戏、健帆生物等新增企业快速发展。

（四）创新能力明显提升

全面实施自主创新能力和产业核心竞争力"双提升"战略，积极引进创新人才，大力推动技术成果转化，加强知识产

金山动工仪式

权保护，提升综合创新能力。截止2010年底，全设有国家级工程中心2家，省市级工程中心30多家，大学科技园3个，科技企业孵化器5家，科技创新公共服务平台9个，高等院校4所，目前在校大学生近6万人。全国首家珠海高新区知识产权法庭、珠海高新区知识产权检察室相继挂牌成立，知识产权保护体系建设逐步完善。入选国家"千人计划"3人，成功引进院士2名。澳珠云计算技术应用联合实验室、院士企业工作站光库通讯分站、南方数字娱乐公共服务中心、博士后科研工作站清华大学研究生高新区就业实践基地挂牌成立，政产学研深化合作。五年来，全区专利授权数近1000项，天年生物等18个商标被评为国家、省驰名（著名）商标，福尼亚医疗设备有限公司的胰岛素泵等30个产品被评为省自主创新产品。2009年，珠海高新区被授予"广东省科技人才基地"称号。

孵化器及高校：清华科技园

二、优化宜居环境,打造海滨科技新城

(一)规划编制逐步推进

坚持"规划先行、建设跟进、管理配套"的原则,加快推进经济社会总体发展规划和产业片区等专项发展规划编制,加快城镇建设步伐,提升城镇建设水平。完成了《唐家湾镇2006~2020土地利用总体规划》、《唐家湾地区分区规划(2008~2020)》以及科技创新海岸南围、北围、后环等多个产业片区城市设计及控规编制工作,《唐家湾地区国民经济和社会发展第十二个五年规划纲要》、《唐家湾地区现代产业体系建设规划(2011~2015)》、《唐家湾地区排水工程及水资源综合利用专项规划(2010~2020)》等多个规划正在修改完善。

(二)基础设施逐步完善

按照"大投入、抓速度,打基础"的工作方针,大力推进基础设施建设,着力优化宜业宜居环境。完成了后环围近10平方公里土地回收,并协调推进土地平整工程,依法清理违规用海3000余亩。大力推进科技创新海岸南北围土地平整共580万平方米,其中已完成170万平方米,正在施工410万平方米,不断拓展城市及产业发展空间。广珠城际轻轨珠海北站如期建成营运,中珠渠桥梁建成通车,广珠城际轻轨金唐段、金唐西路即将通车。五年来共修建园区道路长达12公里,辖区交通干道长达7公里,社区硬底化道路长达5公里,全面实现了辖区干道畅通、园区路网贯通、社区硬底化小路串通目标。累计共完成了区政府投资基础设施项目近9亿元,年均增长109%。

(三)生活环境逐步优化

坚持走生态文明发展道路,加大财政投入,逐步改善生活环境,打造海滨科技新城。科技创新海岸服务中心一期506套公寓楼、金鼎工业区2000套小型公寓楼已建成使用,远大美域、龙腾湾山庄、凤凰山一号、格力海岸、华发蔚蓝堡等中高档商住项目落成或正在建设。科技创新海岸综合服务中心、白马酒庄等生活配套设施项目建成或动工建设。长达55公里的辖区绿道网全程贯通,长达11公里的情侣北路北段建成通车,长达9公里的港湾大道完成改造升级。唐家湾镇拥有目前国内人工种植连片面积最大树种树种最多鸟类最杂(8000多亩、20多种红树、120多种鸟类)的淇澳岛红树林、延缓十几公里长的海岸线、青葱翠绿的凤凰山麓、环境幽雅的高尔夫山庄等丰富的生态资源,人与自然和谐共生,被称为"山海园林栖居美镇"。

三、关注民生福祉,打造幸福和谐唐家

(一)社会事业全面进步

致力发展社会事业,大力实施民生工程,努力改善群众生活。五年来共招聘110名优秀教师,其中招聘"代转公"教师37名,全面提升了教师综合素质,妥善解决了代课教师历史遗留问题。中小学12年免费义务教育政策全面实施,唐国安纪念学校、金鼎一小体育馆建成使用,金鼎中学改扩建工程已启动。唐家湾镇被评为"中国历史文化名镇",镇文化站晋升为省特级文化站,唐国安纪念落成使用,唐家古镇、会同古村

高新区知识产权法庭

科技创新海岸

等文化资源保护工作逐步开展,唐涤先生诞辰90周年纪念研讨会、"共乐唐家湾"元宵灯会、"红树林风筝文化节"等文化活动成功举办。唐家湾地区拥有丰富的人文资源,有着新石器时代沙丘遗址、记录近代中国人民取得反侵略抗英斗争第一次胜利的淇澳白石街等革命遗迹、突出反映近代岭南建筑中西兼容风格的唐家古镇、会同古村等成片古建筑群等,历史文化底蕴十分深厚,被誉为"岭南百年文化古镇"。

自然环境:淇澳红树林

(二)社会保障全面加强

以建设"横向到边、纵向到底"社会保障体系为目标,不断扩大社保覆盖面,提高农民和被征地农民养老保险财政补贴标准。2010年底,全区农民与被征地农民参保覆盖率达98.5%,农民和被征地农民养老保险财政补贴比例增至80%,居全市之首。五年来,全区共发放社区医疗救助金、城镇居民最低生活保障金、特困家庭子女上学补助、社会失业人员生活补助等社会民生保障金近3000万元。全面落实就业和再就业财政扶持政策,举办多场农民工专场招聘会、失业人员专场招聘会,解决居民就业累计5000多人次。积极开展青海玉树抗震救灾和广东扶贫济困日活动,加快落实惠来县隆江镇"规划到户、责任到人"对口帮扶工作,"双到"工作在省考核中排名靠前。深入开展"安全社区"试点工作,完善"区—镇—社区"三位一体安全保障体系。五年来辖区各类刑事案件明显下降,社会治安形势稳定向好,为全国两会、广州亚运、珠海航展等重大活动和唐家湾人民长治久安营造良好的社会环境。

(三)民生实事全面推进

出台了《唐家湾镇扶持社区集体经济发展的意见》等措施,加强对社区集体经济组织的监督指导,加大扶持社区集体经济发展。五年来,全区累计落实厂房质量鉴定、税收返还等扶持资金共784万元,社区集体经济实力不断增强,居民人均收入明显增加。加大民生投入,五年来共完成了社区街巷道路改造50多条,安装路灯1000多盏,饮水管网改造6万多米,排污沟渠及环境整治100多处。投入1500万元的东岸等社区水改工程正在全面实施,后环等"三旧"改造试点工作已全面启动。累计五年来共投入社区基础设施改造等民生工程近3000万元。群众生活水平逐年提升,居民幸福指数明显提升。

今后,珠海高新区将面临着新的发展机遇,承担着新的历史使命,深入贯彻落实科学发展观,解放思想、携手奋进,锲而不舍、继往开来,引领转型升级、建设幸福唐家,在科学发展的道路上阔步前行、争当标兵。(图文由珠海高新技术产业开发区管委会提供)

珠海唐家湾

生态休闲　顺德绿道

现在，在顺德区内，每逢节假日或下班后，你会发现有越来越多的市民或游客在积极参与和使用当地的绿道，景点周边的绿道和驿站更是深受欢迎。

在大良顺峰山公园租上一辆自行车，从充满绿意的湖边开始骑行，穿过龙盘桥进入碧桂路辅道边那绿树成荫的区域绿道，然后一路来到富有田园风光气息的伦教乡村，再慢行至具原生态水乡特色的堤围绿道时，一路上那清新的空气、旖旎的风光和畅顺便捷的绿道，不仅让人感觉不到丝毫倦意，相反，还会收获一份休闲放松的好心情，享受到绿道骑行带来的别样快乐。

一、绿道建设，成果不俗

从2010年开始，顺德区认真按照省委省政府的工作部署，紧紧围绕汪洋书记提出的"一年基本建成，两年全部到位，三年成熟完善"的建设目标，以区、镇联动的方式，积极组织绿道网规划建设各项工作。到目前为止，全区已投入资金1.5亿元，建成贯通约144公里的省立区域绿道，并分别分布在9个镇街。其中3号线长约79公里，4号线长约65公里。同时建成约40公里堤围复线，驿站已建成12个，全线标识系统已设置安装完毕，沿线绿化种植和安全设施基本到位，新增绿化面积7.2万平方米，大部分驿站已可提供自行车租赁服务，绿道沿线各项配套设施已基本到位。

2011年，顺德区预计投入资金2.5亿元，将在10个镇街建成并贯通286公里城市绿道，以及建设大良顺峰山公园、杏坛逢简水乡和均安生态乐园三个社区绿道示范区。

届时，顺德区将拥有佛山市绿道建设线路最长、串联景点最全、途经镇街最多、与周边城市接驳较为完善的区域绿道、城市绿道和社区绿道三级网络系统。

二、精心选线，突出亮点

在绿道规划选线时，顺德将水乡村落、桑基鱼塘等自然资源与特色产业、名胜古迹、民俗文化等人文资源统筹进行考虑，从而建设出各镇街不同特色、颇具亮点的绿道。

大良人文景观绿道：3号绿道横穿风景如画的大良顺峰山公园，沿途自然景观靓丽，空气清新怡人，人文景观荟萃，依托公园而建的设施为绿道使用者提供良好的服务。此外，将城市公共自行车系统引入绿道，在方便市民接驳的同时，实现资源共享。在这里可充分体现高品质的都市观光休闲绿道特色，作为顺德区政治、经济和文化中心的区委区政府近在咫尺，绿道沿线酒

北滘林上路绿道

洁净清新的陈村河堤绿道

生态休闲　顺德绿道

如诗如画的伦教绿道

店、饭店、饮食档、明代古塔众多，可充分展现顺德丰富的饮食文化和人文景观。

伦教田园文化绿道：区域绿道3、4号线同时穿越伦教境内的河堤，在堤围绿道上骑行或慢步可静静欣赏广阔的沿河风光。在这里，大部分堤围绿道建有复线，且复线建设标准较高、质量较好。沿途经过河两边的水杉林、苗圃地、鱼塘、农田、菜地等地，"水乡村落"和"桑基鱼塘"鳞次栉比，尽显岭南水乡的风采。绿道附近有大型的游乐场所及顺德美食，可提供良好的游乐和饮食服务，"人在城市，犹在自然"的田园梦想在伦教绿道上已成为现实。此外，利用三善大桥底广阔而闲置的空间规划建设驿站，既节约了土地，又降低了建设成本，体现了绿道建设中人与自然的和谐共处。

陈村观花赏花绿道：省立区域绿道4号线贯穿我国最大的花卉批发市场——陈村花卉世界，真正把绿道引入到花的海洋中，在向游客展现顺德（陈村）"千年花乡"娇容的同时，也给绿道参与者带来一份"车在花中行，人在画中游"的美好感受。游客在此可观赏到来自世界各地不同品种的树木和花草，或顺便购买一些自己喜欢的盆花带回家；位于展览馆旁边的一级驿站更能全方位提供自行车租赁、售卖、休息、医疗和公交换乘等多项服务。走出花卉市场，骑上河堤绿道，碧波荡漾的东平河水和自然清新的空气会更令游客流连忘返。

杏坛历史文化绿道：区域绿道3号线在杏坛境内约22公里，入村复线建设有4公里，沿途森林公园、名胜古迹、祠堂、寺庙众多。在这里骑行或漫步除可以观赏到河堤、村庄周围的自然风景外，还可以近距离参观当地丰富的人文景观，其中武打巨星叶问的师傅陈华顺的陵墓就位于绿道边的马宁山森林公园内，还有当地著名的何氏宗祠也在绿道旁边。徜徉在这条绿道上，既可感受到岭南风光的秀色，又能领略到千年水乡的丰厚文化积淀。

均安生态民俗绿道：利用沿河堤的菜地、果园、蕉林、竹林、落羽杉林和苗圃等靓丽的自然（人工）景观，以及堤外广阔的滩涂地，将区域绿道3号线均安河堤段延伸至附近的村庄、学校和水边，并因地制宜对沿途村庄公园、出入口等进行改造，建设绿道兴趣点和休息点，带给市民和游客全新的自然生态景象。在这段绿道上骑行，可以强烈感受到一股宁静、自然、洁净、清新的乡土气息，有时略带泥土芬芳气味的空气吹来，令人心情舒畅，怡然忘归。

顺峰山公园内绿道

杏坛绿道入村复线

三、民生绿道，全民共享

顺德的绿道建成后，通过媒体的广泛宣传，老百姓很快就了解和认识到这个新鲜事物，也使大家对绿道渐渐从陌生到熟悉，从熟悉到热爱，并通过使用绿道而加深了对生态环境保护的认识，从而自觉地加入到保护生态环境的行列中来。绿道也改变了市民的出行方式，特别是短距离的行程，现在很多市民都会采用自行车在绿道上骑行或漫步，既环保又经济，同时，在紧张的生产和工作之余，逐步养成休闲放松的生活好习惯，也使老百姓心里感受到绿道是一项民生工程，看到政府又为民办了一件好事、实事。

如今的顺德绿道，正成为越来越多市民休闲、放松、出行和健身的好去处，每逢下班后或在节假日里，都纷纷从都市投入到乡村郊野的怀抱，享受在绿道上休闲度假和骑行的自然乐趣。

来吧，生态休闲的顺德绿道欢迎你！
（图文由顺德区国土城建和水利局提供）

外表美观、功能齐全的4号线陈村驿站

生态休闲 顺德绿道

北滘细滘公园绿道专用桥

北滘细滘村绿道

伦教村庄绿道

4号线陈村绿道

陈村栈道

陈村堤围绿道

佛山容桂经济社会发展情况

容桂街道地处珠三角腹地，佛山市顺德区南部，是顺德中心城区的重要组成部分。容桂南接中山，毗邻港澳，与新城区隔江相望，地理位置优越，交通便利，105国道、碧桂路、太澳高速贯穿而过，广珠城际轨道贯穿全境并在容桂设站。辖区面积80平方公里，下辖23个居委会，3个村委会，总人口45万，其中户籍人口20.07万。素有"中国书画艺术之乡"、"中国曲艺之乡"、"中国盆景名镇"、"中国品牌名镇"等荣誉称号。

容桂街道坚持以科学发展观统领工作全局，加快发展、锐意进取，不断适应内外环境变化，积极调整发展战略，有效化解各类矛盾和危机，推动经济社会又好又快发展，经济总量迅猛增长，城市化水平快速提升，市民生活质量持续改善，教育、文化、卫生、体育、慈善等各项事业长足发展，富裕和谐容桂建设取得丰硕成果。

2010年，实现地区生产总值375.9亿元，规模以上工业产值1376.4亿元，工商税收41.98亿元，金融机构人民币年末存款余额364.9亿元，居民储蓄余额245.97亿元。2011年1至3月份，完成规模以上工业产值260.3亿元，税收收入12.62亿元。

近年来，容桂街道积极推动企业转型升级，促进经济健康稳步发展，智能家电、电子信息、医药保健、精细化工、机械模具等支柱产业不断壮大，新兴产业快速发展，生产性服务业、商务服务业发展迅猛，形成了主导产业突出，配套产业完备，具有鲜明特色的现代产业体系，成为珠三角重要的制造业基地、经济重镇。

容桂坚定不移地推进自主创新建设，不断加强与中科院的合作，经济发展质量显著提升。至目前为止，容桂现有各类企业及个体工商户近2万家，其中超亿元企业97家、超十亿元企业16家、超百亿元企业2家，包括海信科龙、德美化工、盈天医药、万和集团等4家上市公司。拥有容声、科龙、格兰仕、万和、华润等5个中国驰名商标，有中国名牌产品11个、广东省著名商标27个、广东省名牌产品25个，是广东省内著名品牌最为集中的地区之一。

在不断提升经济发展质量的同时，容桂注重加快城市化进程，不断增强城市综合竞争力。坚持规划引领，确立"一河岸、两核心"的发展思路，以德胜河南岸改造、东部中心区和文塔商务中心建设为城市发展重点，加大"三旧"改造力度，提高土地集约

利用水平，进一步完善城市发展规划，不断优化城市空间布局，提升容桂城市品位。同时，注意不断优化内外交通网络建设，打通区域交通内外循环，加强与广州、中山等地的联系，拓展容桂发展空间，打造"引人、聚人"的宜居城市。

随着经济社会发展质量的提升和执政为民理念的深入贯彻，容桂街道突出民生优先，大力推进社会各项事业的发展，使改革和发展的成果惠及群众。近年来，容桂投入大量资源丰富人民群众的文化生活，变客场为主场，举办一系列高水平、高规格的文化体育盛事，不断以文化品牌扩大城市影响力，被评为全国精神文明建设先进单位，中国龙舟训练基地、中国时尚球类运动南方基地纷纷落户容桂；出台实施慈善、教育、重大疾病救助三大惠民政策，不断完善街道和居（村）两级慈善体系的建设，大力发展慈善事业，加大对弱势社群的帮扶力度，让群众"贫有所扶、病有所医、学有所助、老有所养"；不断加大对教育事业的资源投放，推进教育优质均衡发展和学校硬件设施建设，整体教育质量稳居顺德区前列，连续保持"广东省教育强镇"称号，广东省实验中学顺德学校、南方医科大学顺德校区落户容桂，容山中学成为广东省第一所镇（街）属国家级示范高中，群众的满意度持续提高。

此外，容桂建设了覆盖全街道的视频监控系统，用高科技手段构筑公共安全网，加大社会治安综合治理力度，建设平安容桂，群众安全感持续增强；开展"简政强镇"事权改革，创新社会管理机制体制，不断提升政府的管治能力和公共服务水平，解决制约容桂经济社会发展的深层次矛盾和问题，探索建立与市场经济体制相适应的行政管理和科学发展新模式，促进容桂发展再上新台阶。

2011年是"十二五"规划的开局之年。在新的历史起点上，容桂将坚持"引人、聚人"的战略，确立"创新发展，精品容桂，打造优质生活之城"的思路和目标，坚定不移走内涵发展道路，着力提升产业、人文和城市环境，切实保障和改善民生，市民幸福感持续提升，不断开创富裕和谐容桂新局面，推动容桂从传统城镇向现代都市跨越。（图文由佛山市顺德区容桂街道办事处提供）

简政强镇事权改革试点工作动员大会

中国顺德国家棒垒球训练基地在容桂挂牌

容桂十景之榕树生桥　梁伟雄摄影

乐购购物城

佛山容桂经济社会发展情况

合影

文塔体育广场

当好参谋　谋划长远
构建和谐　科学发展

韶关市发展和改革局是负责提出全市国民经济和社会发展战略、发展规划和政策、进行总量平衡、结构调整、指导总体经济体制改革的宏观管理部门，为市人民政府的综合经济管理部门。"十一五"期间，韶关市发展和改革局在市委、市政府的正确领导下，坚持以邓小平理论、"三个代表"重要思想为指导，以科学发展观统领经济社会发展全局，贯彻"五个第一"要求，全面落实市委、市政府"三促进一保持"和"双转移"等战略部署，以建设经济发展、文明法治、和谐安康、环境优美的新韶关为目标，转变观念，完善思路，创新举措，励志图强，积极应对国际金融危机的冲击和各种自然灾害的影响，经受了经济社会转型时期矛盾凸显的严峻考验，胜利完成了"十一五"规划目标和任务，在推进科学发展新征程上迈出了重大步伐。

一、把握"第一抓手"，当好市委、市政府的参谋

韶关市发展和改革局始终坚持把握加强经济运行专题调研和和监测分析为"第一抓手"，当好市委、市市政府的参谋，促进经济社会实现跨越发展。一是加强对经济运行重大问题的研究。紧紧围绕市委、市政府关注的热点难点问题，组织开展了一系列重大问题研究，研究提出解决制约科学发展深层次问题的办法。组织开展了"十二五"规划前期重大问题研究工作，面向社会各界公开征集"十二五"规划重大研究课题的活动。二是加强对经济运行的监测预警分析。坚持做好全市经济运行态势季度分析，加强对金融危机的观察和研判，分析金融危机对我市经济社会发展的影响，随时把握宏观经济形势，掌握经济运行动态，及时发现经济运行和社会发展中的重大问题，并提出相应措施和对策，为市委、市政府宏观决策提供参考。"十一五"期间，全市实现生产总值683.1亿元，五年年均增长12.7%，连续五年经济增长率高于全国、全省，连跨400亿元、500亿元、600亿元三个台阶；人均生产总值2.3万元，五年年均增长12.2%，基本与经济增长同步；地方财政一般预算收入47.8亿元，五年年均增长19.1%；全社会固定资产投资完成433.7亿元，五年年均增长25%。

二、落实"第一责任"，谋划经济社会发展长远规划

韶关市发展和改革局始终坚持把规划工作作为"第一责任"，科学谋划经济社会长远发展规划。组织编制了《韶关市国民经济和社会发展第十二个五年规划纲要》，先后经市政府常务会议、市委常委会议以及市十二届人大六次会议审议通过，得到市领导和人大代表的充分肯定，初步提出了"十二

2009年市发改局与民盟对口联系座谈会

赣韶铁路开工仪式

五"时期的发展目标，到2015年，2015年，全市生产总值达到1200亿元，年均增长12%以上，人均生产总值达到3.85万元，年均增长11%以上；地方财政一般预算收入超过80亿元，全社会固定资产投资突破900亿元。三次产业结构由2010年的13.7：42.6：43.7调整约为10：45：45。深入学习领会《珠江三角洲地区改革发展规划纲要（2008-2020）》精神，结合韶关实际，提出了新的发展战略，并起草了《中共韶关市委韶关市人民政府关于贯彻落实〈珠江三角洲地区改革发展规划纲要（2008-2020）〉的实施意见》。组织协调有关部门编制完成《韶关市城镇污水处理及再生利用设施建设"十二五"规划》。牵头组织编制了《韶关市培育产业集群总体规划》、《韶关市特色产业发展规划》和《韶关市"十二五"服务业发展规划》等专项规划。起草了《关于贯彻落实〈中共广东省委、广东省人民政府关于实施扩大内需战略的决定〉的实施意见》。

三、坚持"第一手段"，增强经济社会科学发展后劲

韶关市发展和改革局始终坚持把实施重点项目带动战略，有效扩大投资作为"第一手段"，增强经济社会科学发展后劲。"十一五"期间特别是国际金融危机爆发以来，全市经济发展和结构调整面临巨大挑战。根据国家和省应对国际金融危机冲击的扩内需保增长的政策措施，市委市政府及时谋划、周密部署，发展改革系统与各县（市、区）、市有关单位通力合作，推动建设了一批突破性的重大项目，重点项目成为促进我市经济平稳较快发展的强大引擎、推动经济发展方式转变的重要载体。一是全力

全市"十二五"规划编制工作动员大会

以赴推进重点项目建设。"十一五"期间，规划建设"十大工程"重大项目143项，项目估算总投资1392亿元；安排预备项目8项，项目估算总投资1502亿元，五年累计完成投资812亿元，建成项目93个，在建项目50个。重点项目建设和投资实现新跨越。列入年度重点建设项目计划的项目五年累计完成投资675亿元，拉动全市五年累计完成投资1460亿元，比"十五"时期增加923亿元，规模是"十五"期间的2.7倍。其中2008年、2009年和2010年，市重点项目分别完成投资131.5亿元、192.9亿元和209.7亿元，带动全社会固定资产投资分别完成283.8亿元、356.5亿元和433.7亿元，分别增长30.4%、25.6%和21.7%，连跨200亿元、300亿元、400亿元三个台阶。二是重大项目建设进展顺利。建成了武广铁路客运专线韶关段和韶关新火车站、京珠高速公路西联互通工程、省道248线乐昌至韶关犁市段改建工程、国道323线韶关市区过境公路黄金村至五里亭大桥路段、韶赣高速公路、省道246线改造工程、坪石B电厂三期、电网建设与改造工程（"两改一同价"）、乳源东阳光公司扩建工程、韶冶扩建工程、韶关发电厂10、11号机组脱硫工程等项目，新开工建设了韶赣铁路、广乐高速

团结奋进的局领导班子

新建成的武广客运专线韶关站

公路、韶钢节能减排、丹霞冶炼、韶关电厂"上大压小"、东阳光生物制药、比亚迪汽车试车场及零部件生产基地、宏大齿轮异地迁建项目建设等项目。建成了乐昌、始兴、莞韶产业转移园区和南雄精细化工园区，市区第一、第二污水处理厂（一期、二期）以及各县（市、区）污水处理系列工程；组织实施韶钢、韶冶节能减排工程，完成了韶关发电厂、坪石B电厂烟气脱硫工程，花拉寨生活垃圾填埋工程；开工建设乐昌峡水利枢纽、湾头水利枢纽、以及市区防洪堤工程，使韶关市区防洪标准由20年一遇提高到100年一遇。"十一五"期间，建成高速铁路118公里，高速公路125.3公里，一级公路85.3公里，发电装机容量85.5万千瓦，防洪堤232.7公里，污水处理能力26万吨/日，垃圾处理能力1200吨/日。这些重大项目的建成投产和开工建设，显著地提升了我市经济社会发展的基础保障能力。三是积极争取扩大内需中央投资和省配套资金支持。为抢抓国家和省实施扩大内需保增长政策的机遇，以锲而不舍、百折不挠的精神赴省进京争取项目、资金支持。经全市发改部门不懈努力，自2008年底至2010年底，共争取国家和省下达韶关资金共46.8亿元，用于农业农村、水利工程、社会事业、节能环保、现代产业体系、城市建设和灾后重建等方面的项目建设。四是重点预备项目前期工作取得新进展。"十一五"期间，国家和省审批核准了乐昌峡水利枢纽、湾头水利枢纽、韶赣铁路、韶赣高速、广乐高速、韶关电厂"上大压小"、粤北危险废物处理处置中心等项目。着力引进战略投资者，进一步推动重点预备项目前期工作，分别与中广核、华电、国电等国有企业签订战略投资框架协议，华电、中建材等央企通过重组形式兴建与经营电力、水泥等行业，实现央企在韶投资零的突破。韶关核电厂作为我省首个内陆河核电厂已上报国家能源局审批、中广核韶关核电公司顺利挂牌成立、华电（南雄）热电冷联供项目上报国家发改委、韶关核电项目已列入国家核电发展规划，国电煤矸石综合利用发电项目和南雄华电热电冷联供项目已上报国家申请批准开展前期工作，风电项目已选点开展风速监测等前期工作，韶贺铁路已列入铁道部与省政府共建项目，形成了部省会议纪要，力争在"十二五"开工建设。始兴县、乳源县成为广东省南岭山地森林生态及生物多样性功能区发展试点县。

四、强化"第一要务"，加快产业转型升级

韶关市发展和改革局始终坚持把发展作为"第一要务"，全力推进经济结构优化，加快产业转型升级，构建现代产业体系。"十一五"期间，在应对国际金融危机冲击过程中，认真落实"三促进一保持"，把保增长促发展与调结构促转型结合起来，以建设现代产业体系为重点，推动产业结构调整优化。一是编制实施产业发展规划。牵头编制了《韶关市现代产业体系建设规划》、《韶关市委、韶关市人民政府关于加快建设现代产业体系的实施意见》、《韶关市人民政府关于促进我市产业结构调整的实施意见》、《韶关市特色产业园区产业布局实施意见》、《韶关市水泥发展专项规划》、《依托韶钢延伸产业链，发展产业集群规划》、《韶关市有色产业集群发展规划》等重点产业调整和振兴规划。积极申报广东省现代产业体系500强重点培育项目。经努力，共争取26个项目入围省现代产业500强项目，项目投资达302亿元，截止2010年底，完成投资115.9亿元，项目数量在全省21个地市中名列第6位。二是推进自主创新和产业结构调整。2008年以来，共争取了12130万元中央预算内投资和省配套资金支持我市现代产业500强企业开展自主创新和产业结构调整，韶铸集团大铸钢暨高速镦锻机项目已正式投产，一跃成为华南地区大型高端铸钢件生产基地及全球最大的高端轴承套圈生产基地。三是推进服务业加快发展。2008年以来，共争取中央投资2550万元支持丹霞山景区开发

湾头水利枢纽竣工典礼

和韶关市前进装饰建材城及物流仓储中心项目建设。"韶关市科技企业孵化基地"项目通过了省发改委的评选，被列入"广东省新十项工程"。四是做好节能减排工作。通过实施示范工程、节能工程建设，支持企业节能改造；严格控制污染物排放总量，加强重点污染源限期治理，督导落实火电厂安装脱硫设备、全面抓好污水处理厂建设等工作。"十一五"期间，关停落后钢铁产能83.3万吨、落后水泥产能195万吨、小火电73.2万千瓦，建成火电脱硫工程142.5万千瓦。2010年全市万元生产总值能耗下降到1.71吨标煤，五年累计下降20.1%；二氧化硫排放量和化学需氧量累计分别下降24.1%和9.4%，全面完成"十一五"节能减排目标任务。

五、加强"第一措施"，创新体制机制

韶关市发展和改革局始终坚持把改革创新作"第一措施"，创新体制机制，增强发展活力动力。制定和实施全市经济体制改革实施意见，指导和推进全市经济体制改革工作，在加快转变经济发展方式中继续推进重点领域改革。一是进一步完善县域经济考核机制。制定了《韶关市县域落实科学发展观考核办法》，建立健全了县域落实科学发展观评价指标体系和干部考评办法，并在实践中不断完善，使县域发展考核评价体系对科学发展的导向作用更加突出。二是全力推动富县强镇事权改革。组织起草并报市委、市政府审议通过了《中共韶关市委、韶关市政府关于富县强镇事权改革的实施意见》，推进南雄市开展省管县财政体制改革试点，乳源瑶族自治县开展简政放权的大部制改革试点。三是精心组织开展我市医药卫生体制改革。我局积极履行医改办牵头协调的职责，贯彻落实医药卫生体制改革近期重点实施方案，抓好基本医疗保障制度、基本药物制度、基层医疗卫生服务体系、基本公共卫生服务均等化、公立医院改革试点等五项重点改革。据统计，至2010年底，在省医改五项重点工作设定的21项监测指标完成情况排名中，我市有17项指标位居全省前7名，其中9项指标名列全省第一。四是加快投资体制改革。牵头组织或协助有关部门修订完善了《韶关市政府投资项目管理办法》、《韶关市本级政府投资建设项目代建制管理办法》及《韶关市工程建设项目招标投标管理暂行规定》。进一步推进项目审批（核准、备案）制度改革。实施投资项目节能评估审查制度，建立市重点项目并联审批制度，属市审批权限的项目各审批事项不互为前置条件，按照"同步审批、限时办结"的要求办理。（图文由韶关市发展和改革局提供）

园区建设

昔日红土地 今朝正跨越
——走进千年花果乡翁源县

翁源县,位于韶关南部,广东北部,素有"粤北南大门"之称,享有"中国兰花之乡"、"中国三华李之乡"、"中国九仙桃之乡"美誉。全县总面积2174平方公里,人口近40万,辖七镇一场。

近年来,翁源县经济社会发展形势喜人,多项综合经济指标增速均创新高。特别是2010年,在遭受超历史的"5.6"特大洪灾的情况下,财政综合增长率仍高达46.8%,在全省排位由2009年的第54位上升到第4位,不仅创造了媒体所言的"翁源速度",也深刻地诠释了什么是"大灾之年大发展"。

目前,翁源县正以"建设美好新翁源,创造幸福新生活"为目标愿景,大力推进产业园区、特色农业、社会事业和城镇化建设,全县形成了经济发展质量好、社会事业进步快、城乡面貌变化大、群众受惠多、发展后劲足的良好发展势头。

一、主体功能区成产业集聚"洼地"

2010年是翁源遭受"5.6"特大洪灾经济社会发展最困难的第一年,也是最为关键的一年,如何尽快摆脱洪灾带来的诸多影响和困难,赶上周边市县的发展步伐,是摆在翁源县委县政府的一道难题。怎么办?翁源县给出的答案是,抓经济发展方式转变,促科学发展。在"双转移"战略指引下明确了构建"现代特色农业生态发展区、新型工业重点发展区、新型服务业优化发展区"的发展思路,大力发展新兴工业、特色农业、商贸物流、推进"双转移"等多项举措。

如今,三大主体功能区发展势头形势喜人,特别是翁西片的新型工业重点发展区,涂料化工专业园区—华彩化工涂料工业园已引进19家企业,正在动工兴建的重点项目有:"广州五羊油漆",一家有38年历史专门从事涂料生产的企业,年产涂料3万吨,是我省涂料旗舰企业之一;"秀珀化工",国家火炬计划重点高新技术企业,是涂料行业全国五家博士后工作站之一,也是全国最大的专业环氧树脂地坪漆研发、生产和施工的现代化企业;……此外,位于该片区的中源水泥厂也即将投产,可日产5000吨熟料水泥,年创税利5000多万元。总投资18亿元的广东广业科技产业园和总投资22.8亿元的广东国际时尚品牌中心也签约进入该片区,为翁源跨越发展注入了新的活力。

毋庸置疑,三大主体功能区不仅成为承接产业转移的"洼地",也成为了翁源经济发展的重要增长极。

二、城乡面貌焕然一新

近几年,翁源的城市建设发展迅猛,市容市貌发生了巨大的变化。县城规划面积由

总投资18亿元的广东广业科技产业园奠基

鹏辉玩具工业园车间

全民健身广场是翁源县委、县政府为民办实事之一。广场设有羽毛球场、篮球场、乒乓球馆及各种体育健身设施，可为市民健身，步行、歌舞以及大型户外演出提供场所。图为群众在篮球场进行比赛。

翁源九仙桃，从明朝嘉靖年间开始种植，至今有近五百年栽培历史。具有果大、核小、肉厚、含糖量高等特点。每年7月至8月成熟期间，各地游客都纷纷前来采摘。图为游客采摘成熟的九仙桃

原来的8平方公里扩大到现在的24平方公里。一个城在水中、水在城中、山水城相辉映的新县城正日渐呈现在人们面前。

了解翁源的人都知道，过去的翁源县城，道路狭窄，小巷泥泞，交通秩序混乱，车辆乱停乱放，占道摆卖，每到节假日街道便拥堵不堪，建设滞后，缺乏品位。近年来，翁源县委、县政府按照科学发展的要求，聘请专家学者对县城进行科学规划设计，按照"规划一片、建成一片、受益一片"的思路，加大对县城新区的投资开发力度，逐步拉大城市框架，提升城市品位。同时，充分利用"三旧改造"政策，积极对旧城区进行升级改造，加强城市管理，完善城市功能，"创卫"、"美化、亮化、绿化"工程全面铺开，先后建成了体育馆、龙仙湖景观、污水处理厂、全民健身广场等一批生活休闲设施，改造了15条主次干道，人均公共绿地面积达13.9平方米，亮化街道增加10公里，小城镇正悄然地发生着日新月异的变化。

城市建设的最大难题就是资金问题。众所周知，翁源是经济欠发达的山区县，经济总量小、财政底子薄。2006年，地方一般预算收入仅6000多万元，是典型的"保吃饭"财政。城市建设取得如此的成绩，翁源是如何迈过"资金"这道槛的？

为加快发展，翁源县于2006年成立了龙腾城市建设投资经营有限公司，组成董事会和监事会作为城市建设与经营的融资平台，把城市作为最大的国有资产来经营，实行市场化运作，以城兴城、以城聚财，多渠道多形式扩大融资。1.通过银行融资和盘活土地资源、行政事业公共资产来筹集资金，用筹集的资金进行储备土地，搞好市政设施；2.通过完善市政设施，提高城市品位，提升土地价值；3.通过土地增值的实现，积累资金；四是用积累的资金再投入市政建设，再储备土地，并逐步还贷，形成"再投入、再储备、再出让"的滚动经营模式，以此解决财政无钱办事、无钱建设的突出问题，推动城市建设平稳较快发展。

如今，走在翁源县城街头，华灯初上时分，只见休闲的市民们或在广场轻歌曼舞，或在龙仙湖边休闲漫步。街道绿树成荫，灯光璀璨，新老城区的高楼大厦隔着龙仙湖边的灯光交相辉映，好一派山水特色、繁华宜居的山城美景。

三、特色农业活力彰显

如何从"农业大县"走向"农业强县"，从而实现农业增效、农民增收的目的？近年来，翁源县按照"因地制宜、结合实际、突出特色"的思路，加大投入、结构调整、大力推进水果、花卉、桑蚕、蔬菜、糖蔗等五大特色农业产业化建设，走出了一条现代特色农业之路。

为加快特色农业产业发展，该县制定了《关于加快发展特色优势产业的决定》等扶持鼓励特色农业发展的优惠政策措施，多方筹资完善三华李、九仙桃、兰花基地的道路、供水、供电等基础设施建设，加快特色

2010年7月6日，广东韶关"粤台农业合作试验区"揭牌和奠基仪式在翁源县隆重举行。图为时任广东省副省长李容根、省农业厅厅长谢悦新、韶关市委书记郑振涛、翁源县委书记朱余旺共同为粤台农业合作试验区揭牌

翁源被评为"中国兰花之乡"，享有"中国兰花第一县"盛名，目前全县种有12000多亩，产值近2亿元人民币。目前已形成了"国兰洋兰并进，科研生产并举，精品大众并存，外商农民并种"的生产格局，兰花也成为翁源颇具吸引的旅游文化资源之一。图为自驾游游客在采摘、观赏兰花。

农业发展。目前，翁源全县水果面积10万多亩，其中三华李3.2万亩，九仙桃5万亩，每年仅九仙桃和三华李收入就达近2亿元。此外，翁源还加大扶持力度，培植出一批辐射面广、带动力强的农业龙头企业，支持鼓励农业龙头企业建立农产品生产、加工和出口基地，增强企业市场竞争力和辐射带动。目前，全县市级以上农业龙头企业有10家，其中，信达茧丝绸股份有限公司、茂源糖业股份有限公司被列入广东省现代产业500强、现代农业100强企业。

兰花经过多年的发展已成为特色朝阳产业，发展势头迅猛，目前已形成了"国兰洋兰并进，科研生产并举，精品大众并存，外商农民并种"的生产格局。全县兰花种植面积已发展到12000多亩，成为全国最大的国兰生产基地，被誉为"中国兰花第一县"。据介绍，翁源兰花产业年产值达2亿元，销售额达1亿元，销售量占广东兰花出口的4成。

如今，翁源已被授予"中国三华李之乡"、"中国九仙桃之乡"和"中国兰花之乡"称号。当地生产的"丝丽牌"茧丝已迈出国门；"李花牌"白砂糖畅销全中国，远销东南亚；兰花飞越重洋，远销韩国、日本、新加坡等国家。

四、"百千万"工程给力扶贫

翁源是广东贫困面较大、扶贫任务较重的县域之一。省级贫困村有48个，人均年纯

翁源享有"中国三华李之乡"盛名，三华李是翁源最具特色的特产之一。果肉含有丰富营养物质，肉色深红，气味芳香，肉质松脆爽口，无涩味，果味清甜。成熟期在农历芒种到夏至之间，史有"岭南夏令果王"之称。成熟期间，三华李供不应求。图为游客争相购买三华李。

华力园艺花卉基地最大特点是利用温泉的地热资源建设现代化的培植场，种有兰花、凤梨、红掌、一品红等花卉。图为基地一品红花棚

收入2500元以下贫困户共7155户22831人（含非贫困村），贫困人口占全县总人口5.74%。

就是这样一个贫困县，经过去年"规划到户、责任到人"的扶贫攻坚，贫困村、贫困户比较集中的面貌得到迅速改变。全县共筹集扶贫资金5128.3万元，使贫困户年人均纯收入达到2670元，比2009年增长71%，实际脱贫数2380户、9137人，占贫困村贫困户总数的61.3%、总人数的69%；48条贫困村的村集体经济纯收入全部达到3万元以上。

翁源县的扶贫'双到'工作之所以能在较短时间内取得明显成效，主要得益于创新实施了"百千万"工程扶贫工作机制，其主要内容是抓好扶贫攻坚的三大实招。第一招是抓样板，实施"三个一百"示范带动，即"百名党员创业示范带动"、"百户脱贫致富示范带动"和"百村面貌变化示范带动"。通过"三个一百"示范带动，有效解决了"没目标，没学习对象，没对照"的问题。第二招是抓核心环节，通过千人技能培训、千名劳力转移、千户农房改造、千名学子受助等"四个一千"活动，有效解决扶贫项目推动力不足的问题。第三招是实现扶贫与发展联动。通过万亩糖蔗、蚕桑、蔬菜、花卉、水果增收的"五个万亩"工程，打破了村村帮扶不具有整体性、规模化的难题，使扶贫开发从"单打独斗"变为与县域经济联动，产生了聚变效应。

省政府发展研究中心专家表示，翁源扶贫"双到"的经验与做法，对全省特别是欠发达地区具有较强的学习和借鉴作用。

走进翁源，现代城镇与现代农村和谐相融，历史文化与现代文明交相辉映的城乡新貌，定能让您流连忘返，爱上这片红土地。热情好客，勤劳智慧的"翁源人"欢迎您前来旅游观光、投资置业、共谋发展。（图文由韶关市翁源县提供）

集防洪和观光休闲于一体的人工景观湖——龙仙湖。湖面纵长1.8千米，宽70米～300米，湖水最深处达6.3米，总库容量约60万立方米。图为龙仙湖一角

践行科学发展　建设幸福乳源

乳源历史悠久，南宋乾道三年（公元1167年）置县，因县北丰岗岭溶洞盛产石钟乳，洞中有源泉流出而得名"乳源"。1963年10月成立乳源瑶族自治县，是广东省3个少数民族自治县和16个扶贫开发重点县之一。全县总面积2299平方公里，总人口21.7万，其中瑶族人口2.4万，占11.4%。

乳源瑶族属过山瑶，因其"耕作一山，则移一山"的游耕文化特征而得名。县域生态环境优越，山地森林生态及生物多样性资源丰富。有集"雄、奇、险、秀"于一体的"地质之母"——广东大峡谷、农禅文化发祥地——千年古刹云门寺、"北回归线上最美丽的地方"——南岭国家森林公园、广东第一峰——石坑崆（海拔1902米）、国家湿地公园——南水湖湿地公园、建于东汉（公元26年）连接沟通海陆丝绸之路的"古代京珠高速公路"——西京古道。县辖的必背镇是美国、法国、泰国等国家过山瑶的祖居地之一，因此乳源又被誉为"世界过山瑶之乡"。

"十一五"以来，乳源坚持以科学发展观统领经济社会发展全局，以争当全国少数民族地区实践科学发展观排头兵为奋斗目标，牢牢把握扩大内需、转型升级的重大机遇，紧紧抓住"两个关键"，提高"双转移"质量，充分发挥生态资源和民族文化优势，大力实施"生态立县、工业强县、农业稳县、旅游旺县、科教兴县"发展战略，实现了经济社会全面协调可持续发展。2010年，乳源县域生产总值41.6亿元，增长17%；县级财政一般预算收入3.1亿元，增长

南水湖国家湿地公园

30%；城镇居民可支配收入12218元，增长14%；农民人均纯收入5170元，增长13%。县级财政综合增长率居全省67个山区县（市）第3位，县域经济综合发展力进入全省山区县（市）十强，县域经济综合竞争力位列全国120个少数民族自治县第23位。乳源的经济社会发展，已经从"普惠民生"、"和谐民生"进入到"幸福民生"的阶段，工作重心已经聚焦到如何"提升人民群众的幸福度、激发人民群众的幸福感"上来了。这是对改善民生工作的发展和提升，是执政为民理念的根本体现，是加快转变经济发展方式的现实需求，也是推动县域经济跨越发展、全面建设"幸福乳源"的必由之路。

一、内外并举，建设宜业高地

（一）抓转型升级，特色工业跨越发展

坚持走新型工业化道路，建设完善了东

广东大峡谷瀑布

阳光高科技产业园、富源工业园、新材料产业园，引进上下游企业，打造"铝箔加工、高新材料、生物制药、绿色食品加工"等产业集群，加快特色产业集聚升级。

铝箔产业纳入省市共建先进制造业基地，4个企业项目列入2010年广东省现代产业500强，5个项目列入省市重点建设项目。积极引导支持企业提高自主创新能力，加快龙头企业转型升级，乳源东阳光公司正在建设成为集铝箔加工、高新材料、生物制药等多产业于一体的现代企业集团，实现了"由单一产业向多产业、单一行业向跨行业、单一企业向企业集团"的倍增裂变发展。

2010年，乳源东阳光公司实现产值51亿元，创利税4.5亿元。借助东阳光公司等优势产业平台，乳源引进一批投资规模大、产业关联度强、技术水平高的重点企

新材料产业园一角

业项目，2010年，引进招商项目39个，总投资额17.4亿元，实现工业总产值83亿元，同比2005年增长124%。

（二）抓品牌效益，生态农业加快发展

编制实施《生态农业发展总体规划》和《生态观光农业长廊概念性规划》，突出发展绿色食品产业，打造绿色优质农副产品供应基地。

目前，乳源有19个产品获得国家绿色

东阳光铝箔生产基地

食品标志认证，是广东省绿色食品认证项目最多的县。大力发展"公司+基地+农户"的生产模式，引进农业龙头企业11家，培育农村经济合作组织21个、绿色食品生产基地18个，生态农业基地面积达12.3万亩，黄烟、蚕桑、笋竹等特色产业规模进一步扩大，优质稻、绿色蔬菜实现了规模化种植、标准化生产和产业化经营，初步形成农业产业化发展格局。2010年，实现农业总产值7.28亿元，同比2005年增长62%。

高山绿色蔬菜基地

二、传承发展，建设宜游胜地

近年来，乳源突出"世界过山瑶之乡"品牌，发挥绿色生态、瑶族文化、佛教禅宗、古道古迹等多元化特色旅游资源优势，整合各种资源，打造旅游精品，完善配套功能，加大旅游宣传，不断提高乳源旅游的知名度和影响力，先后成功创建"广东省旅游强县"、"中国最佳民族生态旅游名县"、"中国最佳民族生态旅游目的地"。广东大

瑶山春茶

峡谷、云门寺佛教文化生态保护区被评为国家4A级旅游景区，南岭国家森林公园、天井山国家森林公园、必背瑶寨等景区荣获"森

林生态旅游示范基地"称号。大力开发瑶族刺绣、瑶山彩石等旅游商品，引进东阳光公司投资20亿元升级开发南岭国家森林公园等项目。目前，乳源共有建成和正在建设的各类旅游景区近20处，三星级以上宾馆10家，全部建成后，将成为省内旅游景区最多、接待条件最好的一个特色旅游强县。2010年，接待游客186万人次，同比2005年增长205%；旅游综合收入11.6亿元，是2005年的28倍。

必背瑶寨

三、统筹协调，建设宜居福地

（一）坚持城乡统筹，提升城市品位

1.按照"城镇建设，规划先行"的原则，完善县城基础设施。完成"一江两岸"美化亮化（LED彩灯）工程、瑶家源文化广场、全省山区县首个音乐喷泉和水幕电影、文昌公园等基础设施建设，城镇带动和辐射功能日益增强，县城区人口增加

丽宫国际温泉度假村前景

到6万多人，城镇居民人均住房总建筑面积增加到24平方米。初步建成了城市功能齐备、民族特色鲜明、山水魅力逐显的宜居小城。

2.围绕"农村城市化、城乡一体化"的发展目标，优化农村人居环境。"十一五"时期，乳源解决了6万人的饮水困难和饮水安全问题；新建改建农村公路370公里；新增农村沼气用户1.14万户；完成农村危旧房改造6556户。开展"乡村清洁美"工程建设，建立农村生活垃圾收运处置体系，提高乡村的清洁文明程度。

（二）坚持民生为重，建设和谐家园

1.大力促进就业和再就业。实行零就业家庭援助制度，重点解决复转军人和下岗失

乳源县城一角

业人员的就业和再就业。"十一五"期间，城镇新增就业人员1.2万人，安置下岗失业人员和就业困难人员1400多人，转移农村富余劳动力就业3万多人。2.不断完善社会保障体系。城乡最低生活保障实现应保尽保，城市低保线提高到175元，农村低保线提高到125元。落实困难老党员生活补贴政策，

广东最美的乡村——必背桂坑尾

向260多名困难老党员发放生活补贴80多万元。三是切实推进医疗体制改革。稳步推进国家基本药物制度试点工作，实行省级统一药品阳光采购和"零差率"销售，门急诊药品收入、人均次药品费用分别下降了6.1%和22.5%。落实新型农村合作医疗和城镇居民基本医疗保险等各项惠民政策，新型农村合作医疗参合率为100%，城镇居民基本医疗保险参保率达78.5%。

（三）协调各项事业，促进可持续发展

1.全力推进基础教育事业。投入2亿元高标准建成乳源高级中学和广东省首间民族实验学校，投入9000万元完成中小学校舍安全工程。实施助学工程、农村学生营养工

程、寄宿制学生生活补助和边远山区乡村教师特别津贴工程，实现义务教育阶段入学率100%，高中阶段毛入学率89.3%。2.建成文化信息资源共享工程。共享网络覆盖率达100%，惠及21万瑶汉族人民；高标准改建广播电视中心，有线电视实现村村通；启动农家书屋建设工程，建成农家书屋66家。3.传承和发展优秀民族文化。《拜盘王》等非物质文化遗产列入国家保护名录；百米瑶绣作品《瑶岭长歌》在上海世博会参展。4.大力发展民族体育事业。成功筹办广东省第四届少数民族传统体育运动会乳源赛区赛事；组建的民族运动队先后在全国、省少数民族传统体育运动会夺得54金31银。5.扎实做好扶贫开发工作。深入实施观念扶贫、产业扶贫、设施扶贫、党建扶贫工程，创新推行"产业建支部、品牌闯销路、党员带头富、群众增收入"的党建扶贫模式。2010年，完成产业帮扶项目387个，输出劳动力2950人，带动贫困户户均增收3000多元，3139户贫困

瑶族刺绣

户1.3万贫困人口实现脱贫。中央政治局委员、广东省委书记汪洋，省长黄华华对乳源的扶贫开发"双到"工作给予了"思路对，做法实，有特色，效果好"的高度评价。国务院扶贫办主任范小建也评价乳源的扶贫开发工作做得非常扎实，很多做法可以在面上、在全国推广。

"十二五"时期，乳源将认真贯彻落实"加快转型升级、建设幸福广东"的核心精神，全力探索"一条新路"（坚持探索后发少数民族地区、欠发达地区、石灰岩山区科学发展新路）、坚持"两个并重"（坚持加快发展与生态优先并重，坚持经济发展与民生福祉并重）、突出"三大战略重点"（突出生态立县、工业强县、旅游旺县三个战略重点），大力发展高新材料、生物制药、文化旅游、绿色食品加工等

瑶族竹杠舞

产业，力争"十二五"时期全县生产总值年均增长20%以上，期末生产总值达到100亿元，工业总产值达到300亿元，固定资产投资年均增长20%以上，财政一般预算收入年均增长15%以上，农民人均纯收入年均增长8%左右。经济社会综合评价指标总体进入全国120个少数民族自治县前十位，并且更注重对人民群众的人文关怀，更注重人民群众的内心感受，更加关注人民群众物质生活的富裕、精神生活的富足，让老百姓更多地享受发展成果。让经济指标"倍增"的同时，让老百姓的幸福感也同样"倍增"。

我们坚信，在上级党委、政府的正确领导和关心支持下，乳源21万瑶汉族同胞有决心、有信心在新一轮的发展大潮中认真贯彻落实科学发展观，与时俱进，开拓创新，求真务实，团结奋进，进一步加快绿色发展、建设幸福乳源，奋力争当全国少数民族地区实践科学发展观排头兵。（图文由乳源瑶族自治县人民政府提供）

推进区域接轨促转型　加强社会建设提幸福

2011年以来，在市委、市政府的正确领导下，惠阳区认真贯彻年初省委十届八次会议等省市重要会议精神，围绕"加快转型升级、建设幸福惠阳"的核心目标，以实施珠三角《规划纲要》为契机，发挥优势，抢抓机遇，真抓实干，全力落实了一系列调结构、促对接、兴民生、保稳定的工作措施，经济社会各项事业发展取得了明显成效，为"十二五"规划良好开局奠定了坚实基础。

一、突出重点攻坚，产业转型升级迈出新步伐

坚持以"调结构、促转型"为中心，积极推动工业升级、服务业壮大、农业做精，实现经济平稳较快增长，产业结构不断优化，三次产业结构调整为5∶52∶43。

（一）狠抓园区建设，促进集约转型。实施差异政策引导、项目统筹布局和资源整合利用，全力建设"一区两城五园"（即经济开发区、伯恩光学城、金玉东方珠宝城和洋纳、行诚、良湖、万兴、怡发等工业园区），重点培育电子信息、光学玻璃、珠宝首饰、精细化工等主导产业。其中，1月～8月电子行业总产值达92.8亿元，增长17.1%；伯恩光学城今年产值有望达到30亿元；金玉东方珠宝城引进著名珠宝企业63家，7家企业试投产；鸿海精细化工园已引进企业67家。

（二）狠抓项目引领，促进集群转型。坚持实施项目带动策略，以重点项目引领产业集群化发展。着力推进了2个省现代产业500强、11个市现代产业100强项目建设。引进了东城国际等物流项目、浦发行等金融企业、百利宏控股等企业总部进驻惠阳。以平潭青椒等6个特色农产品"专业镇"和"专业村"为基础，着力打造了7个万亩农业生产基地。

（三）狠抓科技扶持，促进创新转型。出台了系列鼓励企业实施名牌战略的政策措施，培育有省级认定的各类专利、高新、名牌产品21个。40%以上大中型制造企业组建有研发机构，26家企业与19家院校结盟开展产学研合作。先后建立市级以上研发机构19家。成功创建"全国科普示范区"。

（四）狠抓内外并举，促进内源转型。扶持30家企业技术改造，引导协助45家来料加工企业转型为三资或内资企业。组织了67家（次）企业参加"惠货全国行"等系列展销会。加强培育有潜力的民企，6家民企获评"市民营企业50强"，2011年上半年民营企业实现工业总产值23.85亿元，增长16%。

二、突出统筹实施，城乡环境优化实现新提升

以实施《珠三角规划纲要》为契机，大力提升城乡规划、道路交通、环境保护等基础设施建设水平，城乡环境日新月异，城乡差距越来越小。

（一）致力城乡畅通，全面加快区域交

惠阳市政广场夜景

通对接。坚持交通先行，重点推进了惠大高速、惠州大道、厦深铁路惠阳段等交通干道建设改造。坚持城乡联动，完成了永兴路等重点市政道路建设，环城路和县道225线等跨区干道建设稳步推进。坚持公交优先，农村客运服务实现了镇镇有站、村村有亭、村村通公交车。

（二）致力功能完善，全面加快区域组团发展。按照"一心两核"的城市布局，重点推进淡水中心城区、新圩省级中心镇和永湖市级中心镇建设，以中心区、中心镇辐射带动南部现代服务业、西部先进制造业和北部农业"三大主体功能区"发展。强化规划引领，完成了各类城镇、片区和专项规划编制10余项，行政村和50户以上自然村的整治规划编制全部完成。

（三）致力城乡治理，全面加快生态环境优化。淡水河流域综合整治工程二期和龙淡河大松山段整治工程进展顺利。6座污水处理厂全面启动，其中沙田、永湖和城区二厂主体工程已基本完成。沙田榄子垄生活垃圾无害化处理场已启动建设，城区生活垃圾无害化处理率达100%。每年增投1000万元建设"绿色文明惠阳"，森林覆盖率达47.1%。

三、突出民生改善，基本公共服务更上新水平

坚持以民为本的理念，用足用活各类惠民政策，重点推进文教体卫、创业就业和社会保障发展，民生发展水平不断提高，社会事业持续进步。

（一）加大社会保障力度。建成4家农副产品平价商店。落实扶贫共建资金

惠阳体育会展中心

4900万元、帮扶项目900个，实现了34个经济薄弱村年收入超过5万元，65%以上年人均收入3500元以下的贫困户实现脱贫。推进11宗农村安全饮水工程和456户农村贫困户泥砖房改造，加快102套保障性住房建设。统一城乡低保标准，城乡低保、农村五保分别提高到每月300元和每月417元。新型农村社会养老保险参保率达93.6%，城乡居民基本医疗保险参保率达100%，扎实推进了社会保障卡发放试点工作。

（二）改善医疗卫生条件。积极推进公立医院改革，人均门诊费用下降10%~15%，居民医保补助提高至132元，高于全省平均水平。淡水、秋长、新圩创建"卫生健康强镇"通过验收。城乡居民健康档案建档率达88%以上。

（三）提升就业服务水平。深入实施"全民创业6大行动"，目前发展有个体工商户39647户、私营企业7337家。全力推动企业用工对接，转移农村富余劳动力1196人，新增城镇就业岗位5924个、就业人员5493人，城镇登记失业率为2.3%。

（四）推进教育均衡发展。巩固提升"省教育强区"和"全国推进义务教育均衡

淡水城区

整治后的淡澳河新貌

位于惠阳镇隆镇的客家围屋——崇林世居

发展工作先进地区"成果，推行"大学区"联动管理模式，推进了省农村学前教育发展模式试点、校舍安全工程、农村学校信息化工程，推进了义务教育学校规范化创建和规范化幼儿园建设。2011年高考本科上线率、专科上线率和特长生本科上线率居全市各县区第一。

（五）**巩固文体先进品牌**。在成功创建"省文化先进区"、"省体育先进区"的基础上，完善了综合文化站、农家书屋、村运动场等基层公共文体设施。大力推进叶挺将军纪念园国家4A级景区、体育文化公园二期等文体项目建设。每年投入1000万元专项资金保护客家文化遗产。

四、突出群众服务，创新社会管理呈现新格局

以提升群众的民生福祉为立足点，创新社会管理工作机制，重点构建和谐联创、解案联调、防控联动等三大网络，突出抓好群众服务工作，开创了社会和谐、稳定、文明的新局面。

（一）**完善社会服务，构建和谐联创网络**。推广设立"村级便民服务站"，建成了区镇村三级便民服务网络，实行行政审批、上访调解等"一站式"代理协调服务。率先实现镇村"党代表工作室"全覆盖，主动接待和服务基层党员群众。统一设立城区流动摊贩疏导点，全面推行流动人口"一证通"制度和农民工积分入户工作，率先为困难空巢老人购买助老服务。

（二）**加强联系群众，构建解案联调网络**。完善三级综治信访维稳联动平台，全面加强联系群众和信访调处工作。2011年上半年，调解各类纠纷467宗，调处成功率达

叶挺将军纪念园开园揭幕

叶挺将军故居

95%。"一村一法律顾问"全覆盖创全省先河,荣获普法全国先进"三连冠",良井镇霞角村获评"全国民主法治示范村"。

(三) **强化安全保障,构建防控联动网络**。深入开展"平安大运"行动、"平安小区"建设和社会"大巡防"工作,完善与坪山、大亚湾的警务协作平台。2011年上半年破刑事和"两抢一盗"案件数分别上升5.6%和9.1%。加强了物价和市场重要物资监控,大力开展食品产品质量、安全生产监管和整治行动,2011年上半年各类安全事故、受伤人数分别下降16%、45.8%。

五、突出激发活力,体制机制改革取得新成效

以深入开展"创先争优"和"党建工作创新年"活动为抓手,注重体制机制改革,不断提升效能服务、规范市场管理、优化政策导向等,全面打造高效廉洁机关,激发执政团队的工作活力。

(一) **注重提升效能服务机制**。在原有基础上,进一步规范时效裁量权,率先试行"并联审批",率先建成省市区镇村五级联网电子监察平台。行政审批提前办结率达99.65%,在今年全市电子监察工作绩效测评中排名第一。

(二) **注重规范市场管理机制**。制定了土地成本补偿标准和土地收益使用办法,建立了市场价格调控、知识产权保护、劳动人事争议仲裁等工作机制,实行工程建设领域"黑名单"制,进一步规范了土地、产权、建筑等要素市场。

(三) **注重优化政策导向机制**。制定了园区建设、技术创新、现代服务业发展、全民创业、名牌创建、龙头企业培育等一系列促进转型升级的政策措施。清理废除了66项阻碍珠三角《规划纲要》实施和转型升级的政策性文件。(图文由惠州市惠阳区提供)

位于惠阳秋长街道的客家围屋——会水楼

科学发展求突破　幸福惠城展新姿

惠城区位于珠三角东北部，是惠州市的中心城区，辖8个街道办事处和5个镇，总面积1193平方公里，总人口100万人。近年来，惠城区坚持以科学发展为主题，以加快转变经济发展方式为主线，围绕"加快转型升级，建设幸福惠城"这一核心，大力实施"强区名城"战略，抓创新促转型，转方式调结构，打基础增后劲，推动全区现代化建设和社会事业发展取得重大成就。先后获得"全国电子信息产业基地"、"中国男装名城"、"中国照明电器品牌基地"、"全国最具综合实力中小城市"、"全国投资环境十佳区"、"中国最具投资价值金融生态区"等荣誉，与惠州市同享"全国文明城市"、"全国最具幸福感城市"等殊荣。

一、三驾马车并驾齐驱，经济实力大大增强

2006年至2009年，全区累计实现生产总值（GDP）1880.67亿元，年均增幅达14.0%。2010年区划调整后，实现GDP339.7亿元，同比增长（下同）15.1%。2011年一季度，实现GDP81.26亿元，比增11.2%。

固定资产投资飞跃增长。五年来，全区固定资产投资规模持续扩大，累计完成1106亿元，为"十五"时期投资总和的2.4倍。2010年，全区完成全社会固定资产投资324.53亿元，比增31.0%，创历年来最好水平。近年来，固定资产投资主要投向第二产业和第三产业，投资结构更趋合理，投资效益不断提高，对整体经济的拉动作用更加凸显。

市场销售持续畅旺。五年来，全区社会消费品零售总额累计达973.75亿元，年均递增18.74%。涌现出一批规模大、市场竞争力强的骨干企业和专业市场。惠港新天地、吉之岛、华茂中心等大型城市综合体相继落户，康帝、皇冠假日、金华悦等星级酒店顺利运营，农产品物流配送中心、义乌小商品城、汽车大市场等9大专业市场聚集效应日益显现，进一步巩固了惠城作为粤东重要商品集散基地的地位。

对外贸易保持平稳。在经受国际金融危机的严重冲击后，2010年惠城区外贸出口总额达81.30亿美元，比增16.7%，呈现出加快发展态势，促进了全区经济发展。2010年，全区税收总收入138.85亿元，比增22.1%，财政一般预算收入67.94亿元，比增30.6%。

二、三次产业深度调整，优化结构取得突破

2010年，惠城区三次产业比重由2009年的3.3:51.6:45.1调整为4.0:35.1:60.9，第三产业比重首次超过第二产业，成为支柱产业。

农业产业化发展特色鲜明。2010年，实现农业增加值13.62亿元，比增5.8%。全区农

区委书记、区人大常委主任黄干强调研项目建设

区委副书记、区长周文高开展双拥慰问活动

现代化生产车间

业龙头企业43家，带动农户6.5万户，户均年增收3600元，形成水稻、甜玉米、蔬菜、水果、畜禽等特色农业，海纳粮油、广田食品企业列入了"广东现代产业500强"行列。

工业主导产业带动作用增强。全区以TCL液晶模组、三星电子、德赛、华阳为代表的电子信息产业蓬勃发展，2010年全区规模以上工业增加值实现96.6亿元，增长23%，其中，规模以上电子工业增加值实现35.5亿元，占规模以上工业增加值37%。

第三产业优势尽显。2010年，全区第三产业增加值达206.77亿元，比增12.8%，第三产业对GDP贡献率达53.3%，拉动经济增长达8个百分点，成为经济发展的主导力量。

三、三大经济功能区活力显现，转型升级步伐加快

大力构建城市、工业、农业三大经济功能区，加快转变经济发展方式，经济活力更加凸显。

"城市经济功能区"建设亮点纷呈。以桥东、桥西、江南、江北、龙丰、河南岸为主体，着力打造现代高端服务业的城市经济功能区。上海浦发、福建兴业等知名银行和中信证券、广州证券等证券机构陆续进驻，现代金融服务核心区进一步强化。2009年金融业增加值达26.58亿元，比2005年增长4.4倍，年均递增52.5%。鹅城灯会、麒麟文化节等节庆品牌进一步擦亮，文化旅游产业发展后劲不断增强。

"工业经济功能区"建设活力显现。以小金口、水口、马安、三栋以及汝湖南片为主体，搞好重点区域、重点园区的新型工业和新兴产业，建设工业经济功能区。"1+4"工业园区建设取得突出成效，累计引进比利时贝卡尔特、韩国凯赫威、深圳平进模具等产业龙头项目206宗、投产134宗，集聚效应不断增强。启动骨干企业壮大、中小企业成长和传统产业改造三大工程，推动工业加快转型升级，雷士照明、纳伟仕等一批龙头品牌企业不断壮大。

麒麟舞

金泽国际物流中心

充分发挥惠州光电产业基地成为省级战略性新兴产业基地的平台作用，推进侨兴、纳伟仕、ASM半导体芯片等高端电子信息产业、LED光电产业以及鼎晨再生资源、环福实业等一批环保产业做强做大。2010年，全区有25家企业的研发机构被认定为省高新技术企业，全区高新技术产品总产值实现23.2亿元，增长107.6%。

"农业经济功能区"建设生机蓬勃。以芦洲、横沥以及汝湖北片为主体，积极开发绿色生态旅游产业，建设农业经济功能区。大力推进惠州市现代农业观光乐园、宝利来生态农业大观园等项目建设，促进了观光生态农业的发展。建立了汝湖万亩国家级甜玉米高产创建示范区，梅菜、茄子、供港蔬菜等特色农业规模不断扩大，种养面积达到45.3万亩，带动了农民增收，推动了农村经济发展。

四、城乡统筹深入推进，区域协调成效显著

立足于统筹兼顾，大力加强生态文明建设，区域一体化发展明显加快，促进了区域经济协调发展。

市区一体化加速融合。充分发挥区位优势、生态优势和资源优势，加速融入"深莞惠半小时经济圈"，积极构建"惠城优质生活圈"。投入8000多万元推进珠三角3号线绿道建设，43公里绿道全线贯通。全面完成X203、X199改造工程。积极主动配合做好惠大高速、莞惠城际轨道、惠州大道东延段等项目征地拆迁工作，促进了基础共建、资源共享。

统筹城乡进展加快。积极推进小金口陈塘村小组、水口青塘村小组等7宗"三旧"改造试点项目工作，加快自然村道路硬底化、农村水利等基础工程建设，大力统筹城乡协调发展。全面落实扶贫开发"双到"工作，全区70%的贫困户实现了脱贫，人均纯收入3500元以上，70个经济薄弱村集体收入均达到了3.6万元。完善《惠城区镇（街道）财税管理实施办法》，2010年对各镇（街道）奖励金额达到1.14亿元。

生态环境更加凸显。单位GDP能耗下降2.76%，超额完成节能任务。16家重点用能单位开展24项节能技改项目，节能量达1500吨标准煤。小金口、水口污水处理厂二期建设和江北、金山水质净化中心管网征地工作顺利推进。全面完成578家非法养猪场的清理整治任务，切实保护了东江水质。15个社区被省评为宜居社区，基本完成集体林权制度改革，生态惠城建设成效显著。

五、居民收入快速增长，生活水平显著提高

近年来，惠城区通过强化财源建设，创新财税管理体制，推动财税收入实现快速增长，带动城乡居民收入稳步提高。

财税收入高速增长。近年来，财税收入增速全面超过GDP增长。2006年~2009年，全区地方财政一般预算收入累计155.79亿元，年平均增长29.4%，占GDP比重分别为6.3%、7.5%、8.0%和10.7%，显现出逐年提高的良好趋势。2010年，全区税收总收入138.85亿元，地方财政一般预算收入67.94亿元，分别增长22.1%和30.6%。

城乡居民收入稳步增加。通过实施系列惠民、惠农政策，人民生活水平显著提高。2010年，全区城镇居民人均可支配收入23565元，比2005年增加8681元，年平均增长9.6%；全区在岗职工年平均工资34563元，比2005年增加16246元，年平均增长13.5%；农民人均纯收入9976元，比2005年增加4998元，年均增长14.9%。居民消费结构加快转型升级，家庭设备趋向现代化、时尚化，家用电脑、汽车已进入寻常百姓家，2010年城市居民恩格尔系数为33.9%，保持在较低范围，建设全面小康社会步伐加快。

六、社会事业全面进步，幸福指数节节攀升

近年来，惠城区以建设更高水平惠民之州宜居宜业中心区为目标，推进各项社会事业

科学发展求突破　幸福惠城展新姿

老有所乐

惠州西湖

全面进步，"幸福惠城"建设取得丰硕成果。

科技教育卫生事业硕果累累。积极创建"全国科普示范区"，组建3家省、市工程技术研发中心，有6家省、市民营科技企业纳入"省部产学研示范区"建设计划，荣获"全国科技进步先进区"称号。全日制教育基础夯实，市区适龄儿童小学入学率和初中阶段毛入学率均达100%，高中阶段教育毛入学率达91.3%，比"十一五"规划目标值高出9.3个百分点。2009年成功创建"广东省教育强区"，区技校被评为"广东省重点技校"。卫生医疗服务体系进一步完善，卫生防疫、医疗保健等方面都有了较快发展，至2010年底，区属卫生机构共有250个，区镇卫生保健网络不断巩固和发展，新型农村合作医疗覆盖率达100%。

文化体育事业创新局面。完成了西湖大剧院、中山纪念堂落架大修、文化馆、邓演达纪念园等一批文化基础设施建设，全区13个文化站全部达到省三级或以上标准。《东坡与朝云》、《东江曙色》、《西湖的传说》等大型民族歌剧成功上演，电影《东江特遣队》作为"四东"文化佳作，在央视等媒体多次播映。圆满完成奥运和亚运火炬惠州站传递任务，协助举办第13届省运会和第6届省残运会，并获得省运会6枚金牌的好成绩，实现了惠城体育史上的重大突破。

劳动社会保障体系日益完善。2010年，全区新增就业岗位8658个，新增就业人口8591人，城镇登记失业率2.6%；全区参加社会养老保险28.06万人，参加基本医疗保险16.67万人，分别比2005年增长142.7%和79.2%，年平均递增19.4%和12.4%。城镇职工医保、居民医保和"新农合"一体化医疗保险制度不断完善，基本实现人人享有医保。创新实施"一挂二送三合"农村劳动力技能培训转移就业新模式，两年来培训农村劳动力1.39万人、转移1.92万人，经验在全市推广。（图文由惠州市惠城区提供）

江北新貌

践行科学发展观　努力推动转型跨越
——仲恺高新区践行科学发展观成果丰硕

仲恺高新区坚持以科学发展观为指导，积极探索符合区情的科学发展新路子，全区经济发展进入快车道，综合实力登上新台阶，已成为全市又好又快发展的中坚力量。2010年，仲恺高新区完成国内生产总值251.6亿元，比去年同期增长14.8%；完成工业总产值1398亿元，比增15.2%；规模以上工业增加值172.5亿元，比增15.3%；社会固定资产投资57亿元，比增4.3%；社会消费品零售总额31.5亿元，比增16.5%；区级一般预算收入4.9亿元，比增20%；税收总额完成43亿元，其中，国税36.2亿元，地税6.8亿元。全区电子信息产业工业总产值1106亿元，占园区工业总产值的79%，营业收入亿元以上企业110个，为"加快转型升级，建设幸福广东"奠定坚实基础。

2010年2月，惠州市委、市政府出台《关于进一步推动惠州仲恺高新技术产业开发区发展的决定》，赋予仲恺高新区行使市一级经济管理权限和县（区）一级行政管理权限，建立高新区一级财政管理体制。将仲恺高新科技产业园、东江高新科技产业园、惠南高新科技产业园、留学人才发展基地4个园区及陈江、惠环、沥林、潼侨、潼湖5个镇（街道）纳入管理范围。

仲恺高新区面积由原来的12.45平方公里扩大至320平方公里，人口由原来的近15万增加到43万。管理范围和权限的扩大将带动仲恺高新区体制机制的改革创新和新一轮经济大发展，仲恺高新区由此进入了一个崭新的历史发展阶段。

一、体制机制改革初见成效，规划引领竞相发展

仲恺高新区成立12个局（办）和4个区直属分局，与市直相关部门的职能对接工作进展顺利，承接行政管理职能323项，行政执法职能24项；各局（办）建立健全规章制度235项，其中，针对行政审批事项的配套制度28项。仲恺高新区将东江、惠南产业园和陈江、惠环、潼湖、潼侨、沥林5个镇（街道）纳入高新区统一管理，融合、衔接效果良好，形成由高新区统筹，各园区、镇（街道）无区域界限、无政策障碍、相互协调、相互发展的良好格局。东江和惠南两个产业园产业发展迅猛，2010年分别举行百亿项目签约动工庆典，涉及项目39个，投资总额达220亿元。5个镇（街道）经济社会发展各项工作亮点突出，陈江街道全年GDP完成超过80亿元，经济发展势头迅猛；惠环街道积极解决项目用地问题，加快推进科锐、龙旗等大项目建设；沥林镇抓好征地拆迁，保障博深高速等重点项目建设；潼湖镇清理非法养猪场280多家，维护潼湖水系的生态环境；潼侨镇突出抓好招商引资、归难侨安置等方面，经济社会发展态势良好。

二、产业集聚优化稳步推进，结构调整成效明显

该区依托现有产业基础和优势，积极主动调整产业结构，

钟一尔向黄华华、李汝求等领导介绍廖仲恺纪念园的总体规划

践行科学发展观 努力推动转型跨越

2010年9月13日,省人大常委会主任欧广源率省人大调研组视察石马河调污工程潼湖湿地,欧广源在调研时要求要科学利用,合理开发,保护好潼湖湿地

2010年8月11日上午,仲恺高新区举行惠州国家通信高新技术产业化基地、国家知识产权试点园区揭牌暨仲恺高新区总部经济大楼等18个项目签约动工仪式

突出发展平板显示、LED、移动互联网、新能源和以云计算为代表的"4+1"战略性新兴产业,涌现出如科锐半导体、康冠科技、TCL液晶产业园、平板电脑产业化基地等一大批优质项目和企业。通过大力发展战略性新兴产业优化增量,实现转型升级,不断壮大产业存量。同时,通过组织举办"台湾光电产业企业惠州参访团"、"台湾平板显示企业惠州行"、深圳投资推介会、波士顿和硅谷创业引智推介会等活动,积极吸纳承接发达地区优质企业和项目转移,着重挑选科技含量高、产品附加值高、经济效益高的"三高"项目,促进产业集聚优化,激活经济增长内生动力,促进发展方式加快转变,取得明显成效。2010年全区高新技术产品产值完成937亿元,比增5.1%,占工业总产值的76%。此外,启动规划面积3平方公里、国内第一个由政府主导的专业化平板电脑暨移动互联网研发生产基地建设,引进北京乐投科技平板电脑整体方案项目,以此为动力,全力发展移动互联网产业。

三、自主创新能力显著提高,创新成果亮点纷呈

该区把加快推进自主创新、科技进步作为转型升级的原动力,加大力度推动科技孵化器建设和以企业为主体的自主创新步伐。2010年,仲恺高新区创新服务体系建设取得新进展,再获两个国家级和两个省级"名片":国家通信高新技术产业化基地和国家知识产权试点园区,广东省光电显示产业基地和广东省LED产业(惠州)基地;孵化器建设取得新成效,科技创新服务中心被科技部火炬中心认定为国家级孵化器,截至年底,科创中心入孵企业102家,毕业企业

艾比森LED光电工业园项目动工奠基

2010年11月26日下午，2010年惠州仲恺高新区（深圳）投资推介会隆重召开

26家，孵化面积达10万㎡；企业自主创新能力取得新提升，有2家博士后工作站获得国家级认定，3个项目获国家科技计划立项，1个项目获国家重点新产品计划立项，2个项目获省科学技术奖项，2个项目成为粤港关键领域重点突破项目。新增6家省级创新型（试点）企业、4家省级自主创新百强企业、2家省级工程技术研发中心。截至2010年底，该区有国家级工程技术研发中心（企业技术中心）3家，省级工程技术中心13家，企业专利申请1155件，同比增长153%。传统企业通过科技进步、管理创新实现转型升级，不断壮大产业存量。

四、惠民利民力度不断加大，群众幸福指数提高

该区坚持以民为本、关注民生，全力办好与民生密切相关、群众迫切需要的实事工程。全力创建广东省教育强区，2010年通过省督导组验收，仲恺中学通过省一级学校评估。教育惠民力度不断加大，投入2823万元教育基础建设，成立"高新区教育基金会"，筹集教育基金近1100万元。社会保障力度不断加大，2010年累计发放城乡低保补助、五保供养、医疗救助等资金170多万元。计划生育工作亮点突出。创立"村民议事大厅"、"数字化计生服务所"、"流动人口服务之家"示范点。潼湖、潼侨两个计生三类镇通过验收成功升类。潼侨的数字化计生服务所成为全市首创，惠环的村民议事大厅被作为综合改革示范点在全市推广。农林水工作落实到位。优化农业产业结构，打造特色农业品牌，勇记农业公司被农业部确定为首批国家级园艺蔬菜标准园创建单位；加大森林资源保护力度，提高绿化水平，全区森林覆盖率达到30.03%；强化

亿纬锂能二期项目奠基

2010年2月26日，惠州市科技创新与产业园建设暨仲恺高新区体制机制改革创新工作启动大会在陈江大会堂隆重举行

潼湖水系的清污整治，加快推进陈江、沥林两个污水处理厂的建设。

五、创先争优活动深入推进，为民服务成绩显著

该区坚持把党组织创先争优活动作为学习实践科学发展观的巩固工程和基层党建向科学化目标迈进的提升工程，以"组织创先进、党员争优秀、推动仲恺高新区科学发展"为主旋律，扎实开展一系列为民服务创先争优活动，立足科学发展，着力改善民生。辖区内机关、农村、社区、非公企业、学校、医院等各类基层党组织对照自身职能，结合工作实际，突出为民服务，有针对性地开展主题鲜明的创先争优活动。机关党组织围绕"比学习、比贡献、比服务"开展创先争优活动，推动机关党员干部立足本职、争创一流，服务基层、服务群众，发挥示范表率作用；农村党组织围绕"调结构、育产业、促发展"开展创先争优活动，着力增强党组织及党员干部带头致富，带领群众致富的"双带"本领；社区党组织围绕"惠民生、聚人心、促和谐"开展创先争优活动，着力提高党组织及党员干部化解矛盾、服务群众的能力。截止目前，该区318个基层党组织、6000多名党员参加了创先争优活动，开展技术革新项目95个，提出合理化建议1530条，完成急难险重任务120件，为群众和社会做好事、实事315件。

六、党的建设工作全面加强，服务效能明显提升

该区把科学发展观贯穿于新形势下党的建设全过程，全面加强党的思想建设、组织建设、作风建设、制度建设和反腐倡廉建设。先后建立健全了《仲恺高新区纪委、监察与审计局制度汇编》、"村官承诺制"等200多项制度。认真贯彻落实《干部任用条例》、"四项干部监督制度"和《惠州市领导干部任用"十步"工作法》等相关规定，在干部选用时重人品、重公认度、重综合协调能力、重班子梯次配备、重班子优势互补、重创新能力和干劲，调优配强各级领导班子，党政组织领导科学发展的能力和各级干部的执行力普遍增强。同时，深入学习贯彻《廉政准则》，创作编印《廉政准则时时记》等，开展纪律教育学习月及"万众评公务"活动，营造廉洁干事的良好氛围。开展工程建设领域突出问题专项治理，整改一批突出问题，建立长效监督机制。严格督查问责，提高干部执行力，促进莞惠城际轨道、博深高速等多个重点项目建设。（图文由惠州市仲恺高新区提供）

仲恺高新区新任村、社区干部宣誓承诺暨"廉洁村官为村民"主题教育活动启动仪式

推进发展大提速 建设幸福新惠东

惠东县位于广东省东南部,濒临大亚湾、红海湾,属珠三角经济圈和沿海经济开发区。全县陆地面积3535平方公里,海域面积3200平方公里,辖13个镇、1个街道和2个滨海旅游度假区,户籍人口84万人,常住人口约110万人。是"中国象棋之乡"、"中国女鞋生产基地"、"广东女鞋名城"和"广东省鞋材生产基地"。

惠东毗邻香港,紧靠深圳特区,交通十分便利,324国道、深汕高速、广惠高速、深惠沿海高速、莞惠高速以及建设中的广惠高速东延线和厦深铁路横贯县境,形成了5横2纵的城乡交通网。全县旅游资源拥有量占全县地理面积的23%,县境内有被誉为"广东亚龙湾"的巽寮湾,全国唯一的国家级海龟自然保护区,古田、莲花山2个省级自然保护区,以及平海古城、多祝黄狮和西来古刹等特色鲜明的自然景观和历史人文景观。

2010年,惠东县全面落实科学发展观,认真学习贯彻中央政治局委员、省委书记汪洋同志"加快转型升级,建设幸福广东"的重要讲话精神,以"三抓三促"为主题,以实施《珠江三角洲地区改革发展规划纲要》契机,着力构建承接产业转移功能区、滨海旅游观光功能区、临港工业功能区和农业生态功能区等四大功能区,积极打造珠三角滨海旅游休闲度假基地、珠三角清洁能源基地、珠三角产业转移基地、中国女鞋生产基地、珠三角绿色食品生产供应基地等五大基地。一年来,全县经济实力明显增强,城乡建设日新月异,社会事业和谐进步,人民群众幸福指数不断提高,获得了"广东省教育强县"、"广东省卫生县城"、"广东省文化先进县"等荣誉称号,为全县经济社会发展"五年迈上新台阶"打下了坚实的基础。

2010年,惠东实现生产总值251亿元,比上年增长15.6%;人均GDP达29018元,增长14.1%;县级财政一般预算收入10.3亿元,增长35%;全县固定资产投资116亿元,增长43.8%;社会消费品零售总额113.6亿元,增长19.2%;外贸出口总值7.9亿美元,增长9.2%;在岗职工人均工资收入2.59万元,增长14.3%;农民人均纯收入8279元,增长14.5%。(图文由惠州市惠东县提供)

首期占地的4.29平方公里的珠三角产业转移园

推进发展大提速　建设幸福新惠东

四通八达的高速公路网

全县共有鞋业生产厂家4800多家

年产29万吨的马铃薯生产基地

平海电厂一期2台机组已投产

港口双月湾

被誉为"广东亚龙湾"的巽寮湾

惠东银基商贸城

科学发展　　幸福博罗

博罗县位于广东省东南部，珠江口东岸。全县总面积2858平方公里，辖17个镇、1个管委会，户籍人口84.8万人，是全国电子信息产业基地、全国粮食生产先进县、全国农业综合开发先进县、广东省教育强县、广东省旅游强县、广东省林业生态县。2010年，全县实现GDP295.29亿元，地方财政一般预算收入15.02亿元，社会消费品零售总额87.1亿元，全社会固定资产投资118亿元，外贸出口总额16.4亿美元，实际利用外资2.38亿美元，在岗职工年人均工资26902元，农民人均纯收入9065元。

博罗是珠三角地区冉冉升起的翡翠明珠，拥有无与伦比的后发和战略优势。区位交通优越，南接深圳，西邻广州、东莞，毗邻港澳，205国道、324国道和京九、广梅汕铁路纵贯全县；广惠、惠河以及正在建设的广河、博深、从莞高速公路贯穿南北；红海港、宏兴码头直接与香港、澳门通航，是连结广东省中、东部地区的重要交通枢纽和物流基地。土地资源充裕，全县土地面积419万亩，是珠三角土壤最肥沃、工业用地储备最充足的地区之一。森林资源丰富，全县林地面积187万亩，森林覆盖率达到51.4%，空气质量优良率长期保持100%。水资源充足，全县有大小河流29条，大中小型水库453座，地表水流量77亿立方米，水能蓄藏量达5.73万千瓦。

一、贯彻落实《规划纲要》，加快融入珠三角一体化

博罗抓住《珠江三角洲地区改革发展规划纲要》实施的契机，以交通和产业一体化为突破口，迅速融入了珠三角一体化。交通一体化方面，2008年以来共投入4.77亿元，启动了交通基础设施"3+6"工程，加快与珠三角地区对接；产业一体化方面，狠抓工业园区建设，积极承接发达地区的产业转移，既与珠三角产业对接，又实现错位发展，构建博罗特色的现代产业体系。

绿色博罗美如画

科学发展 幸福博罗

博罗农民丰收的喜悦

博罗荔枝丰收

二、转变发展方式，构建博罗特色现代产业体系

博罗从2007年开始实施"四项指标、一个带动"（即项目的环保指标、土地投资强度指标、财税贡献指标、科技含量指标和带动能力强的大项目）的招商选资标准；在经历全球金融危机以后又提出了"做大增量稀释存量"转变经济发展方式的指导思想。规划建设了低碳产业园、高端电子信息产业园、现代物流园和鸿达高科技产业园，现代产业发展平台更加夯实。大力发展以高端电子信息、LED、生物医药、新能源新材料为重点的战略性新兴产业；以高端旅游、顶级酒店为龙头的现代服务业；以优质、特色、精品农业为主的现代农业，博罗特色现代产业体系框架基本形成。

三、发展现代服务业，推动文化旅游成为新的支柱产业

博罗是我国岭南文明古县之一，秦始皇33年（公元前214年）置县，至今有2200多年的历史，在历史长河中各种文化交融辉映，经过深入发掘和打造，形成了缚娄古国文化、罗浮山道教文化、中草药文化和养生文化等四大博罗特色文化品牌，享誉珠三角及东南亚地区。旅游资源得天独厚，境内有国家4A级旅游景区、岭南四大名山之首、全国道教十大名山之一的罗浮山；国家级自然保护区、珠三角生态休闲旅游胜地的象头山；2000年全国十大考古发现之一的缚娄古国遗址；被誉为"广东的乔家大院"的龙华古村落，等等。大力推进文化与旅游、农业与旅游的融合，正在建设的48公里黄金旅游通道和335公里绿道，把全县重要文化、旅游景点串连起来，形成了休闲养生游、农业观光游、徒步猎奇游、骑行健身游等旅游品牌。新加坡悦榕庄酒店、奥威斯七星级酒店等11家五星级以上酒店进驻博罗，旅游接待能力大幅度提高，文化旅游产业逐步成为新的支柱产业。

四、统筹城乡发展，推动社会事业全面进步

近年来，博罗全面推进统筹城乡协调发展示范县建设，大力推动基本公共服务均等化，城市建设管理水平得到明显提升，各镇镇区面貌持续改观，新农村建设取得新成绩，社会各项事业取得了全面进步。教育方面，投入3.47亿元，成功创建为省教育强县；城乡医疗方面，加强了县人民医院、县中医院和乡镇卫生院的改造建设，引进35名重点大学临床医学专业的大学生，安排到乡镇卫生院工作，提高了城乡医疗服务水平；城乡社会保障方面，至2010年底已经实现城乡养老保险全覆盖。在全市率先完成"全国农村饮水安全工程建设示范县"创建工作，受益人口达25万多人；完成了200多公里通行政村公路硬底化改造，全县所有行政村公路均实现硬底化；"双到"扶贫开发工作成绩突出，所有贫困村实现稳步脱贫。

百尺竿头，更进一步。面临"十二五"新的发展机遇，博罗提出了新目标，坚持"以人为本、生态优先、文化引领"的发展思路，加快转变发展方式，努力建设幸福博罗。（图文由惠州市博罗县提供）

千名老干部高唱红歌

到农村慰问贫困户

绿道骑行

博罗绿道迎来骑行爱好者热捧

自然风光优美的抽水蓄能电站图

科学发展　幸福博罗

大年初一的罗浮山

博罗农家乐开门迎客

春绿罗浮山白莲湖

明星城镇再起航　幸福长安惠民生

长安镇位于广东省东莞市最南端，东邻深圳，南临珠江口，西连古塞虎门，北倚风景胜地莲花山。广深高速公路、107国道、358省道横贯而过，是广州、东莞与深圳交通往来的南大门。总面积83平方公里，辖13个社区，户籍人口4万多人，外来流动人口70多万人，旅外同胞3万多人。

经过改革开放30多年的建设与发展，长安镇初步实现了从农业向基本工业化的转变、从农村向城市化的转变、从农民向现代市民的转变、从村组向社区化的转变，迅速崛起为名闻遐迩的东莞市中心城镇。全球金融危机后，长安镇坚决贯彻省市党委、政府稳增长、调结构、优环境、重民生、促和谐的决策部署，把工作重心转移到推动产业升级、城市升级和文化升级上来，全力建设幸福长安。2010年全镇完成生产总值237.1亿元，税收39.2亿元，各项存款余额420.6亿元，镇本级可支配财力13.1亿元，居民人均年收入25322元，社会消费品零售总额45.3亿元，各项经济指标持续向好。

在经济稳步增长的同时，长安镇政治文明、精神文明和生态文明建设持续加强，社会和谐向更高水平发展。2010年，长安镇第14年获得全市镇级领导班子落实科学发展观工作量化考核综合总分第一名；连续两年获得市直部门满意度评价第一名，以及镇域经济综合发展力广东十强第三名等荣誉；全镇有5个社区位列全市村级两委会工作量化评比结果综合总分前10名。

一、抓转型、促升级，大力发展经济提升幸福指数

近年来，长安镇坚持内外资并重，重点发展机械五金模具产业和电子信息产业两大产业、专业市场与会展经济两大经济形态，着力提升自主创新能力，加快现代产业体系

长安新貌

建设,拉动经济增长,为建设幸福长安奠定坚实的物质基础。

(一)坚持以自主创新为重要抓手,加快建设创新型城镇

五金模具产业是长安的支柱产业,为提升其区域竞争力和影响力,长安镇依托高校、科研院所,共建科技创新平台,推动长安职业中学与华中科技大学合作,共同培养五金模具专业人才;完成模具检测服务中心、众源城创新技术平台建设;编制冲压、注塑、汽车等3类模具零部件联盟标准,引导企业结成战略联盟,提高专业化生产水平;推动东阳光公司开发团队入选广东省首批引进创新科研团队。2010年全镇高新技术产业产值285亿元,占工业总产值的比例达到48.8%。

(二)坚持以产业优化升级为基本途径,加快建立现代产业体系

为推进长安模具、五金饰品等优势产业发展,继续举办"长展会"、"饰品会"和"模展会"等大型专业展会,组织企业参加"欧洲国际模具展"、"西洽会"和"中国国际模具展"等国内外重要经贸展会,交流技术和管理经验,洽谈合作项目。加快提升传统加工业,出台奖励办法鼓励来料加工企业就地转三资,实现转资不停产。采取各种措施推动民营企业发展。截止到目前为止,投资100万以上民营企业达到1182家,注册资金11.3亿元,已经有万里马、威妮华饰品等近10家行业知名民企在长安设立总部。

(三)坚持以"三旧"改造为突破口,加快构建协调发展新格局

中国龙狮之乡

长安镇近年来围绕打造宜居长安的目标,加强城市规划建设管理。按照"一轨二环三城区"的规划思路修编总体规划和城市建设近期规划,继续编制片区控规,抓好中心区重要开发地段城市设计和镇内路网与相关道路的规划连接。以S358省道为界,S358线以北区域将打造成宜商宜居的现代化商住区,S358线以南区域将建成综合配套的现代工业园区;稳步实施填海工程,规划建设面积逾3万亩的滨海新区。

二、惠民生、促和谐,竭力发展社会事业提升幸福指数

长安坚持发展为了人民,发展依靠人民,发展成果由人民共享,努力提升幸福水平。

(一)社会事业更加惠及民生

做好社会救助和救灾救济工作,落实拥军优属政策,2010年向各类困难群体、退伍军人和军属发放补助款232.88万元;开展社

安力科技园

中国书法之乡

中国幼儿基本体操之乡

会工作试点,目前已设置7个服务岗位和1个全康残疾人综合服务中心,以政府购买服务的形式解决弱势群体实际困难;慈善事业不断发展,向汶川地震灾区、青海玉树地震灾区、西南旱灾地区及"广东扶贫济困日"等活动捐赠善款共计974万元,帮扶乳源大桥塘洞村实施整村改造。

(二)就业社保政策有效落实

定期与人才市场联手举办就业招聘会,积极组织大学毕业生应聘优质企业与岗位。针对务工群体,举办就业技能培训班学习必备技能,举办法制培训班学习法律常识,2010年共为新莞人和户籍居民2000多人提供了岗位推荐、职业指导、培训登记等服务,完成培训人数达到16656人。将农保并入职保,正式建立城乡统一社会养老保险制度,参保人数目前已达45.78万,初步形成覆盖城乡的社会保障体系。

(三)教育工作取得新突破

长期致力提高全民综合素质,努力打造"教育强镇"和"文化名镇",投入巨资兴建了一批高档次教育文化设施。全镇拥有公办中小学、幼儿园26所,民办中小学和幼儿园31所,其中15所公办中小学全部成为省、市一级学校,率先成为全省首批、全市第一个"广东省教育强镇"。注重教育均衡发展,坚持开展民办学校达标创优活动,每年为新莞人子女提供数百个义务教育阶段公办学位,下大力气解决新莞人子女入学难问题。2010年中考成绩连续第五年名列全市前茅,高考每万名户籍人口升入大学比例位居全市第一,科技类比赛获奖数居全市之首,教育强镇地位进一步巩固。

三、重文化、聚人心,全力建设文化民生提升幸福指数

文化是幸福的归结点,也是实现幸福的重要手段之一。长期以来,长安致力文化建设提升人民的幸福感。目前,全镇文化设施齐全,功能强大,文化队伍稳步壮大,文化活动丰富多彩,能够有效提升全民素质,提升文化发展层次。2008年长安被评为全市首

影展赴京展

一年一度的中国(长安)机械五金模具展览会

个"图书馆之镇",2010年获广东省实施《南粤锦绣工程》文化先进县,先后被国家文化部、中国书协等有关部门评为醒狮、幼儿基本体操、书法、粤剧、摄影共五个全国文化之乡,全体民众共享文化成果的格局初步形成。

(一)高标准建设一批高档次的文化设施

多年来,长安镇坚持高标准建设文化设施,累计投资6.3亿多元,建设了图书馆、文化电视大楼、粤艺苑和长安广场、长安公园、莲花山郊野公园、长安体育公园等一批标志性文化设施。未来三年还将投入约5亿元建设莲花山书法主题公园、博物馆及青少年宫等设施,在全市率先实现图书馆(室)、公园、广场全覆盖,形成以镇中心区为龙头,社区为枢纽,纵向到社区、横向到工业区、居民小区、各中小学校的多层次、多体制的文化设施网络。

(二)精心策划开展一系列具有较大影响力的文体活动

多年来,长安镇抓好重点文化活动,逐步形成了每三年举办一届艺术节、一次运动会、一次全国性文化活动的文化活动周期,使长安年年都有文化活动高潮。先后举办广东省首届诗歌节、《农民镜头下的社会主义新农村——长安》大型图片展览等10多次高规格的大型文化活动,有效带动了长安镇文化事业的发展。2010年与央视联合举办"珠三角经济发展问策会",服务经济社会发展,引起社会各界较大反响,有效宣传了长安的投资环境,塑造了良好形象。

(三)努力打造富有特色的文化品牌

多年来,长安镇充分挖掘文化底蕴,培育出许多具有本土特色、群众基础广泛、较具影响力的文化品牌。"长安文化学堂"品牌创办近两年来,共举办了25期,直接听众近万人次,聆听"长安文化学堂"专家讲座已成为群众的高雅生活时尚。举办首届"长安骄子计划"活动,全力培养敢闯敢干、勇挑重担的长安新一代。广场文化品牌全市闻名,连续12年开展"周末广场文艺演出",全面提升广场文化品味,为群众文化的发展注入新的活力,为长安现代文明增添了一道亮丽的风景。(图文由东莞市长安镇提供)

三年一届的长安文化艺术节

寮步，崛起中的东莞城市新区

一、古代香市·现代香都

寮步镇位于东莞市中部，毗邻市区，地处主城区、松山湖科技产业园、同沙生态园和东莞生态园"四位一体"大市区的中心位置。总面积71.15平方公里，辖10个社区、20个村，常住人口约50余万人，其中户籍人口6.77万人。

寮步自古以来商贸业就十分兴盛，明清时期，久负盛名的"莞香"集散于此，经广州、香港远销于东南亚等地，因此寮步被誉为"香市"，为广东四大名市之一。它以"古代香市，现代香都"之名享誉天下。

2010年，寮步镇先后获得了中国绿色名镇、广东省双提升示范镇、广东省园林城镇、东莞市文化建设先进镇等称号；顺利通过了国家卫生镇、省教育强镇的复评验收；连续六年获得镇街量化考核一等奖，在二类镇街中排名第一；获得了经济发展、社会发展和人的发展单项奖等奖项；招商引资全市排名第二，外贸出口全市排名第三。

2010年，寮步镇坚持以科学发展观统领全局，狠抓产业转型升级，着重做好"稳定、引进、优化、提升"四篇文章，各项主要经济指标均保持了两位数的增长。全镇实现生产总值133.5亿元，比上年增长19.2%；各项税收总额20.7亿元，增长25.4%；可支配财政收入8.7亿元，增长10%；银行各项存款余额140.5亿元，增长22.0%。

随着东莞路、轨"任督二脉"的逐渐贯通，作为东莞地理几何中心以及东莞市城区东拓首站的寮步，已经跳出原有的镇区概念，晋升为名副其实的东莞第五城。随着政府CBA篮球馆、城市学院新校区、东莞中医院、香市公园等一批重点工程的建设，寮步正在演化成为一座休闲的新城。

未来的寮步将是一幅怎样的图景？寮步镇镇委书记何绍田描绘出了一个美好又朴实的蓝图：未来的寮步，将不再是一个镇，而是东莞的一个城市新区。这里适合生活，适合投资，适合创业。这将是一个富强、幸福的城市。

一个古老的小镇，一个华丽的转身，顿然焕发出今天这样的绰约新姿，不用远求答案，只需循着刚刚过去的"十一五"，看看寮步人在这五年中的奋斗历程，我们就能发现一个标准答案，并对他们的未来更加充满信心。

二、产业调整迈上快车道

"十一五"是寮步应对多重挑战、经受严峻考验、取得辉煌成果的五年。五年来，

寮步镇政府

寮步，崛起中的东莞城市新区

全镇上下苦干实干，在积极应对国际金融危机等各种挑战中，加快推进经济社会双转型，坚定不移调整产业结构，经济社会得到了长足发展。

1. 企业帮扶服务持续深化。推动了40多家来料加工企业成功转为"三资"企业，协助238家外资企业开展内销，内销总额超35亿元。开通了企业服务网，帮助企业融资11.6亿元。2. 招商引资工作成绩喜人。全年引进新签外商投资项目64个，合同利用外资1.134亿美元，其中增资项目34宗，增资额达5540万美元。3. 企业自主创新能力不断提升。推动8家企业设立研发机构和13家企业由OEM向ODM转变，新增12个自主品牌；建设六大科技平台，成功创建省"双提升"示范镇。4. 新兴产业积蓄发展后劲。启动了香市科技产业园建设，大力培育新兴产业。制定了推动新兴产业发展的实施方案，并配套了专项资金，重点发展高端新型电子信息、半导体照明、电动汽车、太阳能光伏、现代服务业以及旅游文化等新兴产业。

三、城市升级实现大飞跃

"十一五"期间，寮步镇全面配合推进省市重点工程建设，借机促进城市升级。

1. 积极配合莞惠城轨、省5号绿道、市篮球中心、市中医院新院、生态园大道、第六高级中学、东莞理工学院城市学院等省市重点工程项目建设，进一步完善了城市功能配套。2. 全力推进镇属30项重点工程。香市影视城、动物园、香堤公园、文阁公园、佛灵湖绿道、香市公园一期已顺利完工并正式向市民开放；香市科技园、上底农民公寓等一批重点工程进展顺利。3. 全面铺开"三旧"改造。编制全镇"三旧"改造年度规划和专项规划，引入社会资金近20亿元，对总面积达1000亩的各个项目进行改造。4. 全面开展城市环境综合整治和升级。投入3亿元，启动城市改造，拆迁了2000多间房屋和32个工厂；开展环卫整治，市政管理基本实现市场化运作；集中整治城市"六乱"，新增5个"省卫生村"，8个"东莞市市容环境优美村（社区）"，并荣获"中国绿色名镇"、"省园林城镇"等称号。

四、文化建设再掀新篇章

"十一五"期间，寮步加快文化建设步伐，全面提升城市文化软实力。

首先是确立了"文化名镇"的发展战略，出台了《建设文化名镇规划纲要（2011年～2020年）》及11项配套政策，举办了首届广东省"香市杯"青年文学大奖赛，促进了该镇文学创作的大发展。香市文化"八个一"工程顺利推进。举办了首届香市旅游文化节，吸引了近百万游客前来观光休闲；举办了首届中国沉香（莞香）文化艺术博览会，出版了《香市溯源》等10本香市文化系列书籍，成立了镇文联及作家协会；电视剧《莞香铭》即将开机拍摄；万亩莞香林种植面积超过4000亩。文化休闲新区建设步伐不断加快。香市动物园顺利开业，接待游客日均超5000人次；举办汽车漂移大赛，吸引了3万多观众前来观看；香市影视城自开放以来已接待游客40万人次，香市农业生态园完成总工程量的50%，汽车文化乐园和体育公园完成功能定位和规划设计工作。香文化休闲产业进展顺利。深圳天锐公司投资8000多万生产销售香料项目正式动工，另有多家大集团意向在佛灵湖投资超50亿元，建设以养生、休闲度假为核心的文化休闲项目。

其次是稳步推进现代教育名镇建设，共享优质教育资源。寮步启动了"3年3个亿"教

香市公园

香市古镇影视拍摄基地

香市动物园

育基础建设工程。特别值得一提的是,成功争取市六中与东莞中学合作办学,打造"莞中模式"优质学校,让寮步的孩子在家门口就可以享受到优质教育。东莞理工学院城市学院新校区顺利动工建设,高考、中考创历史最好成绩,并顺利通过省教育强镇的复核考评。

五、缔结五年硕果悟心得

"十一五"的五年中,寮步专心致力于促进当地科学发展,积极推动产业转型升级,加快城市化建设,着力改善民生,顺利完成了"十一五"规划的各项目标,为"十二五"规划的开局奠定了良好的基础。回顾五年来的成绩,突出体现为"四个持续":

经济实力持续增强。五年来,全镇生产总值年均增长11.7%,工业总产值年均增长10.6%,出口总额年均增长13.2%。

产业结构持续优化。五年来,三大产业比例由0.2:61.7:38.1调整到0.1:51.5:48.4,第二产业和第三产业比例发生了结构性的变化。

社会管理持续加强。五年来,他们创新社会管理模式,加大各项投入,强力开展"治摩"、"治吧"、"四清理"、"五整治"等专项行动,妥善抓好综治维稳、安全生产、食品安全、消防安全等各项工作。社会环境明显改善,群众满意度不断提升。

民生事业持续发展。五年来,他们始终坚持以人为本,问需于民,问政于民,问计于民,每年办好三件民生实事,大力发展民生事业,医疗、卫生、教育、交通、社保、扶贫助困等社会各项事业全面发展,群众幸福指数显著提高。

六、六大战略,建设富强幸福寮步

"十二五"时期是寮步镇加快转型发展、建设富强幸福寮步的关键五年。为此,寮步已经确立了经济社会发展的总体要求:以科学发展为主题,以转变经济发展方式为主线,以"加快转型升级,建设富强幸福寮步"为核心,以推进产业结构调整为重点,以提高人民幸福感为目标,加快东莞城市新区、现代产业新区、文化休闲新区建设,不断提升莞香文化影响力,更加注重民生,维护社会和谐稳定,切实加强党的建设,早日实现建设现代绿色新香市的宏伟蓝图。

到2015年力争实现以下目标:全镇产业结构明显优化,地区生产总值突破200亿元,年均增长10%;工业总产值达到500亿元以上,年均增长12%;税收总额达到30亿元以上,年均增长10%,实现从吃饭财政到建设财政、从土地财政到税收财政两个转变;人民生活明显改善,基本实现富裕型小康社会。

贯彻这一总体要求和目标,要坚持实施"六大战略":

佛灵湖

寮步，崛起中的东莞城市新区

1.实施东莞城市新区崛起战略。迅速融入大市区，加强与东城、松山湖、东莞生态园的紧密合作，在思想观念、城市功能配套及交通、产业上加快融入步伐，实现功能互补、共赢发展。2.实施产业转型升级战略。要坚持产业立镇，加快产业结构的调整升级，推动外贸结构的优化调整，着力培育发展战略性新兴产业，推进现代产业新区的建设。3.实施文化名镇发展战略。突出"香市"品牌，传承发展以香市文化为核心的莞香文化，加快完善公共文化的基础设施，保护开发好历史文化遗产，构建文艺精品创作生产体系，并大力培育文化创意产业。重点抓好教育事业，加快香市教育园区建设，着力引进教育高端人才，打造"学在寮步"品牌，提升城市魅力和软实力，把寮步建设成为文化硬件强、文化事业强、文化产业强、文化人才强、文化软实力强、文化形象好的"五强一好"文化名镇。4.实施民生优先发展战略。大力发展教育、卫生、文体、公交、就业、保障性住房等社会事业，不断完善"学有所教"的终身教育体系、"劳有所得"的就业保障体系、"病有所医"的医疗保障体系、"老有所养"的社会保障体系，让群众共享发展成果，提升幸福感。5.实施人力资本密集型战略。以集聚高层次人才为中心，以培养本土化人才队伍为基础，以培养知识技能人才为方向，以综合环境优化为保障，统筹推进人才队伍建设。争取到2015年，全镇人才资源总量达到12万，把寮步建设成为居于全市领先水平的人才强镇。6.实施土地储备运营战略。坚持"镇村共赢"原则，继续编制年度土地储备和出让计划，加强土地统筹管理，注重抓养地，强化地块包装营销，提升土地经营水平与运作效率，实现土地资源向土地资本的效益转化。

根据寮步镇的经济社会发展现状以及发展趋势，结合区域优势，"十二五"时期，寮步镇将着力打造"一中心五片区"的城市发展格局，加快东莞城市新区建设，建设富强幸福寮步。（图文由东莞市寮步镇提供）

新城中心区

调结构促发展 建新城惠民生

东莞市茶山镇委、镇政府全面贯彻中央、省、市一系列重要会议精神，紧紧围绕镇委"调结构促发展，建新城惠民生"的工作思路，以科学发展观为主题，以产业结构调整升级为主线，以新城建设和民生改善为重点，全面推进幸福茶山建设。

全镇抢抓机遇，开拓创新，顽强拼搏，保持了全镇经济平稳增长和各项事业全面进步的良好势头，今年全镇经济社会发展的主要目标是：生产总值增长12%；镇财政一般预算收入增长13%；各项税收总额增长10%；固定资产投资总额增长10%；社会消费品零售总额增长13%；农民人均纯收入增长9%；计划生育率95.5%。为实现上述目标，茶山镇在镇委、镇政府的领导下同心同德，求真务实，开拓创新，扎实工作，谱写全镇各项事业的新篇章！

一、调整产业结构，构建现代化产业体系

一是推进加工贸易转型。充分利用鼓励来料加工企业转型的各项政策，加大优惠政策宣传，引导企业用好加工贸易转型专项资金。二是做强做大食品产业。加快食品检测中心、研发与培训中心建设，做好设备购置与人员培训工作，力争早日投入运营。三是整合提升服装产业。加大服装产业的扶持力度，研究制定服装产业扶持政策，扶持企业做大做强，创建区域品牌。四是发展文化旅游产业。积极争创省级、市级文化产业示范基地。继续举办茶园游会，将其打造成茶山文化活动品牌。

二、提升服务水平，确保经济平稳快速发展

一是提升服务引优资。充分利用产业集群优势，创新引资方式，突出引资重点，积极承接跨国公司的产业转移；充分发挥大企业、大项目的辐射带动效应，引导中小企业向专、精、特、新方向发展。二是提升服务促增资。加强与外经贸局、海关等部门的联系沟通，推动电子审批管理全覆盖，提高出口通关效率。

三、加强科技创新，提升自主发展能力

一是大力培育"两自"企业。继续实施名牌带动战略和"科技茶山"工程，引导企业争创名牌名标，提高核心竞争力。二是加

茶山全景

茶山品牌服装发布会

茶山镇荣获"中国品牌服装制造名镇"称号

强创新平台建设。加快茶山镇产业服务信息平台建设，与东莞电子科技大学电子信息工程研究院及中国移动合作，建立"移动系统"，提升信息服务水平。三是加强人才队伍建设。实施人才强镇战略，着力引进创新创业领军人才和培育科技创新团队。

四、加快新城建设，优化镇村发展环境

一是深化城镇规划。加快《茶山镇总体规划（2008-2020）》的报审工作，争取明年初通过市规划委员会审批。二是完善功能配套。加快文化广播电视大楼、多功能体育馆、水质检测综合楼、商会大厦、茶山生态食品城等项目建设，扎实推进新城建设，全面提升城市承载力。三是优化道路交通网络。加快构建"路路相通、环环相扣、城乡一体、快速安全"的大交通格局。四是推进"三旧"改造。推进大自然酒店地块、丰业人造板市场地块、茶园商场地块、东岳公园周边地块、茶山村综合服务地块、计生服务所地块、茶山水泥厂地块、华茂酒店及服装布料辅料交易中心地块等8个地块的项目改造，加快"三旧"改造建设步伐。

五、加大扶持力度，增强基层发展活力

一是抓好村（居）换届工作。深入各村（居）摸底调查，了解换届选举工作的最新动态，查摆问题，着力解决，确保村（居）和谐稳定局面。二是推动农村重点项目建设。出台配套政策，鼓励村组承接市、镇重点项目的辐射，帮扶村组完善道路网络等基础设施。三是增强村组发展动力。实施镇领导现场办公分片督导，帮助村组解决实际困难和问题。扎实推进农村体制改革，激发基层发展的活力，鼓励集体经济多元化经营。

六、强化社会管理，维护和谐稳定局面

一是狠抓矛盾纠纷调处。加强综治信访维稳中心和工作室软件建设，完善矛盾纠纷排查调处机制。二是狠抓社会治安管理。加大严打力度，加强治安复杂场所治理，严厉整治恶性犯罪和多发性犯罪，突出打击诈骗、入室盗窃及黄赌毒，促进治安秩序好转。三是狠抓安全生产管理。落实安全生产责任制，深入排查整治各类安全隐患，重点加强"三小"场所、人员密集场所、危险化

茶山工业园

学品企业以及事故高发行业的隐患整治。四是狠抓劳动监督管理。开展用工环境专项检查，重点检查企业最低工资标准落实和工资支付、工作时间等情况，对严重违纪的企业依法处罚。五是狠抓市政交通和综合执法管理。优先发展公交系统，完善公交基础及配套设施，增加运力，提高公交覆盖率。

七、保障民生改善，提高群众生活幸福指数

一是促进群众充分就业。开展职业指导、职业介绍、技能培训等公共就业服务，加强户籍劳动力的就业引导。二是优先发展教育事业。加大教育事业投入，进一步完善教学设施设备。超大型是加强社会保障工作。完善城乡一体社保体系，提高离退休人员基本养老金，将低保标准从400元提高到440元。四是大力发展卫生事业。深化医疗卫生体制改革，完善公共卫生服务体系，促进基本公共卫生服务均等化。五是繁荣发展文体事业。加大村（居）企业文化室、农家书屋、文化信息共享工程等文化民生工程建设力度，完善文化基础设施。挖掘茶山历史文化遗产，启动茶山历史博物馆建设。

八、加强自身建设，全面提升工作效能

一是改进作风优服务。认真落实《廉政准则》，深入推进廉政建设和反腐败斗争。二是严格督查保落实。建立健全问责制和领导督办制，对重要决策部署、重大项目建设和重点工作实行"跟踪问责制"，全程督查整改。三是加强队伍建设提能力。抓好干部在职学习和培训轮训工作，有计划、有步骤地安排干部参加各种形式的思想政治理论培训和业务工作培训，提高干部队伍的综合素质。（图文由东莞市茶山镇提供）

茶园游会巡游队伍

调结构促发展 建新城惠民生

茶山茶园游会

镇委书记、镇人大主席卢少雄（右）接受"中国食品名镇"牌匾

中山绿道造福和谐中山

广东省委提出建设珠三角绿道网,是一项集民生、环境、生态和经济于一体的系统工程,兼具生态保育、游憩健身、保护历史文化遗产和发展休闲经济等多种功能。为了圆满完成省委的战略部署,加快建设中山绿道,造福百姓,促进和谐中山的发展,中山市全市上下团结一致,取得了丰硕的成果。

一、市委、市政府高度重视

为了落实广东省委关于规划建设珠三角绿道网的重要指示精神,贯彻省绿道网建设工作部署,完成我市区域绿道的规划建设任务,我市迅速成立了工作协调领导小组,全面组织开展本市绿道的规划建设工作。

2010年2月份以来,中山市政府先后多次召开工作研讨会,详细了解审议规划建设草案,要求高标准高质量地做好我市的区域绿道建设工作。原市委书记、代市长、分管建设和分管财政的副市长经常对绿道建设工作作出具体批示,市规划、建设等相关部门也迅速启动了项目的前期工作,市林业、水利、财政、发改、交通等部门和绿道沿线各镇区都积极支持配合绿道建设,为全面开展项目建设奠定了坚实的基础。

中山的区域绿道建设从2010年2月28日首期示范段施工到2010年10月底,区域绿道全线贯通182.7公里。完成区域绿道全线贯通的建设目标后,中山市全力推进区域绿道驿站的规划建设、绿道标识系统的制作施工工作,以及制定区域绿道的使用和管理办法。

进入2011年,为了继续贯彻落实省委关于规划建设珠三角绿道网的重要指示精神,高标准高质量地完善我市区域绿道网(省立)的建设工作,中山市委、市政府多次召集相关部门召开工作会议,研究加快推进区域绿道(省立)的配套设施完善工作与中心城区绿道工程建设工作,并继续把区域绿道(省立)建设工作以及中山中心城区绿道项目首期工程作为2011年我市十项重点民生工程进行督办。

二、绿道建设特色鲜明

根据省绿道网规划,经过中山境内的区域绿道(省立)分别是珠三角绿道网1号线和4号线,总长为182.7公里。其中,珠三角绿道1号线以沙田水乡、红树林湿地为生态背景,自北向南贯穿中山东部,4号线以五桂山生态保护区为生态背景,自西北向西南经过中山中部。我市境内的区域绿道串联了鸡鸦水道沿岸特色景点、中心城区公园、古香林景区、秀丽湖景区、职教园区、五桂山山景、小琅环自行车公园、磨刀岛、温泉度假村、红树林、岭南水乡等我市主要风景旅游点,荟萃了中山最有特色的历史、人文和绿色资源。中山绿道建设在以下几个方面特色鲜明:

1.区域绿道着重体现中山地方特色,围绕"村(翠亨)"、"城(主城区)"、"山(五桂山)"、"水(民众水乡)"四个旅游精品系列,对各类旅游资源和分散的旅游区(点)进行有机整合,做"活"翠亨的中山文化,做"丰"中山城区的休闲内容,做"秀"五桂山的风景旅游,做"特"民众水乡的水上项目。

2.区域绿道注重保护生态环境。区域绿道1号线以沙田水乡、红树林湿地为生

美景当前

态背景，区域绿道4号线以五桂山生态保护区为生态背景。通过区域绿道的建设，有利于保护中山市自然生态环境，促进生态公益林体系、红树林和沿海防护林体系等工程的建设。

3. 把区域绿道建设与创建宜居城乡相结合。把城区的绿道规划为绿道建设的示范段，做出中山园林绿化的特点，并与中山现有的城区公园、街头绿景相结合，丰富城区绿化的层次。在镇区，则充分利用优美的自然风景特征、独具风韵的岭南农村特色，打造村镇休闲绿道特色，使绿道成为联结城市和村镇的绿色走廊，城里人可以沿绿道去欣赏田园风光、水乡特色、山林野趣和滨海风光，村镇人也可以沿绿道到城区来体验城市绿化造就的园林现代都市。

4. 区域绿道注重体现中山历史文化名城的特点。绿道规划时注重体现"人文中山"，区域绿道的规划，将其沿线的孙中山故居、孙文纪念公园、博爱医院、紫马岭公园等人文历史景观串联在一起，使游人一进入中山就感受到中山精神的存在，能够进一步推动中山历史文化名城的建设，促进文化事业的发展。

三、绿道建设、宣传推进顺利

从2011年1月截止至2011年6月底，我市区域绿道建设工作累计完成投资额约7180万元。自区域绿道开工以来，累计完成工程投资额约32000万元。

根据规划，区域绿道（省立）中山段内的驿站一共有19个。至2011年6月底止，中山市区域绿道配套驿站基本完工达13个，完工率达68%。根据规划设计，区域绿道（省立）1号线及4号线合共配置绿道标识562个，安全警示标识1207个。直至6月底，共完成绿道标识435个，安全警示标识1198个，完成工作量占全线标识配置数量的92%。全线安全设施597处已100%基本完成。区域绿道1号线及4号线沿线可绿化里程约95公里，目前已全部完成沿线绿化工程建设，正在开展驿站的配套绿化建设工作。

区域绿道的全线贯通，给中山市民的休闲生活方式以及出行方式的转变带了积极的影响，成为周末市民休闲活动的首选之处。市委、市政府也积极推动绿道的绿色出行概念，市委、市政府领导多次邀请市民代表、人大代表及政府部门代表在区域绿道首期示范段上进行骑行体验。市自行车运动协会、市摄影协会、市妇联、市侨联、市委党校、团市委、石岐区办事处、市住建局等团体、部门先后组织了市民代表、妇女代表、家庭代表、海外侨胞代表、团员代表以及党校学习班学员等参加绿道摄影比赛、绿道亲子活动、绿道骑行体验活动、亚运会火炬传递等。据统计，由相关部门、团体在我市绿道上组织的骑自行车活动不下100次。

四、绿道建设造福百姓，助力幸福中山

城内低丘点缀、山城相依；城外山青水秀、沙田水乡，是中山市自然环境特色。绿道建设围绕"村（翠亨村）"、"城（主城区）"、"山（五桂山）"、"水（民众水乡）"四个旅游精品系列，对各类旅游资源和分散的旅游区（点）进行有机整合，做"活"翠亨的中山文化，做"丰"中山城区的休闲内容，做"秀"五桂山的风景旅游，做"特"民

迎亚运骑车之旅（中山）

骑行检查

民众水乡段

众水乡的水上项目。

绿道沿途含有滨水休闲景观、山林郊野景观、沙田水乡景观、田园乡村景观等层次丰富的景致，力求做到绿道线路安然穿行未经雕琢的原生态环境，展示给市民以最真实的、最怡人的自然享受。

目前，中山的区域绿道网就象中山境内的两条绿色项链，又象是"绿化+步行道+自行车道+服务站"四要素组成的景观大道，不仅成为市民和自行车运动爱好者休闲游玩的好去处，更促进了城乡一体化发展，为当地居民创造丰厚的经济收益。在不远的将来，随着中山区域绿道网的建设完善，绿色、低碳、环保的生活理念更加深入人心，越来越多的人将亲身感受穿越城乡、满目绿意的健康之旅，以畅游自然的健康身心悉心体会中山这座宜居之城、博爱之城、绿色之城！

附：绿道沿线景点简介

一、区域绿道4号线示范段——孙文公园

城区范围内的绿道设为工程建设的示范段，精心做出中山园林绿化的特点，并与中山现有的城区公园、街头绿景相结合，丰富城区绿化的层次。博爱路段游径设置在博爱路两侧现状自行车道上，起点为长江路口，终点为孙文公园，全长3924米。城区绿道沿线的公园包括博爱路绿廊、紫马岭公园、名树园、孙文纪念公园等。

博爱路绿廊首期示范段全长1.4公里，占地面积约为3.1公顷。设计改造范围包括从东文路至长江路口段西南侧沿路绿化用地。该段以大鳌溪新村为背景，设计结合场地现状，利用人工湖面、驳岸叠水、观景亭、廊架、观景水榭等建筑小品元素，尊重村居文化，运用传统岭南园林造园手法，掇山理水，营造出一个自然生态的休闲场所，为博爱路沿线增加一道独特的风景线。工程建造一条宽3.5米、长约1.4公里的砖红色沥青路面自行车道，地面设置自行车游径标志。局部通过竖向微地形处理，营造出高低错落、自然式样的地被绿化空间层次，通过在条状自行车道两侧种植高大乔木营造景观效果。

此项工程建设给城市里繁忙工作的人们，就近提供一处亲近自然、健身娱乐的场所。

紫马岭公园占地面积约为88.5公顷，是广东省最大的城市公园，是"香山八景"之

留下最美一刻

首期示范段

丰硕的果实

采集果实

一的"天池菱荷"故址，空气清新，景色宜人。园内共有20多个景点和一个大型鸟区，分布有摩崖园、名人树木、竹园、野趣园、雕塑园、春园、夏园、秋园、冬园、"嘤鸣谷"、阴生植物园、水生植物园、水园、儿童乐园等十几个景点和游乐场所。摩崖园传神诗书，琳琅满目；百花园百花齐放，四季飘香；名园树木名人手栽立下光辉榜样；品荔园满园"妃子笑"，岭南佳果名扬；野趣园山林景色；锦鲤池溢彩流光；春园桃花怒放；水园游艇繁忙；荷花天池滴水观音，普施甘露；秋冬随时移世易，红绿有常；玫瑰园幽香远送；清芬园异卉迎人；"嘤鸣谷"鸟语花香，八千多只珍禽与人同乐；烧烤场频传笑语；滑草场，视野开阔、绿草如茸、青树环绕，一幅美丽的田园风光；登"揽胜阁"，园内最高景点，是游人登临揽胜之处，举目俯瞰，满园景色尽收眼底，一览无余。

名树园全园占地4.6公顷，围绕具有中山特色的名树名木，辅以岭南园林造景手法，通过假山、亭廊以及小桥、流水参差错落，相映成趣。名树园中共有过千棵树木，以土沉香、龙眼、木棉、小叶榕、荔枝、人面子等中山的乡土树种为主。园内更有别具特色的四最：最大的树—人面子（又称银捻，胸径2米，树高13米）；最古老的树—桫椤（是现存唯一的木本蕨类植物，极其珍贵，堪称国宝，被众多国家列为一级保护的濒危植物。隶属于较原始的维管束植物—蕨类植物门（Pteidophyta）桫椤科（Cyatheaceae）。在距今约1.8亿万年前，桫椤曾是地球上最繁盛的植物，与恐龙一样，同属"爬行动物"时代的两大标志。桫椤是古老蕨类家族的后裔，可制作成工艺品和中药，还是一种很好的庭园观赏树木。）；最名贵的树—罗汉松；"水陆两栖"的树—落羽杉。还有原产地是其他国家的树种，原产非洲的旅人蕉，来自美洲的糖胶树，腊肠树等。园中树种透着中山的地方特色，建筑也极具岭南风味。雾喷机驱动下，一团团雾气升腾，树木若隐若现，水流潺潺。天然巨石堆砌成假山，藏于林中，巨石与古树相映成趣，天然石头成为园中浑然天成的景点。

孙文纪念公园座落在中山新十景"兴中缀锦"上，占地26.6公顷。孙文纪念公园主要由两个平缓的山坡改建而成，分为革命纪念区和综合游览区两个不同功能的区域。革命纪念区以纪念孙中山先生的题材为主，设有孙中山先生铜像、喷水池以及松园、竹园、梅园和栽种了999株龙柏的龙柏山等景点。与革命纪念区遥遥相对的是综合游览区，这个游览区设有"香山"、"飞来石"、"一线天"、"水帘洞"、"观景阁"、"迎阳石"等景点。孙文纪念公园重点突出了"纪念"的主题。革命纪念区与综合游览区之间，有一个宽阔的草坪，草坪绿草如茵，一侧亭台水榭立于绿树红花中，另一侧，石雕、椰树尽显热带风情。

二、区域绿道1号线民众段

绿道民众水乡段起点接番中公路，途经新平村、新建村、义仓村及裕安村，终点接横门水道堤围，全长15.2公里。本段游径利用既有行车道外侧的落羽杉做分隔带，在行车道外侧新建一条3.5米宽自行车道，沿线经过花木场、果林、菜园、鱼塘、耕地等不同自然景观，更有岭南水乡和裕安人家两处特色景点，尽显水乡风貌。水乡一切纯真自然，

中山绿道建设者

博爱路段

生态原始、水网交织、河道纵横、民风淳朴、小村落沿河涌自然分布。水乡风情浓郁；两岸植被丰富、风景秀丽，自然风光与农村民情达到和谐统一。

岭南水乡景点是岭南一带保存最完整、最具水乡特色的自然生态与人文生态的景区，有"红桥碧水"、"草荡潮音"、"水乡农榭"等30多个景点。一方水土、养一方人，水乡河产丰富，依水而居的水乡人：捕鱼种植，日出而作，日落而息，生活悠然自得。这里没有江南的小桥流水，只有草荡潮音，有大小不同的水闸调节水乡的水位和交通，使得水乡河道穿梭的船只安全往来。船只是水乡人水上主要交通工具，也是与外界贸易往来的纽带，有捕鱼网虾的，有送香蕉给蕉商的，有货物买卖的。水乡人满载着一个个希望，摇荡着对美好明天的憧憬，融入在大自然中，勾勒出岭南水乡的一份恬静、一份朴实。在水乡玩的是一份闲适，体验农家生活，去农民家吃饭、种禾种菜，体验那种"粒粒皆辛苦"出力流汗后的丰收喜悦，都是城市人体会不到的。如果时间充足的活，更可以"探窗看渔跃，蛙鸣入梦来"，和乡下的老叟一起下局棋，或一起"闲来茶当酒"，则能在他们平淡的生活乐趣中体会到一份知足常乐的心境，反思自己忙碌的生活是否真的快乐。

裕安人家是民众镇集农业观光，科普教育、乡间骑行于一体的水乡旅游区。景区围绕"如歌如画"的概念定位，以水韵景观为主，融合生态农业旅游、疍家文化旅游、边防教育旅游等特色，按国家4A景区标准打造出裕安水韵、农家乐、木屋别墅、农田意趣、边防教育基地、水上乐园、裕安晒场等旅游观光项目。

三、区域绿道四号线金钟水库

"五桂雄峰"是"中山十景"之一。苍翠五桂山是中山自然环境的标志性要素。位于五桂山古香林地区的绿道属五桂山余脉山地区域，这里山清水秀、鸟语花香，潺潺的流水，清新的空气，怡人的景色令人流连忘返。金钟水库是古香林的核心地区，古香林其余用地包括古香林山、金钟山、旗山、文笔山等地以及大尖山北麓地区。古香林山中，有一佛寺遗址，名为古香林寺，为这一地区增添了人文内涵。古香林寺，建于唐代贞观年间，是中山市为数不多、家喻户晓的宗教古迹。

本次绿道工程在保护水源、保护环境的前提下，结合古香林郊野公园规划，营造出一个亲近自然、生态休闲、游憩的场所。环金钟水库绿道游径全长11.6公里，总用地面积约119公顷，其中水体面积35公顷。游径在尽量少挖土方的情况下把现状的沙石路面硬底化，改造成4.5米宽水泥路面的自行车道贯通整个金钟水库。水库入口左侧设置一处一级驿站，配套停车、管理、商业服务、游憩、科普教育、安全保障、环卫等设施。进入水库行至1.2公里处将利用原有建筑改造成为一个休息楼。绿道以现有山体景观为主体，局部加以改造，点缀种植开花乔木，丰富山林的景观色彩效果。由于游径贯通整个金钟水库，局部地段山体开挖，需要进行护坡绿化处理，考虑到金钟水库的自然环境，采用喷混植生技术、种植槽技术、灌草立体生态成型等生态复绿技术。

金钟水库存在保护完好的湿地，是沼泽

湿地和湖泊湿地的复合体，分布有湿地动、植物多种，是一片天然的生态园区，占据独特的生态及自然资源优势，具有保护生物和遗传的多样性、蓄洪防旱、调节区域气候、降解污染、净化水质的功效。其中，大片的芦苇荡、纵横的水系、翔集的水鸟，尽显湿地生态景观。最大限度地利用原有地貌，围绕湖区布置休闲、探险、运动、游戏、科普、观赏、摄影、绘画等功能，强调人与湿地之间的互动和人对湿地自然环境的尊重。局部将增加栈道线路，延伸至水库中心水域，形成亲水鸟类科普长廊的湿地精品游览线。

金钟水库属于原生亚热带地貌，其原生性森林植被保存较为完好，存在上百种乔木树种与丛林湿地植被，不同的地貌形态与浓郁的森林覆盖相搭配共生，形成了层峦叠翠的森林地貌景观，组成了奇异的天然复层混交林。金钟水库周边种植有大片岭南特色本地果树品种，如芭蕉、黄皮、荔枝、柑橘、龙眼等。

四、区域绿道4号线和平村段

在沿着城桂公路前行不久，绿道拐进了中山的职业教育园区，再进入到五桂山风景区内。职业教育园区段的中山中专与广东理工学校，位于中山市生态保护区五桂山石鼓，占地500亩，由法国建筑设计大师莫尼先生设计，风景秀丽迷人，校区建筑现代，恢弘大气，风格多变，错落有致，人文气息浓郁，环境优雅。校园建筑与自然环境融为一体。教学区、行政区、实验实训区、图书阅览区、运动区、生活区、文化艺术展览区一应俱全，可容纳120个班6000多名学生，是一所集学历教育、职业培训、成人教育、技能鉴定、技术服务为一体的现代化、综合性的国家级重点中专学校。

从五桂山的山脚，一条新开辟的绿道沿山而行，一直通往山里的和平村，翻山段两侧山清水秀，松柏林立，绿树红花，虫鸣鸟叫。由于游径建设，局部地段山体开挖，需要进行护坡绿化处理，考虑与周边自然环境的协调，采用喷混植生技术、种植槽技术、灌草立体生态成型等生态复绿技术。

翻山后信步穿过翠竹掩映下的小溪，进入那群山环抱的谷中，眼前一湾碧水，明镜般映入您的眼帘，使你领略到五桂山天然泉水带出最贴近自然的活水养殖生态景观，顿时远离城市的喧嚣。大约经过两公里的沿山绿道之后，来到了和平村，这个坐落在大山里的客家村落，古色古香的村屋，近有小桥流水人家，鸡犬相闻，远有田园果树繁花，红绿掩映，犹如一处世外桃源。绿道的建设拓宽了村道，缩短了村民出村的路程，方便了村民的出行。（图文由中山市住房和城乡建设局提供）

国庆绿道欢乐游（组照）林锦洪

科学发展　幸福新会

新会地处珠三角西南部，濒临南海，毗邻港澳，面积1387平方公里，辖11个镇（街）、3个派出机构，常住人口84.96万人。旅外乡亲70多万，是著名的侨乡。新会历史悠久，南朝宋永初元年（420年）置新会郡，隋开皇十年（590年）撤郡为县，1992年10月撤县设市，2002年6月撤市设区。

新会素有"中国葵乡"之美誉，是中国曲艺之乡、广东省历史文化名城，诞生了一代文化宗师、维新运动先驱梁启超，同时培养了岭南第一大儒陈白沙、教育巨匠和史学大师陈垣、近代建筑宗师梁思成、蔡李佛拳创始人陈享等历史名人。新会经济与自然环境和谐发展，既拥有三大临港主导产业集群、四大传统优势产业、八大国家和省级产业基地，又保持独木成林的小鸟天堂、国家森林公园圭峰山、省级自然保护区古兜山等自然景观，是广东省第二个国家可持续发展实验区，为珠三角地区实现绿色跨越发展开展实验。

一、综合开发战略促使银洲湖临港产业集群迅速崛起

新会从2002年开始实施银洲湖区域综合开发战略，通过加快银洲湖临港产业集群经济发展，推动全区经济快速增长。2010年，GDP395亿元，增长14.3%；规模以上工业总产值1232亿元，增长26%；地方财政一般预算收入22.89亿元，增长22.5%；固定资产投资总额136亿元，增长23%；社会消费品零售总额134亿元，增长16%。

目前，全区已形成临港装备制造、精细化工和纸及纸制品三大主导产业集群，以及食品、金属制品、纺织服装、建筑材料四大传统优势产业，先后获得"中国（新会）不锈钢制品生产基地"、"中国船舶拆解基地"、"广东银洲湖纸业基地"、"国家

汪洋、黄华华视察新会

新会小鸟天堂

（火炬计划）江门新会纺织化纤基地"、"中国化纤产业名城"、"中国食品工业生产基地"、"中国古典家具之都"、"中国（双水）香业产业基地"等八个国家级和省级称号。

新会名企品牌众多，有20家世界500强企业、26家境内外上市公司投资落户，包括中集集团、日本松下、日本丸红、瑞士ABB、日本JFE集团等世界500强企业以及中国南车、香港李锦记、福斯特惠勒、大昌行、上海耀皮、安徽海螺、中国水务集团等大型集团企业。

同时，新会重点发展集仓储、包装加工、物流配送、保税于一体的现代临港物流业。先后成功引入了大昌物流、高宝隆物流、在胜物流、五邑机电五金城、亨源化工、海湾仓储、大润发等投资超亿元物流项目。其中，大昌物流园建设了公用型保税仓、出口监管仓等项目。目前，大昌慎昌食品加工仓储有限公司出口监管仓获准享受入仓退税政策，是全国享受此项政策的12个仓库之一，也是珠江西岸唯一一家享受此项政策的仓库。

二、扎实推进循环经济

以拆船、造纸行业作为试点，大力发展循环经济，通过跨行业横向资源整合，提高能源利用率。目前，已形成三条较为完整的循环链条，分别是以银洲湖纸业基地为代表的区域循环链，以船舶产业为代表的产业内循环链，以美达、冠华等热电联供项目为代表的企业内部循环链。

新会双水拆船厂、银洲湖纸业基地已成功纳入广东省四大循环经济发展试点之

升级改造后的城区集贸市场

一，并且，双水拆船厂被确定为"重点领域——废旧金属再生利用"第一批国家循环经济试点单位，银洲湖纸业基地被确定为第二批国家循环经济试点单位，新会成为广东省第二个国家可持续发展实验区。

三、实施工业强镇战略，促使镇域协调发展

通过实施工业强镇战略，引导各镇（街）根据自身产业发展现状和自身优势，发展镇域特色经济，促进各镇（街）协调发展。新会有省级中心镇3个，省级专业镇6个，包括五金不锈钢、纺织、食品和集装箱4个工业专业镇，以及2个农业专业镇。2010年，镇（街）规模以上工业总产值978.83亿元，增长26.61%；地方财政收入13.82亿元，增长24.59%，全部镇（街）地方财政一般预算收入超4000万元，工业产值超百亿元、财政超亿元镇（街、区）5个，其中会城街道办规模以上工业总产值229亿元、地方财政一般预算收入6.48亿元，是江门实力最强的镇

2010年新会在北京举办新会古典家具展销会

银洲湖石化基地

（街）；双水镇入选广东省百强镇，列97位，是江门地区唯一入选的镇。

四、构建立体交通网络，融入珠三角一体化

近年，新会加快融入珠三角一体化，发展成为珠三角西部重要交通枢纽之一，拥有除空运以外的所有现代交通，包括高等级航运、铁路、轻轨、高速等立体交通。广珠城际轻轨新会段已建成通车，广珠铁路新会段将在2011年底通车，西部沿海铁路2011年动工建设，广佛江珠轻轨、轻轨江恩支线等多条轨道交通线将在新会南新区的广珠铁路江门南站交汇。银洲湖通江达海，是珠江两条可通万吨级巨轮的航道之一。有7条高速公路以及3条在建或计划建设的高速在新会汇合。规划中的珠江口新通道，使新会到深圳只需40分钟。

五、积极完善公共服务，促进民生发展

"十一五"期间，新会累计民生投入44.87亿元，占地方财政一般预算支出51.97%。累计教育投入37.76亿元，获评省教育强区，10个镇（街）成为省教育强镇。实施"千企扶千村"工程，就业形势稳定，城镇登记失业率控制在3.3%以内。社保覆盖面不断扩大，城镇职工、城镇居民、农村医保合计参保人数73.8万人。农村医保实现全覆盖，报销最高限额提高至8万元。

启动新型农村养老保险，向2011年底实现农村居民社会养老保险全覆盖目标迈进。基层医院全面实行国家基本药物制度零差率，年人均公共卫生经费27元。强化农村卫生服务网建设，农村卫生站每年补贴1万元、乡镇卫生院纳入基本编制医务人员每人年补助1.2万元。开展慈善公益、扶贫济困日等活

春日轻轨美如画（广珠城轨新会段2011年1月开通）

动，支出善款5276万元，资助困难群众、学生7.5万人次。发展义工服务，注册义工突破7万人，新建社区义工服务站20个。

六、依托自然资源，打造宜居宜业宜游人居环境

新会具有"三水两山"的自然特征，"三水"即西江、潭江和银洲湖；"两山"即北有圭峰山、南有古兜山。历年来，新会十分重视生态园林城市建设，在经济加快发展的同时，总体上仍然保持了"山青、水碧、天蓝、地绿"，是广东省第一个全国平原绿化县、广东省第二个国家可持续发展实验区、广东省林业生态县，森林覆盖率31%，城区绿化覆盖率40.13%。新会发挥生态这一特色优势，大力打造成为"宜居、宜业、宜游"的生态型现代化城市。

新会旅游景点众多，拥有2个国家4A级景区，1处全国重点文物保护单位，1个国家森林公园，1个省级自然保护区。城区生活环境优越，开发了几十个园林住宅小区，建成了近10个城市广场，拥有星级酒店近10家，其中按五星级建设的碧桂园凤凰酒店已营业，并有5家五星级酒店正在建设。不久将来城区将饮上新会古兜山脉优质水库水，实现城乡供水一体化。同时，新会还引入投资21亿元的香港和记黄埔银湖湾游艇休闲度假区项目、投资1.5亿美元的国际健康度假村项目。（图文由江门市新会区提供）

2010年新会在广州举办新会工业产品展销会

新会被评为国家可持续发展实验区

新会城区

惠民工程顺利实施
——江门绿道建设成绩喜人

江门市委、市政府认真贯彻省委、省政府关于加快绿道网建设的工作部署，把绿道网建设列为全市"一号工程"，作为落实科学发展观、加快转变发展方式和建设宜居城乡的重点工作全力推进。2010年，我市累计投入资金近3亿元，建成省立绿道286.4公里，完成率达108%，超额完成省下达266公里的建设任务；新增绿道绿化约100公里，绿道绿化率达90%以上；建成驿站12个并投入使用。2011年计划建设城市绿道226公里，并配套完善省立绿道。

珠三角绿道网江门段包括3号绿道和6号绿道，其中3号绿道从顺德均安进入江门，止于恩平帝都温泉；6号线从九江大桥进入江门，止于新会古兜温泉度假区。江门的绿道建设任务重、时间紧，我们坚决按照省委、省政府的统一部署，积极探索绿道网建设的各种有效方法，及早谋划，大力推进绿道建设工作。具体工作情况如下：

一、加强组织领导，统筹加速推进绿道网建设

我市高度重视绿道网建设工作，把绿道

省委常委、秘书长徐少华带队到我市开展以"迎亚运、走绿道、促健康"为主题的活动，江门市市委书记陈继兴、市长刘海同志陪同

建设作为全市重点项目工程抓紧抓实，通过召开会议进行动员部署，统一认识；成立工作机构加强领导，统筹推进；制定政策文件，加强工作指导；落实责任，强化考核，加速推进。

1.深入动员部署，全力推进。我市先后召开市委全会及常委会议、市政府常务会议和市长办公会议，多次研究部署，大力推进绿道网建设，确保完成建设任务。年初，召开全市绿道网规划建设大会，市委书记陈继兴同志亲自动员，要求各市、区党政一把手、各部门主

开平碉楼之自力村

要领导高度重视，把思想认识统一到省委、省政府的决策部署上来，按照省的要求和标准，迅速启动绿道网建设工作，将绿道网建设作为抓落实、见行动、出成效的具体体现，精心组织，全力推进。市长刘海、副市长钟军同志对绿道建设工作，亲自部署、亲自选线，定期到现场检查建设进度和建设质量，并要求建设部门建立对口指导、每月督查的制度，确保各市、区绿道建设顺利开展。

2．建章立制，统筹推进。我市制定实施了《江门市绿道网规划建设工作方案和2010年度实施计划的通知》（江府〔2010〕7号）、《关于加快绿道建设的工作意见》等文件，切实加强对绿道网建设工作的指引，确保绿道网建设有章可循。成立了市绿道办，建立了推进绿道网规划建设工作联席会议制度，下设联席会议工作小组和政策扶持、城乡规划、建设实施三个专责小组，负责统筹协调、政策指导和技术服务工作。

3．落实责任，强化考核。市政府与各市、区和有关部门签订责任书，将建设任务层层分解到镇（街）、到村（居）、到人。制定了《江门市区域绿道（省立）规划建设工作检查考核办法》，将绿道网建设工作列入政府主要考核目标，纳入地方党政领导班子落实科学发展观工作绩效考核范围。

4．加强协调，抓好与周边城市的衔接。按照汪洋书记"全省绿道建设一盘棋"的指示精神，我市主动协调沟通，已完成与佛山市相连的省3号和6号绿道城际交界面的建设，实现城际交界面的互联互通；按照珠中江一体化的要求，与珠海、中山做好衔接，建设珠中江一体的绿道网，确保绿道建设市际无缝对接、协调推进。

二、科学规划，彰显侨乡山水历史人文特色

江门市是全国著名侨乡，自然环境、人文历史、旅游文化资源丰富。我市按照全省统一要求，本着"全市绿道一盘棋"的理念，着手我市绿道规划，致力建设集出行、旅游、休闲、教育等功能于一体的绿道网络，把绿道网络建设成生态工程、环境工程、民生工程、经济工程。在规划建设绿道网过程中注重体现生态化、本土化、多样化、人性化的特点，尽可能将最具江门特色的自然景观、人文景观连接起来，按照"都市型、生态型、郊野型"三种类型进行规划建设，突显江门绿道的侨乡山水历史人文特色。

1．突出滨江山水葵林特色。省3号绿道江门段串联了西江、潭江等主干水道和大西坑、圭峰山等著名自然景观，构成了依山傍水的生态休闲廊道网络。省6号和3号绿道江门段分别经过鹤山古劳水乡、江海白水带公园等具有浓郁生态休闲特色的风景区，沿线的新会南坦葵林公园中具有一百多年历史的葵林达1500多亩，展现了和谐自然的生态景观。

2．突出世界文化遗产特色。开平境内的3号绿道从开平市区迳头江边延伸至荻海风采堂，再经赤坎古镇南楼江边到达马降龙碉楼群，将世界文化遗产碉楼与村落的各个景点串联起来，形成独具特色的"群楼效应"。

3．突出侨乡历史人文特色。省6号绿道江门段将小鸟天堂、古兜温泉等人文景观和北街近代建筑群、崖门古炮台、慈元庙、海会寺、梁启超故居等历史遗迹联接成一个整体，充分展现江门深厚的历史和人文底蕴。

4．突出侨乡乡土风情特色。在绿道网络绿化种植方面，特别注重乡土树种的选择，

省住建厅陈承旗巡视员到恩平指导绿道工作

江门市绿道网规划总图

科学发展 幸福广东
Scientific Development Happiness Guangdong

时任广东省副省长林木声检查江门市绿道建设工作，骑车体验圭峰山绿道

时任江门市市委书记陈继兴率四套班子成员在绿道网建设启动仪式上植树

如选用江门市市树葵树、市花簕杜鹃等树种，提升了我市绿道的品位，突出侨乡乡土特色。台山为建造一条贯穿水乡古村落、体现优美田园风光和江岸美景的绿道，不惜增加投资重新选定绿道走线方案，使台山著名旅游景点岗宁圩古码头重现昔日的风采。

三、齐抓共管，确保绿道网建设质量

我市通过明确责任、加强督查、特事特办，并把绿道网建设与民心工程和新农村建设结合起来，调动各方面积极性，齐抓共管合力推进。特别是5月份以后，各市、区主动提速，促使绿道建设驶上了快车道。在绿道建设中，各市、区和各有关部门都采取了一系列措施，确保工程的进度和质量。

1. 开通"绿色通道"。为加快绿道建设，我市特事特办，在政策允许范围内打破常规，简化审批手续，提高办事效率，加快施工进度。统筹资金，保障投入。将绿道网规划建设作为今年重点城建项目列入财政预算，从基础设施配套费中安排绿道建设专项经费。鼓励银行等金融机构对绿道建设进行信贷投放，鼓励社会各界采用无偿捐助、企业认建、出资命名、工程捆绑等方式参与绿道建设工作。市监察部门专门对有关工作执行情况进行指导监督，为绿道建设保驾护航。

2. 狠抓质量，完善配套。按照汪洋书记"严格施工，打造精品"的要求，我市狠抓工程质量，多次邀请省领导和专家组到施工现场检查指导。同时，组织各市、区绿道建设有关部门到增城、中山、珠海和肇庆交流学习，取长补短，努力将绿道网建成优质工程、民心工程和精品工程。注重培"绿"，根据不同路段的风格，栽种本地乔木、灌木、藤蔓等植物，在绿化种类和图形上体现绿道本土化、多样化。在路面和配套设施上先急后缓，先拉通再完善，充分利用原有道路和环境条件，避免大拆大建。完善配套，讲求实用，做到"三结合"，即把绿道建设与方便市民休闲、锻炼相结合，与旅游设施建设、景点完善相结合，与防洪减灾工程相结合，注重建设好绿道沿线的标识系统、服务区和驿站，在市民和游客较多的地方，增设休息和游玩等基础设施，完善绿道体育服务、旅游休闲、科普教育等多方面功能，进一步提升绿道的建设水平。

3. 加强督查。建立问责制度，每季度问责一次，对按期完成任务的通报表扬，对工作不力、进度不理想单位，其主要负责同志向市委、市政府作检查，并制定整改措施。绿道办和联席会议小组每月通报各地绿道建设工作进度，对进展情况进行检查督办。市委组织全体委员、市人大常委会组织人大代表专题视察检查绿道建设情况，形成工作合力，推动绿道建设工作提速推进。

四、共建共享，把绿道网打造成惠民工程

我市紧紧树立绿道网建设是生态工程、环境工程、惠民工程、经济工程的理念，打破就绿道论绿道的既定思维，致力建设集出行、旅游、休闲、教育等功能于一体的绿道

网络，千方百计让老百姓、社会各界积极参与，实现共建共享，提升绿道的使用价值和社会效益

1.宣传推广，提升绿道知名度。通过广播电视台、江门日报等媒体对建设进行深入报道，广泛宣传绿道建设的意义和进展。特别是结合我市的"创文"活动，组织开展潮连绿道环岛游、"我和绿道有个约会"群众摄影大赛、自行车比赛等宣传活动，引导广大干部群众和社会各界关心、支持和参与绿道建设。省委办公厅、省住建厅等省直机关先后到我市开展"迎亚运、行绿道、促健康"和"侨乡嘉年华，江门绿道行"等主题活动，协助广东电视台在江门拍摄《珠三角绿道网专题片》，进一步宣传、提高了我市绿道的知名度。最近，与中国移动江门分公司合作制作的《五邑侨乡健康绿道体验手册》正免费派发给市民使用，市民对我市绿道建设给予高度评价。

2.探索管理机制，惠民利民。在加快绿道建设的同时，我市注重及早谋划、探索建立长效管理机制，为绿道建成后的运营维护提供保障。我市多个绿道路段已划定绿道控制区，并积极探索长效管理机制，特别是在建设和管理中，探索市场化形式进行运营，发挥当地农民积极性，聘请当地农民植树、种草，担任维护员，增加当地农民的就业和收入，使绿道建设真正成为惠民、利民工程。同时，除把绿道建设与旅游开发结合起来外，还邀请影视公司到我市绿道取景拍摄，使绿道景点成为主要拍摄场地之一，比如开平的自力村碉楼、赤坎，台山的岗宁圩、梅家大院，新会的崖门古战场等。以开平为基地拍摄的影片《让子弹飞》当前正在热映，反响很大；《一代宗师－叶问3》现仍在台山冈宁圩和开平赤坎拍摄中。据了解，目前有多部电影拍摄组前来我市商谈拍摄取景事宜，绿道的使用价值和影响力大大提高。

3.丰富内涵，彰显绿道魅力。我市以绿道网建设为重要抓手，以山、林、江、海、田为要素，建立区域绿道－城市绿道－市区绿道相衔接的绿道网络体系，通过绿道建设改善生态环境，增强城乡综合竞争力，提升城市品位。我市绿道规划建设中，把江门三区四市众多旅游景点串联一起，如古劳水乡、小鸟天堂、碉楼、星光公园等极具侨乡特色的景区和景点，通过人行道、自行车道与原有的道路连通成网，打造绿道精品景点，形成新的旅游线路，不但进一步提升江门旅游的吸引力，而且极大地方便市民出行、休闲，使畅游绿道、享受绿道成为市民生活的一部分，使绿道真正为民所用。我市多个旅游公司已经开通绿道旅游线路，如开平南楼－马降龙碉楼群－恩平帝都温泉等线路游客反应热烈。（图文由江门市住房和城乡建设局提供）

银湖湾湿地绿道

解难案 办实事 强综治
努力构建综治信访维稳工作新格局

霞山区是湛江市的中心城区之一，濒临湛江深水大港，是粤西地区传统的交通枢纽和商贸中心。全区常住人口39万，流动人口近10万人，下辖10个街道办事处，70个村（居）委会。2009年4月以来，按照省、市政法委和综治委的要求，我区深入开展"强综治、创平安、促发展"活动，全面启动了区、街两级综治信访维稳中心和村（居）综治信访维稳工作站建设，从"解难案、办实事、强综治"入手，努力构建综治信访维稳工作新格局，全面推动经济社会的科学发展，取得了良好成效。

目前，霞山区已全面完成了区街村（居）综治信访维稳三级工作平台的建立。截止到2011年5月，全区三级平台共受理了各类矛盾纠纷案件2548起，在办理时限内成功调处结案的2400多起，办结率94%，2010年全区进京、到省非正常上访、集体上访为零。在综治信访维稳三级工作平台建立和不断完善的同时，我区的社会治安持续好转。据统计，2010年与2008年相比，全区刑事发案率下降23%，命案发案率下降64%，"两抢"发案率下降74%。2010年9月，全省粤西、北片区县级综治信访维稳中心建设工作交流会在湛江召开期间，省委常委、政法委书记梁伟发同志亲自视察我区综治信访维稳中心，对我区综治信访维稳中心的建设情况和工作成效给予了充分肯定。在2011年1月全省综治信访维稳中心建设表彰大会上，我区被评为全省综治信访维稳中心建设先进县（市、区），我区综治信访维稳工作的先进经验材料在大会上予以印发。

综治工作的良好成效为全区经济社会发展提供了有力保障。2010年，全区实现生产总值230.92亿元，同比增长15.3%；工业增加值114亿元，同比增长28.1%；社会消费品零售总额160.9亿元，同比增长20.7%；地方财政收入4.05亿元，同比增长31.4%。其中，生产总值、工业增加值、地方财政收入等三项指标的增长率排名全市各县（市、区）首位。八项主要经济指标综合排位居湛江市各县（市、区）首位，在全市落实科学发展观评价指标体系实绩考核中也居各县（市、区）首位，圆满完成全年预期目标和"十一五"规划发展目标。

总结我区两年来在开展"强综治、创平安、促发展"活动以及建设区街村（居）综治

2010年9月11日，全省粤西、北片区县级综治信访维稳中心建设工作交流会在湛江召开期间，省委常委、政法委书记梁伟发同志（右1）在时任湛江市委书记陈耀光（左2）、市委常委、市公安局局长张荣辉（左3）和霞山区委书记庄晓东（左4）等有关同志的陪同下，到霞山区综治信访维稳中心检查指导工作

2009年2月6日，霞山区召开"'铁锤09'深化平安建设动员暨誓师大会"，拉开了霞山为期三年代号分别为"铁锤09、铁腕10、铁盾11"的社会治安专项整治行动的序幕

解难案 办实事 强综治 努力构建综治信访维稳工作新格局

2011年7月以来,霞山区全面推行"网格化"社会管理工作,进一步整合行政资源和社会资源,增强基层管理和服务社会的能力。图为区委书记庄晓东(居中)在基层检查网格化管理工作实施情况

区长杨柔彦(左1站立者)在检查区综治信访维稳中心建设情况

信访维稳三级工作平台过程中的一些好的做法,主要体现在以下四个方面:

一、主动作为搭平台

霞山区既是粤西地区的一个传统交通、商贸和文化中心,同时也是一个典型的老城区。近一些年来,刑事案件高发,公众缺乏安全感一度成为严重影响我区经济社会发展和城区形象的一个"顽疾"。与此同时,一些因征地拆迁、国企改制、村民自治选举和其它社会矛盾所引发的信访维稳问题也影响了全区各级党政工作的开展。2009年4月初以来,省、市政法委和综治委部署开展"强综治、创平安、促发展"活动,全力推动县(区)镇(街)村(居)三级综治信访维稳工作平台建设,使我们看到了一条有效整合工作资源、有效联合工作部门、有效化解矛盾纠纷的新路径和一种大综治大调解的新工作格局,同时也看到了一个有效破解我区经济社会发展难题的契机。在充分认识到此项工作的重要性和紧迫性的基础上,我们把开展"强综治、创平安、促发展"活动作为党委政府工作的头等大事,把搞好三级综治信访维稳工作平台建设作为党委政府工作的重中之重,由各级党组织"一把手"亲自部署、亲自督促落实。

2009年6月,我区仅用一个月的时间就在全区的10个街道办建立起了综治信访维稳中心,并全部投入使用。2010年2月22日,春节后的第一个工作日,区委召开的第一个会议就是研究部署区综治信访维稳中心的筹建工作。为了方便群众来访,同时也为了提高区"中心"的公信度,我们将区机关办公楼的一楼近1100平方米办公室全部腾空作为中心的办公区域,原来在此办公的区民政局、老干部局、医改办、收发室等5个部门在三天内调整搬迁完毕。经过30多天的努力,一个功能比较齐全,职责比较明确,设有受理总台、候访室、接访室、调解办案室、联席会议室、信息档案室和工作人员室的区综治信访维稳中心建成。紧接着,我们又全力推动全区70个村(居)全部建立综治信访维稳工作站,截止2010年7月,全面完成了区、街、村(居)三级工作平台的建立工作。

在各级综治信访维稳工作中心(站)建立之初,我们就严格按照省市政法委要求,严格按照"五化"标准和"八定"要求,高标准配置"中心"硬件设施、高规格建立"中心"领导架构、高标准配备"中心"工作人员、高效率整合"中心"工作资源,在短时间内制定了"六联"机制实施办法,制订了中心联席会议、排查整治、领导包案、督查督办等内部工作制度和工作人员绩效考核办法等内部管理制度,建立了案件受理、案件分流、立案调处、结案答复等七大基本台帐簿册,形成了"一个窗口服务群众、一个平台受理反馈、一个流程调解到底、一个机制考核落实"的工作机制,提出了"对群众合理诉求化解到位、对群众不合理诉求解释到位、对个案诉求人有实际困难的帮扶到位、对闹访缠访者教育到位、督查问责到位、依法处理非法上访者到位、对引发矛盾的源头治理到位"的"七到位"基本工作要求。

二、领导带头解难案

我区切实将综治信访维稳三级工作平台建设和运作作为全区各级党委和党组织"一把手

工程"来抓，并且以前所未有的决心和力度来解决一批陈案、大案、难案，擦亮了"中心"的品牌，凸显了"中心"成效。如，区委书记庄晓东带头包案解决原籍石头村的下岗"征地工"的安置补偿问题，多次主持召开联席会议、多次同上访群体座谈、多次同市有关部门沟通协调，商讨解决问题的方案。经过多方努力，2010年7月，有关原籍石头村下岗征地工有关安置补偿方案得到了各方面的首肯，市政府下拨资金1130万元，最终圆满解决了这历时28年、曾经四次进京、六次到省的信访陈案。区"中心"成立近两年来，由区四套班子领导成员直接包案办理的信访维稳案件有86宗，目前已结案52宗。特别是，近两年来，我区成功化解了历史积案20宗，涉及资金2829万元。其中，由区委书记直接包案处理成功的有8宗，由区长直接包案处理的案件有4宗，分管信访维稳工作的区委副书记和区政法委书记几乎直接参与了所有历史积案的调解处理过程。

此外，我区还切实强调街道党工委书记是街"中心"第一责任人，村（居）党支部书记是村（居）工作站第一责任人，要求街道和村（居）的主要领导要亲自包案化解历史遗留问题，亲自掌控辖区内的治安、信访维稳信息，第一时间到场处理突发事件，工作也取得了良好成效。如，2010年10月21日上午8时30分，贵州省惠水县在我区新兴街道办的一个工地务工人员10人，到街道维稳中心反映一名同伴在务工时因病死亡，要求帮助解决赔偿问题，不然要到市、省上访讨说法。街道中心受理后，立即上报区中心，区中心马上组织区安监、劳动、公安、司法等部门和用工单位的负责人进行磋商，最终于当日中午13时达成协议，由用工单位对死者家属进行适当赔偿，仅用5个小时，实现案结事了，防止了事态进一步恶化，避免了一次突发性的上访事件。又如，我区下辖的解放街道办，由街道党工委书记亲自包案协调处理海头港社区居民与明晶花园长达8年，曾经3次大规模上省高级法院上访的土地权属纠纷案件，引导居民走法律途径解决问题，并帮助海头港社区开展小街小巷改造，逐步消解了群众的不满情绪，避免事件的进一步激化。像这样的例子，在我区的基层还有很多。据统计，2010年我区各街道、村（居）中心（站）共受理纠纷案件1839宗，占全区受理总量的85%，已办结1682宗，办结率达91%，切实实现了"小事不出村（居）、大事不出街道、难事不出区"的目标。

三、多管齐下治源头

两年多来，我区以三级综治信访维稳工作平台为载体，整合工作资源和社会力量，进一步加强社会治安综合整治，创新社会管理形式，多管齐下治理社会问题产生的的源头。

一方面，持续开展社会治安专项整治行动。2009年初以来，我们在全区部署开展了一场为期三年的社会治安专项整治行动。2009年代号为"铁锤09"，主要以严厉打击"两抢一盗"等刑事犯罪为主，迅速形成打击犯罪的雷霆之势；2010年代号为"铁腕10"，强调以铁的手腕保持对各类犯罪分子的严打高压态势，巩固提升平安建设的成果；2011年代号为"铁盾11"，主要是要探索建立社会治安综合治理的长效机制，推动平安创建工作的制度化建设。社会治安专项整治行动开展两年多来取得

网格工作人员深入出租屋进行调查登记

海滨街道哨子队在巡逻，共同推进社区的平安和谐

了丰硕的成果，辖区内的各类刑事案件大幅度下降，特别是人民群众最深恶痛绝的"两抢"案件的降幅超过了七成。在2010年全省公众安全感调查中，霞山区排在全省第34位，全市第1位，群众安全感大幅度上升，霞山的城市形象也大大改善。

另一方面，不断创新社会管理方法。2010年上半年，我们在全区各个街道办事处相继成立了社会工作协会，组织热心社区管理的辖区群众、私营企业老板和辖区单位加入社会工作协会，将综治信访维稳中心的官方资源整合平台和社会工作协会的民间资源整合平台紧密结合起来，推动社区工作由"管理"向"治理"转变，在基层形成"以块为主，条块结合，群防群治"的大综治格局。同时，我们逐步探索实行了稳定风险评估机制，推动市、区各部门、各单位在涉及群众切身利益的重大决策、重大民生建设等出台实施前，要进行稳定风险评估，从源头上预防和减少群体性社会矛盾和公共安全事件的发生，实现由被动保稳定到主动创稳定的转变。

今年，按照省、市政法委的统一部署，我区自今年七月初以来全面开展了以构建"网格化"管理为核心的社会管理创新工作。在现行的"区-街道-社区"的三级社会管理结构下，增加了"网格"这一新的层级，把主城区划分为86个管理网格，建立了网格社会工作服务站，进一步整合行政资源、下沉管理重心、下放管理事权，实行"定人、定格、定责"管理，实现"人在格中走，事在格中办"，大大增强了基层管理和服务社会的能力，切实提高霞山城市形象。今年9月初召开的湛江市委九届十四次全会和9月22日先后到我区调研的朱明国、梁伟发、周镇宏等省委领导都对我区推行"网格化"社会管理创新的做法给予了肯定。

四、诚心为民办实事

在深入开展"强综治、创平安、促发展"活动，全力推动综治信访维稳三级工作平台的建设过程中，我们始终以"真心为民、全心全意办实事；用心做事、一心一意解难案；精心服务、诚心诚意治源头"作为工作的宗旨，始终把"纾民困、解民忧、救民急"作为工作的出发点。如，2010年7月，区委、区政府经认真调研评估，从维护群众切身利益出发，决定由区财政纳入预算，分

麦叔警区召开"红袖章社区哨子队"成立10周年大会

期兑付区侨联基金会股民部分股金，妥善处理274位股民股金兑付问题，使这一历时12年的积案得到破解。

又如，2010年10月，我市开展交通秩序大整顿，往日靠三轮摩托车搭客养家糊口的残疾人，一下子没了经济来源，多次到省有关部门和市政府上访，有的甚至扬言要去卧轨跳桥。为从根本上解决残疾人的稳定问题，我区综治信访维稳中心组织了多次联系会议，协调多个部门，从解决这批残疾人的生活出路着手，对符合低保条件的98户贫困残疾人做到应保尽保，动员企业腾出岗位安排残疾人就业，优先安排残疾人经营杂货、电脑打字等档口。成立了残疾人参股的"霞山区残疾人联合种养专业合作社"，区领导亲自带领区中心、残联、农业等部门和残疾人代表考察种养基地，协助残疾人立项目，定章程，签协议，协调解决供电、用水问题，出面联系区内酒店，协议采购残疾人种养的产品。由于标本兼治，我区残疾人出路得到较好解决，感受到党和政府以及社会的关怀，思想稳定，表示不再上访。据统计，自区"中心"运作以来，共办结民生大案49起，有效地维护了群众利益，促进了社会和谐稳定。

总的来看，我区综治信访维稳三级工作平台的建立，较好体现了矛盾综合调处、治安综合治理、社会综合管理的综治信访维稳工作新格局，有力地维护了社会的稳定和谐，有力地保障和推动经济社会的科学发展，为建设"平安、和谐、优美、文明、幸福"的霞山奠定坚实的基础。（图文由湛江市霞山区提供）

科学发展　幸福肇庆

2010年，在市委、市政府和省地税局的坚强领导下，全市地税系统深入贯彻落实科学发展观，着力实施肇庆地税"1126"系统工程，全面完成了各项目标任务，为"十二五"开好局打下了坚实基础，为构建幸福肇庆和促进全省地税事业又好又快发展作出了积极贡献。

一、始终狠抓组织收入中心工作，为全市"两个尽快"和"两个成为"提供坚强财力支撑

2010年，全系统始终坚持服从服务于肇庆市经济发展大局，始终坚持把组织收入工作作为地税工作的重中之重，始终坚持税收与经济、总量与结构、增速与质量的同步提升，全面实行领导分区域分税种抓收入，强化分析预测，强化税政管理，强化纳税评估，强化挖潜增收，努力构建税收可持续增长的长效机制，圆满完成了各项税收收入任务。

2010年，全市税费收入总量实现新的突破，累计组织税费收入突破70亿大关，达74.93亿元，增收14.59亿元，增长24.18%。其中税收收入总量实现了"两级跳"，直接跨越40亿、50亿两个大关，达50.91亿元，增收11亿元，增长27.55%，完成年度任务的105.24%，收入总量居全省第10位（不含深圳市，下同），超过全省平均水平6.75个百分点。

二、着力构建税费一体化征管机制，惠民生保稳定取得新成绩

坚持税费并重，严格落实税费同征同管同查同服务，促进了社保费收入持续快速增长。全年组织社保费收入21.37亿元，增收2.86亿元，按照市政府考核口径增长18%，社保费征缴率100%，到账率为99.65%；全市参保人数54.84万人，新增社保扩面参保5.21万人，提前完成市政府下达扩面人数任务的200.38%。同时，我

省局党组书记王南健到端州办税大厅调研

们还组织教育费附加收入1.25亿元，增长25.97%；文化事业建设费收入849万元，增长27.48%；堤围费收入1.29亿元，增长117.13%；残疾人保障金收入120万元（2010年10月开始代征），有力促进了各项社会事业的发展。

三、持续推进"两年建设"，规范意识和服务意识稳步深入人心

（一）规范税收执法，税收法治环境持续优化

认真落实组织收入原则，严格执行税收行政执法责任制考核；成立执法检查专业队，对下级单位实施执法检查面达100%，将考核结果与"评优"、"评先"挂钩，实现对税收执法全方位监督。

深入开展税收专项检查，税收秩序进一步好转。全年检查纳税户50户，组织企业自查1,070户，查补入库和自查入库8,828万元，占全年稽查任务的135%，查补收入入库率达100.52%，选案准确率达94%，案件查结率达100%，提前2个月完成查补收入考核目标；7个单位成立了税警联合执法办公室，参与全市联合打击假发票行动6次，检查场所10个，收缴假发票5,637份，涉税金额1,385万。

（二）规范内部管理，行政工作效能明显提升

认真落实各项内部管理制度，坚持用制

科学发展 幸福肇庆

度管人、管事、管物；规范固定资产管理，建立起科学的固定资产动态信息管理平台，探索出一条固定资产"规范化、责任化、标准化"的"三化"管理新路子，提高了资产管理质效，构建了资产管理长效机制。

（三）发挥职能作用，服务大局能力显著增强

紧紧围绕市委、市政府战略部署，用足用好自身管理权限，更好地为肇庆科学发展服务，近年来我市地税收入总量占地方财政收入总量的比重稳步攀升，地税部门职能作用进一步凸显。及时归集整理36条税收优惠政策形成《肇庆市地方税务局关于促进经济发展方式加快转变的税收优惠政策》，合理调整城镇土地使用税额标准，减轻企业负担，全年为123户困难企业减免税收638.92万元，办理再就业税收优惠1,317户，惠及下岗失业人员1,641人，减免税额216.98万元。在配合商务部应对美国反倾销反补贴核查过程中，由于表现出色，受到了商务部充分肯定，商务部办公厅专门发来感谢信予以表扬。同时积极围绕我市经济和地税事业科学发展开展调研，完成了《促进肇庆GDP尽快实现超千亿元目标的税收职能作用研究》，编写了三十万字的《肇庆地税税收发展研究报告》。

（四）强化纳税服务，服务纳税人水平明显提高

设立24小时自助办税服务厅，《中国税务》杂志对我市办税服务厅进行了专题报道。大力推进"电子税务局"建设，不断充实优化地税门户网站功能，市局门户网站累计点击率已突破276万人次,同比增长50%，获得全省地税网站综合排名第四的好成绩。发票抽奖有效发票网上录入量54万张，增长

地税与公安联合执法办公室揭牌成立

省局局长吴昇文、党组书记王南健，肇庆市常务副市长刘惠祥共同启动广东地税统一工作平台肇庆试点正式上线工作

固定资产三化管理

全市地税开展"地税开放日"活动

时任肇庆市委书记覃卫东等市领导到基层办税服务厅参观指导

10%。及时受理咨询、举报、投诉和建议43,637宗，回复率达100%。

拓宽税法宣传渠道，组织同步开展"地税开放日"活动，开展"有了您的纳税就有肇庆的辉煌"系列宣传活动，与共青团肇庆市委联合举办纳税志愿服务活动。在《西江日报》开设税法、社保费宣传专栏，组织开展纳税信用等级评定活动。编写印制《2009年度所得税汇算清缴辅导资料》，认真开展纳税人培训辅导、"税法进企业"、"税法进校园"和"税法宣讲会"等活动，全年累计组织纳税人培训辅导等活动95场次，培训人数超1万人次，受到纳税人和基层税务干部普遍欢迎，纳税人税收遵从度和满意度不断提高。

四、深入推进征管改革创新，数据管税呈现新格局

全面推广专业化税源管理新模式，顺利上线应用"两业"税源控管系统，实行税源分类管理，管理增收效应明显。认真抓好重点税源日常评估监控，全面开展行业专项纳税评估，加强专业评估队伍建设，实行评估考核，全年累计评估纳税户3,094户，评估收入2.41亿元，占税收收入的5%。

全面推广发票在线应用系统，在多行业实行了在线开票，初步实现了从纸质发票向电子数据、从税源事后监控向实时监控的根本性转变。截至2010年12月31日，全市开票户数达3,605户，开票份数206.57万套，累计开票金额211.47亿元。

强化数据分析应用，加强征管质量分析监控，健全部门涉税信息采集共享机制，深化城建税和教育费附加信息比对工作，扩宽数据应用领域。高新区局开发出一套具有地方特色的房地产业监控系统，高要市局土地使用税管理推行"三方确认"机制。

认真落实娱乐业营业税新税率，积极抓好企业所得税汇算清缴，切实加大土地增值税清算力度，大力抓好"五大重点工程项目"税收征管。

强化信息资源整合力度，广东地税统一工作平台率先在肇庆试点上线并成功运行，广东地税12366系统在肇庆成功切换上线，全省地税系统财税库银联网系统（TIPS）率先在四会成功上线，省局信息化试点项目的四会市"房地产行业税收控管实时业务协作平台"正式投入运行。此外，端州区地税局办税服务厅通过"大集中"系统成功征收残疾人就业保障金，市区参保户成功实现网上申报缴纳社保费。

五、着力加强干部队伍建设，队伍执行力显著提升

坚持以人为本，狠抓队伍建设这个关键不放松，干部执行能力和执行效力进一步提

市局召开选拔副科级领导干部民主推荐大会

市局全体班子成员到封开对口扶贫村进行慰问

科学发展 幸福肇庆

全市地方税务工作会议召开，部署全年地税工作

梁局到封开县局调研对班子提要求

升，凝聚力、战斗力和创造力进一步增强。强化领导班子建设，做好处级干部提拔和转任工作，大力加强基层领导班子建设，各级领导班子结构进一步优化。市局领导班子荣获2009年度肇庆市直机关单位领导班子绩效考核一等奖，连续三年蝉联一等奖。

创新培训方式，扩大培训范围，先后举办肇庆地税系统"510"专业人才首期培训班、业务骨干更新知识培训班和科级干部培训班。在去年11月国家税务总局组织的企业所得税业务考试中，全系统13名干部取得了平均分全省第六名的好成绩，同时有4位同志入选全国企业所得税专业人才库。

树立科学用人导向，坚持选拔理念创新、选拔方式创新和区局纪检监察职能设置创新"三个创新"，市局公开选拔正科级干部2名、副科级干部9名，基层局提拔副主任科员9名，进一步激发了干部队伍活力。

着力推进创先争优工作，市局获得全省推动政（厂）务公开民主管理工作先进单位荣誉称号，市局被确定为肇庆市直机关建设学习型党组织示范单位；广宁县局获得"全国模范职工之家"和广东省"体育节"活动先进单位；端州区局办税服务厅获得广东省"三八"红旗集体荣誉称号；高新区局团支部获得广东省"五四红旗团支部"称号和广东省"青年文明号"荣誉称号；全系统7个单位荣获"肇庆市文明单位"称号，2个办税服务厅获得"肇庆市文明窗口"称号。

认真开展扶贫济困活动，严格落实对口帮扶制度，全系统在全省首个"扶贫济困日"活动中累计募款54万元，市局为挂钩扶贫点封开县金装镇望高村扶贫开发共投入73.2万元，并发动干部职工为贫困学生助学基金捐款5,070元，为青海玉树地震灾区捐款11.7万元。

六、切实加强廉洁地税建设，确保系统平安稳定

坚持将反腐倡廉建设放在更加突出的位置，加强党风廉政责任制落实，加强惩防体系建设和廉政风险防范。落实"一案双查"和信访举报制度，信访举报率持续保持在较低水平。组织干部职工到肇庆市反腐倡廉暨预防职务犯罪教育基地参观。加强廉政文化建设，举办全市地税系统廉政文化作品展，开展"两年建设"征文活动；强化内部审计监督，着力推进项目审计和专项审计工作，积极开展领导干部经济责任审计，离任审计面达100%。狠抓政风行风评议，全系统22个单位参加2010年全省基层单位政风行风评议均获第一名，被授予"政风行风评议满意单位"称号。全系统连续十年没有发现不廉洁现象，地税良好社会形象进一步巩固。

2010年，全市地税乘势而上，奋力拼搏，成功实现了"十一五"预期目标，"十一五"期间累计组织税收收入168.07亿元，年均增长26.96%；累计组织社保费收入81.88亿元，年均增长20.24%。特别是2010年税收收入更是跨越两个台阶，收入规模比1994年～2002年9年的收入总量还多4亿，占"十一五"期间收入总量的三成多，为我市经济社会"十一五"收好官、"十二

梁友平局长率队到封开帮扶点扶贫慰问

肇庆地税干部职工积极向青海玉树灾区募捐

五"开好局作出了积极贡献。此外，全市地税队伍的"五种意识"、大局观念、规范理念和服务理念更加到位，综合能力显著增强，行政管理水平大幅迈进，政令更加畅通，"四个更加满意"度不断提高，地税形象明显提升。

回顾过去一年的工作历程，不仅加深了对税收内在规律的认识，丰富了地税科学发展的经验，坚定了服务肇庆经济社会发展的信心，也总结出三条经验：

（一）必须将科学发展理念作为地税工作的根本指引。思想是行动的先导。近年来，肇庆地税迈上了一个新的发展平台，实现了一个又一个突破，创造了一个又一个辉煌，与我们有着一系列科学发展理念支撑密切相关。从强化"五种意识"到牢固树立"服从服务于肇庆经济发展大局"理念，从以"绣花精神"科学谋划组织收入工作到持续开展"两年"建设活动，从提高队伍执行力再到实现工作作风由强力推动型转变为自觉落实型，这一系列科学治税理念一脉相承，环环相扣，是根据市委、市政府和省局科学发展思路，并结合肇庆地税不同时期的发展特点和发展难点，提出的针对性、渐进性工作理念。实践证明，这些理念客观描准了肇庆地税现状，找准了肇庆地税上台阶的重要环节，明确了肇庆地税发展方向，使得我们在当前新平台上追求新发展和实现新跨越不仅可能，而且可行。

（二）必须将服从服务于肇庆经济发展大局作为地税工作的根本目标。税收来源于经济又反作用于经济。我们充分认识到，只有建立税收与经济的良性互动机制，促进两者协调运行，地税事业才能实现可持续发展。近年来，我们坚持将服务肇庆经济发展大局作为我们一切工作的出发点和落脚点，主动转变就税收论税收的工作思路，主动找准税收工作在经济发展中的定位，紧紧围绕市委、市政府各个时期的决策部署，始终坚持组织收入和落实政策两手抓、两促进，充分发挥税收职能作用，有力促进了我市经济社会科学发展。实践证明，只有坚定服务大局意识，明确服务大局目标，找准服务大局方向，完善服务大局举措，地税工作才更有阵地、有作为、有地位。

（三）必须将提升队伍执行力作为地税工作科学发展跨越发展的根本保障。人是干事创业的主体。肇庆地税要实现又好又快发展，就必须要有一支素质高、作风优、执行力强的地税队伍作为前提。近年来，我们始终坚持在收好税的同时带好队，将队伍建设置于更高层面来认真对待，注重抓班子建设树龙头效应，抓教育培训强队伍素质，抓廉洁从政保队伍平安，初步实现干部职工个人价值和地税事业同步协调发展。实践证明，坚持将队伍执行力建设作为地税发展的根本突破口，才能人兴、队强、税收顺，才能使地税事业在科学发展道路上越走越辉煌。

七、2011年工作思路和要求

2011年全市地方税收工作的总体思路是：以邓小平理论和"三个代表"重要思想为指导，深入贯彻科学发展观，全面落实市委、市政府和省地税局工作部署，狠抓组织收入，严格依法治税，深化"两年"建设，强化队伍素质，树立勤政作风，开拓创新，锐意进取，不断推进肇庆地税事业在当前新平台上巩固、深化、提升，不断推进幸福肇庆地税建设，为实现"十二五"规划良好开端，为实现富民强市、建设幸福肇庆作出新的更大贡献。

按照这一工作思路，做好当前地税工作，必须沿着科学发展、创新发展道路，切实做到"六个坚定不移"：

（一）**坚定不移地拓展服从服务"建设幸福肇庆"为中心的税收职能作用空间。** 主动找准服务幸福肇庆建设的切入点和着力点，以打造幸福肇庆地税为抓手，全身投入到建设幸福肇庆宏伟事业中；精心组织税收收入，努力保持税收持续稳定增长，为幸福肇庆建设提供财力保障；严格落实各项税收优惠政策，推动经济发展方式转型升级，促进社会民生保障。继续抓好扶贫开发工作，为幸福肇庆建设添砖加瓦；深化经济税收数据分析，加大调研力度，为市委、市政府战略决策提供参考，为幸福肇庆建设出谋划策。

（二）**坚定不移地树立勤奋拼搏、开拓创新、求真务实为核心的勤政工作作风。** 为政之要在于勤，人不勤则事废，人勤则事成。当前肇庆地税虽然迈上了一个新的发展平台，但地税事业任重而道远，需要不断寻找工作中存在的薄弱环节，在勤政建设上抓促进，见实效。树立勤政作风，就是要勤奋拼搏。以对工作高度负责的精神状态忠于职守，勤于政务，把心思和精力集中到全心全意服务经济发展大局、服务地税事业科学发展上来；树立勤政作风，就是要开拓创新。不要因为目前取得一些成绩就沾沾自喜，固步自封。要与时俱进，将开拓创新作为推动地税事业发展的不竭动力和源泉，紧紧围绕税收中心工作，深入调研，不断创新税费一体化征管机制，创新纳税服务手段，创新行政管理方式方法，努力开创税收工作新局面；树立勤政作风，就是要求真务实。要脚踏实地，立足实践，尊重实践，形成重实际、说实话、干实事、求实效的良好氛围。要认真部署谋划，确定重点工作，细化分解任务，明确部门责任，严格绩效考核，推进宏观管理微观化，微观管理宏观化，确保政令畅通、落实有力，不断提高执行力和工作效率，促进地税发展软环境进一步优化。

（三）**坚定不移地落实社保费全责征收为重点的税费征管一体化机制。** 深入研究信息化条件下税费工作规律，积极探索税费同征同管同查同服务方式方法，始终坚持税费并重，健全制度体系，构建税费联动机制、考核机制和责任机制，真正将社保费等各费（金）征管融入到税收工作，不断提升全责征收水平，保障缴费人合法权益。

（四）**坚定不移地深化以规范和服务为内容的"两年"建设活动。** 在认真总结前两年活动开展经验基础上，深化"两年建设"活动力度，创新"两年建设"方式，完善"两年建设"内容，将其转变为肇庆地税常态化工作。要进一步加强监督规范执法和规范管理，整顿秩序维护公平，强化宣传引导遵从，努力营造法治、公平、和谐的税收环境，逐步形成税务机关依法治税、纳税人诚信纳税、社会各界协税护税的良好格局。

（五）**坚定不移地强化以数据应用为核心的数据管税效能。** 以数据采集为基础，以分析利用为核心，以安全管理为保障，努力开创数据管税新局面。全面整合信息资源，健全数据采集机制和涉税信息共享机制，严格数据审核管理。健全数据分析预警机制、专业化纳税评估机制和征管状况分析机制，全面应用涉税信息。深化发票管理改革，完善在线开票管理制度，进一步扩大在线开票应用范围。健全信息安全运维机制，确保系统安全稳定运行。

（六）**坚定不移地强化以人为本的队伍建设力度。** 更加注重队伍提升践行科学发展观能力，狠抓教育培训和实践锻炼培养干部，努力提高执行能力和执行效力；大胆创新激励方式激发干部，增强干部职工的幸福感、归属感和荣誉感，提升幸福指数；推进党风廉政建设保护干部，突出风险防范，突出作风建设，着力构建全员覆盖的廉政平安网，为地税事业科学发展提供坚强人才保障。（图文由肇庆市地方税务局提供）

坚持绿色崛起产业兴区发展思路
西江生态新城呼之欲出

鼎湖区怀抱世界名山——鼎湖山，是北回归线上的一片神奇绿洲。该区位于广东省中部偏西，西江中下游，扼西江与粤西地区水陆交通咽喉，与珠江三角洲核心区一脉相承，与历史名城端州区首尾相连，是肇庆市中心城区的重要组成部分。凭借有利的区位条件、得天独厚的生态环境与后发优势，鼎湖区被广东省政府授予"广东省可持续发展实验区"。随着国家《珠三角规划纲要》和肇庆市"东扩南连"战略的实施，鼎湖区确立了"绿色崛起、产业兴区、构造名城"的发展思路，着力将鼎湖区建设成为"未来生态城、山水智慧城、活力现代城、开放宜居城"。在新一轮经济转型升级的发展大潮中，鼎湖区充分发掘资源潜力，高起点规划建设，开启了城市建设、产业发展新局面，一座现代化"西江生态新城"呼之欲出。

一、坚持规划先行，描绘新城发展蓝图

鼎湖区于1988年建区，是城市发展、产业谋划的一片新天地。在经济社会发展转型时期，鼎湖区清醒的认识到：起步较晚、基础薄弱是鼎湖区的不利因素，但也为鼎湖区解放思想、开拓创新，转变发展方式提供了后发优势。随着《珠三角规划纲要》的颁布实施，鼎湖区委区政府高瞻远瞩，以长远眼光、宏观思维谋划鼎湖发展。从2007年开始，先后组织了清华大学等多个国内外高级别的规划设计单位进行战略研究，对鼎湖进行了多层次规划，确立了"绿色崛起、产业兴区、构造名城"的发展思路。近几年来，先后完成《鼎湖区发展概念性规划》、《肇庆市鼎湖区整体规划》、《坑口片区控制性详细规划》，正在全方位铺开桂城片区、广利片区的《控制性详细规划》，精心开展肇庆新港、新火车站、轻轨站、鼎湖山麓、西江河畔等片区的城市设计；利用新一轮土地利用规划修编，将城区连片调整扩展到68平方公里，土地利用总规模达10.3万亩，为城市建设和产业发展奠定了基础。规划利用本区怀抱世界名山和一江两岸的地理格局，着力构造鼎湖山麓天然大氧吧、西江流域魅力滨海新城，打造旅游休闲之都、现代产业高地，使鼎湖区成为肇庆城市双核发展的重要一极，广佛肇都市圈的重要增长极，融入珠三角城市群。在产业整体布局上，将全区划分为"生态旅游、商居会展、港口物流、新型工业、休闲农业"五大功能板块，着力打造

绿色环抱的鼎湖新城

坚持绿色崛起产业兴区发展思路 西江生态新城呼之欲出

鼎湖山麓、西江河畔，鼎湖生态新城悄然兴起

优美的生态环境蕴育优质饮用水生产基地——鼎湖山泉瓶装水车间

2010年，肇庆新港经国务院批准正式对外开放

重大交通基础设施建设如火如荼——图为贵港高铁北岭山隧道口

以低碳生产、技术研发、港口物流、旅游度假、休闲娱乐、商务办公、购物餐饮、文化教育为主的生态新区，建设"未来生态城、山水智慧城、活力现代城、开放宜居城。

二、利用区位条件，打造区域交通枢纽

鼎湖区顺利开展江肇高速、贵广铁路、南广铁路、城际轻轨等重大工程约10000多亩征地拆迁任务，确保在鼎湖境内投资达120多亿元的重大交通设施建设顺利推进。积极争取优化交通线路的布局，将肇庆火车东站布局在鼎湖并提升规格，设置轻轨站，增设江肇高速与肇庆新港连接线，谋划铁路与港口货运专轨等。目前鼎湖区与珠三角融为一体，成为沟通粤西地区与大西南省市的重要交通枢纽。现有321国道、广茂铁路、西江航道贯穿全境。建设中的南广、贵广铁路在鼎湖城区东边交汇，设立了肇庆新火车站，是广东沟通西南五省的重要节点；新规划建设中的广佛肇城际轻轨、珠外环高速、广佛肇高速、肇庆至花都国际机场快速干线，在本区设立了轻轨站及多处互通出入口，西江特大桥已见雏形，一江两岸城市格局初露端倪。轻轨到广州仅30分钟车程，与广州、佛山等城市形成"同城概念圈"和"半小时生活圈"，经肇花高速公路，40分钟可到达广州国际机场。西江俗称"黄金水道"，沿途贯穿7个县市区。肇庆新港已正式开通，是全国28个重点内河港口之一，上至梧州200公里，2000吨级船舶可直航南宁，连接大西南；下至珠江出海口120海里，5000吨级船舶可直航港澳，连接国际海运网，且具有高速铁路、高速公路与港口码头水陆联运的优势。

三、挖掘资源潜力，切实壮大产业支撑

1. 着力提升旅游业。鼎湖山是鼎湖区的金字招牌，1980年1月纳入世界"人与生物圈"保护网。原生态自然环境使鼎湖山上负离子为普通健康标准的150多倍，达10.56万对，具有"负离子氧吧"的美誉。为此鼎湖着力擦亮生态品牌，目前正在开发鼎湖山新入口，提升景点建设。列入"肇庆千里旅游走廊"的还有凤凰山、九龙湖、葫芦山、砚洲岛、羚羊峡等景点，各具风姿特色。目前正在加紧完成水源保护区规划和景区设计，引进战略投资者，逐步整合、深度开发旅游景点，打造高端旅游品牌。

2. **开辟港口物流业**。利用西江"黄金水道"建设肇庆新港，已完成第一期工程建设，并于2010年经国务院批准正式对外开放。现正与市政府上下联动，与珠江船务公司合作，推动肇庆新港第二、三期工程建设，努力打造国家级大港，为港园结合、以港兴园，发展临港工业和现代物流业安装引擎。配套港口建设，鼎湖区将临港27平方公里规划为港口物流园区，已引进中储粮、华润建材物流等一批重大项目，着力发展仓储、物流和临港工业，拉开了港口物流园区建设的序幕，努力打造交通枢纽物流重地。

3. **构造教育园区**。鼎湖区生态环境优越，是文化教育产业的理想栖息地。《规划纲要》确定肇庆为南方重要的职教基地，文化教育产业是鼎湖的朝阳产业。目前肇庆卫校新校区已初步建成，拉开了教育园区建设的序幕。下一步我区将进一步引进一批大中专院校和科研机构集中到鼎湖发展，争取名校到鼎湖创办分校，高标准打造教育园区和科研开发基地。

4. **谋划新兴产业园区**。目前，鼎湖现有规模以上工业企业93家，主要行业有汽车配件、有色金属加工制造、生物制药、电子信息、纺织服饰、饮用水、箱包鞋业等产业，工业发展势头迅猛。下一步，本区将充分利用鼎湖优越的区位条件和交通优势，逐步连片整合开发永安、莲花及临港工业片区，在鼎湖东部地区形成规模约100平方公里的规模新兴产业园，着力发展高新技术产业、先进制造业、现代服务业，引导工业产业向园区、规模、集聚发展，着力转变发展方式，打造现代产业高地。

5. **展望高端服务产业**。随着鼎湖新兴城市建设和现代产业的不断崛起，鼎湖的生态优势、比较优势将日益突出，人流物流将日益兴旺，发展购物、餐饮、休闲、健身、文化、娱乐等产业的空间巨大。目前鼎湖区正着力打基础、挖潜力、装引擎，逐步兴旺人流、物流，有效提升区域商业、人居环境，增强城市的吸引力、汇聚力、辐射力。鼎湖区生态环境优良，是新兴交通枢纽城市，具有明显的后发优势，是现代服务业进驻的理想城市，因此，商务办公、技术研发、总部经济是鼎湖展望的产业。

四、利用后发优势，稳步推进城市建设

本区地处北回归线以南，属亚热带季风气候。全区阳光充足、雨量充沛，受灾害性天气影响较小，常年风调雨顺。全区森林覆盖率达46.5%，自然生态环境优良，保健作用突出；境内山、湖、江、岛、峡地貌齐全，平原辽阔，具有建设"未来生态城、山水智慧城、活力现代城、开放宜居城"的优

新兴现代制造业迅猛发展——鸿特精密压铸有限公司车间

肇庆新港正式对外开放

坚持绿色崛起产业兴区发展思路 西江生态新城呼之欲出

越条件。为此，鼎湖区抢抓机遇，加快推进城市开发建设。1.着手构造城市交通网络。与国家重大交通干线、站场布局建设相衔接，精心编制城市交通规划，着力构造区域交通网络。几年来，建成永莲公路、进港公路、凤凰公路、观砚大道等多条区域干线，对城区20多条城市街道进行改造提升，新建街道10多条，逐步完善公交运输体系，城市空间不断拓展；新建碧莲湖公园和城市绿道40多公里，城市美化、亮化、绿化焕然一新。2.着力提升房地产发展。初步建成御景园、明湖园、帝豪花园、现代城、阳光家园、山水居、世纪雅苑、丽景园、鼎湖森林等多个高尚居住小区；鼎湖碧桂园、明珠国际大酒店、侨兴山庄、鼎威地产、假日酒店等一批高档、大型房产宾馆酒店项目正在筹建；鼎湖文化商业中心、罗隐及西丫朗商住开发区项目顺利推进。鼎湖山麓、西江河畔，一座座高楼拔地而起，生态文明城、山水智慧城悄然兴起。3.稳步推进基础设施建设。着眼未来城市建设和经济发展需要，近几年来，全面铺开本区交通、市政、电力、水利、教育、文化、公园等城市基础设施建设，市政基础设施、地方公路改造、饮水安全工程、城市污水处理厂、变电站工程、文化教育工程、九坑河水库除险加固、景丰联围达标加固等工程建设成效显著，一大批工程项目相继建成，一批新项目如期开工，工程建设如火如荼，有效地增强了发展后劲，提升了城市经济发展的承载力。4.着力构造城市经济实体。启动西丫塱综合商住项目和人民公园城市商务中心项目，发展集商业、金融、文化、湿地公园为一体的城市商务中心，以西江走廊及周边罗隐片区等用地为组团，大力建设滨江休闲娱乐区，全面拓展饮食、文化娱乐、健身休闲、旅游基地等服务业；加紧促建鼎湖碧桂园大型高档商住社区、鼎湖国际汽车城等项目，着力充实城市经济实体，为城市经济发展、兴旺人流、物流增添活力。（图文由肇庆市鼎湖区提供）

烂柯山畔，天然湿地公园——鼎湖度假村

打造科技新城　建设幸福大旺

短短几年，大旺成功实现了从华侨农场到省吸收外资重点工业园区、再到全省示范性产业转移园、再到国家高新区的精彩蜕变，完美的"三级跳"书写了肇庆高新区党委、管委会团结带领干部群众开拓进取、顽强拼搏的大旺传奇，创造了令人惊叹的"大旺速度"，缔造了人民幸福美满的生活，为打造能够代表珠三角科学发展成果的现代科技新城奠定了坚实的基础。

一、园区基本情况

肇庆高新区设立于1998年，原位于肇庆市区，2002年上半年迁园大旺正式挂牌运作，总面积98平方公里，首期规划建设22.52平方公里，全部为国有土地，现有常住人口15万多人；2004年7月被省政府确定为广东省吸收外资重点工业园区和广东省山区吸收外资示范区；2008年8月竞得省首批示范性产业转移园；2010年9月升级为国家高新区。

该区位于珠三角中心区西部、肇庆市东部，与佛山市三水区一河之隔，东距广州市区50公里，西到肇庆市区40公里，属广佛肇半小时经济生活圈范围，到广州白云机场仅需30分钟车程，321国道、广贺高速公路、珠外环高速公路、广茂铁路、广佛肇城际轨道等多条主干道路贯区而过，水路运输通江达海，形成了水、陆、空立体式、多元化的黄金交通网络，区位交通得天独厚。

2010年11月20日，中共中央政治局委员、广东省委书记汪洋（后排左四），时任广东省委副书记、省长黄华华（后排右三），国家科技部党组书记、副部长李学勇（前排左二），肇庆市委副书记、市长郭锋（前排右二），市委常委、高新区委书记刘龙平（前排右一）等领导出席肇庆国家高新区授牌仪式。

二、迅速崛起备受瞩目

近年来，肇庆高新区在省委、省政府的关心支持和肇庆市委、市政府的正确领导下，秉承"开拓进取、奋力拼搏、无私奉献"的拓荒牛精神，充分发挥区位、交通、土地和政策等优势，一手抓大项目引进，一手抓城市化推进，狠抓科技创新和民生建设，经济社会实现了超常规、跨越式发展。2010年与2002年相比，该区GDP增长了32.6倍，工业总产值增长了85.5倍，财政一般预算收入增长了44.8倍。截至目前，该区已累计引进各类工业企业600多家，其中已投产近300家，投资总额1500多亿

风景优美的肇庆国家高新区

元，实际利用外资连续多年在全省省级开发区中排名第一，初步形成了金属新材料、先进装备制造、电子信息、生物医药等四大主导产业。

良好的创新创业环境，一日千里的发展态势，备受世人瞩目。中共中央政治局委员、省委汪洋书记先后七次莅临该区视察，寄望该区"真正成为全省示范性产业转移园的典范"、"高标准建设国家高新区"和"实现五千亿、关键靠科技"。黄华华省长先后九次视察该区并指出："这几年全省开发区发展中，肇庆高新区发展成效是最好的、发展速度是最快的"，寄望该区"建设成为国内一流的高新区"。

三、发展规划科学超前

肇庆高新区按照国家高新区"四个成为"的定位要求和省、市的决策部署，定位于建设全省示范性产业转移园的典范、国内一流的高新区和年产值5000亿元、能够代表珠三角科学发展成果的现代科技新城，通过国际招投标编制完善了《总体规划》、《产业发展规划》和《5000亿元发展战略规划》，明确了金属新材料、先进装备制造、电子信息、生物医药等四大主导产业，确定了中心服务区、金属新材料产业区、先进装备制造产业区、电子信息产业区、生物医药产业区、物流及综合保税区、产学研配套区等"一中心六区域"的总体空间布局，力争四大主导产业年产值均超1000亿元，为尽快实现年产值5000亿元描绘了宏伟蓝图。

四、园区环境日臻完善

肇庆高新区牢固树立"优惠不如优势"、"有多少事、就找多少钱办成事"、"先规划后建设、先地下后地上、先修路后开发、先环保后建厂"等发展理念，坚持"适度超前"的原则，投入100多亿元，高标准推进以交通、水利、电力、燃气、环保、通信等为重点的基础设施和社会配套建设，目前已建成总里程近400公里的"七纵七横"主干路网、50年一遇防洪标准的大旺围、10年一遇24小时暴雨一天排干标准的城市排涝系统和行政服务中心、创业服务中心、科技企业孵化基地、人力资源市场、高等职业学院、五星级酒店、国际赛车场、新水厂、污水处理厂（配套覆盖全区的雨污分流管网系统）、车检场、进口保税仓、出口监管仓等一批重点配套设施，三甲人民医院、现代化学校等其他配套设施也正在抓紧建设中，并在全省产业转移园中首个同时获得ISO14000环境管理体系国内、国外双认证，被列为省第一批循环经济工业园区，正在创建国家生态工业示范园区，综合竞争力位居全省各类园区前列。同时，积极推进大旺大桥扩建工程、肇花快速干线跨北江大桥工程等对外交通节点的立项建设，协调抓好广贺高速公路、珠外环高速公路、广佛肇城际轨道交通等过境交

肇庆国家高新区2010"大旺金秋"经贸洽谈会签约仪式现场

通设施的建设，进一步加快了与广佛在交通上的一体化进程。

五、产业集群初步形成

肇庆高新区坚定不移地把招商引资作为全区一号工程、头等大事和"生命线"抓紧抓实，以产业招商、引"凤凰"为重点，以区领导分头带领小分队登门招商和举办专业招商会为主要形式，主动承接国内外高端产业转移，大力发展高新技术产业和战略性新兴产业，全力推动产业集群发展。形成了以投资120亿元、年产值400亿元的亚洲铝业为龙头的金属新材料产业，相关企业已有100多家。先进装备制造产业洽谈落实了一个投资额近200亿元的汽车整车生产项目，并集聚了相关企业200多家。形成了以投资130多亿元、年产值700多亿元的中恒（大旺）国际生物医药物流产业基地、上市公司大华农为龙头的生物医药产业。形成了以硅芯光电、中导光电等为基础的电子信息产业。形成了以国电热电联产、大旺珠江物流园等项目为重点的现代服务配套产业。同时，该区积极推动原有企业增资扩产、技术改造、争创品牌、谋划上市，加快转型升级发展，着力提升产业竞争力。

六、科技创新扬帆起航

肇庆高新区牢固树立"实现五千亿、关键靠科技"的理念，积极学习借鉴国内先进开发区的成功经验和做法，大力推动科技进步和自主创新。出台了《关于增强自主创新能力的实施意见》等政策，设立总额为1亿元的科技创新基金，鼓励和支持自主创新企业在区内发展。推进科技服务体系和自主创新平台建设，完成了"数字化高新区"一期工程建设，创业服务中心已有一批科技中介服务机构和孵化企业进驻，被认定为广东省科技服务发展示范基地和广东省科技人才（肇庆）基地。建立了国家级工程中心3家，国家级企业技术中心2家，设立了企业流动博士后工作站2个，实施国家级火炬计划项目11项、"863"计划项目12项，发掘了一批具有国际先进水平的项目和产品，形成了一批具有自主知识产权的高新技术产品。已累计引进海外高层次人才32人，硕士、博士1272人，本科18607人，高、中级技术职称人才1802人，全区从业人员31.7%达到大专以上学历，3人入选国家人才"千人计划"。已有五家公司上市，三家公司已向证监会上报申请材料，六家企业正积极筹备上市。

七、社会民生和谐稳定

肇庆高新区全面落实以人为本的科学发展观，切实加大对民生建设的资金投入，全力加快幸福大旺建设，让全区人民共享改革发展成果，不断提升生活的幸福指数。积极实施就业和再就业工程，积极安置本地近2000名"4050"人员在公益性岗位就业，对区内适龄就业人员免费分批进行就业技能培训后推荐到企业就业，全面消除"零就业"家庭。积极抓好安居工程，2000多套华侨新城安居房已投入使用，被国侨办领导誉为全国华侨农场安居工程建设的一个典范和一面旗帜。积极抓好同富裕工程，按照每人每年1200元的标准发放福利股分红，符合条件人员1.5万多名。积极抓好教育均衡发展工程，新建成城区二小、南方科技职业学院，启动建设大旺中学高中部、大旺国际幼儿园，并在全区实施多媒体电化教学，在全市率先实现学前三年到高中阶段的15年免费

2010年12月17日，肇庆市委书记、市人大常委会主任覃卫东（左六），市委副书记、市长郭锋（左五），市委常委、高新区委书记刘龙平（右三）等领导和嘉宾出席亚铝40万吨铝板带项目投产仪式。

教育，在全国高薪公开聘请名校长、名教师打造教育品牌，对区内高中阶段的困难家庭子女给予每学年1500元的助学金，对困难家庭大学生给予每学年3000元至6000元的助学金。积极抓好环境改造工程，对旧城区进行改造，建成了环境优美的大旺公园、将军山公园和全市规模最大、功能配套最齐全的新农贸市场，完成了"九个一"生态文明社区工程建设，实现了城区通5个居委会道路的硬底化和区内有线电视、自来水普及率100%，群众的生产生活环境不断得到改善。积极抓好社会保障工程，以全市最高标准发放退休职工生活补助，以全市最高标准和城乡一体化发放低保金，以全市最高标准实施新型合作医疗报销制度，在全市率先落实独生子女保健费和独生子女父母退休一次性奖励政策。对区内困难家庭实行科级以上干部挂钩帮扶脱贫制度。实行60岁以上老人免费乘坐公交车制度，对80岁以上老人给予每月300元的生活补贴，对100岁以上老人给予每月500元的高龄津贴。切实加强社会治安综合治理、信访维稳和企业和谐工作，在街道办成立了综治信访维稳中心，在100多家企业成立了人民调解组织，及时将各种矛盾和问题化解在萌芽状态，实现社会大局和谐稳定，人民安居乐业。

八、展望未来任重道远

乘风破浪会有时，直挂云帆济沧海。展望未来，肇庆高新区将按照国家高新区"四个成为"的定位要求和省、市的决策部署，以科学发展为主题，以加快转变经济发展方式为主线，以提高科技创新能力为核心，以发展高新技术产业和战略性新兴产业为重点，努力实现更高层次、更大规模、更好效益的发展，力争到2015年实现工业总产值超2000亿元，科技新城建设初具规模，四大产业集群加速壮大，创新能力和创业水平居省内高新区前列，成为肇庆转型升级、自主创新的引擎；力争尽快实现年产值5000亿元，成为国内一流的高新区和能够代表珠三角科学发展成果的现代科技新城。

（图文由肇庆市高新区提供）

2010年7月28日，肇庆高新区副科级以上干部在认真聆听著名经济学家郎咸平教授作"2010年中国经济形势分析"专题演讲。

被国侨办领导誉为全国华侨农场安居工程建设的一个典范和一面旗帜的肇庆高新区华侨新城。

2010年5月15日，肇庆市委书记、市人大常委会主任覃卫东（后排左五），市委副书记、市长郭锋（后排右六），市委常委、高新区委书记刘龙平（后排右五），区委副书记、管委会主任江栋才（前排右一），中恒集团董事长许淑清（前排左一）等领导和嘉宾出席中恒（大旺）国际生物医药物流产业基地签约仪式。

加快转型升级　建设幸福高要

高要，既是传统的山区县（市），也是年轻的珠三角城市。在省委、省政府和肇庆市委、市政府的正确领导以及上级有关部门的大力支持下，在历届班子打下的坚实基础上，高要经济发展走过了从起步、加速到跨越发展的历程。但与珠三角核心区相比，高要仍然属于欠发达地区。站在新的起点上，高要紧紧围绕省委十届八次全会提出的"加快转型升级，建设幸福广东"的战略部署，以及肇庆市委、市政府主要领导对高要提出的"两个提升"（加快产业转型升级、城市建设对接提升）和"三个成为"（把高要建设成为肇庆市战略性新兴产业集聚地、宜居城乡先行区、现代农业示范市）的要求，以贯彻落实《珠江三角洲地区改革发展规划纲要》为推动，以"加快转型升级、建设幸福高要"和建设"宜居宜商、人文高要"为目标，以科学发展为主题，以加快转变经济发展方式为主线，以促进产业转型升级、推动重点项目建设和重点工作落实为主攻方向，扎实开展"发展年"、"建设年"、"卫生年"活动，掀起新一轮发展热潮。

中共中央政治局委员、广东省委书记汪洋同志到高要调研

一、"十一五"发展成效显著

回眸"十一五"，高要经济发展成效显著。2010年，全市实现地方生产总值210.26亿元，比2005年翻一番多；社会固定资产投资总额108.8亿元，比2005年翻一番多；地方财政一般预算收入13.6亿元，比2005年翻两番多。三项指标继续排在肇庆市各县（市、区）首位。

二、再打一场加快发展的漂亮仗

高要各级领导干部和广大干部群众清醒地认识到，虽然经济总量在肇庆市各县（市、区）中排在首位，但与珠三角发达地区相比，还有很大的差距。从肇庆市内比，追兵步步紧逼。

百舸争流，不进则退。今年是"十二五"开局之年，高要各级进一步增强危机感和忧患意识、发展意识，将"发展年"作为首要任务，以重点项目建设和重点工作落实为突破口，加快转型升级，转变经济发展方式，壮大经济总量，提高经济质量，着力保障改善民生，促进社会和谐稳定，推动经济社会又好又快发展，再打一场经济发展的漂亮仗。

三、发展新蓝图：实现"三个翻番"

2011年，是"十二五"开局之年，中共高要市委十一届九次全会绘就了发展蓝图：一年新成效，三年新局面，五年新跨越，到"十二五"期末全市实现GDP、地方财政一般预算收入、城乡居民收入"三个翻一番"。其中，2011年要实现GDP增长15%以上，地方财政一般预算收入按可比口径增长20%以上、力争超17亿元，为"十二五"发展开好局、起好步、打牢基础，为肇庆科学发展多作贡献。

四、加快转型升级

高要把优化产业结构放在重要位置，大力优化第一产业，壮大第二产业，加快发展第三产业。加大力度推进"六园一带"园区的产业转型升级，加快传统产业技术改造，切实提升产业集聚度和产业发展层次，大力发展战略性新兴产业，进一步做大做强做优

时任广东省省长黄华华到高要调研

高要抓好园区载体建设，为外来投资者搭建良好平台。图为金渡工业园

高要精密压铸、五金制品、新型建材、不锈钢等支柱产业不断发展壮大。图为广东鸿图科技生产车间

高要市"颂升平、闹元宵"龙狮巡游活动成为文化品牌

精密压铸、五金制品、新型建材、不锈钢制品四大支柱产业。加快金利"广东省小五金专业镇"建设，尤其是抓好小五金产业的转型升级，早日建成省级小五金研发中心、检测中心，努力把金利打造成为名符其实的"省小五金专业镇"。

五、打造"宜居宜商、人文高要"

按照肇庆市打造"一江两岸，打造超百万人口区域中心大城市"斜战略和建设"一江两区新城"的部署，高要市大力开展"建设年"活动，坚持高起点、适度超前抓好城市规划，进一步完善城市规划修编，加快江滨新城、江景新区、西江新城规划建设，推进广肇高速莲塘出入口、迎宾大道等重点工程加快建设，全力配合珠外环高速、南广铁路、西江三桥等重点项目建设，积极对接端州城区。大力推进金沙咀国际广场、信业珀丽湾、碧桂园山湖城等一批投资超10亿元的大型房地产项目以及金利石洞"广东省旅游集聚区示范点"等休闲文化旅游项目建设，努力建设肇庆城乡宜居先行区，打造山水田园特色城市和珠三角核心区后花园。

同时，高要以创建、巩固、发展省卫生城市和省卫生村为载体，在地方财政并不宽裕的情况下，该市财政安排专项资金700多万元，加上镇、村和社会各界的投入，全市用于城乡环境卫生整治的资金近2000万元，全面开展城乡环境卫生整治，城乡环境卫生面貌发生了可喜变化，环境卫生工作真正成为惠及千家万户的"民生工程"。

当前，高要以"卫生年"建设为推动，以创建省级卫生镇、卫生村和生态文明村为切入点，加大力度推进以"三边"（村边、水边、路边）为主的环境卫生整治行动，确保今年创建省卫生镇3个、卫生村30个以上。

六、"倒逼"机制推动发展

省委书记汪洋提出，要建立严格的'以目标倒逼进度，时间倒逼程序，社会倒逼部门，下级倒逼上级，督查倒逼落实'的抓落

科学发展　幸福广东
Scientific Development Happiness Guangdong

图为肇庆市委书记、市人大常委会主任徐萍华（前右三）、市长郭锋（前右四）等肇庆市领导在高要市委书记、市人大常委会主任范汝雄（左三）、市长梁靖（左一）陪同下到高要调研。

高要大力推进省教育强市建设，年内将创建成为省教育强市。图为通过"创强"后的南岸科德小学新貌。

实机制，在抓落实上见分晓、比高低、论英雄。

为切实保障和推动各项工作落实，高要积极开展"我承诺、你监督，抓落实、促发展"活动和"千干问计万民，建设幸福高要"活动，建立严格的"以目标倒逼进度，时间倒逼程序，社会倒逼部门，下级倒逼上级，督查倒逼落实"的抓落实机制。高要市委书记范汝雄、市长梁靖等市四套班子成员带头，全市领导干部就以民生工程为主的52项重点项目和重点工作向全市人民公开作出承诺，与人民群众走在一起，心连心、同呼吸、共命运。通过问政于民、问计于民、问需于民，走村进户问民情，进一步发扬民主、集思广益、集中民智、凝聚力量，推动高要经济社会又

高要正在推进江景新区、西江新城、江滨新区等规划建设，建设宜居宜商、人文高要，图为江景新区规划效果图。

好又快发展。同时，切实加强党风廉政建设，按照"经济要发展、项目要优良、干部要优秀、社会要稳定"的要求，建立健全教育、制度、监督并重的惩治和预防腐败体系，营造勤政为民、风清气正的干事创业氛围。

当前，高要认真贯彻落实省委书记汪洋最近到肇庆调研时的重要讲话精神，深入开展"解放思想，为肇庆市加快建成代表珠三角科学发展成果的城市作贡献"大调研、大讨论活动，进一步厘清科学发展新思路，推动经济社会又好又快发展。

高要是全省大部制改革25个县（市、区）试点之一和肇庆市的试点。今年3月31日，高要全面完成了大部制改革，45个行政机关及参公事业单位合并调整为30个，党政机构实现"大瘦身"。通过机构改革，建立党政联动大部门，提高社会管理和公共服务水平，从而更加有效地贯彻上级各项方针、政策，更加强化经济社会事务统筹协调，更加注重社会管理、公共服务和解决民生问题，更加有力地推动经济社会又好又快发展，切实做到机构改革、经济发展、社会稳定三不误、三促进，加快转型升级，建设幸福高要。

通过开展"我承诺、你监督，抓落实、促发展"活动，对全市重点项目和重点工程建设定责任、定进度、保安全、保质量；并通过"千干问计万民、建设幸福高要"活动，广泛问计于民，推动各项工作落实。

今年1月～6月份，高要地方预算一般收入实现8.3亿元，比增35.2%，继续保持快速发展的良好态势，为"十二五"发展开好

局、起好步、打牢了了基础。

七、共建共享幸福高要

民生是第一福祉，发展的目的就是让广大人民群众更好地享受改革发展成果。近年来，高要坚持把65%以上的财政资金投入到民生工程，如扶贫开发"双到"、泥砖房改造、城乡卫生整治、创建省教育强镇等，不断提高群众幸福指数。这次高要公开承诺的52项重点项目和重点工作，涉及经济建设、民生工程和社会管理等方面，尤其是民生工程，多达30多项。"千干问计万民、建设幸福高要"活动中涉及民生事业的意见建议占六成以上。其中，按照省委、省政府和肇庆市委、市政府的工作部署，高要扎实推进扶贫开发"双到"工作，目前17条贫困村和100%贫困户实现了脱贫。年内将完成2006户农村低收入住房困难户泥砖房改造任务，实现"五年任务一年完成"目标。同时，完成12宗饮水安全工程建设，解决10多万人饮水不安全的问题，不断提高群众幸福指数。

"幸福不幸福，群众说了算。"高要市委书记范汝雄说，我们就是要通过开展"我承诺、你监督，抓落实、促发展"和"千干问计万民，建设幸福高要"活动，并结合"解放思想，为肇庆加快建成代表珠三角科学发展成果的城市作贡献"大调研大讨论活动，推动发展，践行承诺，守信于民，造福于民，为建设幸福广东、幸福肇庆、幸福高要作出应有的贡献。（图文由肇庆高要市提供）

高要加快推进农村低收入住房困难户泥砖房改造建设，年内确保完成2006户农村低收入困难户将全部搬进新居。图为活道镇洞尾村村民正在齐心合力建设新居。

高要是中国罗非鱼、罗氏沼虾之乡，同时，麦溪鲤、麦溪鲩享誉海内外。图为收获时节，鱼肥人欢

高要新农村环境整洁如画，图为回龙镇大井村

"三箭"齐发促转变
——四会加快经济发展方式转变

中央经济工作会议、省委十届六次全会从落实科学发展观、推动经济与社会又好又快发展的战略高度,提出要把"加快经济发展方式转变"作为当前工作的重点。四会积极贯彻《珠三角地区改革发展规划纲要》,实施"三箭齐发",加快转变经济发展方式,全力建设幸福四会。

四会是肇庆经济发展的中心区和肇庆融入珠三角的前沿区域,全市总面积1163平方公里,总人口46.35万人,辖13个镇(街道)。近年来,四会以科学发展观为指导,以"建设新兴的现代化工业城市"为目标,抢抓《珠江三角洲地区改革发展规划纲要》实施的机遇,积极实施工业强市战略,全市经济快速向前发展。一是发展速度持续加快。2007年~2010年,全市地方生产总值从60多亿增加到155.27多亿,增幅在肇庆八个县市区排第一位;财政一般预算收入从3.1亿增加到11.38亿,每两年翻一番。二是工业结构进一步优化。全市规模以上工业企业由2005年的123家增加至2010年的214家,平均每年增加约20家。民营经济表现突出,支柱产业和规模以上工业保持快速增长。2010年,全市规模以上工业总产值达到277.80亿元,同比增长30.9%。三是投资、消费、出口协调拉动。2010年,全社会固定资产投资总额108.37亿元,同比增长32.7%;全社会消费品零售总额58.23亿元,同比增长22.3%;全市实际吸收外资1.27亿美元,同比增长3.9%。

结合全市经济发展水平和层次现状,未来五年,四会要以科学发展观为统领,以产业结构调整为主线,以科技创新为驱动,稳步提高农业产业效益,加快推进工业产业优化提升和转型升级,大力发展现代服务业,实施"三箭齐发促转变":在调整产业结构方面,优化第一产业,做强第二产业,大力发展第三产业;在工业主战场方面,着力引进发展新兴产业,大力改造提升传统产业,坚决淘汰落后产能和污染企业。到2015年,力争三大产业结构由2009年的23.9:37.4:38.7调整为15:43:42,形成第二、第三产业"双轮驱动"的经济格局。

一、发展高效生态现代农业

到2015年,全市农村经济总收入达到87亿元,年均增长6%以上,农业龙头企业带动农户数达50%以上,农民人均纯收入达到10000元,年均增长6%以上。具体是落实"五个加快":1.加快农业基础设施建设,争取每年投入1000万元改造中低产田5000亩以上。2.加快农业科技进步。抓好农业优良品种的引进、选育、改良、示范推广,努力在品种结构优化、种养规范化、生产标准化、管理科学化取得较好实效。3.加快提高农村劳动力素质。争取每年培训3500人次以上,提高农民科学种养水平、创业就业能力。4.加快五大基地建设。打造优质粮食、柑桔、瘦肉型猪、水产养殖、蔬菜花卉基地。到2015年,全市粮食作物种植面积保持在31.5万亩,总产量保持在13万吨;全市生猪出栏量保持在150万头,培育6家省级生猪养

四会城区新貌

"三箭"齐发促转变 四会加快经济发展方式转变

殖场；全市水产养殖面积保持在12万亩，水产品产量达9万吨，年增长率6%；全市蔬菜种植面积达到17.5万亩，花卉基地种植面积达到3万亩。5.加快农业产业化经营。培育壮大一批龙头企业、农产品加工企业，积极申报省级现代农业园区、省级名牌农产品、无公害农产品和绿色食品。到2015年，力争培育年销售收入500万元以上的龙头企业50家，省级现代农业园区5个，新发展农村专业协会20个。

二、加快工业产业转型升级

通过提升传统产业，促进新兴产业发展，加快淘汰落后产能来加快第二产业转型升级。

（一）大力改造提升传统产业

通过鼓励企业增资扩产、技改挖潜等手段，改造提升金属加工、新型建材、纺织服装、塑料化工、纸品印刷等优势传统产业，培育一批同行业的骨干品牌企业。力争到2015年，培育省著名商标20个以上，中国驰名商标2个以上；税收超5000万元的企业10个以上；建成国家重点实验室、工程中心、工程实验室1家以上。1.推动科技创新。鼓励企业积极开展技术创新和技术改造，开发新产品，提高产品附加值，节约制造成本，优化生产链；鼓励企业引进先进技术和先进设备，提高产品创新能力和生产装备水平。2.重视品牌建设。大力实施传统产业品牌战略，扶持优质品牌，努力培育一批扎根本土、拥有自主知识产权的省级乃至国家级的名牌产品和知名骨干企业。3.促进良性竞争。规范行业管理，形造良好的产业竞争环境，让企业在市场竞争中优胜劣汰，加速传统产业的洗牌。4.倡导节能降耗。督促传统产业改变过去以消耗大量能源、原材料为代价的发展方式，改"跑量"为"提质"，节能降耗，节约资源，实现优化生产。5.鼓励做大做强。鼓励和帮助传统优势企业通过增资扩产、市场融资、资产重组等方式扩大再生产规模，不断做大做强。

（二）大力引进和发展新兴产业

制定实施新兴产业发展规划，大力发展

四会互感器厂以科技自主创新赢得世界500强ABB的青睐，图为该企业生产车间

四会绿道被誉为"全省最美的绿道"

战略性新兴产业，力争到2015年，国家级高新技术企业达到30家，民营科技企业达到50家，高新科技企业工业总产值占全市工业总产值30%以上。同时，建立30个以上企业研发机构，8个以上省级工程技术中心；建成2-3个科技服务平台；年科技研发人员达到400人，争取每年专利申请量达到30个。1.加强政府引导。制定引导新兴产业加快发展的政策措施，对新兴产业重大项目的立项报批、税费实行特殊优惠政策；做好产业规划引导；制定重点新兴产业发展指导目录，注重产业链的培育；完善创新政策和机制，为新兴产业发展提供制度保障。2.加强科技创新。以技术创新驱动促进新兴产业发展。近期重点抓好稀有金属材料、电子信息、节能环保与循环经济、生物医药、玉器等产业。3.加强产业招商。编制新兴产业招商项目进行定向招商。重点围绕世界500强、国外驻华商会、国内行业领军企业以及新兴产业密集地区开展有针对性的招商活动。

（三）坚决淘汰落后产能和污染企业

未来五年，要以节能减排工作为抓手，坚决淘汰落后产能，腾笼换鸟，发展低碳经济。1.加强环境监管力度。对非法偷排废水、废气等违法行为实施有奖举报，对违法企业依法从重从严处理。2.大力开展环保"铁扫行动"。对在限期内不能达到基地外保留条件的漂染、制革、化工、冶炼、建材等重污染企业实施转产，对电镀、制革等重污染企业实施搬迁，对已排出的30家重污染企业，按计划实行关、停、并、转、迁，坚决清除污染源。3.严格控制新建污染项目。对漂染、电镀、制革、造纸等污染物排放量大、水污染型项目实行区域限批，对"科技型、环保型、创税型"的高新技术项目开辟绿色通道。

四会主动招商选资，不断做大经济总量

三、大力发展现代服务业

以现代商贸、现代物流、高档房产、休闲旅游和中介服务等五大产业为重点，大力展现代服务业。1.大力发展商贸服务业。打造一批商业特色街、大型商贸中心、五星级酒店、饮食、娱乐等商贸服务设施，积极发展文化、体育健身、科技服务等商务行业。2.大力发展现代物流业。打造马房口岸码头物流基地、工业原材料仓储物流基地、粮油饲料仓储物流基地及柑桔仓储物流基地，积极发展第三方物流，培育一批辐射全国、全省一流的现代化大型物流配送企业。3.大力发展房地产业。加快"四大新城"、"八大楼盘"等的建设，大力发展物业管理、住宅经营、装修服务、房屋中介等房产服务业，形成现代房产业和住宅服务业发展体系。4.大力发展旅游业。充分利用四会柑桔、玉器、古法造纸、地下森林、"两佛一仙"、"六祖文化"、水迳水库、江谷水库等资源，精心打造休闲旅游业。5.大力发展中介服务业。积极发展信息咨询、会计审计、法律咨询、工程咨询、评估认证、科技中介、产权和技术交易等中介服务，着力培育发展资本、技术产权交易、土地流转交易、房地产、人才培训交易、信息等要素市场。（图文由肇庆四会市提供）

独岗村成为全省科学发展示范村

四会城区一河两岸景色

科学发展谱华章 转型升级铸辉煌
——德庆县经济社会发展成效综述

"十一五"期间,德庆县以实施《规划纲要》作为贯彻落实科学发展观、加快转变经济发展方式的总抓手,认真贯彻落实上级党委、政府的工作部署,进一步突出工业发展主战场,全力促进三大产业协调发展,实现经济社会又好又快发展。2010年,全县实现生产总值65亿元,比"十五"期末翻了一番多,年均增长16.9%;地方财政一般预算收入4.72亿元,增长46.27%,比"十五"期末增长两倍多,年均增长29.79%。德庆县先后被评为"广东县域经济综合发展力提升最快前十名县(市)",荣获"中国全面小康成长百佳县"称号。

一、抓发展,全力促进产业升级转型

狠抓发展第一要务,坚持转变方式、调整结构并举,着力提升经济发展质量,三大产业比重由2005年的35:22:43调整为2010年的25:33:42。

(一)工业经济发展迅猛,产业集聚成效明显

2010年规模以上工业总产值增长37%,增幅位居肇庆市山区县第一。林产化工及涂料精细化工、木材深加工、电子机械及不锈钢、新型建材四个支柱产业发展迅猛,规模以上企业总数达到78家,外贸出口在肇庆市山区县中首个突破1亿美元。招商引资新突破,强化以省级产业转移园顺德龙江(德庆)产业转移园为龙头的园区开发和产业招商,园区开发面积近万亩,五年引进项目174个,合同投资总额200多亿元,其中新型建材、精细化工产业加快集聚发展,落户企业25家,总投资107亿元。

(二)加快发展效益农业,农民持续稳定增收

全县农业生产总值实现五年翻番。德庆贡柑、砂糖桔被评为亚运推荐名优旅游特产,种植总面积28万亩,比五年前增加13万亩,柑桔销售总收入超20亿元,柑桔收入占农民人均年纯收入的五成多。粮食生产稳定发展,优质蔬菜、高效林业、果园养猪、山地鸡养殖等快速发展,农民增收渠道不断拓宽。德庆县先后被评为"国家级林业科技示范县"、"全国农产品加工创业基地"、"广东省现代农业科技示范县"。

(三)大做休闲旅游文章,第三产业实现新发展

顺德龙江(德庆)产业转移工业园已成为珠三角产业转移落户的热土

科学发展谱华章 转型升级铸辉煌

德庆县城行政区一角

贡柑丰收

"广东龙之旅——龙母故乡德庆游"旅游线路成为广东省旅游热点和亮点，被省旅游局评价为近年广东旅游开发最成功、影响最大、效益最好的一条旅游热线，旅游产业成为全省山区排头兵。同时，旅游产业加快转型升级，引入资金加快以德庆奥威斯盘龙湾休闲度假区为龙头的五大休闲度假基地建设步伐，旅游设施建设和景区不断优化升级，城市形象宣传和旅游品牌推介取得明显成效，"十一五"年均接待游客超300万人次，德庆县被评为"广东省旅游强县"、"广东省旅游特色县"、"广东美食旅游之乡"、"中国十大休闲胜地"。

二、抓投资，不断夯实发展基础，县域综合承载力明显提升

把抓固定资产投资作为拉动经济、优化环境的有力抓手，扎实推进基础设施建设。五年固定资产投资总额累计138.37亿元，是"十五"期间的2.6倍，为融入广佛肇经济圈奠定了坚实基础，增强了可持续发展能力。

（一）基础设施建设日臻完善

全面加快水、电、路建设。全县公路通车里程达1441.9公里，比"十五"期末增加376.9公里，公路密度比"十五"期末提高15公里多。南广铁路德庆（南江口）站正在建设，广佛肇高速德庆段已进入工可和上报立项阶段，柳肇铁路德庆段线路基本定向。首座220千伏康州变电站完成可行性研究报告、站场选址，悦城和官圩110千伏变电站进行了站址初选。五年完成了24宗小型水库除险加固，兴建了23宗饮水安全工程。

（二）城区市政功能逐步完善

强化城区市政基础设施建设与功能拓展，修编完成县城总体规划。城区主干道升级改造基本完成，碧桂园生态人居新城等一批高档住宅小区相继建成，城区建成面积不断扩大，城市环境不断改善，城市品位不断提升，德城被评为"广东省创建文明县城工作先进县城"。林业生态建设成效明显，德庆县被评为"广东省林业生态县"、"全国绿化模范县"。环保基础设施建设进程加快，德庆污水处理厂首期工程建成投入运行，德庆垃圾填埋建设进展顺利。

（三）金融环境持续优化

德庆石井水泥厂全景

德庆九成村庄建成了生态文明村和广东省卫生村，创建工作走在全省前列。

大力发展金融服务业，在肇庆市率先成立了金融工作办公室，成立全市第三家小额贷款公司——德庆县泰生小额贷款有限责任公司，村镇银行资料已报审批，德庆县被省政府授予2010年"金融稳定奖"。

三、抓统筹，全面发展社会事业，经济社会协调性不断增强

在加快经济发展的同时，统筹兼顾，全力推进社会事业协调发展。

（一）优先发展教育事业取得成效

在肇庆市率先完成2010年创建教育强镇目标任务，"普九"各项指标处于肇庆市山区县前列，是全省5个开展县域义务教育均衡发展试点单位之一。高中阶段教育提前两年实现省提出的目标，毛入学率达到87.8%，被授予"广东省普及高中阶段教育达标县"称号，香山中学创建国家级示范性普通高中通过省的验收。全县学前三年幼儿入园率达87.3%，提前达到省市目标要求，被确定为广东省农村学前教育发展模式试点县。特殊教育处于全国领先水平，先后两次被评为"全国特殊教育先进县"。

（二）科技工作取得新进步

大力推动"产学研"和"企校政"合作，切实抓好LED路灯产业化及亮化示范工程，成为省科技厅选定的LED绿色照明节能减排示范工程唯一县级试点单位。德庆县被国家科技部评为"2007-2008年度全国县（市）科技进步考核先进县"。

（三）文化体育工作取得新突破

积极发展公共文化事业，在全省先行改革镇级文化站，"龙母诞庙会"、"德庆雄鸡舞"、"德庆学宫祭孔活动"先后被列为省级非物质文化遗产，德庆先后被评为"全国农村信息化综合信息服务试点县"、"全国文化信息资源共享工程示范县"、"全省电子政务民生民情工程试点示范县"。完成光纤电视信号"村村通工程"，成为全市首个县城范围内成功开通数字电视的县（市、区），在全省乃至全国率先实现"村村有标准篮球场"，体育事业屡创佳绩，运动员覃小俊获得2008年北京残奥会乒乓球男子团体M6-8级冠军，陈燕梅、顾兵分别获得第十一届全运会接力赛、马术项目冠军，全民运动健身活动蔚然成风。

（四）医疗卫生事业上新水平

全力推进医药卫生体制改革，全力促进公共卫生服务均等化，初步建立国家基本药物制度。基层医疗卫生服务体系不断健全，县级医院改建或扩建工程加紧推进，镇级卫生院门诊综合大楼新建或改建相继完成投入使用，全县村级卫生站均实现规范化建设，新农合实现农村常住人口全覆盖，被评为"广东省农村中医先进县"。

四、抓民生，着力促进社会和谐，人民群众幸福指数不断攀升

认真落实发展为要、民生为先、稳定为重的执政理念，不断提升人民群众幸福指数，促进社会和谐稳定。

（一）人民生活水平不断提高

2010年，在岗职工人均工资达到22781元，实现五年翻一番多；农民人均年纯收入9218元，高于全国全省全市平均水平，企业退休人员养老金实现五年翻一番多。

（二）就业再就业工程深入实施

在肇庆市率先建成劳动保障综合服务大楼，构建起覆盖全县范围的公共就业服务网络，落实积极的就业政策，大力开展农村劳动力培训，转移农村劳动力，城镇登记失业率控制在2.53%。

（三）社会保障体系不断完善

企业职工社保扩面工作成效明显，社保基金征缴实现四年翻两番，超额完成市下达的征缴任务。2010年率先在肇庆市推行新农保试点工作，超额完成当年工作任务。完善社会救助体系，低保覆盖面不断提高，农村五保分散供养对象补助标准走在肇庆市山区县前列。

（四）安居工程建设全面推进

积极统筹资金,大力推进保障性住房建设,解决城镇低收入家庭住房难问题,完成农村危房改造任务,并帮助受灾群众重建家园。

（五）生产生活环境建设成效显著

扶贫开发"双到"工作取得阶段性成效,完成60%以上的脱贫目标任务,被省考评组评价为模式"选得好过得硬成效大",做法和经验得到了中共中央政治局委员、广东省委书记汪洋同志批示"德庆的做法值得总结推广"。近九成村庄建成生态文明村或省卫生村,创建工作继续走在全省前列。累计完成"村村通"道路硬底化近千公里,占全县村道总里程的八成多。

（六）社会管理工作全面加强

人口和计生工作全省一类县的地位进一步巩固,人口自然增长率为5.5‰,成功创建为"全国计划生育优质服务先进县",获得"全国计划生育协会县级先进单位"称号。加强基层民主法制建设,五年共创建5个省级以上民主法治示范村（社区）。推进廉政建设,在全国、全省率先建立农村党风廉政信息公开平台和纪检监察信访信息平台,创办党风廉政教育手机报,在全省率先启动"数字廉政"党廉信息直通车工程。平安和谐德庆建设稳步推进,县内所辖村（社区）均成立了综治信访维稳工作站,连续5年无非正常越级赴省进京上访,被评为"2005年-2008年度全省平安建设先进县"。（图文由肇庆市德庆县提供）

德庆孔庙已修建成为岭南规模最大、修复最完善、孔学内容最丰富的孔庙。现为全国重点文物保护单位、"广东龙之旅德庆游"旅游专线上重要的文化旅游景区。图为德庆祭孔场面

碧桂园将带动德庆城市经济新一轮发展

幸福新广宁

近年来，广宁县以科学发展观为统领，抢抓落实《珠三角规划纲要》、"双转移"等发展机遇，加快转变经济发展方式，以加快富民强县、建设幸福广宁为目标，奋发有为，经济社会发展取得显著成效。2009年，广宁县进入了全省县域经济综合发展力进位最快前十名，排名第八。2010年，该县大多数主要经济指标增速位于肇庆市前列，全面完成了"十一五"规划确定的目标任务，全县GDP完成70.88亿元，同比增长13.7%，比2005年翻了一番多；地方财政一般预算收入4.39亿元，在2009年增幅居肇庆市首位的基础上，一年劲增1.37亿元，同比增长41.5%，比2005年增长1.7倍；综合增长率41.31%，全省排名第九。

2010年8月30日，中共中央政治局委员、广东省委书记汪洋（右三）、省委常委林雄（左二）在省政协副主席、时任肇庆市委书记覃卫东（右二）、广宁县委书记张桂洪（左三）、县长袁海平（右一）的陪同下到广宁调研

一、加快科学发展 夯实幸福基础

（一）工业经济跨越发展

依托二广高速公路的效应，广宁县富有远见地在二广高速出入口附近辟山建园，高起点规划建设了华南再生资源产业基地、高新产业园、太和环保建材工业基地，按照"工业园区化、园区产业化、产业集聚化"的发展模式，在绥江沿线五和、宾亨、石涧、横山、古水等镇发展工业，着力打造绥江工业经济带。广东鼎丰纸业公司是该县的龙头支柱企业，在其辐射带动下，全县形成了林浆、造纸、油墨、印刷一系列的产业链，促进了林浆纸一体化产业集聚升级。在发展壮大林浆纸一体化传统优势产业的基础上，该县培育再生资源、新型铝材、环保建材新的支柱产业，推动工业经济快速发展。2010年，全县完成工业总产值79.65亿元，比"十五"期末净增64亿元，"十一五"期间工业产值年均增速达到32.9%，规模以上企业总数达到66家，较"十五"末净增38家，初步形成一个园区带动一个产业集聚发展的工业格局。

（二）农村经济稳步壮大

广宁沙糖桔、龙须菜、茶油、竹笋等特色农产品广受青睐，特色农业发展成效明显，优质沙糖桔出口基地、竹子生产基地、现代林业基地、良种油茶基地、有机蔬菜基地、优质生猪养殖基地、竹园鸡养殖基地"七大特色农业基地"初具规模，促进农业增效、农民增收。2010年，该县实现农业总产值26.2亿元，同比增长5.7%，农民人均纯收入达到5992元，同比增长12.6%。全县沙糖桔总产量达22万吨，产值7.9亿元，广宁沙糖桔被评为"中国十大名桔"。

二广高速公路在广宁境内有三个出入口，广宁到广州仅一小时车程，真正融入珠三角一小时经济圈，随着高速公路建成开通广宁区位优势凸显，图为二广高速广宁出入口

广宁太和环保建材产业基地首期开发2250亩，投产后年产值可达30亿元，将带动当地建材、包装、印刷、运输等相关行业迅猛发展，图为广宁县太和环保建材工业基地鸟瞰图

广宁是沙糖桔之乡，广宁沙糖桔被评为"中国十大名桔"，有机沙糖桔成为亚运推介名优特产，广宁现正全力打造全国最大的"优质沙糖桔出口基地"，图为广宁沙糖桔

鼎丰公司是广宁龙头支柱企业，在华南乃至全国市场都具有较大影响力的知名纸业企业，图为广东鼎丰纸业有限公司

（三）第三产业蓬勃发展

竹海大观景区、宝锭山景区、红色旅游线路日渐成熟，古水河、观音山等新景区开发加快实施，大竹海旅游格局逐步成型。不断培育、打造竹子文化、武术文化、广绿玉文化和红色文化四大文化品牌，加快建设文化强县，文化旅游产业发展亮点纷呈。商贸业日益繁荣。面积达5万多平方米的御景商业步行街建成运营，沃尔玛、肯德基、苏宁电器、中华影业等一批品牌企业相继进驻。竹乡美食街、广绿玉步行街等特色街区相继建成，玉雕工艺品成为旅游新名片，"广东美食旅游之乡"落户广宁，现代旅游服务业层次显著提升。2010年，全县接待游客人数67万人次，增长34%，旅游服务业综合收入1.38亿元，增长40%，全县社会商品零售总额25.51亿元，同比增长20.7%。

二、建设宜居城乡 缔造幸福家园

（一）城市建设日新月异

广宁县按照再造一城的发展战略，高起点高标准规划城市建设，大手笔打造可容纳30万城市人口宜居宜业宜游新竹乡。先后引进了百盈、御景等有实力开发商，推进聚和新城、城东片区的开发，房地产建设由原来的单体楼和小型分散的形式向市政配套较为完善的片区式综合开发转变。在两大房地产项目的带动下，全县房地产项目的开发理念和速度都有了明显提高，房地产开发和销售活跃。2010年完成商品房开发投资3.26亿元，销售金额4.38亿元，创税5852万元，同比分别增长25.4%、78.6%和52%。通过加大城市配套设施投入，实行房地产和城建"捆绑"开发政策，加快了城市路网等基础设施建设，开通了城南大道，新建了城东广场、城市中心广场、"一河两岸"绿道和翠竹公园环山绿道等文化休闲设施，城市绿化、美化、亮化水平和城市品位得到不断提升，城市商住条件大为改善，居民幸福指数明显上升。今年，该县正启动建设23公里的县城环城大道，以此带动拉伸城市框架，扩大城市规模，提升城市发展水平。

（二）中心城镇战略加快推进

结合简政强镇和打造绥江经济带，实施中心镇带动战略，进一步做好撤并镇工作，把现有的17个镇并为13个，进一步整合资源提升城镇聚人聚财的能力，着力打造一批名镇名村。重点把石涧、宾亨打造成广宁南部工业重镇，古水打造以新型建材、旅游和竹子加工为产业特色的经济大镇，把木格、石咀打造成以矿产资源、林产化工为产业特色的经济名镇，把江屯、联和打造成广宁东北部的工业镇，整合城镇的各种资源，加快推进城镇化进程，推动城市经济发展。

（三）新农村建设创出品牌

广宁县以创建卫生村为抓手推动新农村建设，在全县范围内掀起了一场声势浩大的"万干帮千村、创建卫生村"活动，极大地改善了农村人居环境，促进了经济发展和乡风文明，得到了省、市领导的高度评价和群众的拥护支持。目前，全县累计创建省级卫生村625条、省级卫生镇3个，省级卫生镇、村创建数量均居全市第一，也是全省省级卫生村最多的山区县，成为全省山区县创卫工作先进典型。2010年，该县乘势而上，提出了"全民动员，奋战三年，基本完成卫生镇创建任务"的奋斗目标，加快推进卫生镇、村建设。在此基础上，广宁县进一步开展以

华南再生资源产业基地是依据循环经济理念建设的新型园区，被列为省重点项目，图为肇庆华南再生资源产业基地景观图

广宁是著名的竹子之乡，竹面积达108万亩，竹工艺品丰富多样，广受青睐，图为多式多样的竹工艺品。

卫生村、创业村、教育示范村、计生示范村、平安村、廉洁村为内容的"六村"创建活动，推进新农村建设深入发展，走出了一条山区建设社会主义新农村的好路子。

三、改善发展环境 增强幸福后劲

广宁县认真贯彻落实《珠三角规划纲要》，狠抓交通、能源基础设施建设，加快对接珠三角核心区，随着二广高速公路肇庆段建成通车，贵广快速铁路广宁段的抓紧建设，连接珠三角核心区"六纵三横"出口线路和县城环城大道的加快谋划建设，竹乡区位优势凸显，真正融入了珠三角一小时经济圈，发展环境不断优化。近年来，该县完成农村公路硬底化建设工程73公里和县乡公路附属设施220多公里；建成了翠竹变电站、东乡输变电扩建工程、宾亨输变电工程，供电质量和能力得到提高；城市生活污水处理厂建成运营，饮用水质全面达标；森林资源合理开发，广宁被评为中国最佳绿色生态县。

四、实现文明共享 提高幸福指数

民生为发展之本。广宁县委、县政府切实关注民生，不断加大公共服务投入，促进基本公共服务均等化。实施"五大民生工程"，"十一五"期间，该县共投入23.6亿元，逐步解决医疗、教育、就业、交通、饮水安全等民生问题。此外，该县每年集中办好十件惠民实事，2010年，共投入1.3亿多元办好翠竹绿道首期、危房改造工程等十件惠民实事，得到群众好评。新型农村合作医疗保险农村常住人口基本实现全覆盖，完成12个镇级卫生院改造，全面完成了村级卫生站规范化改造目标，新增规范化村卫生站366个。2010年，教育强县、教育强镇创建工作加快推进，投入5000多万元，螺岗、江屯、石涧、宾亨4个镇创建成为省教育强镇。投入5200万元建设农村饮水安全工程，解决了18.76万人口的饮水安全问题。扶贫开发初见成效，投入扶贫资金4171万元，落实帮扶项目751个，全县贫困户脱贫超过六成。养老、医疗、失业保险工作和城镇居民医疗保险稳步推进，覆盖面不断扩大。

在喜人的数字背后，凝聚着广宁县委、县政府团结带领全县人民开拓进取、艰苦奋斗，推动科学发展的智慧与汗水。展望"十二五"，广宁县以科学发展为主题，以加快转变经济发展方式为主线，以加快富民强县、建设幸福广宁为核心，以工业强县、中

广宁县城全景

心城镇带动、绿色崛起、法治城乡、人才强县和文明共享六大发展战略，科学谋划经济社会发展，力争"十二五"期末GDP、人均GDP、地方财政一般预算收入比2010年实现三个翻一番，努力建设"政治清明、经济繁荣、社会和谐、人民幸福"新广宁。

附：广宁概况

广宁县建县于明朝嘉靖三十八年（1559年），隶属肇庆市，位于广东中部偏西北，全县面积2459平方公里，是中国著名的竹子之乡、武术之乡、沙糖桔之乡。全县辖17个镇、178个村（社区），总人口56.7万，县政府所在地是南街镇。随着《珠三角规划纲要》的颁布实施和二广高速公路肇庆段建成通车、贵广快速铁路的加快建设，广宁的区位优势凸显，真正融入了珠三角一小时经济圈，成为珠三角核心区及港、澳、台产业辐射和转移的重要腹地。

广宁基础与优势

著名革命老区（1924年成立全省第一个农村党支部，周其鉴是广东省著名农民运动领袖之一，广宁是粤桂湘边纵队活动的中心区，中国人民解放军粤桂湘边纵队司令部旧址位于坑口镇上林村）

全国著名竹子之乡（全县竹子面积108万亩）

全国绿化模范县、中国最佳绿色生态县（森林覆盖率达81.5%）

全国林浆纸产业示范县（2005年被评为广东造纸产业基地，目前丰产林基地达48万亩，已初步形成了造林、制浆、造纸、油墨、印刷产业链条，2009年广宁林浆纸一体化产业集群被确定为第四批广东省产业集群升级示范区；2010年省县"携手共建林浆纸一体化产业技术创新示范基地"落户我县）

中国沙糖桔之乡（2010年，全县种植面积达23万亩，总产量22万吨，其中有机化、标准化生产基地9.8万亩，广宁沙糖桔被评为"中国十大名桔"，有机沙糖桔成为亚运推介名优特产，第一吉牌有机沙糖桔获得广东省名牌产品称号，现正全力打造全国最大的"优质沙糖桔出口基地"）

广绿玉原产地（广绿玉是"中国五大佳石"之一，广宁玉雕被列入省级非物质文化遗产名录）

全国文化先进县（拥有"竹子文化"、"武术文化"、"红色文化"、"广绿玉文化"四个文化品牌，群众文化活动异彩纷呈）

全国闻名武术之乡（武术活动有广泛的群众基础，全县常年习武人数达17万多人，1992年被授予全国首批"武术之乡"称号，近五年来我县在参加市级以上各类武术比赛中共获得奖牌213枚，另外我县醒狮队在国内外醒狮大赛中共获得奖牌12枚）

广东美食旅游之乡（竹乡美食旅游品牌打造有新发展，2010年广宁的18个菜式获得了"中国粤菜名菜"大奖）

全国新农村建设示范县（以卫生村创建为抓手推动新农村建设，目前建成省级卫生村625条、省级卫生镇3个）

省级双拥模范县（连续五次荣获省级双拥模范县，复退军人贾东亮艰苦创业，成绩显著，当选为党的十七大代表，组织成立了广东首个农村创业党支部）（图文由肇庆市广宁县提供）

广宁按照"再造一城"的发展战略，全力打造可容纳30万城市人口宜居宜业宜游之城。图为广宁县城市总体规划图

抢抓机遇求突破 科学发展谱新篇

近年来，封开县在省委、省政府和肇庆市委、市政府的正确领导下，坚持以邓小平理论和"三个代表"重要思想为指导，深入贯彻落实科学发展观，抢抓省委实施《规划纲要》和"双转移"的战略机遇，紧紧围绕推动科学发展、促进社会和谐的奋斗目标，坚定不移实施重大项目带动战略，全县上下团结一致，艰苦拼搏，使"一个大项目带动一个山区县大发展"的战略构想成为了现实，经济社会实现了跨越式发展。2010年，全县完成生产总值69.3亿元，比上年增长16.9%；财政一般预算收入4.1亿元，增长41.4%，其中税收收入2.2亿元，增长36.3%；工业总产值64.7亿元，增长27.6%，其中规模以上工业总产值57.62亿元，增长35.2%；全社会固定资产投资总额44.7亿元，增长30.5%；实际利用外资4098万美元，增长26.2%。

中共中央政治局委员、广东省委书记汪洋、时任广东省省长黄华华等省领导在时任肇庆市委书记覃卫东的陪同下到封开调研

一、重大项目成效显著

坚持实施重大项目带动战略，是促进封开县实现跨越式发展的有效途径。2007年，封开县成功引进了年产水泥2000万吨的华润水泥项目和年产22万立方米中（高）密度纤维板的威利邦木业等重大项目。目前，华润水泥（封开）项目第1条~4条年产共800万吨的生产线和威利邦木业项目已经实现达标达产，并新拓展了华润花岗岩深加工、风能发电等一批项目。同时，南丰圆珠顶铜（钼）矿项目已列入《广东有色金属产业调整与振兴计划》和省市2010年重点建设（前期预备）项目，长安抽水蓄能电站正在抓紧前期工作。这些重大项目的相继建成投产，将会推动封开经济社会实现新的跨越。

二、农村经济稳步发展

封开县坚持以扶贫开发为抓手，以产业化发展为支撑，以品牌带动为突破口，以增加农民收入为目标，加强农耕文化的研究与运

年产22万立方米中（高）密度纤维板的封开威利邦木业有限公司厂区

抢抓机遇求突破 科学发展谱新篇

肇庆市委书记徐萍华在华润水泥(封开)基地调研

广东三大名鸡——封开杏花鸡

用，不断提升农业核心竞争力。封开油栗、柑桔、杏花鸡等特色农产品的种养规模进一步扩大。2010年，全县水果种植总面积达36.4万亩，总产值11.5亿元，带动农民人均收入2715元，其中封开油栗种植面积9万亩，优质柑桔种植面积21.6万亩，杏花鸡饲养量达到2000万只。产粮大县建设扎实有效，全县粮食作物播种面积达到52.9万亩，总产19.5万吨，超额完成市下达任务。完成西山、大冲2宗中型水库和大水口、松根、铜锣塘、石桥冲4宗小型水库除险加固，建成大玉口、南丰镇2宗农村饮水工程。造林绿化任务全面完成，集体林权制度改革已完成并通过市检查验收。扶贫开发"双到"工作扎实推进，累计投入扶贫资金4724万元，43%的被帮扶贫困人口实现脱贫，完成贫困村、贫困户危房改造150户。

三、第三产业日益兴旺

封开县不断加大第三产业扶持发展力度，大力发展旅游业，加快繁荣商贸业，积极拓展房地产业，通过机制建设、产业规划

中华名果——封开油栗

和项目推进，有效促进了第三产业蓬勃发展。2010年，全县第三产业完成投资14.8亿元，增长206.17%，占全社会投资的比重为33.15%；社会消费品零售总额17.6亿元，增长20.8%。房地产业健康发展。成功引进了总投资10亿元的碧桂园房地产项目，和富家园、康怡花园、浩致花园等一批房地产项目已开盘发售。2010年，全县房地产投资完成1.83亿元，增长65.36%；商品房销售面积9.08万平方米，增长54.63%，销售额2.2亿元，增长97.9%。城乡商贸消费旺盛。新城区商业网点进一步完善，农村市场购买力递增，万村千乡网点达到76家，积极开展家电下乡和汽车、摩托车下乡活动，全年补贴金额720多万元。旅游业持续发展。新建了北回归线绿洲森林度假区，宾馆酒店服务设施进一步完善。全年接待游客150万人次，旅游收入7.86亿元，分别增长33.9%和35.5%。

四、发展环境显著优化

封开县以珠三角基础设施一体化规划为契机，加快基础设施建设，积极创建宜居城乡，认真谋划产业园区建设，不断优化经济发展环境。基础设施建设取得新成效。广梧高速公路封开连接线（含西江大桥）、省道266线一期工程、贺江一桥扩建工程建成通车，江滨堤路完成主体工程建设，西江航道整治按计划进行。怀集至阳江港高速公路（封开段）建设已通过路线踏勘评审；321国道县城过境路段改道项目已完成线路踏勘；广佛肇高速公路二期工程（高要小湘至封开段）已完成工程可行性评审；220千伏封开输变电工程建成投运。宜居城乡建设全面推进。新建成绿道101公里，河堤二路改造工程基本完成，东堤、西堤等城区亮化工程全面完成，县城东堤路塌方段治理工程基本完

封开县党政领导谋划县境大交通网建设

舞进上海世博会的封开五马巡城舞

成。2010年，完成乡村道路硬化80公里，创建省卫生村81条、生态文明村82条；城乡环境和"三边"整治工作扎实推进，农村生产生活环境进一步改善。

五、幸福指数大幅提升

在加快经济发展的同时，封开县坚持以人为本，加快推进以改善民生为重点的社会建设，让更多的人民群众享受到发展的成果。教育工作成效显著。创建6个省教育强镇，进一步巩固"普九"、"普高"成果，学前教育、成人教育以及中等职业技术教育进一步加强。文化强县建设稳步推进。县文化中心和广播电视中心即将投入使用，县博物馆新馆已动工建设，《五马巡城舞》和《麒麟白马舞》被列入省级非物质文化遗产。医药卫生体制改革全面启动。基本公共卫生服务项目扎实推进，疾病预防控制、妇幼保健和卫生监督工作取得新进展。社会保障工作不断完善，职工医疗保险、城镇居民医疗保险、新型农村合作医疗年住院报销封顶线分别提高到12万元、8万元、6万元；城镇居民医疗保险参保人数达40056人，新型农村合作医疗参合率达99.17%；新型农村养老保险试点工作全面启动。保障房建设进展顺利，建成170套廉租房、经适房。体育工作成绩斐然。县业余体校被批准成立"国家级青少年体育俱乐部"，县青少年训练竞赛中心已建成并投入使用，实现了村村有体育设施的目标。生态环境得到有效保护，大气、水体等环境质量稳定达标，森林覆盖率达73.4%。国土资源管理进一步加强，连续11年保持全县耕地占补平衡。人口计生工作进一步巩固和发展，成功晋升省一类地区管理水平。城乡居民生活水平稳步提高。2010年在岗职工年平均工资21804元，增长10.1%；农民人均纯收入6138元，增长13.4%。

六、社会大局和谐稳定

封开县巩固发展"强综治、创平安、促发展"先行县建设成果，建成县综治信访维稳中心，村级综治信访维稳工作站软硬件建设全面升级；深入推进"社会矛盾化解、社会管理创新、公正廉洁执法"三项重点工作，加强社会治安综合治理，畅通信访渠道，有效预防和化解社会矛盾，打赢了广州亚运会、亚残运会安保攻坚仗，全县没有发生重大群体性事件、重大恶性刑事案件和非正常越级上访。深入开展交通安全、消防安全、工矿企业安全等专项整治，安全生产形势稳定。应急管理体系不断完善，成立了全市首个县级综合应急救援大队，预防和应对突发事件能力不断提高，2010年，成功处置"8·10"江口镇东方二路楼房坍塌和台风"凡亚比"等自然灾害，没有造成人员伤亡，将灾害损失降到最低程度。

"十二五"时期，是封开县加快融入珠三角，实现经济社会跨越发展，全面建设小康社会的关键时期。封开县将深入贯彻落实科学发展观，认真贯彻落实中央和省、市的重大战略部署，以科学发展为主题，以加快转变经济发展方式为主线，围绕"加快科学发展，建设幸福封开"这个核心，坚持"工业强县、农业稳县、三产旺县、人文兴县、绿色崛起、和谐进步"，努力把封开建设成为珠三角边缘的科学发展示范区，"广佛肇"都市圈边缘宜居宜业宜游的生态园林城市，两广合作发展前沿区，岭南文化名郡、

抢抓机遇求突破 科学发展谱新篇

投资10亿元的碧桂园大型商住小区

北回归线上的"绿色明珠",为把肇庆建设成为能够代表珠三角科学发展成果的城市作出应有的贡献。

1.经济总量进一步壮大。到2015年,全县经济总量达到138亿元,年均增长15%以上,人均GDP年均增长12.2%,达到27305元。2.经济结构进一步优化。现代产业体系初步形成,产业产品市场竞争力显著增强,三大产业比例达到23.5:28.8:47.7。3.城乡发展进一步协调。5年城镇新增就业人数2万人、5年累计转移农村劳动力人数5万人,城镇化水平达到35%,建设乡道硬底化250公里,新建农村公路100公里。4.生态环境进一步改善。单位国内生产总值能耗下降率、单位GDP用水量下降率,耕地保有量、化学需氧量和二氧化硫减排达到市下达指标要求。森林覆盖率73.5%,研发经费支出占GDP比重达到0.8%。5.幸福指数进一步提升。到2015年在岗职工工资达到36023元,年平均增长11%、农民人均纯收入达到8351元,年平均增长7%。城镇参加基本养老覆盖率达到95%,农村养老覆盖率达到95%以上,城镇登记失业率控制在2.5%以下;确保2012年建成广东教育强县。新型农村合作医疗覆盖率98%以上;建设保障性廉租住房170套,建筑面积1.12万平方米。6.社会管理进一步创新。巩固和发展"强综治、创平安、促发展"活动成果,建立健全矛盾纠纷排查工作机制和领导包案责任制,畅通和规范群众诉求表达、利益协调、权益保障渠道,切实维护社会稳定。7.党的建设进一步加强。加强各级领导班子建设,打造一支信心足、精神振、能力强、形象好的党员干部队伍。认真开展创建"人民群众满意服务窗口"活动,切实增强服务发展、服务企业、服务群众的"三服务"意识。严格落实党风廉政建设责任制,落实领导干部廉洁自律各项规定,巩固党风廉政建设成果。(图文由肇庆市封开县提供)

新旧城区通道——贺江一桥

科学发展　幸福广东
Scientific Development Happiness Guangdong

怀集：建山区科学发展示范县

今年初，广东省有关部门发布的2010年全省66个县（市）财政综合增长率数据，让怀集县扬眉吐气：在"十一五"收官之年，怀集交出了一张漂亮答卷，财政综合增长率达52.62%，在全省排第2位，居肇庆市首位！

怀集，地处粤西北山区一隅，粤、桂、湘三省交汇的节点，是广东连接大西南通桂达湘的"桥头堡"，广东省人口、面积、资源大县。二广、汕昆、太澳三条高速公路和贵广高速铁路将贯穿怀集。坐拥粤桂湘交界咽喉的重要区位优势，独特的资源环境优势，丰富的历史文化积淀，三高一铁的交通网络为这个面积、人口均占肇庆市1/4强的县域注入了强大的发展后劲。

一、十一五：经济发展转上"快车道"

"十一五"期间，怀集县委、县政府团结带领全县人民，坚持以邓小平理论和"三个代表"重要思想为指导，深入贯彻落实科学发展观，全面贯彻落实珠三角《规划纲要》、"三促进一保持"和"双转移"战略，围绕建设粤西北经济重镇的奋斗目标，坚持探索科学发展道路，着力提高"双转移"水平，全力以赴促发展，坚定不移调结构，实实在在惠民生，经济社会发展取得了可喜的成绩。2010年全年实现生产总值114.81亿元，GDP成功突破100亿元大关，比2005年翻一番多；地方财政一般预算收入6.14亿元，比2005年净增4.45亿元，增长263.9%；全县规模以上工业增加值17.54亿元，比2005年增长了近四倍，谱写了科学发展、加快发展新篇章，为"十二五"经济社会发展奠定了坚实基础，展示了美好的发展前景。

二、"一园四基地"引领工业产业集聚

"怀集地处山区，但是我们要化压力为动力，变劣势为优势，紧紧依托丰富的生态资源和人口资源，破解制约山区发展的瓶颈问题，变资源大县为效益大县，变人口大县为经济大县……"怀集县委书记冯敏强带领下的党政班子思路清晰，步履坚定。

短短几年，怀集逐步建立起以中山大涌（怀集）产业转移工业园为中心，以闸岗郊际工业基地、林产化工工业基地、金吴工业基地和坳仔厘竹加工基地四个基地为延伸点的工业产业聚集地。依托着"一园四基地"，怀集科学规划产业布局，做好园区招商引资工作，大力承接珠三角产业的梯度转移，为加快怀集的科学发展、跨越发展增添强大引擎。目前，中山大涌（怀集）产业转移工业园引进项目50个，建成投产项目12个，在建项目18个。

以园区为经济发展"主战场"，怀集着力于发展资源型工业，"兵分两路"联合出击攻占工业经济发展高地。一路是以丰富的矿产资

怀集县城风景亮丽

怀集：建山区科学发展示范县

怀集县果农喜收沙糖桔

中山大涌（怀集）产业转移工业园发展迅猛

怀集新岗茶场

怀集世外桃源景区游人如鲫

源为基础，加快对矿产资源的深度加工利用，发展壮大先进精细金属加工业，进一步延伸产业链，提升产品附加值；另一路加大传统优势产业转型升级集聚区建设力度，应用新技术、新工艺、新材料、新设备改造提升新型建材、林产化工、服装制鞋等传统产业，加快传统产业结构优化调整，做大做强产业规模。以星龙矿冶、乐居矿业、登云汽配、宜美木业、顺龙木业等企业为龙头的一批资源型工业带领怀集工业经济发展的一路高歌。

到2010年，怀集县实现工业总产值86.5亿元，比增29.6%，其中，规模以上工业产值和工业增加值分别达75.72亿元和17.54亿元，比增33.4%和35.1%。全县纳税额超1000万元以上的企业9家，超2000万元以上企业5家，其中超8000万元以上企业1家。

三、大农业产业托起珠三角"大餐桌"

"无农不稳"，农业是山区经济发展最坚固的基础。对于怀集这个拥有百万人口的大县来说，稳固的农业更是决胜"十一五"的"锐利武器"。

怀集县大力发展无公害农业、绿色农业和有机农业，成功打造肉猪、蔬菜、水稻、水果四大农业主导产业，实现了从传统农业向现代化农业的华丽转身。

大力扶持温氏公司做大做强"一体化合作养猪"项目，继续加强与中山市合作发展生猪产业，由中山市提供520万元资金支持该县发展生猪生产。至去年年底，该县饲养生猪50头以上的专业养户有1295户，生猪饲养量180.8万多头，出栏105万多头。

引进东莞润丰、瑞源蔬菜有限公司等龙头企业，以冷坑双甘、马宁寨村、梁村永攸、大岗石田无公害蔬菜基地、甘洒"六十日"黄菜基地为示范，该县的无公害蔬菜产业化种植面积达到2.28万多亩。以肇庆怀集梁村平原区优质稻产业带项目、中央农业综合开发项目和基本农田保护示范项目3个重点项目实施为依托，大力发展粮食生产，全县粮食作物生产面积74.2万多亩，总产量26万多吨，良种水稻覆盖率95.4%。利用得天独厚的山地和气候条件大力发展优质水果生产基地，已累计发展柑桔

怀集县蔬菜直供港澳和珠三角发达地区

等优质水果基地16.52万亩。

怀集县连续三年获财政部生猪调出大县中央财政奖励，并被农业部授予"全国发展粮食生产先进县"称号。2010年底，全县农业总产值52.55亿元，增长7.9%，农民人均纯收入6135元，同比增长18.3%

四、山水生态城市推动第三产业崛起

怀集县按照建设"三江六岸、山水特色"的生态型城市目标要求，城市建设向扩展新城区推进，向配套基础设施推进，向改造旧城区推进，城市品位得到了显著提升。

"十一五"以来，该县共投入19.1亿元用于基础设施建设，建成了档次较高、配套完善的一江两岸堤路，完成县城街道沥青路网工程和街道绿化亮化工程等城市工程建设，相继建成了燕都广场、燕城广场、青少年宫等城市亮点公共设施，建起了有"粤西北第一街"之称的商业步行街，建成了怀集碧桂园、雅豪庭苑等一批现代住宅区，形成"新、亮、美、绿、净、畅"亮丽美景。在新农村建设方面，坚持以规划城市的理念来规划新农村，目前全县共创建省卫生村94个，生态文明村200多个。2008年在全市率先完成了乡镇总体规划修编，为小城镇健康发展打下了坚实基础。

怀集旅游资源丰富，该县大力打造金燕文化、六祖文化、长寿文化、温泉文化、攀岩文化等五大文化品牌，促进文化与旅游产业的融合，燕岩、世外桃源、燕峰峡温泉漂流度假区成为当地旅游品牌，成为粤港澳和珠三角生态文化旅游及体育休闲旅游大县、自驾车游的首选目的地。去年，全县共接待游客210万人次，同比增长16%；旅游总收入7.3亿元，同比增长20%。旅游产业的快速发展带动了物流、商贸、餐饮、旅业等第三产业的持续畅旺。去年，全年社会消费品零售总额33.19亿元，同比增长21.1%。

五、以人为本科学谋划民生福祉

怀集全面实施"科教兴县"战略目标，创新思路，加快发展，优先发展，变人口大县为教育强县，为当地经济发展和社会进步书写了满意的答卷。一是对全县54所义务教育学校进行了布局调整，扩建校舍达15.3万平方米，新增校园面积87.7万平方米；二是完成了全县66所老区、山区学校改造；三是实施C、D级危房改造，学校办学条件得到进一步改善。

5年，21.08亿元经费投入，新增、维修加固校舍32万多平方米，小学、初中、高中入学率达99.99%、98.2%、85.01%，4名学生被清华大学录取，1261名代课教师转岗，"代转岗"和"两相当"工作受汪洋书记高度评价、并向全省推广，首批教育强镇获省督导验收通过……这是山区怀集党委、政府和千千万万怀集人民重视教育的有效佐证。

大力实施全民安居工程、便民廉医工程、饮水安全工程等民生工程，投入1.79亿元，全面完成了占肇庆市近八成的8674户农村危房改造任务；农村饮水解困、村道硬底化等其他民心工程也得到有效实施；大力开展扶贫开发工作，结合农林五大产业基地建设，创新扶贫开发模式，推进怀集县扶贫开发工作向纵深发展，取得阶段性成效。中央政治局委员、广东省委书记汪洋专程到怀集县检查指导扶贫开发工作，对怀集县取得阶段性成果给予充分肯定。

六、"十二五"：抢抓机遇作好"幸福文章"

"经过'十一五'时期的快速发展，怀集县经济综合实力大幅提升，发展后劲明显增强；'十二五'期间，二广高速公路、贵广高速铁路等重大交通项目全面建成，珠三角《规划纲要》的深入实施，怀集区位优势将更加明显，后发优势更加突出。"对于"十二五"的发展，怀集县委书记冯敏强充满信心："我们将以科学发展观为主题，以加快转变经济发展方式为主线准确把握机遇，积极实施工业立县战略、产业强县战略、科教兴县战略、强农富民战略、绿色崛起战略'五大发展战略'努力实现发展新突破，加快建设成为粤西北经济重镇和广东山区科学发展示范区，实现建设幸福怀集目标。"

围绕"十二五"目标，怀集将着力发展工业经济，迅速壮大经济总量，着力实施《规划纲要》，加快一体化发展，着力实施龙头带动，推动经济跨越发展，着力抓好科教兴县和人才强县，提高自主创新能力，着力加强节能减排和生态环保，积极打造绿色城乡，着力推进共享发展，加快建设幸福怀集。（图文由肇庆市怀集县提供）

怀集县城市建设日新月异

打造旅游文化强县、实现美丽山城崛起

一、打造旅游文化强县，构建"美丽山城"蓝图

近年来，揭西县按照市委提出的"一三二"发展战略，围绕发展大旅游、打造大环境、实现"美丽山城"大崛起的目标入手，大力发展生态旅游，通过引资融资等市场机制推进城镇建设、生态经济、重点项目、基础设施等的科学发展。各项事业实现历史性突破。

市委四届五次全会提出：揭西县要依托生态优势和世界历史文化展示基地、世界知名度假基地、世界山地车高尔夫运动基地这三个世界基地，把揭西建成一个"美丽山城"和一个世界级旅游名城，以此"装点天下"惊艳全球。

揭西县县长邬郁敏指出，按照打造国内外知名旅游品牌的目标定位，进一步完善旅游发展规划，加快旅游资源的综合开发，全力推进世界历史文化展示基地、世界知名森林度假基地、世界山地车高尔夫运动基地等旅游项目建设，打造独具一格的特色旅游，做到"装点天下"。

为描绘"美丽山城"这一瑰丽宏伟的发展蓝图，实现"美丽山城"的崛起，揭西县提出要将生态优势转变为生态经济，加快实现"生态工业大县、旅游文化强县、绿色和谐揭西"的步伐，推进经济社会全面、快速发展。

在构建"美丽山城"蓝图中，揭西县将以生态经济发展为核心，以生态环境建设为基础，以生态人居环境建设为切入点，以繁荣生态文化为条件，以体制创新为保障的工作思路，进一步完善《揭西县大北山旅游经济开发区总体规划》，把发展生态旅游业培育为新的经济增长点，实现"美丽山城"的崛起。

作为国家生态建设示范县，揭西县最大的优势是生态。邬郁敏指出，建设美丽山城，当务之急是全力发展生态经济，继续按照"大旅游促进大发展"的工作思路和打造"世界旅游城"的工作目标，坚持大手笔规划，做大生态旅游产业，走可持续发展之路，这是揭西加快崛起的希望。

二、旅游产业亮点纷呈，经济效益凸显

揭西县在推进"发展大旅游，打造大环境，建设美丽山城"过程中，不断完善旅游基础设施建设，着力打造独具特色的旅游精品，促进旅游业规模迅速扩大，旅游知名度大幅提升，旅游经济进一步增强，旅游产业呈现出亮点不断的喜人态势。

揭西有着"粤东后花园"、"南国绿宝石"的美称，该县依托生态资源优势，开发和保护并举，做足生态旅游品牌，提高景区园林艺术，达到了"远看满山都是绿，近看满园都是花"的效果，切实把揭西打造成为了生态资源丰富、空气清新的大氧吧、大花园。

2010年，揭西县投入资金3亿多元，全力

揭西县城新貌

打造旅游文化强县、实现美丽山城崛起

国家AAAA级景区，全国首批农业旅游示范点之一揭西县京明温泉渡假村一角

推进旅游项目建设，打造了一批粤东著名、国内有名、国际知名、吸引力强的精品景区，吸引了大量海内外，特别是珠三角、粤东地区的游客到揭西旅游。

京明温泉度假村、大北山国家森林公园和揭西大瀑布瀑布群，形成了三位一体的自然生态旅游圈。走进这片风景秀丽的度假胜地，清新的空气让人心旷神怡，湖光山色中，主楼、会所错落有致，生态优质茶园装点在山峦和小道之间，形成了一道亮丽的绿色风景线。

通过深入挖掘生态资源潜力，旅游产业已经成为揭西县经济发展的重要组成部分，今年1月份，揭西县被省政府评为"广东省旅游综合改革示范县"称号，为该县"发展大旅游，实现大发展"带来极大的鼓舞和信心。

大旅游、大环境，是美丽山城的重要依托，也是实现经济快速发展的重要保证。揭西县连续举办了三届生态旅游文化节，通过大投入大建设，大宣传大推介，取得了良好的经济效益和社会效益，2010全年接待游客270万人次，比增31.7%；旅游收入8.5亿元，比增59%。

三、大力发展生态经济，实现绿色崛起

近年来，揭西良好的生态环境受到越来越多企业的青睐，很多绿色企业纷纷到揭西投资创业，这些技术含量高、资源消耗和环境污染小的高新企业的入驻，为揭西的绿色崛起注入了强大动力。

揭西始终坚持绿色生态、环保节能的工业理念，严守"环保一条红线"，严把项目准入关。在完善京明、棉湖二个工业集中区基础上，向广阔的低矮山坡地要地，规划启动了棉湖工业区、京塔工业园区和灰寨轻纺城、河婆工业城建设，以"引凤筑巢"和"筑巢引凤"的互动形式，主动引进承接无污染、低污染的珠三角产业转移及绿色项目，从而实现"绿色能源县"的目标。

目前，医用X光摄像机生产基地、五洲龙新能源汽车环保电池厂、国电电力风能发电及计划投资2亿元的金瑞科兽药有限公司等高新企业的接踵而至，揭西已迎来新一轮绿色经济发展热潮。这些项目的建成投产，将进一步加快该县优势资源的深度综合开发，促进产业优化升级，提升生态工业的发展质量和水平。

与此同时，揭西县继续擦亮生态旅游品牌，在景区景点配套设施建设日臻完善的同时，该县加大投资开发配套一批新的项目，总投资30.42亿元的大北山生态旅游区立项工作正紧张进行；计划投资10亿元占地100亩的五星级希桥酒店今年也将开工建设；总投资1.3亿元的钱坑石灵寺也已去年开工奠基，生态旅游品牌凸显。

揭西县生态农业经济发展的态势也是如日中天，该县按照"公司+基地+农户"的经营模式，榄梅、甜玉米、茶叶、珍禽、果蔬等五大农业龙头企业得到快速发展，带动了千家万户发展种养业，涌现出6个"广东省名牌产品"。2010年，该县京明茶叶、蓝天果蔬、京溪园罐头厂、天成公司等4家公司共6个产品通

335

五洲龙新能源汽车环保电池厂生产车间一角

揭西灰寨镇国樱厂生产车间一角

全国唯一建在高山的揭西大洋高尔夫球场一角

过中国绿色食品认证，被评为绿色食品A级产品，揭西绿色品牌市场前景一片光明。

四、打造宜居城乡，建设"美丽山城"

揭西县牢固树立"环境就是竞争力，环境就是生产力"的理念，把环境建设和推进城镇化进程作为工作的重中之重，全力建设"宜业、宜游、宜居"的"美丽山城"。2010年以来，揭西县提出要着力改善人居环境，改变人的居住观念的目标，不断完善基础设施，"美丽山城"、"绿色经济名镇"建设取得阶段性成效。

紧紧围绕市委、市政府关于建设"岭南水城"和"特色城镇"的战略部署，大力提升山城形象，新建续建了县城两河四岸、污水处理厂、城东新区、教育城等一批重点市政配套项目。目前，计划投资1.33亿元的两河四岸工程基本完成、县城污水处理厂等已建成投入使用。近期，为加快城镇化建设步伐，研究制定了《关于进一步加快中心镇发展的若干意见》，通过政府推动、政策扶持、体制创新、市场化运作，加快中心镇建设步伐，辐射带动其他乡镇的建设，推动全县经济、社会和环境的协调发展。

棉湖镇作为人文蔚茂的中心镇，近年来，该镇大力推动房地产业发展，动工建设了曙光新城花园、云湖汇景高级住宅小区、学府花园等高级住宅小区，宜居宜业环境明显改善。

揭西主要结合三旧改造和现有的商业基础，积极倡导居住小区化的现代居住模式，同时建设以行政服务区、广场和住宅开发为主的新镇居住区，不断推进工业化、城镇化、信息化进程，逐步建设成经济繁荣、市场活跃、环境优美、社会文明进步的现代化中心城镇。

抓好城镇建设的同时，揭西县还不断完善劳动力就业培训和服务体系，加大扶贫开发工作力度，加快文化及基础教育建设，全力打造宜居宜业、和谐稳定的生产生活大环境。

站在新的起点，揭西县将不断创新理念，以市场运作的方式，加快城镇化进程，改善宜居环境；进一步的绿化、美化和亮化，丰富并完善美丽山城的内涵，真正把揭西打造成粤东后花园，成为世界级旅游城，做到"装点天下"。（图文由揭阳市揭西县提供）

打造旅游文化强县、实现美丽山城崛起

三山祖庙是我国乃至东南亚地区三山国王庙鼻祖

享有"岭南第一瀑"的揭西大瀑布

推动科学发展，建设幸福云城

云城区是云浮市人民政府所在地，是全市的政治、经济、文化中心，现辖云城、高峰、河口、安塘、都杨、腰古、思劳7个镇（街）92个村委会和18个社区居委会，总面积757.6平方公里。到2010年底，全区总人口30.2万人，有港澳台同胞和旅居海外的华侨5.5万多人。云城区前身是云浮县。1994年4月5日，设立地级云浮市，原县级云浮市改称云城区；1996年1月，国务院批准云城区分设云安县。

云城区属亚热带季风气候区，气候温和，雨量充沛，阳光充足，全区年平均气温21.5℃，年降水量1586.5毫米，是半丘陵地区。区内有西江、南山河等大小河流10多条。物产资源丰富，素有"硫都"和"云石之乡"的美誉，矿藏有硫铁矿、大理石、花岗岩、石灰石、高岭土等50多种，其中硫铁矿储量、品位均居世界之首，大理石、石灰石、花岗岩可供开采的储量达11亿立方米。区内土地肥沃，适合多种农作物生长，主要农作物有稻谷、玉米、木薯、花生、大豆、蔬菜、水果等。此外，区内还盛产松脂、肉桂，是全省有名的肉桂产地之一。区内旅游资源得天独厚，有省级风景名胜——蟠龙洞，该洞是世界三大"宝石花洞"之一，洞内"宝石花"晶莹洁白，千姿百态，世界罕见，中国仅有；有省级文物保护单位——著名工人运动领袖邓发烈士故居；还有南山公园、人民广场、天湖广场、星岩古洞、金鱼沙以及云浮石材博览中心等别具特色的山区景观。

云城区企业家苏发送两个南瓜给汪洋

云城区基础设施完善，交通便利，324线国道、三茂铁路、广梧高速公路和正建设的南广高铁贯穿全境；西江主航道流经区内，区内有云浮港及都杨港等广东内河大港，航道运输便捷，是沟通珠三角、连接大西南的"黄金水道"。全区投资环境不断优化，佛山（云浮）产业转移工业园、安塘街石材基地中心等经济发展载体初具规模，并已形成了以石料建材为支柱产业，服装、化工、机械、电力为骨干行业的工业体系，现将全面贯彻广东省"双转移"战略部署，努力将云城打造成为宜居城市和辐射带动能力强的政治、经济、文化中心，物流仓储基地，珠三角地区劳动力、产业双转移承接基地和世界石材生产加工

面貌一新的安塘街下白新农村

时任广东省省长黄华华在时任云浮市委书记王蒙徽、时任云浮市市长黄强及云城区委书记肖向荣等领导陪同下到云城区征信中心视察

云城区与北京北方投资有限公司成功签订了投资总额达50亿的云浮国际石材产业城项目

创新基地，构建名符其实的"实力云城、生态云城、和谐云城"。

一、推动科学发展 建设幸福云城

今年是我国"十二五规划"的第一年，中共云城区委在十一届八次全会上，提出了今后一个时期的总体思路：以科学发展为主题，突出推动转型升级，努力推进"三化同步"，使人口向城市集中，工业向园区集中，逐步实现新型工业化、新型城镇化和城乡一体化，着力改善民生，促进社会和谐，努力建设"幸福云城"。

2011年上半年，云城区地方生产总值完成28.58亿元（现价，下同），增长14.02%。其中：第一产业3.85亿元，比增5.6%；第二产业17.72亿元，比增15.41%；第三产业7.02亿元，比增14.02%。固定资产投资完成41.42亿元，比增43.1%；社会消费品零售总额完成14.81亿元，比增14.6%；财政一般预算收入累计完成15148万元，同比增收5712万元，增长60.53%，增长率全市排名第一。

（一）工业经济保持较快增长

1-6月全区55家规上工业企业完成总产值完成19.24亿元，比增57.2%；完成增加值6.48亿元，比增37.5%，规上工业较快增长，有力拉动了工业经济发展，上半年工业总产值完成49.73亿元，比增21.6%，总量进一步壮大。

（二）石材特色经济加快发展

中国（云浮）国际石材产业城项目展示厅于7月3日正式对外开放，项目龙头带动作用日益凸显；石材博览中心、石材业征信中心、石材电子交易中心投入使用，助推石材产业优化升级；上半年31家规上石材企业完成总产值7.82亿元，比增48.16%；完成增加值2.6亿元，比增32.7%。

（三）招商引资和项目建设有序推进

上半年新增项目67个（新动工5000万元以上项目17个，1亿元以上项目7个），计划总投资125.2亿元。同时，狠抓签约项目的落实，项目建设取得了较大的进展，其中总投资50亿元的中国（云浮）国际石材产业城项目、投资16亿元的"三化同步"项目、投资8亿元的城市综合体项目（家乐福购物广场）正全面加速推进。

（四）外经贸工作积极推进

全区外贸进出口、利用外资等指标增幅明显，外贸经济呈现出良好发展态势。上半年外贸进出口17966万美元，比增30.1%；出口7738万美元，比增24.37%。新批设立外商直接投资项目7个，合同外资1892.6万美元，比增22.8%；实际利用外资1088.4万美元，比增334.1%。

（五）农业农村经济稳步增长

1月～6月全区农业总产值完成6.5亿元，比增7.5%；扶贫开发工作加紧推进，1月～6月投入帮扶资金507.7271万元(其中8个省定贫困村投入帮扶资金352.69万元)，实施帮扶项目322个。投资2815万元的新兴江腰古段治理工程4个穿堤涵闸已完成并投入使用，累计投资700万元；第二批涉及1.8万多名群众的饮水安全工程和投资4.92亿元的都杨园区防洪治涝工程前期工作顺利开展。社会保障体系不断完善，云城区在今年被评为"广东省新型农村社会养老保险全覆盖"达标单位，新农保登记参保人数达101523人。

二、划分主体功能区 探索山区市辖区发展新模式

云城区作为云浮市唯一的市辖区，在省委书记汪洋寄语建设云浮市农村改革发展试验区

区委书记肖向荣到云城街指导绿道建设

外国客商在石展会期间洽谈业务

城区天湖

中,肩负着展示建设广东富庶文明大西关形象的主窗口的重任。在"十二五"期间,应如何抓住城区有城有乡、城乡交融的特点,加快产业转型升级和"幸福云城"的建设,推动城乡综合改革和加快山区城乡经济统筹发展,积极探索山区市辖城区改革发展新模式,具有十分重要的意义。

目前,该区从城市化程度的差别出发,按行政区划将所属的7个镇(街)划分为两类功能区:(一)城市功能中心区,(二)城市功能拓展区。其中,云城街、高峰街、河口街划为城市功能中心区,安塘街、都杨镇、思劳镇、腰古镇划为城市功能拓展区。

(一)城市功能中心区

范围:云城街、高峰街、河口街。面积:227.736平方公里,占全区总面积的29.86%;人口:17.529万人,占全区总人口的57.99%。云城街和高峰街是当前的老城区,是全区经济密集区和人口密集区,承担着全区乃至全市的集聚功能、服务功能和管理功能。而河口街经过多年的发展,已经和老城区连成一体,且石材产业具有相当的规模,正在进行中的324国道改造项目将极大地提升河口街的基础设施水平和发展潜力,所以将河口街列为城市功能中心区。1.可以解决老城区面积过于狭小,缺乏经济基础的问题,更好地发挥城市功能中心区的功能;2.经过规划建设,将来可以把老城区和都杨滨江新城连接起来,形成中等规模的山水新城。

(二)城市功能拓展区

范围:安塘街、都杨镇、思劳镇、腰古镇。面积535.024平方公里,占全区总面积70.14%;人口:12.7万人,占全区总人口的42.01%。都杨镇作为规划中的新城区,是未来城市的主要拓展方向;安塘、思劳、腰古这三个镇可作为小城镇来发展。城市功能拓展区作为原来的农村地区,通过"三化"同步推进解决"三农"问题,实现人口的集聚和农民向市民的转变,实现居住和工农业的综合开发功能。进一步找准农村改革的切入点和突破口,勇于探索,大胆创新,建立健全城乡一体化推进机制,力争在重点领域和重点环节的改革取得较大进展,逐步形成城乡土地利用、产业发展、资金投入、就业保障、社会管理等良性发展态势,将文明、先进的生活消费习惯、文化价值观念等不断通过城市辐射带动向农村渗透，在广东省山区市中率先实现城乡经济社会发展一体化。

三、加快转型升级 做大做强石材产业

云城区素有"云石王国"之美誉，石材加工生产具有悠久的历史。石材是该区的支柱产业，近年来，围绕做大做强石材产业，打造"千亿石材产业"的战略目标，云城区以推进产业转型升级为抓手，力促石材产业优化、提升和壮大。自2004年到2009年间，该区先后获得了"中国石材基地中心"、"中国石材流通示范基地"、"中国人造石之都"和"中国民间文化（石雕）艺术之乡"等称号，目前，该区石材产品多达13大系列、23大门类、1000多个花色品种，企业年可生产加工各类板材6000万平方米、异型工艺制品600万件（套）以上，该区河口街是广东省唯一的石材专业镇，云城街是全省的石材机械专业镇。

发展措施：1.举办全国最好的石展会。自2000年开始，为了让石材企业提供一个产品展示、交流、营销平台，扩大云浮石材的品牌，云城区定期举办规模盛大的石材科技展览会和石艺雕刻大赛，每届均吸引了来自全国各地和世界知名的石材企业嘉宾参加，并已成为中国石材行业的三大展会之一，是华南地区最大的石材专业展览会。2.打造全国最大的石材专业展馆。云浮石材博览中心总投资4亿多元，总面积17万多平方米，其中中心主场馆总四层，建筑面积8万多平方米，集会展、商贸、物流于一体，是目前全国最大的石材展览、交易中心。该中心以"展览+交易"的模式经营，将石材品种集中到这里进行展示和交易。3.组建最优的石材研究院。为了进一步提高石材企业的自主创新能力，为企业在生产加工过程中提供科研和技术支持，云城区与省、市相关部门合作出资600万组建广东石材研究院。研究院将实行政府支持和引导、企业参与、院校支持，市场化、企业化的运作模式，下设石材机械研发中心、石材工艺研发中心、再造石研发中心、清洁生产研发中心等部门。4.建全球最大的国际石材产业城。云浮国际石材产业城由北京北方投资有限公司投资建设，位于云城区思劳镇，规划占地面积为3000亩，总投资额50亿元，年产值350亿。涵盖会展中心、博物馆、石材产业文化广场、荒料展示区、石材加工区、石材大板展示区、石材成品展示区、石材精品品牌区、物流仓储区、配件配套区、创意研发中心、综合商务区等十二大功能区。建成后的云浮国际石材产业城，将成为世界最大的石材产业基地，全球知名石材采购中心。

素以"团结、务实、拼搏、创新、向上"著称的云城人，正通过自身的努力，以科学发展为主题，突出推动转型升级，着力改善民生，促进社会和谐，努力推进"三化同步"，逐步实现新型工业化、新型城镇化和城乡一体化，吹响打造千亿石材产业集群号角，向着幸福云城的目标不断迈进。（图文由云浮市云城区提供）

新修建的和谐宜居村——思劳镇城村

粤西名城　　幸福罗定

罗定市地处广东省西部，作为广东省首批历史文化名城之一，历史悠久。罗定市东邻云安县，东南接阳春市，西南靠信宜市，东北连郁南县，西部与广西岑溪市交界，历来是大西南地区通往珠三角的一个重要门户。

全市辖21个镇（街）和国营罗平农场，总面积2327.5平方公里，总人口为127.5万人，素有"中国南江文化之乡"、"中国玉桂之乡"等美誉，曾多次获"全国体育先进市"、"全国文化先进县"、"全国粮食生产先进县"等殊荣。跨入新世纪，罗定市正以她强劲的发展势头和独特的城市魅力，向世人展示罗定人创造幸福新生活的亮丽风采。

中共中央政治局委员、广东省委书记汪洋同志到我市调研

一、发展罗定

（一）抢抓机遇

八十年代初，罗定市委、市政府大胆探索建设中国特色社会主义新路子，立足山区资源优势，抢抓改革开放机遇，果断地提出"跳出山区、发展山区"的发展思路。罗定市实施了特殊的政策和灵活措施，实行"三来一补"，外引内联，进行经济体制改革的初步探索，走出了一条具有罗定特色的发展外向型企业的路子。

政策实施后，以服装加工为主的"三来一补"企业蓬勃兴起，被誉为全省山区县利用外资的"一面旗帜"，全市经济取得了突飞猛进的发展。

（二）乘势起飞

1993年4月8日经国务院批准，罗定正式撤县设市，全市的发展迎来了一个新的春天。社会主义市场经济新体制的各项改革取得全面进展，走上"工业立市、民营先行、外向带动、改革突破"的发展快车道，成为民营企业和外商投资的热土，形成电子、机械、纺织、服装、建材等五大支柱产业。同时，不断完善基础设施建设，铁路、机场、码头等相继建成，教育、医疗卫生、文化、体育、国防等也得到了快速发展。

（三）与时俱进

近年来，罗定人民紧跟时代脉搏，全面贯彻落实科学发展观，继续发挥资源、区位、人文优势，以"精心打造风清气正环境，科学发展人杰地灵罗定"为总目标，积极实施"聚人心、打基础、促发展、树品牌"的工作思路和"一二三

环境优美的罗定市区

时任广东省委常委、纪委书记朱明国到我市调研

云罗高速在建

四五六"的发展战略，不断完善基础设施建设，大力发展三高农业和生态农业，积极推进"双转移"工作,经济社会发展取得了新的突破。

2010年全年完成地方生产总值90.64亿元，同比增长12.5%；人均生产总值9118元，同比增长12.6%。全社会固定资产投资51.02亿元，同比增长20.9%；社会消费品零售总额39.8亿元，同比增长12.7%；外贸出口2.43亿美元，同比增长11.9%。城镇居民人均可支配收入11934元，增长10%；农村居民人均纯收入6449元，增长9.6%。

二、魅力罗定

（一）历史名城

远在一万年前的新石器时代，已有人类在罗定大地上生息繁衍，居住在今天苹塘、金鸡等地的洞穴中，过着渔猎生活；距今四五千年前，罗定的泷江河、罗镜河、太平河流域，已遍布人类生活的踪迹。早年在罗平横垌背夫山发现的大型战国墓葬，其墓主人就是史料所称的"百粤之君"。

罗定自晋末设县至今已有1600多年的历史，秦属南海郡，汉隶端溪县，宋朝为泷水县，明朝万历5年泷水县升格为罗定直隶州，罗定一名自此载入史册。罗定直隶州管辖东安（云浮县）、西宁（郁南县）两县，俗称"三罗"，至辛亥革命改罗定州为罗定县止，长达三百四十多年。

（二）文化之乡

罗定是千年文化古邑，历代均有不少著名的历史人物涉足罗定，如唐朝的诗人宋之问、武后宰相张柬之、桓彦范；翁方纲、何仁镜等，都曾避乱或寓居罗定，留下了许多题咏。初唐杰出诗人宋之问任泷州参军时所写的《过蛮洞》、《入泷江》两首诗，被收入《全唐诗》中；陈氏豪族的陈集原在唐武周年间撰写的《龙龛道场铭（并序）》摩崖石刻，取六朝骈文之精华，文笔优美，骈词工丽，后被收入《全唐文》和《广东文征》。

明万历年以来，出任罗定地方官者多具文韬武略，如陈磷、郑人逵、张国经、洪颐煊、宋起凤等，他们启贤兴学，促进了罗定文化教育的发展。到民国时，罗定成为广东的文化强县之一。

如今罗定的文化事业蓬勃发展，境内设有云浮地区唯一一所普通高校——罗定职业技术学院，罗定中学、罗定实验中学、罗定廷锴纪念中学均为广东省一级学校。近年来罗定市高考成绩名列云浮市前茅。罗定市文化广场被评为"广东省十佳文化广场"，民营企业家彭鸿锋在云浮市内率先办起民营博物馆，农民女作家李勇坚创作长篇小说《泷江情结》开创全省先河。

（三）美丽西关

罗定市地接两广，幅员辽阔，风光绮丽，崇祯年间罗定风光被以诗的形式列为"八景"编入《罗定州志》，即"龙龛蜕骨、牛石仙踪、双龙晓雾、四凤朝阳、东桥塔照、南岭梅先、泷江渔唱、径口樵歌"，清代广东才子宋湘誉之为"人文古邹鲁，山水小蓬瀛"。

罗定全境形似箕状盆地，以东西南为边围，向东北开口，有面积达800平方公里的红色粉砂岩，为省内山区罕见的盆地。境内除有属省级文物保护单位的名胜古迹"岭南第一石刻"龙龛道场铭、明朝三元宝塔、蔡廷锴故居外，还有旅游品位和开发价值很高的罗定学宫、罗定文塔、龙湾生态旅游区、金银湖旅游区、罗镜"东南一景"帝瓮等。其中，龙湾生态旅游区，有优美的瀑布群、次原始森林和珍贵的植物桫椤。聚龙洞峰林山水旅游区属典型的喀斯特地貌，有龙龛岩、马肚岩、聚龙洞等一批比较有名的溶洞。

如今罗定正以推进主体功能区建设为主，充分挖掘罗定特有的风光名胜，大力推

蔡廷锴

张瑞公书院

进绿道网和宜居镇、宜居村、宜居社区建设，建成具有浓郁文化特色的生态慢行绿道16公里。首批宜居镇、宜居村、宜居社区已经通过初步验收，以"将军故里"罗镜镇、"中国蒸笼之乡"泗纶镇和围底镇社村、双东街道新开坝村为试点的名镇名村建设也正在有序的铺开。

（四）名人故里

罗定是一个人杰地灵的地方，是南北朝时望族陈法念、唐朝僚民首领陈行范、抗日著名爱国将领蔡廷锴将军的故里。崇文尚武，忠勇爱国，是罗定人世代传承的思想，曾经参加震惊中外的"一·二八"淞沪抗战中不少高级将领是罗定人，如：师长区寿年，谭启秀，翁照垣等十多个师长，士兵更是成千上万。

解放以后，罗定人更是以其勤劳、智慧以及吃苦耐劳的精神，建成了闻名全国的"引、蓄、提、电"四结合的水利水电灌溉网，使90%的农田基本实现了旱涝保收，被中央以《罗定山河起宏图》为专题，把罗定人民战天斗地的事迹经验介绍给全国人民，推广到全国各地；外出发展的都大有作为，各行各业均是人才辈出，既有卢钟鹤、梁伟发等一批政坛精英，又有胡皆汉、黄俊英、陈本昌等一批学界才俊和社会贤达，为当地和家乡的发展做出了突出的贡献。

三、幸福罗定

（一）医疗进步

罗定市已初步建成九大类基本公共卫生服务项目和六大类重大公共卫生服务项目，居民健康档案、重性精神疾病患者健康档案均超额完成省下达的年度建档任务；首批13家镇级卫生院实施了国家基本药物制度，实行药品零差价销售。

罗定市投入资金300多万元筹建了以人民医院为中心的平台，中医院、妇幼保健院和4个中心卫生院为网点的远程医疗会诊试点。人民医院三期、中医院新院、妇幼保健院新

金银河

云煜书屋

2010年4月15日八一小学落成

住院大楼等重点医疗基础设施建设项目顺利推进，镇级卫生院改薄、改造工程加快推进，村级卫生站规范化建设均走在云浮市前列。2010年全市参加新型农村合作医疗920261人，占农业人口99.83%。

（二）教育繁荣

百年大计，教育为本。罗定历届党委和政府均重视对教育投入，建成现有各级各类学校共511所，其中普通高等院校1所，广播电视大学1所，教师进修学校1所，中等职业技术学校4所（含民办），普通高（完）中8所，初级中学29所，完全小学366所，特殊学校1所；有幼儿园76所、乡镇成人文化技术学校24所。

2010年，罗定市高考上重点线350人，上本科线以上2859人，上专A线4278人，各批次上线人数和上线率均居云浮第一位；连续四年囊括云浮市文科、理科总分状元。

罗定人热心教育事业，形成全社会关心参与教育的良好风尚。目前罗定市各镇街纷纷成立教育协会，共筹集资金2358.3万元，已经到位资金1571.3万元，投入教育事业运作资金1256.51万元，为罗定的教育事业提供了强大的后盾保障。"五无"学校改造工程顺利进行，改造"五无"学校256所，占目标数的55.1%。

（三）民生改善

国以民为重，罗定市始终把保障和改善民生作为加快转变经济增长方式的根本出发点和落脚点。2010年，全市扶贫"规划到户、责任到人"工作广泛开展，通过成立罗定市慈善会，开展"广东扶贫济困日"等活动，形成了全社会关心参与扶贫的良好风尚。目前，罗定市已经投入各类帮扶资金3699.02万元，扶持经济发展项目1527个，被挂扶的贫困户有45.59%达到脱贫标准。

城镇基本养老、失业、医疗、工伤、生育保险参保人数持续增加，全年共发放保险金2.31亿元，比上年增发2365万元。就业规模持续扩大，全年新增城镇就业岗位9082个，新增农村劳动力转移就业18062人，荣获"全国农村劳动力转移就业工作示范县"称号；下岗失业人员再就业率提高到63%，城镇登记失业率控制在3%以内。

此外，弱势群体得到有效照顾，五保对象、低保对象实现动态下的应保尽保，供养金、补助标准进一步提高。残疾人身心康复工作得到高度重视，全市21个镇街全部均组建残疾人康复室，荣获"全国残疾人社区康复示范市"称号。

（四）社会稳定

罗定市一直把社会稳定作为经济发展和人民安居乐业的基本前提，深入推进"罗定平安工程"，大力构筑治安综合防控体系，持续加强对城区主要街道和城郊结合部的巡逻防控，持续开展"泷州百日行动"、"扫黄打非"等专项行动，持续保持高压态势打击各类违法犯罪，人民群众的安全感不断上升。

市镇两级综治信访维稳中心和341个村、居、企综治信访维稳工作站全面建成并投入运作，2010年共调处化解各类矛盾纠纷2449宗，切实解决群众反映的信访问题。

如今，罗定人正以饱满的热情，勇于创新的精神，勤恳务实的作风，不断创造和实践着"粤西名城，幸福罗定"新的辉煌！
（图文由云浮罗定市提供）

禅宗之都 幸福新兴

云浮市新兴县是禅宗六祖惠能的故乡，是惠能大师出生、弘法和圆寂之地，是中国禅文化的重要发祥地，位于广东省中部偏西，距省会广州130多公里，三茂铁路、S276、S113线贯通全境，交通十分便利。全县辖12个镇，199个村（居）委会，总人口47万多，总面积1520平方公里。

近年来，新兴县围绕"建设幸福新兴"这个目标，以建设农村改革发展试验区为载体，以美好环境与和谐社会共同缔造为抓手，深入贯彻落实科学发展观，积极探索"文化崛起、绿色增长、城乡统筹、共建共享"的县域科学发展新模式，大力实施"文化引领、优势集聚、特色主导、服务均等"四大发展战略，全面打造"禅宗之都、生态之域、富庶之县、和美之境"，加快转变经济发展方式，集中精力抓园区上项目，抓发展保民生，抓落实促转变，全县呈现"经济持续较快增长、社会事业协调发展、城市幸福指数不断提高"的科学发展新局面。

一、彰显特色抓发展，综合实力迈上新台阶

作为一个山区县，新兴县找到了一条颇具地方特色的产业发展道路，是"中国不锈钢餐厨具之乡"、"全国农业产业化经营先进单位"、"广东省旅游强县"，工、农、游三大特色产业有力推动了县域经济快速发展。2010年全县实现生产总值116.43亿元，同比（下同）增长17%，是2005年的2.15倍。地方财政一般预算收入5.61亿元，增长23.25%，是2005年的2.8倍。全社会固定资产投资47.07亿元，增长36.4%，是2005年的3.7倍。经济实力在"十一五"期间迈上了一个新台阶，多项经济指标居全省山区县前列。

（一）工业经济不断壮大

新兴县立足县情，坚持"工业立县，项目兴县"，走新型工业化道路。新兴县是著名的"中国不锈钢餐厨具之乡"，是全国最大的县级不锈钢餐厨具生产和出口基地。全县拥有不锈钢餐厨具生产企业及配套企业80多家，拥有广东凌丰集团、三A、万事泰等知名不锈钢制品集团，被认定为"广东省不锈钢餐厨具产业集群升级示范区"。2010年，全县工业总产值180.5亿元，增长36%，是2005年的2.95倍。外贸出口总额4.1亿美元，同比增长41.44%。2011年，随着广东大华农动物保健品股份有限公司的成功上市和一批大项目的落户，生物制药、物联网、铝制品、风电等产业迅猛发展。

（二）农业经济稳步发展

新兴县以发展工业的的理念抓农业，农业产业化发展卓有成效，是全国农业产

2010年9月28日广东省委常委、组织部部长李玉妹到新兴龙山塘调研

远销欧美的不锈钢餐厨具制品

2011年4月，中组部副部长、人力资源和社会劳动保障部部长尹蔚民在新兴调研,视察新城镇劳动保障事务所

广东2011"中华文化旅游主题年"暨禅宗六祖文化新兴游启动仪式

业化经营先进单位。县内广东温氏集团是全国农业龙头企业，肉鸡生产销售量位居亚洲之首，2010年销售总额达219亿元。目前，全县拥有1家国家级、7家省级农业龙头企业，通过"公司+农户"的经营模式，带动农户1.5万多户，户均获利3.6万多元。2011年3月，县内广东大华农动物保健品股份有限公司成功上市，并启动畜牧养殖物联网建设，有力推动了生物制药业和物联网产业发展。目前，新兴县依托温氏集团等龙头企业，打造国家级畜牧业产业化示范中心。

（三）第三产业蓬勃发展

新兴是六祖故里，历史文化资源和生态旅游资源十分丰富，拥有"岭南第一圣域"国恩寺，有六祖故里旅游度假区和金水台温泉两个国家4A级旅游景区，以及藏佛坑、神仙谷、佛手岭、北峰山、飞天蚕生态茶园、天露山茶场等众多人文和生态景观，被评为"全国旅游综合改革示范县"、"广东省旅游强县"。2010年，全县旅游接待323万人次，全社会旅游收入22.4亿元。依托良好的产业基础和独特的资源优势，新兴县站在战略的高度，规划建设广东禅文化创意产业园、着力打造"中国禅都"。2010年3月，广东省文化厅正式同意将新兴"禅宗六祖文化产业园"命名为"广东禅文化创意产业园区"。该园区已经完成了产业园的规划、设计编制以及有关前期工作，并确定由五个单位共同推进建设工作。目前，新兴县的旅游业发展势头迅猛，成功引进了龙山体育运动公园、水台森林公园、禅泉会馆、天露山禅龙峡等一批重大旅游项目。在旅游业的带动下，房地产、餐饮、零售等第三产业蓬勃发展。

二、抢抓机遇优载体，招商引资取得新突破

新兴县抢抓省委省政府实施"双转移"战略的重大机遇，以工业园区为抓手，加大项目引进力度，增强全县发展后劲。

（一）园区建设不断推进

新兴县的新成工业园是省级产业转移工业园，规划面积1.8万亩，是珠三角产业转移的优质载体。对此，新兴县落实主要领导亲自抓，坚持高起点规划、高标准建设、高效能管理、高效益产出，取得明显成效。目前，园区累计投入基础设施建设资金6.3亿元，完成征地1万多亩，已开发面积3700多亩。共引进项目34个，总投资达50.85亿元，全部项目达产后，新增产值将达百亿元以上。

（二）招商引资成效明显

新兴县切实转变招商理念，围绕金属制品、机电、生物制药、物联网、新能源等重点产业进行"招商选资"。"十一五"期间，全县共引进项目559个，计划总投资290.2亿元。成功引进了广东新合铝业、佛山摩德娜机械、中广核风电场等一批大项目。2011年，又成功引进了总投资达23亿元的华兴玻璃项目、总投资达15亿元的华润风电项目等一批产业拉动能力强的重大项目。全县呈现"以商引商、产业整体落户、大项目等地、小项目应接不暇"的良好形势。

广东省农业龙头企业、全国农业产业化重点龙头企业——广东温氏食品集团有限公司总部

三、统筹规划搞建设，城乡面貌呈现新变化

新兴县以美好环境与和谐社会共同缔造为抓手，按照"一河两岸三道四大区域"的城市开发布局和"东优、西拓、南调、北控"的发展规划，着力建设和美家园。

（一）城市形象不断提升

全面完成新兴江蓄水美城工程和滨水栏杆首期工程，"一河两岸"美丽景观逐渐形成。高标准建成了百合山生态公园，文化广场、老干部活动中心等公共设施不断完善。建成了近40公里的禅道（绿道），人居环境显著改善。

（二）新农村建设不断推进

建成生态文明村580条，省级卫生村47条，沼气村10条。簕竹镇良洞村被列为全省第一批宜居村镇创建指导点。建成了新城镇南外社区、六祖镇外布前村等和谐宜居示范村庄（社区）。2011年，新兴县被省定为"广东省名镇名村示范村建设示范县"，龙山塘、石头冲等一批村庄将建成名镇名村示范村。

（三）基础设施不断完善

实施"交通突围"战略，积极推进江罗高速新兴段建设工作。"十一五"期间，完成了S274线（稔村至双阳）、X431线（活道至车岗）等省县道建设，新建农村公路60.6公里，实现通镇、村公路全面硬底化。全县交通网络不断完善，供电、供水、供气、通讯等保障能力明显提高。

四、关注民生办实事，社会事业实现新进步

新兴县在大力发展经济的同时，重视保障和改善民生，促进社会各项事业全面发展，先后荣获全国的两基教育、民政、文化、体育、科技进步、新型农村合作医疗试点等先进县称号。

（一）社会保障不断完善

2010年，全县新型农村社会养老保险参保率81.2%，试点工作经验受到国家人力资源和社会保障部的充分肯定。城乡低保救助、五保供养基本实现应保尽保。做好扶贫"双到"工作，基本实现贫困户脱贫的目标。

（二）教育水平不断提高

实施义务教育均衡发展和农村学前教育发展模式两项省试点工作取得阶段性成果。高中毛入学率达89%，在全市率先实现普及高中阶段教育的目标。实现公办教师工资收入"两相当"，大大提高了教职工的待遇。

（三）医疗卫生加快发展

"十一五"期间，完成了100个村级卫生站的规划建设和12个镇薄弱卫生院的改造建设，被评为广东省农村中医工作先进县，被评为全国新型农村合作医疗先进试点县，成功创建为全国白内障无障碍县。

（四）社会大局和谐稳定

全面落实安全生产责任制，安全生产四项控制指标逐年下降。消防、森林防火、道路交通安全态势平稳，连续多年无重特大安全事故发生，社会大局保持和谐稳定。

今日的新兴，文化底蕴深厚，生态环境优美，交通便利，配套完善，是一块投资热土，是一个旅游胜地，已经进入了科学发展的快车道。在这片充满禅意的土地上，新兴将继续按照科学发展的轨迹大步前进，明天的新兴将更加美好、幸福。（图文由云浮市新兴县提供）

禅宗之都 幸福新兴

2011年2月28日，云浮市物联网研究院在新兴成立，云浮市委书记、市人大常委会主任王蒙徽到场祝贺并参加揭牌仪式

占地12.11平方公里的新成工业园已初具规模

金水台温泉

云浮市对接珠三角的第一门户——新兴县

"三级联动"强化社会建设 "眼睛向下"创新社会管理

——云安县探索建立社会管理新模式

党的十七届三中全会召开以来，云安县以建设全省农村综合改革示范县为契机，致力探索以"县统筹、镇实施、村落实"为主线的社会管理新模式。

一、县统筹，构建社会建设新格局

（一）以功能统筹为载体，引领社会建设

一方面，构建县域主体功能区划，实现经济发展方式转变。科学制定《云安县主体功能区规划》，把全县8个镇划分为"优先发展区"、"重点发展区"和"开发与保护并重示范区"等3类功能区域，赋予各地不同功能定位，构建"功能互补、错位竞争、有序竞合"的发展格局。两年来，"优先发展区"的园区经济以仅占全县1.09%的面积，就创造出全县八成以上地方财税总量。另一方面，配套县域功能职责区划，实现职责履行内容转变。按照不同区域城乡基本公共服务均等化的目标要求，明晰镇级功能职责是"5+X"，村级功能职责是"5+1"，把镇村两级的履职重点转向社会建设上来，构建"基本职责+主导职责"的功能履职格局。

（二）以机制统筹为保障，推动社会建设

在经济上，创新财税保障机制，出台税收共享和财政保障政策，对"开发与保护并重示范区"的乡镇，以税收共享作为生态贡献补偿。2010年，保障镇级运作经费平均170万元/镇，财税奖励乡镇781万元，园区税收县级库增量共享192万元。在政治上，创新政绩考核机制，确立"不以GDP大小论英雄、只以功能发挥好坏论成败"的政绩考核理念，设置47个共同指标和13个类别指标，科学设置分值权重，把考评内容放在以社会建设为重点的功能履职上来，实现政绩考核机制与主体功能职责的有效对接。

（三）以职权统筹为动力，强化社会建设

推行强镇扩权改革，主要下放"三大权力"。1.下放事权。把14个县直部门的72项职权（行政服务类20项、行政管理类52项）向镇级下放，增强乡镇的社会管理和服务能力。2.下放财权。逐步提高乡镇税收返还比例，最高给予超增部分100%的奖励，使乡镇有更多财力投入到社会建设公共服务上来。3.下放人事权。进一步扩大乡镇党委的干部人事推荐权、干部调整建议权和干部问责处理权，两年来，经乡镇推荐并得到提拔任

建设科学发展新云安

"三级联动"强化社会建设 "眼睛向下"创新社会管理

2008年12月12日，云安县农村改革发展南盛镇试验区建设正式启动。

出台《云安县农村改革发展实施纲要》等文件，把云安建设成为全省农村改革发展示范县

用的镇级副职达30人，交流到县直机关单位的5人。

（四）以资源统筹为途径，优化社会建设

1."三级融合"，整合政治资源。推行县级大部制改革、镇级大部制改革、组建农村社区服务合作社，实现政治资源的整合与再造，解决社会管理与社会建设失衡的问题。2."三网融合"，整合信息资源。逐步推行电信网、电视网、互联网的"三网融合"，试点建立农村远程审批体系，逐步把全县326项审批事项网上办理，力争明年全覆盖。3."三化融合"，整合空间资源。以新型工业化、新型城镇化、农业农村现代化的"三化融合"为基本路径，推动了农村人口向城镇和二三产业转移，基本公共服务向农村延伸。去年，城乡居民收入差距从2008年的1.72：1缩小到1.64：1。

二、镇实施，搭建社会服务新体系

（一）实施镇级大部制改革，促进政府职能转型

把乡镇机构设置从过去"向上相对应"转为"向下相适应"，"以事设岗"组建党政办、农经办、宜居办、综治信访维稳中心、社会事务服务中心等"三办两中心"，搭建政府"三农"服务平台。

（二）设立"两代表一委员"工作站，创新参政议政形式

在乡镇设立"两代表一委员"工作站，建立联系服务、收集反馈、工作公示、视察调研、参与决策等规章制度，创新"双向沟通、双向考核"工作机制。去年以来，共印发"两代表一委员"联络卡1560张；完成653项决策意见收集，并对145项重大决策进行监督。目前，还设立电话直通车绿色通

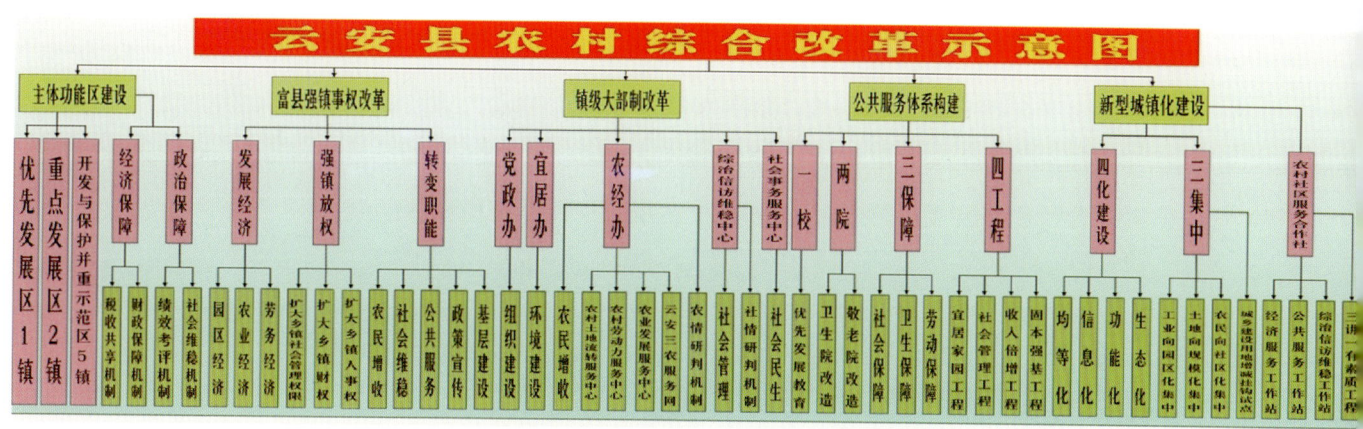

农村综合改革示意图

建设社会主义新农村。图为富林镇云利新农村

设立镇级农村土地流转服务中心，规范农民土地流转行为

推进名镇名村建设　促进社会和谐稳定

大力发展农村经济，增加农民财产性收入

道、信件直通车绿色通道、网络直通车绿色通道，畅通"两代表一委员"信息收集渠道。

（三）创新社情农情研判机制，实现政府服务常态化

一方面，创新社情研判机制。以组建县镇村三级综治信访维稳中心（站）为平台，建立"矛盾共排查、纠纷共调处、问题共研判、预案共制定"的工作机制，有效维护社会稳定。2010年，全县调处成功率由原来的89%提高到95.2%，95%的矛盾纠纷化解在镇村。另一方面，创新农情研判机制。建立"农情月记、季度研判、年终考核"机制，规范"农情日记—农情月记—农情研判—工作实施—总结考核—建档立册"的研判流程，强化农情研判。去年以来，全县研判事项205宗，提出对策148条，解决问题123个。

（四）组建"三大服务中心"，打造"三农"服务平台

在镇级设立农村土地流转服务中心、农村劳动力服务中心和农业发展服务服务中心，增加农民的财产性收益、劳务性收益和经营性收益。目前，全县农村土地流转达21.92万亩，占可供流转土地面积的51.7%，涉及农户27316户，农民获得财产性收益达3184万元；转移农村劳动力11.14万人，占农村劳动力的61%，其中园区就近解决就业3077人；创建农业产业化基地52.52万亩、国家A级绿色认证产品4个、全国沙糖桔标准园1个、省级现代农业园区1个、省级"一乡一品"项目镇3个。

三、村落实，创新社会管理新方式

（一）建立农村社区服务合作社，创新基层管理组织架构

先后在3条行政村试点组建农村社区服务合作社，下设经济服务工作站、公共服务工作站、综治信访维稳工作站，作为村党组织履行核心领导职责、村委会行使村民自治职权、乡镇政府延伸公共服务的平台，构建村级履行功能职责和村民自治的执行系统。2010年，3个试点村完成1326项信息收集和

"三级联动"强化社会建设 "眼睛向下"创新社会管理

生态绿道——云安福道成市民休闲的好去处

建设社会主义新农村。图为富林镇云利新农村。

发布工作，组织19次技能培训活动，创办农村经济项目23项，承担公共服务配套项目53宗，承接行政事项网上审批96件。

（二）建立干部激励保障体系，创新基层绩效管理机制

1.建立村（社区）干部履职保障机制。村干部工资由"基本补贴＋绩效补贴＋村集体经济创收奖励"构成，基本补贴、绩效补贴由县财政统筹。2010年，全县投入村级保障运作经费761万元，从今年起村级保障经费还从去年每村每年1.56万元提高到3万元。2.建立（社区）干部养老保险机制。养老金由"个人账户养老金+基础养老金+附加养老金"构成，把村干部在职年度考核获优秀的次数与附加养老金挂钩，使村"两委"干部更好地履职尽责。3.建立村（居）民小组长履职考核机制。试行村民小组长"年度考核，以奖代补"办法，由县财政每年安排200万元作"以奖代补"经费，激发全县2040名村（居）民小组长履行村民自治职责的积极性。

（三）推行"十步工作法"，创新基层民主管理方式

结合农村"一社三站"建设，在基层治理与管理中推行"梳理确定议题—制定初步方案—征求社员意见—依法表决通过—公示表决结果—分流三站实施—定期开展研判—实施民主监督—组织绩效评价—事结公布结果"的"十步工作法"，让群众参与贯穿工作始终。去年以来，试点村以"十步工作法"形成43项议案，通过23个实施方案，公开表决结果47项，公开方案执行情况共23次。

（四）创建"三讲一有"工程，创新基层社会教育途径

以实施"讲信用、讲法治、讲文明、有本领"素质提升工程为载体，组建县征信中心1个和镇信用记录中心8个，并推进信用镇、信用村、信用户、信用企业创建试点工作；启动广东省法治文化建设试点县工作；探索建立"户分类、村收集、镇转运、县处理"机制，使农村生活垃圾处理的覆盖人口由原来3.2万人增加到12.2万人，农村垃圾收集率达40%，收集垃圾处理率达100%；试点创办村级流动"农民夜校"，提升全民创业能力。

（五）实施"以奖代补"项目工程，创新基层共建共享模式

从今年起，以自然村为基本单位，把全县1321条自然村分类定级，评选"自强村、自助村、基础村"等三类村，拟定四类20个"以奖代补"项目让三类村竞争，按照"多干多奖、多筹多奖"原则，创新"以奖代补"机制，把政府主导作用与群众主体作用有机融合起来。目前，此项工作已正式启动，拟于今年4月下旬完成"三类村"的基础分类工作，并于5月初正式启动"以奖代补"项目。

社会管理模式的创新，使该县呈现"党群和谐、社会和谐、发展和谐"局面。2010年，该县地区生产总值增幅达16.3%，比上年提升4.1个百分点；财政综合增长率达40.01%，位居全省第10位；农民人均纯收入达6491元，增长17.1%；全年没发生群体性事件和恶性治安案件，没发生群众越级进京到省到市集体上访、非正常上访，实现经济社会又好又快发展。（图文由云浮市云安县提供）